生物医学信息基础课系列教材

线性代数

李　林　李冬果　主编

科学出版社

北　京

内 容 简 介

本教材是面向生物医学工程类、医学及其相关专业的一本线性代数课程的教材. 全书内容包括行列式、矩阵及其基本计算、线性方程组，向量及其基本计算、线性空间、矩阵的特征值与特征向量和二次型. 本教材内容系统完整，符合教育部高等学校大学数学课程教学指导委员会最新审定的《工科类本科数学基础课程教学基本要求》. 通过在不同的章节引入与生物医学工程类专业、医学专业等有关的内容以突出专业应用特色.

本教材适合作为高等学校生物医学工程专业、医学及其相关专业线性代数课程的教材，也可作为其他工科专业线性代数课程教材或参考书.

图书在版编目(CIP)数据

线性代数/李林，李冬果主编. —北京：科学出版社，2015.1
生物医学信息基础课系列教材
ISBN 978-7-03-043016-8
Ⅰ. ①线… Ⅱ. ①李… ②李… Ⅲ. ①线性代数-医学院校-教材
Ⅳ. ①O151.2
中国版本图书馆 CIP 数据核字(2015) 第 009048 号

责任编辑：昌 盛 周金权／责任校对：张凤琴
责任印制：张 伟／封面设计：陈 敬

科学出版社 出版
北京东黄城根北街 16 号
邮政编码：100717
http://www.sciencep.com

中煤（北京）印务有限公司印刷
科学出版社发行 各地新华书店经销
*
2015 年 1 月第 一 版 开本：720×1000 1/16
2025 年 7 月第九次印刷 印张：15 3/4
字数：303 000

定价：49.00 元
(如有印装质量问题，我社负责调换)

《线性代数》编委会

主　　编：李　林　李冬果

编　　委：(以姓名拼音首字母为序)

高　磊　华　琳　刘　红　闫　岩

张金旺　郑卫英　郑文新

前　言

线性代数课程是高等院校工科类本科生必修的重要基础理论课. 近年来大学数学课程教学改革不断深入, 呈现了一批教学内容与体系改革优秀成果. 面向对象、强调学生专业背景的优秀教材也逐渐得到认可并在使用中发挥着应有的重要作用. 本书是面向生物医学工程类、医学及其相关专业编写的一本线性代数课程的教材.

生物医学工程学科是依据生物学原理将现代工程技术应用于医学领域所形成的新兴融合性学科. 它的理论和技术可直接用于医学各个学科, 为医学诊断、治疗和科研提供先进的技术和检测手段, 是加速医学现代化的前沿科学. 首都医科大学于 1978 年开办生物医学工程专业, 是全国最早开展生物医学工程专业教育与研究的学校之一. 目前首都医科大学开设生物医学工程专业和假肢矫形工程专业分别为国家级和北京市级特色专业.

作为医科高等学校数学课程的教学团队, 多年来编者一直致力于在确保给予学生必需大学数学基础知识、培养学生基本计算能力和解决医学相关的实际问题的能力的基础之上如何充分尊重学生的专业诉求, 教学生 “有用的” 数学. 本书就是在这一思想指导下, 集编者多年的教学实践经验, 在线性代数的思想、内容与方法框架内体现面向生物医学工程类专业、医学及其相关专业的一次有益的尝试. 从总体设计上, 在编写本书时, 编者做了以下三方面的努力.

1. 追求内容系统完整、主线突出：本书内容涵盖行列式、矩阵及其基本计算、线性方程组、向量及其基本计算、线性空间、矩阵的特征值与特征向量和二次型, 内容符合教育部大学数学课程教学指导委员会最新审定的《工科类本科数学基础课程教学基本要求》. 在编写时虽然没有将线性方程组作为一章来处理, 但这并没有削弱本书将线性方程组作为主线贯穿整书的意图.

2. 突出应用特色：为了体现面向专业的特点, 本书在不同的章节结合生物医学工程类专业、医学及其相关专业基础或专业课的内容编写许多线性代数的应用实例. 例如, 第 2 章中介绍矩阵在医学图像处理、力学方面的应用实例. 第 4 章线性空间介绍内积时引入生物信息学中的一个简单实例, 用内积来判定不同人种之间的近缘程度. 第 5 章矩阵特征值部分专门介绍矩阵在生物力学中的应用. 此外, 专门编写 MATLAB 在线性代数计算中的应用部分置于本书的附录中, 同时也介绍如何运用线性代数方法借助于 MATLAB 解决综合性应用实例.

3. 便于自学与习作：例题紧扣内容, 着重概念的理解和基本计算的训练. 习题丰富且有层次, 每章都配置两个层次的练习题, 第一层次为最基本要求, 设置选择题和填空题, 意在强化基本知识的理解、基本计算的温习；同时也配置与内容匹配的计算题和证明题. 第二层次为稍有难度或具有综合性的习题, 供教师或学生在教学或学习过程中选用. 此外书后附有习题答案, 供学生解答后参考对照.

在本书的编写过程中, 编者吸纳了多年从事线性代数教学的教师的经验与体会, 同时也参考了大量的资料和同类教材. 虽然书后附有参考资料列表, 但也未能将参考的全部资料一一列出, 在此一并对引用的资料的作者表示致谢.

本书的编写得到了首都医科大学和生物医学工程学院领导的大力支持, 是在数学与生物信息学教研室的教师积极参与和支持下完成的. 本书由李林、李冬果负责策划, 具体编写工作如下：第 1 章由李冬果、张金旺编写，第 2 章由李冬果、刘红、郑卫英、闫岩编写, 第 3 章由李冬果编写, 第 4 章由李林编写, 第 5 章由李林、郑文新、华琳编写, 附录由高磊编写. 李林对整本书进行了统稿, 李冬果负责全书习题的配置. 感谢科学出版社的编辑, 他们的认真工作和热情帮助不仅使本书得以尽早出版而且提升了本书的编排质量和视觉效果.

由于编者水平所限, 加上任务本身难度大、时间紧, 书中有很多不足和考虑不周之处, 希望得到专家、同行和读者的批评指正, 使本书在教学实践中不断完善.

编　者

2014 年 10 月

于首都医科大学

目　录

第1章　行　列　式

在许多实际问题中, 常会遇到求解线性方程组的问题. 行列式的概念最初是伴随着线性方程组的求解而发展起来的. 它是研究线性代数的基础工具, 也是线性代数中的一个重要概念. 本章主要介绍 n 阶行列式的定义、性质及计算方法, 进而介绍以数学家克拉默 (G. Cramer, 1704—1752) 名字命名的用 n 阶行列式求解 n 元线性方程组的克拉默法则.

1.1　二阶与三阶行列式

设二元线性方程组

$$\begin{cases} a_{11}x_1 + a_{12}x_2 = b_1, \\ a_{21}x_1 + a_{22}x_2 = b_2, \end{cases} \tag{1.1}$$

利用消元法可得

$$\begin{cases} (a_{11}a_{22} - a_{12}a_{21})x_1 = b_1a_{22} - a_{12}b_2, \\ (a_{11}a_{22} - a_{12}a_{21})x_2 = a_{11}b_2 - b_1a_{21}. \end{cases}$$

当 $a_{11}a_{22} - a_{12}a_{21} \neq 0$ 时, 方程组 (1.1) 有唯一解:

$$\begin{cases} x_1 = \dfrac{b_1a_{22} - a_{12}b_2}{a_{11}a_{22} - a_{12}a_{21}}, \\ x_2 = \dfrac{a_{11}b_2 - b_1a_{21}}{a_{11}a_{22} - a_{12}a_{21}}. \end{cases} \tag{1.2}$$

在式 (1.2) 中, 解 x_1, x_2 的分子、分母都是两项的代数和, 其中分母 $a_{11}a_{22} - a_{12}a_{21}$ 是由方程组的四个未知数系数确定的, 为了便于记忆, 引入**二阶行列式**(determinant of second order).

定义 1.1　由四个数排成二行二列 (横排称行、竖排称列) 的数表

$$\begin{matrix} a_{11} & a_{12} \\ a_{21} & a_{22} \end{matrix} \tag{1.3}$$

表达式 $a_{11}a_{22} - a_{12}a_{21}$ 称为数表 (1.3) 所确定的二阶行列式, 并记作

$$\begin{vmatrix} a_{11} & a_{12} \\ a_{21} & a_{22} \end{vmatrix},$$

即

$$D=\begin{vmatrix} a_{11} & a_{12} \\ a_{21} & a_{22} \end{vmatrix}=a_{11}a_{22}-a_{12}a_{21}, \tag{1.4}$$

其中 $a_{ij}(i=1,2;j=1,2)$ 称为行列式的**元素**(elements of a determinant), 下标(subscript)i 称为行标, 表示该元素位于行列式中第 i 行, 下标 j 称为列标, 表示该元素位于行列式中第 j 列. ■

式 (1.4) 也称为**对角线法则**(diagonal rule)(图 1.1) 所示, 实线部分称为主对角线, 虚线部分称为副对角线.

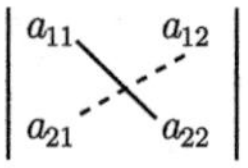

图 1.1 二阶行列式展开法示意图

利用二阶行列式, 式 (1.2) 中记 $D=\begin{vmatrix} a_{11} & a_{12} \\ a_{21} & a_{22} \end{vmatrix}$, 称为方程组 (1.1) 的系数行列式. 把系数行列式的第一列和第二列分别换成方程组右端的常数列所得到的行列式记为

$$D_1=b_1a_{22}-a_{12}b_2=\begin{vmatrix} b_1 & a_{12} \\ b_2 & a_{22} \end{vmatrix},\quad D_2=a_{11}b_2-b_1a_{21}=\begin{vmatrix} a_{11} & b_1 \\ a_{21} & b_2 \end{vmatrix},$$

则当 $D\neq 0$ 时, 方程组 (1.1) 有唯一解

$$x_1=\frac{D_1}{D},\quad x_2=\frac{D_2}{D}. \tag{1.5}$$

类似地, 对三元线性方程组,

$$\begin{cases} a_{11}x_1+a_{12}x_2+a_{13}x_3=b_1, \\ a_{21}x_1+a_{22}x_2+a_{23}x_3=b_2, \\ a_{31}x_1+a_{32}x_2+a_{33}x_3=b_3, \end{cases} \tag{1.6}$$

也可以用相应的三阶行列式来简化表示它的解.

定义 1.2 设有 9 个数排成三行三列的数表

$$\begin{matrix} a_{11} & a_{12} & a_{13} \\ a_{21} & a_{22} & a_{23} \\ a_{31} & a_{32} & a_{33} \end{matrix} \tag{1.7}$$

记

$$D=\begin{vmatrix} a_{11} & a_{12} & a_{13} \\ a_{21} & a_{22} & a_{23} \\ a_{31} & a_{32} & a_{33} \end{vmatrix} \tag{1.8}$$

$$=a_{11}a_{22}a_{33}+a_{12}a_{23}a_{31}+a_{13}a_{21}a_{32}$$

$$-a_{11}a_{23}a_{32}-a_{12}a_{21}a_{33}-a_{13}a_{22}a_{31}.$$

式 (1.8) 称为由数表 (1.7) 所确定的**三阶行列式**(determinant of third order). ■

定义 1.2 表明三阶行列式含有六项, 每项均为不同行不同列的三个元素乘积再冠以正负号, 其规律遵循如图 1.2 所示的对角线法则, 其中每一条实线上的三个元素的乘积带正号, 对应着式 (1.8) 中的三项正项, 每一条虚线上的三个元素的乘积带负号, 对应着式 (1.8) 中的三项负项, 六项的代数和就是三阶行列式的展开式.

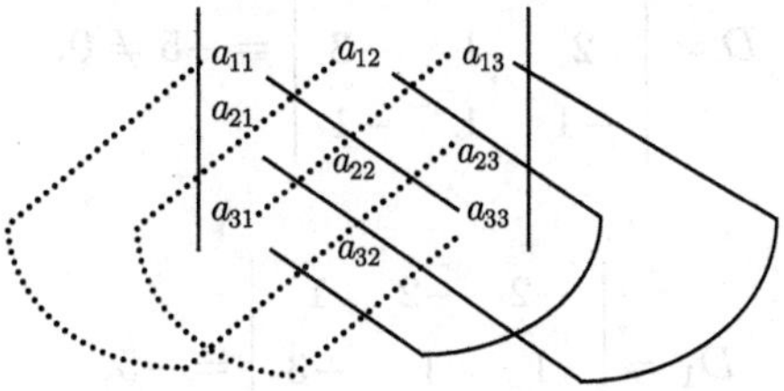

图 1.2 三阶行列式展开法示意图

利用三阶行列式, 记行列式 $D=\begin{vmatrix} a_{11} & a_{12} & a_{13} \\ a_{21} & a_{22} & a_{23} \\ a_{31} & a_{32} & a_{33} \end{vmatrix}$, 则当 $D\neq 0$ 时线性方程组 (1.6) 的解可唯一的表示为

$$x_1=\frac{D_1}{D},\quad x_2=\frac{D_2}{D},\quad x_3=\frac{D_3}{D},$$

其中

$$D_1=\begin{vmatrix} b_1 & a_{12} & a_{13} \\ b_2 & a_{22} & a_{23} \\ b_3 & a_{32} & a_{33} \end{vmatrix},\quad D_2=\begin{vmatrix} a_{11} & b_1 & a_{13} \\ a_{21} & b_2 & a_{23} \\ a_{31} & b_3 & a_{33} \end{vmatrix},\quad D_3=\begin{vmatrix} a_{11} & a_{12} & b_1 \\ a_{21} & a_{22} & b_2 \\ a_{31} & a_{32} & b_3 \end{vmatrix}.$$

例 1 求三阶行列式 $D=\begin{vmatrix} 1 & -2 & 1 \\ 2 & 1 & -3 \\ -1 & 1 & -1 \end{vmatrix}$ 的值.

解

$$D = \begin{vmatrix} 1 & -2 & 1 \\ 2 & 1 & -3 \\ -1 & 1 & -1 \end{vmatrix}$$

$$= 1\times1\times(-1) + (-2)\times(-3)\times(-1) + 1\times2\times1 - 1\times1\times(-1) - (-2)\times2\times(-1) - 1\times(-3)\times1$$

$$= -5.$$

■

例 2　解线性方程组 $\begin{cases} x_1 - 2x_2 + x_3 = -2, \\ 2x_1 + x_2 - 3x_3 = 1, \\ -x_1 + x_2 - x_3 = 0. \end{cases}$

解　由于方程组的系数行列式

$$D = \begin{vmatrix} 1 & -2 & 1 \\ 2 & 1 & -3 \\ -1 & 1 & -1 \end{vmatrix} = -5 \neq 0,$$

同理可得

$$D_1 = \begin{vmatrix} -2 & -2 & 1 \\ 1 & 1 & -3 \\ 0 & 1 & -1 \end{vmatrix} = -5,$$

$$D_2 = \begin{vmatrix} 1 & -2 & 1 \\ 2 & 1 & -3 \\ -1 & 0 & -1 \end{vmatrix} = -10,$$

$$D_3 = \begin{vmatrix} 1 & -2 & -2 \\ 2 & 1 & 1 \\ -1 & 1 & 0 \end{vmatrix} = -5,$$

故方程组的解为

$$x_1 = \frac{D_1}{D} = 1, \quad x_2 = \frac{D_2}{D} = 2, \quad x_3 = \frac{D_3}{D} = 1.$$

■

二、三阶行列式除了用来解方程组外, 还可以用于解决平面几何中的一些问题.

例 3　设三角形的三点坐标为 $A(x_1, y_1)$, $B(x_2, y_2)$, $C(x_3, y_3)$, 它们构成逆时针回路, 则该三角形的面积为

$$S_\triangle = \frac{1}{2} \times \begin{vmatrix} x_1 & y_1 & 1 \\ x_2 & y_2 & 1 \\ x_3 & y_3 & 1 \end{vmatrix}.$$

解 在空间直角坐标系中考虑这个问题, 不妨假设这三个点的坐标为 $A(x_1,y_1,0), B(x_2,y_2,0)$, $C(x_3,y_3,0)$. 利用向量的运算得

$$|\overrightarrow{AB}\times\overrightarrow{AC}| = |\overrightarrow{AB}||\overrightarrow{AC}|\sin\theta = 2S_\triangle,$$

而

$$\overrightarrow{AB}\times\overrightarrow{AC} = \begin{vmatrix} \boldsymbol{i} & \boldsymbol{j} & \boldsymbol{k} \\ x_2-x_1 & y_2-y_1 & 0 \\ x_3-x_1 & y_3-y_1 & 0 \end{vmatrix} = [(x_2-x_1)(y_3-y_1)-(x_3-x_1)(y_2-y_1)]\boldsymbol{k},$$

因此

$$\begin{aligned} S_\triangle &= \frac{1}{2}[(x_2-x_1)(y_3-y_1)-(x_3-x_1)(y_2-y_1)] \\ &= \frac{1}{2}\begin{vmatrix} x_2-x_1 & y_2-y_1 \\ x_3-x_1 & y_3-y_1 \end{vmatrix} = \frac{1}{2}\begin{vmatrix} x_1 & y_1 & 1 \\ x_2-x_1 & y_2-y_1 & 0 \\ x_3-x_1 & y_3-y_1 & 0 \end{vmatrix} = \frac{1}{2}\begin{vmatrix} x_1 & y_1 & 1 \\ x_2 & y_2 & 1 \\ x_3 & y_3 & 1 \end{vmatrix}. \end{aligned}$$ ■

1.2 n 阶行列式

前面讨论表明行列式是解线性方程组的有力工具, 那么自然要考虑能否把以上结果推广到 n 元一次方程组, 即线性方程组

$$\begin{cases} a_{11}x_1 + a_{12}x_2 + \cdots + a_{1n}x_n = b_1, \\ a_{21}x_1 + a_{22}x_2 + \cdots + a_{2n}x_n = b_2, \\ \cdots\cdots \\ a_{n1}x_1 + a_{n2}x_2 + \cdots + a_{nn}x_n = b_n \end{cases}$$

中去? 为此, 需要先定义 n 阶行列式, 并讨论其性质和计算.

1.2.1 全排列及逆序数

为了定义 n 阶行列式, 本节首先引入全排列、逆序数和对换的概念.

定义 1.3 把 n 个不同的数排成一列, 称为这 n 个数的**全排列**(full permutation). n 个不同的数的所有排列种数, 通常用 P_n 表示. 显然对 n 个自然数 $1,2,\cdots,n$, $P_n = n\cdot(n-1)\cdot(n-2)\cdots 3\cdot 2\cdot 1 = n!$. ■

各元素之间有一个标准次序, n 个不同的自然数, 规定由小到大为标准次序.

定义 1.4 在一个排列 $i_1i_2\cdots i_t\cdots i_s\cdots i_n$ 中, 若数 $i_t > i_s$, 则称 i_t 与 i_s 构成一个**逆序** (inversion). 一个排列中所有逆序的总数, 称为这个排列的逆序数, 记为 $\tau(i_1i_2\cdots i_n)$. ■

例如, $\tau(25413)=1+3+2=6$,

$$\tau(n(n-1)\cdots 321)=0+1+2+\cdots+(n-1)=\frac{n(n-1)}{2}.$$

逆序数是奇数的排列称为奇排列, 逆序数是偶数的排列称为偶排列. 例如, 排列 25431 是偶排列, 排列 23415 是奇排列. 因 $\tau(1,2,\cdots,n)=0$, 故自然数序列是偶排列.

定义 1.5 在排列中, 将任意两个元素对调, 其余元素不动, 这种作出新排列的手续称为对换. 将相邻两个元素对调, 称为**相邻对换**(adjacent transposition).

例如, 排列 $a_1\cdots a_l\ a\ b\ b_1\cdots b_m$ 调换 $a\ b$ 得到排列 $a_1\cdots a_l\ b\ a\ b_1\cdots b_m$, 称为相邻对换.

定理 1.1 一个排列中的任意两个元素对换, 排列改变奇偶性.

证明 设排列 $a_1\cdots a_l\ a\ b\ b_1\cdots b_m$ 对换 a 与 b 得到排列 $a_1\cdots a_l\ b\ a\ b_1\cdots b_m$, 除 a 与 b 外, 其他元素的逆序数不改变. 当 $a<b$ 时, 经对换后 a 的逆序数增加 1, b 的逆序数不变; 当 $a>b$ 时, 经对换后 a 的逆序数不变, b 的逆序数减少 1. 因此对换相邻两个元素, 排列改变奇偶性.

设排列为 $a_1\cdots a_l\, a\, b_1\cdots b_m\, b$, 现来对换 a 与 b.

排列 $a_1\cdots a_l\ a\ b_1\cdots b_m\ b$ 先经过 m 次相邻对换得到排列 $a_1\cdots\ a_l\ a\ b\ b_1\cdots\ b_m$, 此排列再经过 $m+1$ 次相邻对换得到排列 $a_1\cdots a_l\ b\ b_1\cdots b_m\ a$, 因此总共经过 $2m+1$ 次相邻对换, 原排列 $a_1\cdots a_l\ a\ b_1\cdots b_m\ b$ 对换成新排列 $a_1\cdots a_l\ b\ b_1\cdots b_m\ a$, 所以一个排列中的任意两个元素对换, 排列改变奇偶性. ■

1.2.2 n 阶行列式的定义

为了给出 n 阶行列式的定义, 先来研究三阶行列式定义的结构,

$$D=\begin{vmatrix} a_{11} & a_{12} & a_{13} \\ a_{21} & a_{22} & a_{23} \\ a_{31} & a_{32} & a_{33} \end{vmatrix}$$

$$=a_{11}a_{22}a_{33}+a_{12}a_{23}a_{31}+a_{13}a_{21}a_{32}$$
$$-a_{11}a_{23}a_{32}-a_{12}a_{21}a_{33}-a_{13}a_{22}a_{31},$$

不难看出三阶行列式定义具有以下特点: ①三阶行列式恰有 3! 项; ②每项都是位于不同行不同列的三个元素的乘积; ③每项的正负号都取决于位于不同行不同列的三个元素的下标排列的奇偶性. 例如, 项 $a_{13}a_{21}a_{32}$ 列标排列的逆序数为 $\tau(312)=1+1=2$, 为偶排列, 所以取正号, 项 $a_{11}a_{23}a_{32}$ 列标排列的逆序数为 $\tau(132)=1+0=1$,

为奇排列, 所以取负号. 因此, 三阶行列式的定义可以表示为

$$\begin{vmatrix} a_{11} & a_{12} & a_{13} \\ a_{21} & a_{22} & a_{23} \\ a_{31} & a_{32} & a_{33} \end{vmatrix} = \sum (-1)^{\tau(p_1p_2p_3)} a_{1p_1}a_{2p_2}a_{3p_3},$$

其中 $\tau(p_1p_2p_3)$ 为排列 $p_1p_2p_3$ 的逆序数, $p_1p_2p_3$ 为 1, 2, 3 的一个排列.

同样二阶行列式也可以表示为

$$\begin{vmatrix} a_{11} & a_{12} \\ a_{21} & a_{22} \end{vmatrix} = \sum (-1)^{\tau(p_1p_2)} a_{1p_1}a_{2p_2}.$$

仿此可以把行列式定义推广到 n 阶行列式.

定义 1.6 定义由 n^2 个数组成的 n 阶行列式等于所有取自不同行不同列的 n 个元素乘积的代数和 $\sum (-1)^{\tau} a_{1p_1}a_{2p_2}\cdots a_{np_n}$, 记作

$$D = \begin{vmatrix} a_{11} & a_{12} & \cdots & a_{1n} \\ a_{21} & a_{22} & \cdots & a_{2n} \\ \vdots & \vdots & & \vdots \\ a_{n1} & a_{n2} & \cdots & a_{nn} \end{vmatrix} = \sum (-1)^{\tau(p_1p_2\cdots p_n)} a_{1p_1}a_{2p_2}\cdots a_{np_n},$$

简记为 $\det(a_{ij})$. 数 a_{ij} 称为 $\det(a_{ij})$ 的元素. $a_{11}, a_{22}, \cdots, a_{nn}$ 所在对角线称为行列式的**主对角线**(main diagonal), 相应地, $a_{1n}, a_{2,n-1}, \cdots, a_{n1}$ 所在对角线称为行列式的**副对角线**(antidiagonal, counterdiagonal, secondary diagonal). 当 $n = 1$ 时, 一阶行列式 $|a| = a$(注意不要与绝对值记号相混淆). ■

由对换及排列的奇偶性得到 n 阶行列式的等价定义.

定义 1.7 n 阶行列式也可定义为

$$D = \begin{vmatrix} a_{11} & a_{12} & \cdots & a_{1n} \\ a_{21} & a_{22} & \cdots & a_{2n} \\ \vdots & \vdots & & \vdots \\ a_{n1} & a_{n2} & \cdots & a_{nn} \end{vmatrix} = \sum (-1)^{\tau(p_1p_2\cdots p_n)} a_{p_11}a_{p_22}\cdots a_{p_nn},$$

其中 $\tau(p_1p_2\cdots p_n)$ 为行标排列 $p_1p_2\cdots p_n$ 的逆序数. ■

由定义 1.6 和定义 1.7 得以下定理.

定理 1.2 n 阶行列式也可定义为

$$D=\begin{vmatrix} a_{11} & a_{12} & \cdots & a_{1n} \\ a_{21} & a_{22} & \cdots & a_{2n} \\ \vdots & \vdots & & \vdots \\ a_{n1} & a_{n2} & \cdots & a_{nn} \end{vmatrix}=\sum(-1)^{\tau}a_{p_1q_1}a_{p_2q_2}\cdots a_{p_nq_n},$$

其中 τ 为行标排列 $p_1p_2\cdots p_n$ 和列标排列 $q_1q_2\cdots q_n$ 的逆序数之和. ■

例 1 计算行列式

$$\begin{vmatrix} 0 & 0 & 1 & 0 \\ 0 & 0 & 0 & 2 \\ 0 & 3 & 0 & 0 \\ 4 & 0 & 0 & 0 \end{vmatrix}.$$

解 由行列式定义知, 行列式的值为 4! 项的代数和, 每项形为 $a_{1p_1}, a_{2p_2}, a_{3p_3}, a_{4p_4}$, 当且仅当 $p_1=3, p_2=4, p_3=2, p_4=1$, 时, 项 $a_{1p_1}, a_{2p_2}, a_{3p_3}, a_{4p_4}$ 不为零, 其余项都为零, 所以

$$\begin{aligned}&\begin{vmatrix} 0 & 0 & 1 & 0 \\ 0 & 0 & 0 & 2 \\ 0 & 3 & 0 & 0 \\ 4 & 0 & 0 & 0 \end{vmatrix}\\ =&\sum(-1)^{\tau(p_1p_2p_3p_4)}a_{1p_1}a_{2p_2}a_{3p_3}a_{4p_4}\\ =&(-1)^{\tau(3421)}a_{13}a_{24}a_{32}a_{41}=(-1)^5 24=-24.\end{aligned}$$

■

例 2 计算行列式的值

$$\begin{vmatrix} a_{11} & & & \\ & a_{22} & & \\ & & \ddots & \\ & & & a_{nn} \end{vmatrix}.$$

解 由行列式定义知, 行列式展开式中不为零的项只有一项 $a_{11}a_{22}\cdots a_{nn}$, 所以 $D_n=(-1)^{\tau}a_{11}a_{22}\cdots a_{n-1,n-1}a_{nn}$, 因为行标列标均为标准次序, 因而逆序数和为零, 该项为正, 所以有

$$\begin{vmatrix} a_{11} & & & \\ & a_{22} & & \\ & & \ddots & \\ & & & a_{nn} \end{vmatrix}=a_{11}a_{22}\cdots a_{nn}.$$

此行列式除主对角线元素不为零外, 其余元素都为零, 称此行列式为**主对角行列式**(diagonal determinant).

同理可得副对角行列式

$$\begin{vmatrix} & & & a_{1n} \\ & & a_{2n} & \\ & \iddots & & \\ a_{n1} & & & \end{vmatrix} = (-1)^{\frac{n(n-1)}{2}} a_{1n}a_{2,n-1}\cdots a_{n1}.$$ ■

例 3 证明: **上三角行列式**(upper triangular determinant)

$$D = \begin{vmatrix} a_{11} & a_{12} & \cdots & a_{1n} \\ 0 & a_{22} & \cdots & a_{2n} \\ \vdots & \vdots & \ddots & \vdots \\ 0 & 0 & \cdots & a_{nn} \end{vmatrix} = a_{11}a_{22}\cdots a_{nn}.$$

证明 由行列式定义得 $D = \sum (-1)^{\tau(p_1p_2\cdots p_n)} a_{1p_1}a_{2p_2}\cdots a_{np_n}$, 对行列式 D, 由于当 $i > j$ 时, $a_{ij} = 0$, 故 D 中不为零的元素 a_{ip_j}, 其下标应满足 $p_j \geqslant i$, 即 $p_1 \geqslant 1, p_2 \geqslant 2, \cdots, p_n \geqslant n$, 在所有排列中, 满足上述关系的排列只有自然排列 $1, 2, \cdots, n$, 所以 D 中可能不为 0 的项只有 $(-1)^{\tau} a_{11}a_{22}\cdots a_{nn}$ 一项, 而此项的符号为正号, 所以由行列式定义得 $D = a_{11}a_{22}\cdots a_{nn}$. ■

类似地, 可得**下三角行列式**(lower triangular determinant) 的值

$$\begin{vmatrix} a_{11} & 0 & \cdots & 0 \\ a_{21} & a_{22} & \cdots & 0 \\ \vdots & \vdots & \ddots & \vdots \\ a_{n1} & a_{n2} & \cdots & a_{nn} \end{vmatrix} = a_{11}a_{22}\cdots a_{nn}.$$

1.3 行列式的性质与计算

利用 n 阶行列式的定义可以计算行列式的值, 但当 n 比较大时, 计算量也比较大. 因此需要采取适当的方法简化行列式的计算, 为此先介绍行列式的性质.

令

$$D = \begin{vmatrix} a_{11} & a_{12} & \cdots & a_{1n} \\ a_{21} & a_{22} & \cdots & a_{2n} \\ \vdots & \vdots & & \vdots \\ a_{n1} & a_{n2} & \cdots & a_{nn} \end{vmatrix}, \quad D^{\mathrm{T}} = \begin{vmatrix} a_{11} & a_{21} & \cdots & a_{n1} \\ a_{12} & a_{22} & \cdots & a_{n2} \\ \vdots & \vdots & & \vdots \\ a_{1n} & a_{2n} & \cdots & a_{nn} \end{vmatrix}.$$

称行列式 D^{T} 为 D 的转置行列式, 即把 D 的第 i 行换成相应的第 i 列, 第 j 列换成相应的第 j 行.

性质 1　行列式 D 与其转置行列式的值相等, 即 $D=D^{\mathrm{T}}$.

证明　令 $b_{ij}=a_{ij}\,(i,j=1,2,\cdots,n)$, 则 $D=\det(a_{ij})$ 的转置行列式为

$$D^{\mathrm{T}}=\begin{vmatrix} b_{11} & b_{12} & \cdots & b_{1n} \\ b_{21} & b_{22} & \cdots & b_{2n} \\ \vdots & \vdots & & \vdots \\ b_{n1} & b_{n2} & \cdots & b_{nn} \end{vmatrix},$$

由行列式定义得

$$D^{\mathrm{T}}=\sum(-1)^t b_{1p_1}b_{2p_2}\cdots b_{np_n}=\sum(-1)^t a_{p_1 1}a_{p_2 2}\cdots a_{p_n n}.$$

所以 $D^{\mathrm{T}}=D$. ■

此性质说明行列式的行与列具有相同的地位, 因此行列式有关性质对行成立, 对列也是成立的, 反之亦然.

性质 2　互换行列式的两行 (列), 行列式变号, 即

$$\begin{vmatrix} a_{11} & a_{12} & \cdots & a_{1n} \\ \vdots & \vdots & & \vdots \\ a_{i1} & a_{i2} & \cdots & a_{in} \\ \vdots & \vdots & & \vdots \\ a_{j1} & a_{j2} & \cdots & a_{jn} \\ \vdots & \vdots & & \vdots \\ a_{n1} & a_{n2} & \cdots & a_{nn} \end{vmatrix} \xlongequal{r_i \longleftrightarrow r_j} -\begin{vmatrix} a_{11} & a_{12} & \cdots & a_{1n} \\ \vdots & \vdots & & \vdots \\ a_{j1} & a_{j2} & \cdots & a_{jn} \\ \vdots & \vdots & & \vdots \\ a_{i1} & a_{i2} & \cdots & a_{in} \\ \vdots & \vdots & & \vdots \\ a_{n1} & a_{n2} & \cdots & a_{nn} \end{vmatrix},$$

进一步, 如果行列式有两行 (列) 元素对应相等, 则此行列式必为 0.

证明　记上式左边行列式为 D, 右边行列式为 D', 由行列式定义得

$$\begin{aligned} D' &= \sum_{p_1\cdots p_i\cdots p_j\cdots p_n}(-1)^{\tau(p_1\cdots p_i\cdots p_j\cdots p_n)}a_{1p_1}\cdots a_{jp_i}\cdots a_{ip_j}\cdots a_{np_n} \\ &= -\sum_{p_1\cdots p_j\cdots p_i\cdots p_n}(-1)^{\tau(p_1\cdots p_j\cdots p_i\cdots p_n)}a_{1p_1}\cdots a_{ip_j}\cdots a_{jp_i}\cdots a_{np_n} \\ &= -D. \end{aligned}$$

■

性质 3　行列式的某一行 (列) 中所有的元素都乘以同一数 k, 等于用数 k 乘

此行列式, 即

$$\begin{vmatrix} a_{11} & a_{12} & \cdots & a_{1n} \\ \vdots & \vdots & & \vdots \\ ka_{i1} & ka_{i2} & \cdots & ka_{in} \\ \vdots & \vdots & & \vdots \\ a_{n1} & a_{n2} & \cdots & a_{nn} \end{vmatrix} = k \begin{vmatrix} a_{11} & a_{12} & \cdots & a_{1n} \\ \vdots & \vdots & & \vdots \\ a_{i1} & a_{i2} & \cdots & a_{in} \\ \vdots & \vdots & & \vdots \\ a_{n1} & a_{n2} & \cdots & a_{nn} \end{vmatrix}.$$

因此, 行列式中某一行 (列) 所有元素的公因子可以提到行列式外面. 进一步, 如果行列式有两行 (列) 的对应元素成比例, 则行列式等于 0. ■

性质 4 设 n 阶行列式 D 的某一行 (列) 元素都是两数之和, 如第 i 列的元素都是两数之和,

$$D = \begin{vmatrix} a_{11} & a_{12} & \cdots & (a_{1i}+a'_{1i}) & \cdots & a_{1n} \\ a_{21} & a_{22} & \cdots & (a_{2i}+a'_{2i}) & \cdots & a_{2n} \\ \vdots & \vdots & & \vdots & & \vdots \\ a_{n1} & a_{n2} & \cdots & (a_{ni}+a'_{ni}) & \cdots & a_{nn} \end{vmatrix},$$

则 D 等于下列两个行列式之和:

$$D = \begin{vmatrix} a_{11} & \cdots & a_{1i} & \cdots & a_{1n} \\ a_{21} & \cdots & a_{2i} & \cdots & a_{2n} \\ \vdots & & \vdots & & \vdots \\ a_{n1} & \cdots & a_{ni} & \cdots & a_{nn} \end{vmatrix} + \begin{vmatrix} a_{11} & \cdots & a'_{1i} & \cdots & a_{1n} \\ a_{21} & \cdots & a'_{2i} & \cdots & a_{2n} \\ \vdots & & \vdots & & \vdots \\ a_{n1} & \cdots & a'_{ni} & \cdots & a_{nn} \end{vmatrix}.$$

证明 由行列式定义得

$$\begin{aligned} D &= \sum (-1)^{\tau(p_1p_2\cdots p_n)} a_{1p_1}a_{2p_2}\cdots(a_{ip_i}+a'_{ip_i})\cdots a_{np_n} \\ &= \sum (-1)^{\tau(p_1p_2\cdots p_n)} a_{1p_1}a_{2p_2}\cdots a_{ip_i}\cdots a_{np_n} \\ &\quad + \sum (-1)^{\tau(p_1p_2\cdots p_n)} a_{1p_1}a_{2p_2}\cdots a'_{ip_i}\cdots a_{np_n}. \end{aligned}$$ ■

性质 5 把行列式的某一列 (行) 的各元素乘以同一数然后加到另一列 (行) 对应的元素上去, 行列式值不变.

$$\begin{vmatrix} a_{11} & \cdots & a_{1i} & \cdots & a_{1j} & \cdots & a_{1n} \\ a_{21} & \cdots & a_{2i} & \cdots & a_{2j} & \cdots & a_{2n} \\ \vdots & & \vdots & & \vdots & & \vdots \\ a_{n1} & \cdots & a_{ni} & \cdots & a_{nj} & \cdots & a_{nn} \end{vmatrix}$$

$$\underline{\underline{c_i+kc_j}}\begin{vmatrix} a_{11} & \cdots & (a_{1i}+ka_{1j}) & \cdots & a_{1j} & \cdots & a_{1n} \\ a_{21} & \cdots & (a_{2i}+ka_{2j}) & \cdots & a_{2j} & \cdots & a_{2n} \\ \vdots & & \vdots & & \vdots & & \vdots \\ a_{n1} & \cdots & (a_{ni}+ka_{nj}) & \cdots & a_{nj} & \cdots & a_{nn} \end{vmatrix}. \qquad \blacksquare$$

该性质可由性质 5 和性质 3 证得.

例 1　计算行列式 $D=\begin{vmatrix} 1 & -1 & 2 & -3 & 1 \\ -3 & 3 & -7 & 9 & -5 \\ 2 & 0 & 4 & -2 & 1 \\ 3 & -5 & 7 & -14 & 6 \\ 4 & -4 & 10 & -10 & 2 \end{vmatrix}$.

解　将第 1 行分别乘以 3, −2, −3, −4 再分别加到第 2, 3, 4, 5 行得

$$D=\begin{vmatrix} 1 & -1 & 2 & -3 & 1 \\ 0 & 0 & -1 & 0 & -2 \\ 0 & 2 & 0 & 4 & -1 \\ 0 & -2 & 1 & -5 & 3 \\ 0 & 0 & 2 & 2 & -2 \end{vmatrix},$$

先将第 3 行加到第 4 行, 再交换第 2, 3 行得到

$$D=-\begin{vmatrix} 1 & -1 & 2 & -3 & 1 \\ 0 & 2 & 0 & 4 & -1 \\ 0 & 0 & -1 & 0 & -2 \\ 0 & 0 & 1 & -1 & 2 \\ 0 & 0 & 2 & 2 & -2 \end{vmatrix},$$

第 3 行加到第 4 行, 第 3 行乘以 2 加到第 5 行得

$$D=-\begin{vmatrix} 1 & -1 & 2 & -3 & 1 \\ 0 & 2 & 0 & 4 & -1 \\ 0 & 0 & -1 & 0 & -2 \\ 0 & 0 & 0 & -1 & 0 \\ 0 & 0 & 0 & 2 & -6 \end{vmatrix},$$

第 4 行乘以 2 加到第 5 行得

$$D=\begin{vmatrix} 1 & -1 & 2 & -3 & 1 \\ 0 & 2 & 0 & 4 & -1 \\ 0 & 0 & -1 & 0 & -2 \\ 0 & 0 & 0 & -1 & 0 \\ 0 & 0 & 0 & 0 & -6 \end{vmatrix}=12.$$ ■

例 2 计算 n 阶行列式 $D=\begin{vmatrix} a & b & b & \cdots & b \\ b & a & b & \cdots & b \\ b & b & a & \cdots & b \\ \vdots & \vdots & \vdots & & \vdots \\ b & b & b & \cdots & a \end{vmatrix}$.

解 这个行列式的特点是各行或各列数的和都为 $a+(n-1)b$. 现将第 $2,3,\cdots,n$ 列都加到第 1 列得

$$D=\begin{vmatrix} a+(n-1)b & b & b & \cdots & b \\ a+(n-1)b & a & b & \cdots & b \\ a+(n-1)b & b & a & \cdots & b \\ \vdots & \vdots & \vdots & & \vdots \\ a+(n-1)b & b & b & \cdots & a \end{vmatrix}=[a+(n-1)b]\begin{vmatrix} 1 & b & b & \cdots & b \\ 1 & a & b & \cdots & b \\ 1 & b & a & \cdots & b \\ \vdots & \vdots & \vdots & & \vdots \\ 1 & b & b & \cdots & a \end{vmatrix}$$

$$=[a+(n-1)b]\begin{vmatrix} 1 & b & b & \cdots & b \\ & a-b & 0 & \cdots & 0 \\ & & a-b & \cdots & 0 \\ & & & \ddots & \vdots \\ & & & & a-b \end{vmatrix}=[a+(n-1)b]\,(a-b)^{n-1}.$$ ■

例 3 设

$$D=\begin{vmatrix} a_{11} & \cdots & a_{1k} & & & \\ \vdots & & \vdots & & \boldsymbol{O} & \\ a_{k1} & \cdots & a_{kk} & & & \\ c_{11} & \cdots & c_{1k} & b_{11} & \cdots & b_{1n} \\ \vdots & & \vdots & \vdots & & \vdots \\ c_{n1} & \cdots & c_{nk} & b_{n1} & \cdots & b_{nn} \end{vmatrix},$$

$$D_1=\det(a_{ij})=\begin{vmatrix} a_{11} & \cdots & a_{1k} \\ \vdots & & \vdots \\ a_{k1} & \cdots & a_{kk} \end{vmatrix},$$

$$D_2=\det(b_{ij})=\begin{vmatrix} b_{11} & \cdots & b_{1n} \\ \vdots & & \vdots \\ b_{n1} & \cdots & b_{nn} \end{vmatrix},$$

证明 $D=D_1D_2$.

证明 对 D_1 作运算 r_i+kr_j 把 D_1 化为下三角行列式, 设为

$$D_1=\begin{vmatrix} p_{11} & & \boldsymbol{O} \\ \vdots & \ddots & \\ p_{k1} & \cdots & p_{kk} \end{vmatrix}=p_{11}\cdots p_{kk};$$

对 D_2 作运算 c_i+kc_j, 把 D_2 化为下三角行列式, 设为

$$D_2=\begin{vmatrix} q_{11} & & \boldsymbol{O} \\ \vdots & \ddots & \\ q_{n1} & \cdots & p_{nk} \end{vmatrix}=q_{11}\cdots q_{nn}.$$

对 D 的前 k 行作运算 r_i+kr_j, 再对后 n 列作运算 c_i+kc_j, 把 D 化为下三角行列式

$$D=\begin{vmatrix} p_{11} & & & & & \\ \vdots & \ddots & & & \boldsymbol{O} & \\ p_{k1} & \cdots & p_{kk} & & & \\ c_{11} & \cdots & c_{1k} & q_{11} & & \\ \vdots & & \vdots & \vdots & \ddots & \\ c_{n1} & \cdots & c_{nk} & q_{n1} & \cdots & q_{nn} \end{vmatrix},$$

所以 $D=p_{11}\cdots p_{kk}\cdot q_{11}\cdots q_{nn}=D_1D_2$. ■

本例可简记为

$$D=\begin{vmatrix} \boldsymbol{D}_1 & \boldsymbol{O} \\ * & \boldsymbol{D}_2 \end{vmatrix}=\begin{vmatrix} \boldsymbol{D}_1 & * \\ \boldsymbol{O} & \boldsymbol{D}_2 \end{vmatrix}=D_1D_2,$$

其中 $*$ 为任意的 $n\times k$ 个数排列成的 n 行 k 列.

例 4 计算 n 阶行列式

$$D_n=\begin{vmatrix} a+x_1 & a & \cdots & a \\ a & a+x_2 & \cdots & a \\ \vdots & \vdots & & \vdots \\ a & a & \cdots & a+x_n \end{vmatrix}$$

解 依第 n 列把 D_n 拆成两个行列式之和

$$D_n = \begin{vmatrix} a+x_1 & a & \cdots & a \\ a & a+x_2 & \cdots & a \\ \vdots & \vdots & & \vdots \\ a & a & \cdots & a \end{vmatrix} + \begin{vmatrix} a+x_1 & a & \cdots & 0 \\ a & a+x_2 & \cdots & 0 \\ \vdots & \vdots & & \vdots \\ a & a & \cdots & x_n \end{vmatrix},$$

右端的第 1 个行列式, 将第 n 列的 (-1) 倍分别加到第 $1,2,\cdots,n-1$ 列, 右端的第 2 个行列式按第 n 列展开, 得

$$D_n = \begin{vmatrix} x_1 & 0 & \cdots & 0 & a \\ 0 & x_2 & \cdots & 0 & a \\ \vdots & \vdots & & \vdots & \vdots \\ 0 & 0 & & x_{n-1} & a \\ 0 & 0 & \cdots & 0 & a \end{vmatrix} + x_n D_{n-1},$$

从而

$$D_n = x_1 x_2 \cdots x_{n-1} a + x_n D_{n-1},$$

以此作为递推公式, 即得

$$\begin{aligned} D_n &= x_1x_2\cdots x_{n-1}a + x_1x_2\cdots x_{n-2}ax_n + x_nx_{n-1}D_{n-2} \\ &= x_1x_2\cdots x_{n-1}a + x_1x_2\cdots x_{n-2}ax_n + \cdots \\ &\quad + x_1x_2ax_4\cdots x_n + x_nx_{n-1}\cdots x_3D_2 \\ &= x_1x_2\cdots x_{n-1}a + x_1x_2\cdots x_{n-2}ax_n \\ &\quad + \cdots + x_1x_2ax_4\cdots x_n \\ &\quad + x_nx_{n-1}\cdots x_3(ax_1 + ax_2 + x_1x_2) \\ &= x_1x_2\cdots x_n + a(x_1x_2\cdots x_{n-1} + \cdots + x_1x_3\cdots x_n + x_2x_3\cdots x_n). \end{aligned}$$

当 $x_1x_2\cdots x_n \neq 0$ 时, 还可改写成

$$D_n = x_1x_2\cdots x_n\left[1 + a\left(\frac{1}{x_1} + \frac{1}{x_2} + \cdots + \frac{1}{x_n}\right)\right]. \quad \blacksquare$$

例 3 中行列式的计算, 先利用行列式的性质将行列式化为上 (下) 三角行列式, 从而得到行列式的值. 显然, 低阶行列式的值比高阶行列式更容易求得, 于是很自然地考虑用低阶行列式来表示高阶行列式的问题. 为此, 下面引进余子式和代数余子式的概念, 继而给出行列式按行 (列) 展开定理.

定义 1.8 在 n 阶行列式中, 把元素 a_{ij} 所在的第 i 行和第 j 列划去后, 留下来的 $n-1$ 阶行列式称为元素 a_{ij} 的**余子式**(the first minor), 记作 M_{ij}. 记 $A_{ij} = (-1)^{i+j}M_{ij}$, 称 A_{ij} 为元素 a_{ij} 的**代数余子式**(cofactor). $\blacksquare$

例如, 三阶行列式

$$D=\begin{vmatrix} a_{11} & a_{12} & a_{13} \\ a_{21} & a_{22} & a_{23} \\ a_{31} & a_{32} & a_{33} \end{vmatrix}$$

中元素 a_{13} 的余子式和代数余子式为

$$M_{13}=\begin{vmatrix} a_{21} & a_{22} \\ a_{31} & a_{32} \end{vmatrix}, \quad A_{13}=(-1)^{1+3}\begin{vmatrix} a_{21} & a_{22} \\ a_{31} & a_{32} \end{vmatrix}.$$

显然行列式的每个元素都分别对应着一个余子式和一个代数余子式, 且余子式和代数余子式与该元素所在的位置 (行和列) 上的元素无关.

定理 1.3 行列式等于它的任一行 (列) 的各元素与其对应的代数余子式乘积之和, 即

$$D=a_{i1}A_{i1}+a_{i2}A_{i2}+\cdots+a_{in}A_{in} \quad (i=1,2,\cdots,n)$$

或

$$D=a_{1j}A_{1j}+a_{2j}A_{2j}+\cdots+a_{nj}A_{nj} \quad (j=1,2,\cdots,n).$$

证明 分三种情形来证.

(1) 假定 a_{ij} 位于第 1 行第 1 列, 此时

$$D=\begin{vmatrix} a_{11} & 0 & \cdots & 0 \\ a_{21} & a_{22} & \cdots & a_{2n} \\ \vdots & \vdots & & \vdots \\ a_{n1} & a_{n2} & \cdots & a_{nn} \end{vmatrix},$$

由例 3 结果得 $D=a_{11}M_{11}$. 又 $A_{11}=(-1)^{1+1}M_{11}$, 从而 $D=a_{11}A_{11}$.

(2) 假定 a_{ij} 位于第 i 行第 j 列, 此时

$$D=\begin{vmatrix} a_{11} & \cdots & a_{1j} & \cdots & a_{1n} \\ \vdots & & \vdots & & \vdots \\ 0 & \cdots & a_{ij} & \cdots & 0 \\ \vdots & & \vdots & & \vdots \\ a_{n1} & \cdots & a_{nj} & \cdots & a_{nn} \end{vmatrix},$$

把 D 的第 i 行依次与第 $i-1$ 行, 第 $i-2$ 行, $\cdots$, 第 1 行对换, 再把 D 的第 j 列

依次与第 $j-1$ 列, 第 $j-2$ 列, $\cdots$, 第 1 列对换, 共计对换 $i+j-2$ 次, 得到

$$D=(-1)^{i-1}\cdot(-1)^{j-1}\begin{vmatrix} a_{ij} & \cdots & 0 & \cdots & 0 \\ \vdots & & \vdots & & \vdots \\ a_{i-1,j} & \cdots & a_{i-1,j-1} & \cdots & a_{i-1,n} \\ \vdots & & \vdots & & \vdots \\ a_{nj} & \cdots & a_{n,j-1} & \cdots & a_{nn} \end{vmatrix},$$

而元素 a_{ij} 在行列式

$$\begin{vmatrix} a_{ij} & \cdots & 0 & \cdots & 0 \\ \vdots & & \vdots & & \vdots \\ a_{i-1,j} & \cdots & a_{i-1,j-1} & \cdots & a_{i-1,n} \\ \vdots & & \vdots & & \vdots \\ a_{nj} & \cdots & a_{n,j-1} & \cdots & a_{nn} \end{vmatrix}$$

中的余子式仍为它在

$$D=\begin{vmatrix} a_{11} & \cdots & a_{1j} & \cdots & a_{1n} \\ \vdots & & \vdots & & \vdots \\ 0 & \cdots & a_{ij} & \cdots & 0 \\ \vdots & & \vdots & & \vdots \\ a_{n1} & \cdots & a_{nj} & \cdots & a_{nn} \end{vmatrix}$$

中的余子式 M_{ij}, 且 $A_{ij}=(-1)^{i+j}M_{ij}$, 于是得到

$$D=(-1)^{i+j-2}\begin{vmatrix} a_{ij} & \cdots & 0 & \cdots & 0 \\ \vdots & & \vdots & & \vdots \\ a_{i-1,j} & \cdots & a_{i-1,j-1} & \cdots & a_{i-1,n} \\ \vdots & & \vdots & & \vdots \\ a_{nj} & \cdots & a_{n,j-1} & \cdots & a_{nn} \end{vmatrix}=(-1)^{i+j}a_{ij}M_{ij}=a_{ij}A_{ij}.$$

(3) 一般情形

$$D=\begin{vmatrix} a_{11} & a_{12} & \cdots & a_{1n} \\ \vdots & \vdots & & \vdots \\ a_{i1} & a_{i2} & \cdots & a_{in} \\ \vdots & \vdots & & \vdots \\ a_{n1} & a_{n2} & \cdots & a_{nn} \end{vmatrix}$$

$$
=\begin{vmatrix} a_{11} & a_{12} & \cdots & a_{1n} \\ \vdots & \vdots & & \vdots \\ a_{i1}+0+\cdots+0 & 0+a_{i2}+\cdots+0 & \cdots & 0+\cdots+0+a_{in} \\ \vdots & \vdots & & \vdots \\ a_{n1} & a_{n2} & \cdots & a_{nn} \end{vmatrix}
$$

$$
=\begin{vmatrix} a_{11} & a_{12} & \cdots & a_{1n} \\ \vdots & \vdots & & \vdots \\ a_{i1} & 0 & \cdots & 0 \\ \vdots & \vdots & & \vdots \\ a_{n1} & a_{n2} & \cdots & a_{nn} \end{vmatrix} + \begin{vmatrix} a_{11} & a_{12} & \cdots & a_{1n} \\ \vdots & \vdots & & \vdots \\ 0 & a_{i2} & \cdots & 0 \\ \vdots & \vdots & & \vdots \\ a_{n1} & a_{n2} & \cdots & a_{nn} \end{vmatrix}
$$

$$
+\cdots+\begin{vmatrix} a_{11} & a_{12} & \cdots & a_{1n} \\ \vdots & \vdots & & \vdots \\ 0 & 0 & \cdots & a_{in} \\ \vdots & \vdots & & \vdots \\ a_{n1} & a_{n2} & \cdots & a_{nn} \end{vmatrix}
$$

$$
=a_{i1}A_{i1}+a_{i2}A_{i2}+\cdots+a_{in}A_{in} \quad (i=1,2,\cdots,n).
$$

■

定理 1.4 行列式任一行 (列) 的元素与另一行 (列) 的对应元素的代数余子式乘积之和等于零, 即

$$
a_{i1}A_{j1}+a_{i2}A_{j2}+\cdots+a_{in}A_{jn}=0, \quad i\neq j.
$$

证明 把行列式 $D=\det(a_{ij})$ 按第 j 行展开, 有

$$
a_{j1}A_{j1}+\cdots+a_{jn}A_{jn}=\begin{vmatrix} a_{11} & \cdots & a_{1n} \\ \vdots & & \vdots \\ a_{i1} & \cdots & a_{in} \\ \vdots & & \vdots \\ a_{j1} & \cdots & a_{jn} \\ \vdots & & \vdots \\ a_{n1} & \cdots & a_{nn} \end{vmatrix},
$$

把 a_{jk} 换成 a_{ik} $(k=1,\cdots,n)$, 可得

$$a_{i1}A_{j1}+\cdots+a_{in}A_{jn}=\begin{vmatrix} a_{11} & \cdots & a_{1n} \\ \vdots & & \vdots \\ a_{i1} & \cdots & a_{in} \\ \vdots & & \vdots \\ a_{i1} & \cdots & a_{in} \\ \vdots & & \vdots \\ a_{n1} & \cdots & a_{nn} \end{vmatrix},$$

当 $i \neq j$ 时有

$$a_{i1}A_{j1}+a_{i2}A_{j2}+\cdots+a_{in}A_{jn}=0, \quad i \neq j.$$

同理

$$a_{1i}A_{1j}+a_{2i}A_{2j}+\cdots+a_{ni}A_{nj}=0, \quad i \neq j. \qquad \blacksquare$$

结合定理 1.3 和定理 1.4 得到代数余子式的性质:

$$\sum_{k=1}^{n} a_{ki}A_{kj}=D\delta_{ij}=\begin{cases} D, & i=j, \\ 0, & i \neq j, \end{cases}$$

$$\sum_{k=1}^{n} a_{ik}A_{jk}=D\delta_{ij}=\begin{cases} D, & i=j, \\ 0, & i \neq j, \end{cases}$$

其中

$$\delta_{ij}=\begin{cases} 1, & i=j, \\ 0, & i \neq j. \end{cases}$$

利用行列式按行 (列) 展开定理, 并结合行列式的性质, 可简化行列式的计算. 计算行列式时, 可以先利用行列式的性质将行列式中某一行 (列) 化为仅含有一个非零元素, 再按此行 (列) 展开, 变为低一阶的行列式计算.

例 5 计算行列式

$$D=\begin{vmatrix} 3 & 1 & -1 & 2 \\ -5 & 1 & 3 & -4 \\ 2 & 0 & 1 & -1 \\ 1 & -5 & 3 & -3 \end{vmatrix}.$$

解 将 D 的第 3 列加到第 4 列, 第 3 列乘以 -2 加到第 1 列, 得到

$$D=\begin{vmatrix} 5 & 1 & -1 & 1 \\ -11 & 1 & 3 & -1 \\ 0 & 0 & 1 & 0 \\ -5 & -5 & 3 & 0 \end{vmatrix},$$

将 D 按第 3 行展开得到

$$D=(-1)^{3+3}\begin{vmatrix}5&1&1\\-11&1&-1\\-5&-5&0\end{vmatrix}=\begin{vmatrix}5&1&1\\-11&1&-1\\-5&-5&0\end{vmatrix},$$

将得到的三阶行列式的第 1 行加到第 2 行上, 然后将 D 按 3 列展开得,

$$D=(-1)^{1+3}\begin{vmatrix}-6&2\\-5&-5\end{vmatrix}=\begin{vmatrix}-8&2\\0&-5\end{vmatrix}=40. \qquad \blacksquare$$

例 6　计算 n 阶行列式

$$D=\begin{vmatrix}a&0&0&\cdots&0&1\\0&a&0&\cdots&0&0\\0&0&a&\cdots&0&0\\\vdots&\vdots&\vdots&&\vdots&\vdots\\0&0&0&\cdots&a&0\\1&0&0&\cdots&0&a\end{vmatrix}.$$

解　行列式 D 从第 2 行开始至 $n-1$ 行, 各行除一个元素外其余都是零, 因此按照行列式展开定理可以将 n 阶行列式按第 1 行展开, 降为 $n-1$ 阶行列式, 得

$$D=a\begin{vmatrix}a&0&0&\cdots&0\\0&a&0&\cdots&0\\0&0&a&\cdots&0\\\vdots&\vdots&\vdots&&\vdots\\0&0&0&\cdots&a\end{vmatrix}+(-1)^{n+1}\begin{vmatrix}0&a&0&\cdots&0\\0&0&a&\cdots&0\\\vdots&\vdots&\vdots&&\vdots\\0&0&0&\cdots&a\\1&0&0&\cdots&0\end{vmatrix},$$

再将上面第 2 个行列式按第 1 列展开得

$$D=a^n+(-1)^{n+1}(-1)^n a^{n-2}=a^n-a^{n-2}. \qquad \blacksquare$$

例 7　证明: 行列式

$$D_n=\begin{vmatrix}1&1&\cdots&1\\x_1&x_2&\cdots&x_n\\x_1^2&x_2^2&\cdots&x_n^2\\\vdots&\vdots&&\vdots\\x_1^{n-1}&x_2^{n-1}&\cdots&x_n^{n-1}\end{vmatrix}=\prod_{n\geqslant i>j\geqslant 1}(x_i-x_j). \qquad (1.9)$$

其中记号 “$\prod$” 表示所有同类因子的连乘积, 该行列式以数学家范德蒙德 (A. T. Vandermonde, 1735—1796) 的名字命名, 称为范德蒙德行列式.

证明 用数学归纳法. 因为

$$D_2=\begin{vmatrix}1 & 1\\ x_1 & x_2\end{vmatrix}=x_2-x_1=\prod_{2\geqslant i>j\geqslant 1}(x_i-x_j),$$

所以当 $n=2$ 时式 (1.9) 成立. 现假设式 (1.9) 对于 $n-1$ 阶范德蒙德行列式都成立, 要证式 (1.9) 对 n 阶范德蒙德行列式也成立. 为此, 设法将 D_n 降阶: 将 D_n 的第 $n-1$ 行的 $-x_1$ 倍加到第 n 行, 第 $n-2$ 行的 $-x_1$ 倍加到第 $n-1$ 行, 如此做下去, 直到第 1 行的 $-x_1$ 倍加到第 2 行, 得

$$D_n=\begin{vmatrix}1 & 1 & \cdots & 1\\ 0 & x_2-x_1 & \cdots & x_n-x_1\\ 0 & x_2(x_2-x_1) & \cdots & x_n(x_n-x_1)\\ \vdots & \vdots & & \vdots\\ 0 & x_2^{n-2}(x_2-x_1) & \cdots & x_n^{n-2}(x_n-x_1)\end{vmatrix},$$

按第 1 列展开, 提取每列公因子 x_i-x_1, 就有

$$D_n=(x_2-x_1)(x_3-x_1)\cdots(x_n-x_1)\begin{vmatrix}1 & 1 & \cdots & 1\\ x_2 & x_3 & \cdots & x_n\\ x_2^2 & x_3^2 & \cdots & x_n^2\\ \vdots & \vdots & & \vdots\\ x_2^{n-2} & x_3^{n-2} & \cdots & x_n^{n-2}\end{vmatrix},$$

所以 $D_n=(x_2-x_1)(x_3-x_1)\cdots(x_n-x_1)\prod\limits_{n\geqslant i>j\geqslant 2}(x_i-x_j)=\prod\limits_{n\geqslant i>j\geqslant 1}(x_i-x_j)$. ■

例 8 利用范德蒙德行列式计算 $D=\begin{vmatrix}a & b & c\\ a^2 & b^2 & c^2\\ b+c & c+a & a+b\end{vmatrix}$.

解 将行列式的第 1 行加到第 3 行上, 可得

$$D=\begin{vmatrix}a & b & c\\ a^2 & b^2 & c^2\\ a+b+c & a+b+c & a+b+c\end{vmatrix}=(a+b+c)\begin{vmatrix}a & b & c\\ a^2 & b^2 & c^2\\ 1 & 1 & 1\end{vmatrix}$$

$$=(a+b+c)\begin{vmatrix}1 & 1 & 1\\ a & b & c\\ a^2 & b^2 & c^2\end{vmatrix}=(a+b+c)(b-a)(c-a)(c-b).$$ ■

例 9　设 n 阶行列式

$$D_n=\begin{vmatrix} 1 & 2 & 3 & \cdots & n \\ 1 & 2 & 0 & \cdots & 0 \\ 1 & 0 & 3 & \cdots & 0 \\ \vdots & \vdots & \vdots & \ddots & \vdots \\ 1 & 0 & 0 & \cdots & n \end{vmatrix},$$

计算 $A_{11}+A_{12}+\cdots+A_{1n}$.

解　$A_{11}+A_{12}+\cdots+A_{1n}$ 等于用 $1,1,1,1$ 代替得 D 的第 1 行元素所得到的行列式, 即

$$A_{11}+A_{12}+\cdots+A_{1n}=\begin{vmatrix} 1 & 1 & 1 & \cdots & 1 \\ 1 & 2 & 0 & \cdots & 0 \\ 1 & 0 & 3 & \cdots & 0 \\ \vdots & \vdots & \vdots & \ddots & \vdots \\ 1 & 0 & 0 & \cdots & n \end{vmatrix},$$

将此行列式的第 2 列, 第 3 列, $\cdots$, 第 n 列分别乘以 $-\frac{1}{i}(i=2,3,\cdots,n)$ 加到第 1 列, 并按第 1 列展开, 有

$$A_{11}+A_{12}+\cdots+A_{1n}=\begin{vmatrix} 1-\sum\limits_{j=2}^{n}\frac{1}{j} & 1 & 1 & \cdots & 1 \\ 0 & 2 & 0 & \cdots & 0 \\ 0 & 0 & 3 & \cdots & 0 \\ \vdots & \vdots & \vdots & \ddots & \vdots \\ 0 & 0 & 0 & \cdots & n \end{vmatrix}=n!\left(1-\sum_{j=2}^{n}\frac{1}{j}\right). \quad \blacksquare$$

1.4　克拉默法则

在给出 n 阶行列式的定义时, 对含有 n 个未知数 n 个方程的线性方程组

$$\begin{cases} a_{11}x_1+a_{12}x_2+\cdots+a_{1n}x_n=b_1, \\ a_{21}x_1+a_{22}x_2+\cdots+a_{2n}x_n=b_2, \\ \qquad\cdots\cdots \\ a_{n1}x_1+a_{n2}x_2+\cdots+a_{nn}x_n=b_n, \end{cases} \tag{1.10}$$

引出了 n 阶行列式的定义, 并提出方程组在系数行列式

$$D=\begin{vmatrix} a_{11} & a_{12} & \cdots & a_{1n} \\ a_{21} & a_{22} & \cdots & a_{2n} \\ \vdots & \vdots & & \vdots \\ a_{n1} & a_{n2} & \cdots & a_{nn} \end{vmatrix} \neq 0$$

时是否有唯一解，其解是否可以表示为

$$x_1=\frac{D_1}{D}, x_2=\frac{D_2}{D}, \cdots, x_n=\frac{D_n}{D},$$

其中，D_i 是方程组右端常数列代替系数行列式 D 的第 i 列后得到的行列式.

定理 1.5(Cramer 法则) 对于线性方程组 (1.10)，如果系数行列式 $D \neq 0$，那么，此方程组有唯一解

$$x_i=\frac{D_i}{D}, \quad i=1,2,\cdots,n. \tag{1.11}$$

证明 用 D 中第 j 列元素的代数余子式 $A_{1j}, A_{2j}, \cdots, A_{nj}$ 依次乘以方程组 (1.10) 的 n 个方程，得到

$$\begin{cases} (a_{11}x_1+a_{12}x_2+\cdots+a_{1n}x_n)\,A_{1j}=b_1A_{1j}, \\ (a_{21}x_1+a_{22}x_2+\cdots+a_{2n}x_n)\,A_{2j}=b_2A_{2j}, \\ \cdots\cdots \\ (a_{n1}x_1+a_{n2}x_2+\cdots+a_{nn}x_n)\,A_{nj}=b_nA_{nj}. \end{cases}$$

再把这 n 个方程依次相加，得

$$\left(\sum_{k=1}^{n} a_{k1}A_{kj}\right)x_1+\cdots+\left(\sum_{k=1}^{n} a_{kj}A_{kj}\right)x_j+\cdots+\left(\sum_{k=1}^{n} a_{kn}A_{kj}\right)x_n=\sum_{k=1}^{n} b_kA_{kj},$$

由代数余子式性质知，上式中 x_j 的系数等于 D，而其余 $x_i\,(i \neq j)$ 的系数均不为 0，又等式右端为 D_j，于是有

$$Dx_j=D_j \quad (j=1,2,\cdots,n)\,. \tag{1.12}$$

当 $D \neq 0$ 时，方程组 (1.12) 有唯一解

$$x_1=\frac{D_1}{D},\ x_2=\frac{D_2}{D},\ x_3=\frac{D_3}{D},\cdots,x_n=\frac{D_n}{D}.$$

又方程组 (1.12) 与方程组 (1.10) 等价，所以

$$x_1=\frac{D_1}{D},\ x_2=\frac{D_2}{D},\ x_3=\frac{D_3}{D},\cdots,x_n=\frac{D_n}{D}$$

也是方程组 (1.10) 的解. ■

推论 1.1 线性方程组 (1.10) 无解或有两个不同的解, 则它的系数行列式必为零. ■

线性方程组 (1.10) 右端常数项 $b_1, b_2, \cdots, b_n$ 不全为 0 时, 称为**非齐次线性方程组**(non-homogeneous linear equations); 当 $b_1 = b_2 = \cdots = b_n = 0$ 时, 称为**齐次线性方程组** (homogeneous linear equations).

定理 1.6 如果齐次线性方程组

$$\begin{cases} a_{11}x_1 + a_{12}x_2 + \cdots + a_{1n}x_n = 0, \\ a_{21}x_1 + a_{22}x_2 + \cdots + a_{2n}x_n = 0, \\ \cdots\cdots \\ a_{n1}x_1 + a_{n2}x_2 + \cdots + a_{nn}x_n = 0 \end{cases} \tag{1.13}$$

的系数行列式 $D \neq 0$, 那么齐次线性方程组只有零解. ■

推论 1.2 齐次线性方程组有非零解的充分必要条件是系数行列式 $D = 0$. ■

例 1 设曲线 $y = a_0 + a_1x + a_2x^2 + a_3x^3$ 通过四点 $(x_i, y_i), i = 1, 2, 3, 4$, 其中 x_1, x_2, x_3, x_4 互不相等, 试判断可否确定此曲线方程.

解 根据题意建立如下方程组

$$\begin{cases} a_0 + a_1x_1 + a_2x_1^2 + a_3x_1^3 = y_1, \\ a_0 + a_1x_2 + a_2x_2^2 + a_3x_2^3 = y_2, \\ a_0 + a_1x_3 + a_2x_3^2 + a_3x_3^3 = y_3, \\ a_0 + a_1x_4 + a_2x_4^2 + a_3x_4^3 = y_4, \end{cases}$$

可以计算其系数行列式为

$$D = \begin{vmatrix} 1 & x_1 & x_1^2 & x_1^3 \\ 1 & x_2 & x_2^2 & x_2^3 \\ 1 & x_3 & x_3^2 & x_3^3 \\ 1 & x_4 & x_4^2 & x_4^3 \end{vmatrix} = (x_2 - x_1)(x_3 - x_1)(x_4 - x_1)(x_3 - x_2)(x_4 - x_2)(x_4 - x_3) \neq 0.$$

因此可以唯一确定 a_0, a_1, a_2, a_3. ■

例 2 用克拉默法则解线性方程组

$$\begin{cases} 3x_1 + 5x_2 + 2x_3 + x_4 = 3, \\ 3x_2 + 4x_4 = 4, \\ x_1 + x_2 + x_3 + x_4 = 1, \\ x_1 - x_2 - 3x_3 + 2x_4 = 1. \end{cases}$$

解 由于 $D=\begin{vmatrix} 3 & 5 & 2 & 1 \\ 0 & 3 & 0 & 4 \\ 1 & 1 & 1 & 1 \\ 1 & -1 & -3 & 2 \end{vmatrix}=67\neq 0$,

$$D_1=\begin{vmatrix} 3 & 5 & 2 & 1 \\ 4 & 3 & 0 & 4 \\ 1 & 1 & 1 & 1 \\ 1 & -1 & -3 & 2 \end{vmatrix}=-1,\quad D_2=\begin{vmatrix} 3 & 3 & 2 & 1 \\ 0 & 4 & 0 & 4 \\ 1 & 1 & 1 & 1 \\ 1 & 1 & -3 & 2 \end{vmatrix}=36,$$

$$D_3=\begin{vmatrix} 3 & 5 & 3 & 1 \\ 0 & 3 & 4 & 4 \\ 1 & 1 & 1 & 1 \\ 1 & -1 & 1 & 2 \end{vmatrix}=-8,\quad D_4=\begin{vmatrix} 3 & 5 & 2 & 3 \\ 0 & 3 & 0 & 4 \\ 1 & 1 & 1 & 1 \\ 1 & -1 & -3 & 1 \end{vmatrix}=40,$$

所以 $x_1=\dfrac{D_1}{D}=\dfrac{-1}{67},\quad x_2=\dfrac{D_2}{D}=\dfrac{36}{67},x_3=\dfrac{D_3}{D}=\dfrac{-8}{67},x_4=\dfrac{D_4}{D}=\dfrac{40}{67}$. ■

例 3 问 λ 为何值时, 齐次线性方程组

$$\begin{cases} (1-\lambda)\,x_1-2x_2+4x_3=0, \\ 2x_1+(3-\lambda)\,x_2+x_3=0, \\ x_1+x_2+(1-\lambda)\,x_3=0 \end{cases}$$

有非零解?

解 系数行列式

$$\begin{aligned} D&=\begin{vmatrix} 1-\lambda & -2 & 4 \\ 2 & 3-\lambda & 1 \\ 1 & 1 & 1-\lambda \end{vmatrix}=\begin{vmatrix} 1-\lambda & -3+\lambda & 4 \\ 2 & 1-\lambda & 1 \\ 1 & 0 & 1-\lambda \end{vmatrix} \\ &=(1-\lambda)^3+(\lambda-3)-4\,(1-\lambda)-2\,(1-\lambda)\,(-3+\lambda) \\ &=(1-\lambda)^3+2\,(1-\lambda)^2+\lambda-3, \end{aligned}$$

由定理 1.5 知, 齐次方程组有非零解, 则 $D=0$, 所以由

$$(1-\lambda)^3+2\,(1-\lambda)^2+\lambda-3=0$$

得 $\lambda=0,\lambda=2,\lambda=3$ 时齐次方程组有非零解. ■

下面介绍一个线性方程组在医学中应用的例题.

例 4　如图 1.3 所示, 设血液经血管分支点的流动速率 (简称流率) 为 z, 经两条血管离开分支点的流率分别为 x 和 y, 假定各条血管距分支点一定距离的压强分别为 p_z, p_x, p_y, 在分支点的压强为 p, 并且压降 (对分支点的压强差) 与流率成正比, 其中比例系数分别为 R_z, R_x, R_y 设为已知, 且血管端点的压强 p_z, p_x, p_y 可以测得, 求 x, y, z 及压强 p.

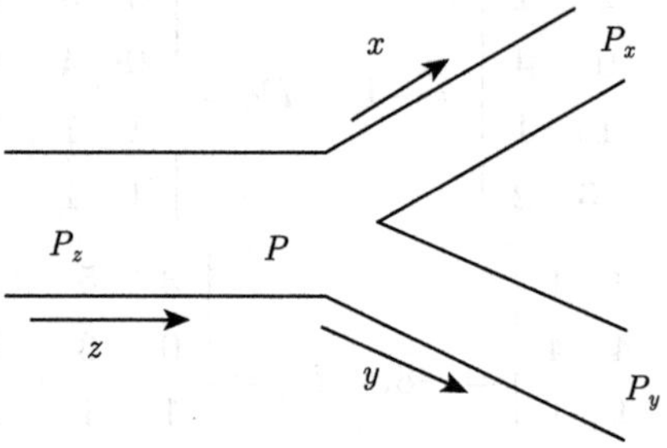

图 1.3　血管分支点血液流动示意图

解　由题设可得线性方程组

$$\begin{cases} z = x + y, \\ zR_z = p_z - p, \\ xR_x = p - p_x, \\ yR_y = p - p_y, \end{cases}$$

将其改写为

$$\begin{cases} x + y - z = 0, \\ R_z z + p = p_z, \\ -R_x x + p = p_x, \\ -R_y y + p = p_y. \end{cases}$$

该线性方程组的系数行列式为

$$D = \begin{vmatrix} 1 & 1 & -1 & 0 \\ 0 & 0 & R_z & 1 \\ -R_x & 0 & 0 & 1 \\ 0 & -R_y & 0 & 1 \end{vmatrix} = -(R_x R_y + R_y R_z + R_z R_x).$$

类似地, 可求出 D_1, D_2, D_3 和 D_4, 由克拉默法则得到

$$\begin{cases} x=\dfrac{D_1}{D}=\dfrac{R_y(p_z-p_x)-R_z(p_x-p_y)}{R_xR_y+R_yR_z+R_zR_x}, \\ y=\dfrac{D_2}{D}=\dfrac{R_z(p_x-p_y)-R_x(p_y-p_z)}{R_xR_y+R_yR_z+R_zR_x}, \\ z=x+y=\dfrac{R_y(p_z-p_x)-R_x(p_y-p_z)}{R_xR_y+R_yR_z+R_zR_x}, \\ p=\dfrac{D_4}{D}=\dfrac{R_xR_yp_z+R_yR_zp_x+R_zR_xp_y}{R_xR_y+R_yR_z+R_zR_x}. \end{cases}$$ ■

习 题 1

(A)

一、选择题

1. 下列选项为偶排列的是 (　　).

A. 12354　　B. 54321　　C. 32514　　D. 54231

2. $\begin{vmatrix} 1 & k & 1 \\ k & 1 & k+1 \\ 1 & k+1 & 1 \end{vmatrix}=k-1$, 则 k=(　　).

A. 0　　B. 1　　C. -1　　D. 任意实数

3. 已知四阶行列式 D 中第三列元素依次为 $-1,1,0,3$, 它们的余子式依次为 $1,2,-3,4$, 则 $D=$(　　)

A. 15　　B. -15　　C. 9　　D. 13

4. 设行列式 $\begin{vmatrix} a_{11} & a_{12} & a_{13} \\ a_{21} & a_{22} & a_{23} \\ a_{31} & a_{32} & a_{33} \end{vmatrix}=k$, 则 $\begin{vmatrix} a_{11} & -a_{12} & 2a_{13} \\ a_{31} & -a_{32} & 2a_{33} \\ a_{21} & -a_{22} & 2a_{23} \end{vmatrix}=$ (　　).

A. $2k$　　B. $4k$　　C. $-2k$　　D. $-4k$

5. $a_{12}a_{2i}a_{35}a_{4j}a_{5k}$ 是五阶行列式 $\det(a_{ij})$ 中前面冠以负号的项, 那么 i,j,k 的值可以是 (　　).

A. $i=1,j=4,k=3$　　B. $i=4,j=1,k=3$

C. $i=3,j=1,k=4$　　D. $i=4,j=3,k=1$

6. 下列选项中是五阶行列式 $\det(a_{ij})$ 中的一项是 (　　).

A. $a_{12}a_{31}a_{23}a_{45}a_{34}$　　B. $-a_{31}a_{22}a_{43}a_{14}a_{55}$

C. $-a_{13}a_{21}a_{34}a_{42}a_{51}$　　D. $a_{12}a_{21}a_{55}a_{43}a_{34}$

7. 已知行列式 $D=\begin{vmatrix} -1 & 0 & x & 1 \\ 1 & 1 & -1 & -1 \\ 1 & -1 & 1 & -1 \\ 1 & -1 & -1 & 1 \end{vmatrix}$, 则行列式 D 中 x 的一次项的系数是 (　　).

A. 1　　B. -1　　C. 4　　D. -4

8. 设 $f(x)=\begin{vmatrix} 1 & 1 & 2 \\ 1 & 1 & x^2-2 \\ 2 & x^2+1 & 1 \end{vmatrix}$, 则 $f(x)=0$ 的根是 (　　).

A. $1,1,2,2$　　B. $-1,-1,2,2$　　C. $1,-1,2,-2$　　D. $-1,-1,-2,-2$

9. 齐次线性方程组 $\begin{cases} 2x_1-x_2+x_3=0, \\ 2x_1+\lambda x_2-x_3=0, \\ \lambda x_1+x_2+x_3=0 \end{cases}$ 有非零解, 则 λ 必须满足 (　　).

A. $\lambda\neq 1$ 且 $\lambda\neq 2$　　B. $\lambda=1$

C. $\lambda=2$　　D. $\lambda=1$ 或 $\lambda=2$

10. 行列式 $\begin{vmatrix} a & 0 & b & 0 \\ 0 & x & 0 & y \\ c & 0 & d & 0 \\ 0 & u & 0 & v \end{vmatrix}$ =(　　).

A. $abcd-xyuv$　　B. $adxv-bcyu$

C. $(ad-bc)(xv-yu)$　　D. $(ab-cd)(xy-uv)$

二、填空题

1. 排列 $(2k)\,1\,(2k-1)\,2\,(2k-2)\,3\,(2k-3)\cdots(k+1)\,k$ 的逆序数为__________.

2. 行列式 $\begin{vmatrix} -1 & 1 & 1 \\ 1 & -1 & x \\ 1 & x & -1 \end{vmatrix}$ 是关于 x 的多项式, 则其二次项的系数是__________.

3. 设 D 为一个三阶行列式, 第三列元素分别为 $-2, 3, 1$, 其余子式分别为 9, 6, 24, 则 $D=$__________.

4. 若 n 阶行列式 $\det(a_{ij})=a$, 则 $\det(-a_{ij})=$__________.

5. 设 x_1,x_2,x_3 是方程 $x^3+px+q=0$ 的三个根, 则行列式 $\begin{vmatrix} x_1 & x_2 & x_3 \\ x_3 & x_1 & x_2 \\ x_2 & x_3 & x_1 \end{vmatrix}=$__________

6. 设 $D=\begin{vmatrix} 1 & 2 & 3 & 4 \\ -2 & 4 & 7 & 0 \\ 3 & 1 & 2 & 5 \\ 1 & 1 & 1 & 1 \end{vmatrix}$, 则 $A_{21}+A_{22}+A_{23}+A_{24}=$__________

7. 在五阶行列式中 $a_{12}a_{53}a_{41}a_{24}a_{35}$ 的符号为__________

8. 四阶行列式 $\begin{vmatrix} a_1b_1 & a_1b_2 & a_1b_3 \\ a_2b_1 & a_2b_2 & a_2b_3 \\ a_3b_1 & a_3b_2 & a_3b_3 \end{vmatrix}=$__________.

9. 若方程组 $\begin{cases} x_1+kx_2+x_3=0, \\ kx_1+x_2+(k+1)x_3=0, \\ x_1+kx_2=0 \end{cases}$ 有非零解, 则 $k=$__________.

10. 已知线性方程组 $\begin{cases} kx+z=0, \\ 2x+ky+z=0, \\ kx-2y+z=0 \end{cases}$ 仅有零解, 则 k 应满足__________.

三、解答题

1. 计算下列排列的逆序数.

(1) 16352487;

(2) $n(n-1)(n-2)\cdots 321$;

(3) $13\cdots(2n-1)24\cdots(2n)$;

(4) $13\cdots(2n-1)(2n)(2n-2)\cdots 2$.

2. 计算下列行列式的值.

(1) $\begin{vmatrix} 1 & 1 & 1 \\ 3 & 1 & 4 \\ 8 & 9 & 5 \end{vmatrix}$;

(2) $\begin{vmatrix} 3 & 5 & 2 & 1 \\ 0 & 3 & 0 & 4 \\ 1 & 1 & 1 & 1 \\ 1 & -1 & -3 & 2 \end{vmatrix}$;

(3) $\begin{vmatrix} 1 & 2 & 2 & 2 \\ 2 & 2 & 2 & 2 \\ 2 & 2 & 3 & 2 \\ 2 & 2 & 2 & 4 \end{vmatrix}$;

(4) $\begin{vmatrix} 1 & 4 & -7 & 6 \\ 1 & -3 & 0 & -6 \\ 2 & 1 & -5 & 1 \\ 4 & 4 & -13 & 3 \end{vmatrix}$;

(5) $\begin{vmatrix} x & y & x+y \\ y & x+y & x \\ x+y & x & y \end{vmatrix}$.

3. 用定义计算行列式的值.

$$D_5=\begin{vmatrix} 0 & a_{12} & a_{13} & 0 & 0 \\ a_{21} & a_{22} & a_{23} & a_{24} & a_{25} \\ a_{31} & a_{32} & a_{33} & a_{34} & a_{35} \\ 0 & a_{42} & a_{43} & 0 & 0 \\ 0 & a_{52} & a_{53} & 0 & 0 \end{vmatrix}.$$

4. 证明:

(1) $\begin{vmatrix} 1 & 1 & 1 \\ a & b & c \\ bc & ca & ab \end{vmatrix}=(a-b)(b-c)(c-a)$;

(2) 设

$$D_1=\begin{vmatrix} a_{11} & a_{12} & \cdots & a_{1n} \\ a_{21} & a_{22} & \cdots & a_{2n} \\ \vdots & \vdots & & \vdots \\ a_{n1} & a_{n2} & \cdots & a_{nn} \end{vmatrix}, \quad D_2=\begin{vmatrix} a_{11} & a_{12}\,b^{-1} & \cdots & a_{1n}\,b^{1-n} \\ a_{21}\,b & a_{22} & \cdots & a_{2n}\,b^{2-n} \\ \vdots & \vdots & & \vdots \\ a_{n1}\,b^{n-1} & a_{n2}\,b^{n-2} & \cdots & a_{nn} \end{vmatrix},$$

证明: $D_1=D_2$;

(3) 已知 $abcd=1$, 证明: $\begin{vmatrix} a^2+\dfrac{1}{a^2} & a & \dfrac{1}{a} & 1 \\ b^2+\dfrac{1}{b^2} & b & \dfrac{1}{b} & 1 \\ c^2+\dfrac{1}{c^2} & c & \dfrac{1}{c} & 1 \\ d^2+\dfrac{1}{d^2} & d & \dfrac{1}{d} & 1 \end{vmatrix}=0$;

(4) $\begin{vmatrix} 1 & 1 & 1 & 1 \\ a & b & c & d \\ a^2 & b^2 & c^2 & d^2 \\ a^4 & b^4 & c^4 & d^4 \end{vmatrix}=(a+b+c+d)(a-b)(a-c)(a-d)(b-c)(b-d)(c-d)$.

5. 计算下列行列式的值.

(1) $\begin{vmatrix} a_{11} & a_{12} & a_{13} & a_{14} & a_{15} \\ a_{21} & a_{22} & a_{23} & a_{24} & a_{25} \\ a_{31} & a_{32} & 0 & 0 & 0 \\ a_{41} & a_{42} & 0 & 0 & 0 \\ a_{51} & a_{52} & 0 & 0 & 0 \end{vmatrix}$;

(2) $\begin{vmatrix} 1+a & 1 & 1 & 1 \\ 1 & 1-a & 1 & 1 \\ 1 & 1 & 1+b & 1 \\ 1 & 1 & 1 & 1-b \end{vmatrix}$;

(3) $D_n = \begin{vmatrix} 1 & 1 & \cdots & 1 \\ 2 & 2^2 & \cdots & 2^n \\ 3 & 3^2 & \cdots & 3^n \\ \vdots & \vdots & & \vdots \\ n & n^2 & \cdots & n^n \end{vmatrix}$;

(4) $D_n = \begin{vmatrix} 1+a_1 & 1 & \cdots & 1 \\ 1 & 1+a_2 & \cdots & 1 \\ 1 & 1 & \cdots & 1 \\ \vdots & \vdots & & \vdots \\ 1 & 1 & \cdots & 1+a_n \end{vmatrix}$, 其中 $a_1a_2\cdots a_n \neq 0$;

(5) $D = \begin{vmatrix} x & a & a & \cdots & a \\ a & x & a & \cdots & a \\ a & a & x & \cdots & a \\ \vdots & \vdots & \vdots & & \vdots \\ a & a & a & \cdots & x \end{vmatrix}$;

(6) $D = \begin{vmatrix} a & b & 0 & \cdots & 0 & 0 \\ 0 & a & b & \cdots & 0 & 0 \\ \vdots & \vdots & \vdots & & \vdots & \vdots \\ 0 & 0 & 0 & \cdots & a & b \\ b & 0 & 0 & \cdots & 0 & a \end{vmatrix}$;

(7) $D_{2n} = \underbrace{\begin{vmatrix} a & & & & & b \\ & \ddots & & & \iddots & \\ & & a & b & & \\ & & c & d & & \\ & \iddots & & & \ddots & \\ c & & & & & d \end{vmatrix}}_{2n}$, 其中未写出的元素为 0;

(8) 设行列式 $D_n = \begin{vmatrix} 1 & 2 & 3 & \cdots & n \\ 1 & 2 & 0 & \cdots & 0 \\ 1 & 0 & 3 & \cdots & 0 \\ \vdots & \vdots & \vdots & \ddots & \vdots \\ 1 & 0 & 0 & \cdots & n \end{vmatrix}$, 求第一行各元素的代数余子式之和 $A_{11} + A_{12} + \cdots + A_{1n}$.

6. 解方程 $\begin{vmatrix} 1 & 2 & 1 & 1 \\ 1 & x & 2 & 3 \\ 0 & 0 & x & 2 \\ 0 & 0 & 2 & x \end{vmatrix} = 0$.

7. 用克拉默法则解下列线性方程组.

(1) $\begin{cases} 2x + 5y = 1, \\ 3x + 7y = 2; \end{cases}$

(2) $\begin{cases} x + y - 2z = -3, \\ 5x - 2y + 7z = 22, \\ 2x - 5y + 4z = 4; \end{cases}$

(3) $\begin{cases} x_1 + 2x_2 + x_3 = 0, \\ 3x_1 + x_2 + 2x_3 = 1, \\ 3x_1 - 2x_2 + 3x_3 = 4. \end{cases}$

8. k 取什么值时, 齐次线性方程组 $\begin{cases} kx + y - z = 0, \\ x + ky - z = 0, \\ 2x - y + z = 0 \end{cases}$ 仅有零解, 非零解?

9. 齐次线性方程组 $\begin{cases} x_1 - 2x_2 - 3x_3 = 0, \\ 2x_1 + 4x_2 + \lambda x_3 = 0, \\ x_1 + 6x_2 + 4x_3 = 0 \end{cases}$ 有非零解. 试求常数 λ 的值.

10. 设水银密度 h 和温度 t 的关系为

$$h(t) = a_0 + a_1 t + a_2 t^2 + a_3 t^3$$

由实验测得如下数据

t	0°C	10°C	20°C	30°C
h	13.60	13.57	13.55	13.52

,

求 $t = 15°\mathrm{C}, 40°\mathrm{C}$ 时水银密度 (精确到小数点后两位).

(B)

一、填空题

(1) 若行列式 $D=\begin{vmatrix} a_{11} & a_{12} & a_{13} \\ a_{21} & a_{22} & a_{23} \\ a_{31} & a_{32} & a_{33} \end{vmatrix}$, 则行列式

$$\begin{vmatrix} a_{11} & 3a_{11}-2a_{12} & 4a_{13}-a_{11} \\ -3a_{21} & -9a_{21}+6a_{22} & -12a_{23}+3a_{21} \\ a_{31} & 3a_{31}-2a_{32} & 4a_{33}-a_{31} \end{vmatrix}=\_\_\_\_\_\_\_\_\_\_;$$

(2) 若 $\begin{vmatrix} \lambda_1 & 0 & 2 \\ 3 & 1 & \lambda_2 \\ 1 & 0 & 1 \end{vmatrix}=0$, 则 λ_1,λ_2 必须满足__________;

(3) n 阶行列式 $\begin{vmatrix} 1 & 1 & 1 & \cdots & 1 \\ 1 & 0 & 1 & \cdots & 1 \\ 1 & 1 & 0 & \cdots & 1 \\ \vdots & \vdots & \vdots & & \vdots \\ 1 & 1 & 1 & \cdots & 0 \end{vmatrix}=\_\_\_\_\_\_\_\_\_\_;$

(4) 四阶行列式 $\begin{vmatrix} a_1 & 0 & 0 & b_1 \\ 0 & a_2 & b_2 & 0 \\ 0 & b_3 & a_3 & 0 \\ b_4 & 0 & 0 & a_4 \end{vmatrix}=\_\_\_\_\_\_\_\_\_\_;$

(5) 四阶行列式 $D_4=\begin{vmatrix} a & b & c & d \\ c & b & d & a \\ d & b & c & a \\ a & b & d & c \end{vmatrix}$, 则 $A_{14}+A_{24}+A_{34}+A_{44}=$__________.

二、解答题

1. 证明下列式子成立.

(1) $\begin{vmatrix} a^2 & (a+1)^2 & (a+2)^2 & (a+3)^2 \\ b^2 & (b+1)^2 & (b+2)^2 & (b+3)^2 \\ c^2 & (c+1)^2 & (c+2)^2 & (c+3)^2 \\ d^2 & (d+1)^2 & (d+2)^2 & (d+3)^2 \end{vmatrix}=0;$

(2) $\begin{vmatrix} \sin 2\alpha & \sin(\alpha+\beta) & \sin(\alpha+\gamma) \\ \sin(\beta+\alpha) & \sin 2\beta & \sin(\beta+\gamma) \\ \sin(\gamma+\alpha) & \sin(\gamma+\beta) & \sin 2\gamma \end{vmatrix}=0;$

(3) $$\begin{vmatrix} x & -1 & 0 & \cdots & 0 & 0 \\ 0 & x & -1 & \cdots & 0 & 0 \\ \vdots & \vdots & \vdots & & \vdots & \vdots \\ 0 & 0 & 0 & \cdots & x & -1 \\ a_n & a_{n-1} & a_{n-2} & \cdots & a_2 & x+a_1 \end{vmatrix} = x^n + a_1x^{n-1} + \cdots + a_{n-1}x + a_n.$$

2. 计算下列行列式.

(1) $$\begin{vmatrix} 1 & 2 & 3 & \cdots & n-1 & n \\ -1 & 0 & 3 & \cdots & n-1 & n \\ -1 & -2 & 0 & \cdots & n-1 & n \\ \vdots & \vdots & \vdots & & \vdots & \vdots \\ -1 & -2 & -3 & \cdots & 0 & n \\ -1 & -2 & -3 & \cdots & -(n-1) & 0 \end{vmatrix};$$

(2) $$\begin{vmatrix} 0 & x & x & \cdots & x \\ x & 0 & x & \cdots & x \\ x & x & 0 & \cdots & x \\ \vdots & \vdots & \vdots & & \vdots \\ x & x & x & \cdots & 0 \end{vmatrix};$$

(3) $$\begin{vmatrix} x & a_1 & a_2 & \cdots & a_{n-1} & 1 \\ a_1 & x & a_2 & \cdots & a_{n-1} & 1 \\ a_1 & a_2 & x & \cdots & a_{n-1} & 1 \\ \vdots & \vdots & \vdots & & \vdots & \vdots \\ a_1 & a_2 & a_3 & \cdots & x & 1 \\ a_1 & a_2 & a_3 & \cdots & a_n & 1 \end{vmatrix};$$

(4) $$\begin{vmatrix} 1 & 2 & 3 & 4 & \cdots & n \\ 1 & 1 & 2 & 3 & \cdots & n-1 \\ 1 & x & 1 & 2 & \cdots & n-2 \\ 1 & x & x & 1 & \cdots & n-3 \\ \vdots & \vdots & \vdots & \vdots & & \vdots \\ 1 & x & x & x & \cdots & 1 \end{vmatrix}.$$

3. 证明: 平面上三条不同的直线 $ax+by+c=0, bx+cy+a=0, cx+ay+b=0$ 相交于一点的充分必要条件是 $a+b+c=0$.

第2章 矩 阵

矩阵是线性代数中最重要的一个概念，它在自然科学、现代经济学、管理学和工程技术等领域具有非常广泛的应用，是现代科学技术不可或缺的一个有力工具．本章介绍矩阵的基本概念与基本计算、逆矩阵、矩阵的初等变换、矩阵的秩、分块矩阵及其运算，最后简单介绍矩阵的一些应用．

2.1 矩阵的概念

线性代数中许多问题都和某些数表有着密切的联系，如由 n 个未知数、m 个方程组成的 n 元**线性方程组**(linear equations)

$$\begin{cases} a_{11}x_1 + a_{12}x_2 + \cdots + a_{1n}x_n = b_1, \\ a_{21}x_1 + a_{22}x_2 + \cdots + a_{2n}x_n = b_2, \\ \qquad\cdots\cdots \\ a_{m1}x_1 + a_{m2}x_2 + \cdots + a_{mn}x_n = b_m \end{cases} \tag{2.1}$$

的解完全是由方程组中未知数的系数和常数项决定的，因此方程组的解一定与这些系数和常数项在方程中的位置，即数表

$$\begin{pmatrix} a_{11} & a_{12} & \cdots & a_{1n} & b_1 \\ a_{21} & a_{22} & \cdots & a_{2n} & b_2 \\ \vdots & \vdots & & \vdots & \vdots \\ a_{m1} & a_{m2} & \cdots & a_{mn} & b_m \end{pmatrix}$$

有关，因而研究线性方程组解的问题就转化为研究这个数表结构问题．因此，研究这类数表很有必要，关于这类数表的讨论就是矩阵理论．

定义 2.1 由 mn 个数 $a_{ij}(i=1,2,\cdots,m;\ j=1,2,\cdots,n)$ 排成一个 m 行 n 列的矩形数表

$$\begin{pmatrix} a_{11} & a_{12} & \cdots & a_{1n} \\ a_{21} & a_{22} & \cdots & a_{2n} \\ \vdots & \vdots & & \vdots \\ a_{m1} & a_{m2} & \cdots & a_{mn} \end{pmatrix}$$

称为一个 $m\times n$ **矩阵**(matrix), 称数 $a_{ij}(i=1,2,\cdots,m;j=1,2,\cdots,n)$ 为矩阵位于第 i 行第 j 列的元素. 通常用大写的英文字母 $\boldsymbol{A},\boldsymbol{B},\boldsymbol{C}$ 等来表示矩阵, 如可以把上面的矩阵表示为

$$\boldsymbol{A}=\begin{pmatrix} a_{11} & a_{12} & \cdots & a_{1n} \\ a_{21} & a_{22} & \cdots & a_{2n} \\ \vdots & \vdots & & \vdots \\ a_{m1} & a_{m2} & \cdots & a_{mn} \end{pmatrix}, \tag{2.2}$$

或 $\boldsymbol{A}=(a_{ij})_{m\times n}$ 或 $\boldsymbol{A}=(a_{ij})$, $m\times n$ 矩阵 $\boldsymbol{A}$ 也记作 $\boldsymbol{A}_{m\times n}$. ■

例 1 在经济生活中也常用到矩阵. 假设在某一地区、某一种物资, 如煤, 有 s 个产地 $\mathrm{A}_1,\mathrm{A}_2\cdots,\mathrm{A}_s$ 和 n 个销地 $\mathrm{B}_1,\mathrm{B}_2,\cdots,\mathrm{B}_n$, 那么一个调运方案就可以用一个矩阵

$$\begin{pmatrix} a_{11} & a_{12} & \cdots & a_{1n} \\ a_{21} & a_{22} & \cdots & a_{2n} \\ \vdots & \vdots & & \vdots \\ a_{s1} & a_{s2} & \cdots & a_{sn} \end{pmatrix}$$

来表示, 其中 a_{ij} 表示由产地 A_i 运到销地 B_j 的数量. 因此某一种物资若有 s 个产地, n 个销地. 那么一个调运方案就可表示为一个 $s\times n$ 矩阵, 矩阵中的元素表示由产地 A_i 要运到销地 B_j 的这种物资的数量, 如吨数. ■

例 2 n 个变量 $x_1,x_2,\cdots,x_n$ 与 m 个变量 $y_1,y_2,\cdots,y_m$ 之间的关系式

$$\begin{cases} y_1=a_{11}x_1+a_{12}x_2+\cdots+a_{1n}x_n, \\ y_2=a_{21}x_1+a_{22}x_2+\cdots+a_{2n}x_n, \\ \qquad\cdots\cdots \\ y_m=a_{m1}x_1+a_{m2}x_2+\cdots+a_{mn}x_n \end{cases} \tag{2.3}$$

是一个从变量 $x_1,x_2,\cdots,x_n$ 到变量 $y_1,y_2,\cdots,y_m$ 的线性变换, 其中 a_{ij} 为常数. 线性变换 (2.3) 的系数 a_{ij} 构成矩阵 $\boldsymbol{A}=(a_{ij})_{m\times n}$. ■

元素全为实数的矩阵称为实矩阵, 元素为复数的矩阵称为复矩阵. 本书中的矩阵如无特别说明外, 均指实矩阵. 特别地, 元素全为零的矩阵称为**零矩阵** (zero matrix). $m\times n$ 零矩阵记为 $\boldsymbol{O}_{m\times n}$ 或简记为 $\boldsymbol{O}$, 具有不同行数列数的零矩阵是不同的. 下面给出八类特殊的矩阵.

(1) **列矩阵** 只有一列的矩阵 $\boldsymbol{A}=\begin{pmatrix} a_1 \\ a_2 \\ \vdots \\ a_m \end{pmatrix}$ 称为列矩阵, 也称为 m**维列向量**(m dimensional column vector);

(2) **行矩阵**　只有一行的矩阵 $\boldsymbol{B}=(b_1,b_2,\cdots,b_n)$ 称为行矩阵, 也称为 n**维行向量**(n dimensional row vector).

(3) **方阵**　矩阵 $\boldsymbol{A}$ 的行数 m 与列数 n 相等时, 该矩阵 $\boldsymbol{A}$ 称为一个 n 阶方阵(square matrix). 对于方阵, 从左上角到右下角的连线, 称为**主对角线**(main diagonal); 而从左下角到右上角的连线称为**副对角线**(antidiagonal, counterdiagonal, secondary diagonal).

(4) **三角矩阵**　形如

$$\boldsymbol{A}=\begin{pmatrix} a_{11} & a_{12} & \cdots & a_{1n} \\ 0 & a_{22} & \cdots & a_{2n} \\ \vdots & \vdots & & \vdots \\ 0 & 0 & 0 & a_{nn} \end{pmatrix}$$

的 n 阶方阵, 其主对角线下方的元素都是零, 通常称其为**上三角矩阵**(upper triangular matrix), 同样地, 也有**下三角矩阵**(lower triangular matrix).

(5) **对角矩阵**　形如

$$\boldsymbol{A}=\begin{pmatrix} a_{11} & 0 & \cdots & 0 \\ 0 & a_{22} & \cdots & 0 \\ \vdots & \vdots & \ddots & \vdots \\ 0 & 0 & 0 & a_{nn} \end{pmatrix}$$

的矩阵称为**对角矩阵**(diagonal matrix).

(6) **单位矩阵**　若对角矩阵 $\boldsymbol{A}$ 的主对角线上的元素全为 1, 则称其为**单位矩阵**(identity matrix), 记为 $\boldsymbol{E}_n$, 即

$$\boldsymbol{E}_n=\begin{pmatrix} 1 & 0 & \cdots & 0 \\ 0 & 1 & \cdots & 0 \\ \vdots & \vdots & & \vdots \\ 0 & 0 & \cdots & 1 \end{pmatrix}.$$

(7) **同型矩阵**　两个矩阵的行列数分别相等时, 称它们为同型矩阵. 两个矩阵 $\boldsymbol{A}=(a_{ij})$ 与 $\boldsymbol{B}=(b_{ij})$ 为同型矩阵, 且其对应元素相等, 即 $a_{ij}=b_{ij}$ $(i=1,2,\cdots,m;$ $j=1,2,\cdots,n)$, 称矩阵 $\boldsymbol{A}$ 与 $\boldsymbol{B}$**相等**(equal), 记作 $\boldsymbol{A}=\boldsymbol{B}$.

(8) **对称矩阵与反对称矩阵**　设 n 阶方阵 $\boldsymbol{A}=(a_{ij})$, 如果满足 $a_{ij}=a_{ji}$ $(i,j=1,2,\cdots,n)$, 则称 $\boldsymbol{A}$ 为**对称阵**(symmetrical matrix). 例如

$$\boldsymbol{A}=\begin{pmatrix}12&6&1\\6&8&0\\1&0&6\end{pmatrix}$$

就是一个三阶对称阵.

设 n 阶方阵 $\boldsymbol{A}=(a_{ij})$, 如果满足 $a_{ij}=-a_{ji}\,(i,j=1,2,\cdots,n)$, 则称 $\boldsymbol{A}$ 为**反对称阵**(antisymmetrical matrix). 显然, 由于 $a_{ij}=-a_{ji}$, 所以 $a_{ii}=0\,(i=1,2,\cdots,n)$, 因此反对称阵主对角线上的元素全为 0. 例如

$$\boldsymbol{A}=\begin{pmatrix}0&-1&3\\1&0&-2\\-3&2&0\end{pmatrix}$$

就是一个三阶反对称阵.

2.2 矩阵的运算

矩阵是从大量的实际问题中抽象出来的数学概念, 作为一种代数对象, 人们赋予它一些代数运算. 本节介绍矩阵的加法 (matrix addition)、数与矩阵的乘法 (数乘)(scalar multiplication)、矩阵与矩阵的乘法 (矩阵乘法)(matrix multiplication) 以及矩阵的转置 (transpose of a matrix) 等, 这些运算是矩阵最基本的运算.

2.2.1 矩阵的加法

定义 2.2 设矩阵 $\boldsymbol{A}=(a_{ij})_{m\times n},\boldsymbol{B}=(b_{ij})_{m\times n}$ 是两个同型矩阵, 称矩阵 $\boldsymbol{C}=(c_{ij})_{m\times n}=(a_{ij}+b_{ij})_{m\times n}$ 为矩阵 $\boldsymbol{A}$ 与 $\boldsymbol{B}$ 的和, 并记为 $\boldsymbol{C}=\boldsymbol{A}+\boldsymbol{B}$. 它仍为与 $\boldsymbol{A}$ 和 $\boldsymbol{B}$ 同型的矩阵, 其元素为 $\boldsymbol{A}$ 与 $\boldsymbol{B}$ 对应元素的和, 即 $\boldsymbol{A}+\boldsymbol{B}=(a_{ij}+b_{ij})$.■

例如,

$$\begin{pmatrix}12&3&-5\\1&-9&0\\3&6&8\end{pmatrix}+\begin{pmatrix}1&8&9\\6&5&4\\3&2&1\end{pmatrix}=\begin{pmatrix}13&11&4\\7&-4&4\\6&8&9\end{pmatrix}.$$

但是

$$\begin{pmatrix}13&11&4\\7&-4&4\\6&8&9\end{pmatrix}+\begin{pmatrix}1&0\\1&0\end{pmatrix};\quad\begin{pmatrix}13&11&4\\7&-4&4\\6&8&9\end{pmatrix}+\begin{pmatrix}1\\2\\1\end{pmatrix};\quad\begin{pmatrix}13&11&4\\7&-4&4\\6&8&9\end{pmatrix}+33$$

均无意义.

容易验证, 矩阵的加法满足下面的运算律.

性质 1　设 $\boldsymbol{A},\boldsymbol{B},\boldsymbol{C}$ 为同型矩阵, 则有

(1) **结合律**　$\boldsymbol{A}+(\boldsymbol{B}+\boldsymbol{C})=(\boldsymbol{A}+\boldsymbol{B})+\boldsymbol{C}$;

(2) **交换律**　$\boldsymbol{A}+\boldsymbol{B}=\boldsymbol{B}+\boldsymbol{A}$;

(3) **零矩阵$\boldsymbol{O}$满足**　$\boldsymbol{A}+\boldsymbol{O}=\boldsymbol{O}+\boldsymbol{A}=\boldsymbol{A}$(其中 $\boldsymbol{A}$ 与 $\boldsymbol{O}$ 为同型矩阵);

(4) **负矩阵的存在性**　对于任意一个矩阵 $\boldsymbol{A}$, 都存在一个矩阵 $\boldsymbol{B}$, 使得 $\boldsymbol{A}+\boldsymbol{B}=\boldsymbol{B}+\boldsymbol{A}=\boldsymbol{O}$, 称矩阵 $\boldsymbol{B}$ 为矩阵 $\boldsymbol{A}$ 的负矩阵, 记为 $\boldsymbol{B}=-\boldsymbol{A}$. 对于任何两个同型矩阵 $\boldsymbol{A},\boldsymbol{B}$ 可以定义减法为

$$\boldsymbol{B}-\boldsymbol{A}=\boldsymbol{B}+(-\boldsymbol{A}).$$ ■

2.2.2　数与矩阵的乘法

定义 2.3　设矩阵 $\boldsymbol{A}=(a_{ij})_{m\times n}$, 称矩阵 $(\lambda a_{ij})_{m\times n}$ 为数 λ 与矩阵 $\boldsymbol{A}$ 的乘积, 记为 $\lambda\boldsymbol{A}$, 即 $\lambda\boldsymbol{A}=(\lambda a_{ij})$. 换句话说, 用数 λ 去乘矩阵 $\boldsymbol{A}$ 就是把矩阵 $\boldsymbol{A}$ 的每一个元素都乘以数 λ. 由定义可知 $(-1)\boldsymbol{A}=-\boldsymbol{A}$. ■

容易验证数与矩阵的乘法满足下列运算律.

性质 2　设 $\boldsymbol{A}$ 与 $\boldsymbol{B}$ 为同型矩阵, λ 与 μ 为实数, 则有

(1) $1\boldsymbol{A}=\boldsymbol{A}$;

(2) $\lambda(\boldsymbol{A}+\boldsymbol{B})=\lambda\boldsymbol{A}+\lambda\boldsymbol{B}$;

(3) $(\lambda+\mu)\boldsymbol{A}=\lambda\boldsymbol{A}+\mu\boldsymbol{A}$;

(4) $(\lambda\mu)\boldsymbol{A}=\lambda(\mu\boldsymbol{A})=\mu(\lambda\boldsymbol{A})$. ■

通常把矩阵的加法运算和数乘运算统称为矩阵的线性运算.

例 1　已知 x,y 为实数, 且 $\boldsymbol{A}=\begin{pmatrix}1&2\\2&-1\end{pmatrix},\boldsymbol{B}=\begin{pmatrix}3&3\\1&2\end{pmatrix}$. 计算 $3\boldsymbol{A}-2\boldsymbol{B}$, 和 $x\boldsymbol{A}+y\boldsymbol{B}$.

解

$$\begin{aligned}3\boldsymbol{A}-2\boldsymbol{B}&=\begin{pmatrix}3\times1&3\times2\\3\times2&3\times(-1)\end{pmatrix}+\begin{pmatrix}-2\times3&-2\times3\\-2\times1&-2\times2\end{pmatrix}\\&=\begin{pmatrix}3-6&6-6\\6-2&-3-4\end{pmatrix}=\begin{pmatrix}-3&0\\4&-7\end{pmatrix};\\x\boldsymbol{A}+y\boldsymbol{B}&=\begin{pmatrix}x\times1&x\times2\\x\times2&x\times(-1)\end{pmatrix}+\begin{pmatrix}y\times3&y\times3\\y\times1&y\times2\end{pmatrix}\\&=\begin{pmatrix}x+3y&2x+3y\\2x+y&-x+2y\end{pmatrix}.\end{aligned}$$ ■

例 2 设 $\boldsymbol{A}=\begin{pmatrix}1&5&4\\2&-1&3\end{pmatrix}$, $\boldsymbol{B}=\begin{pmatrix}1&3&5\\2&2&6\end{pmatrix}$, 求矩阵 $\boldsymbol{X}$, 使得 $3\boldsymbol{A}+\boldsymbol{X}=2\boldsymbol{B}$.

解

$$\boldsymbol{X}=2\boldsymbol{B}-3\boldsymbol{A}=2\begin{pmatrix}1&3&5\\2&2&6\end{pmatrix}-3\begin{pmatrix}1&5&4\\2&-1&3\end{pmatrix}$$

$$=\begin{pmatrix}2&6&10\\4&4&12\end{pmatrix}-\begin{pmatrix}3&15&12\\6&-3&9\end{pmatrix}=\begin{pmatrix}-1&-9&-2\\-2&7&3\end{pmatrix}. \quad \blacksquare$$

2.2.3 矩阵的乘法

定义 2.4 设矩阵 $\boldsymbol{A}=(a_{ij})_{m\times l}$, $\boldsymbol{B}=(b_{ij})_{l\times n}$, 称矩阵 $\boldsymbol{C}=(c_{ij})_{m\times n}$ 为矩阵 $\boldsymbol{A}$ 与 $\boldsymbol{B}$ 的乘积, 记为

$$\boldsymbol{C}=\boldsymbol{AB},$$

其中

$$c_{ij}=a_{i1}b_{1j}+a_{i2}b_{2j}+\cdots+a_{il}b_{lj}=\sum_{k=1}^{l}a_{ik}b_{kj}. \tag{2.4}$$

由矩阵乘法的定义不难看出, 矩阵 $\boldsymbol{A}$ 与 $\boldsymbol{B}$ 的乘积 $\boldsymbol{C}$ 的元素 $c_{ij}(i=1,2,\cdots,m;\ j=1,2,\cdots,n)$ 等于左边矩阵 $\boldsymbol{A}$ 的第 i 行与右边矩阵 $\boldsymbol{B}$ 的第 j 列的对应元素乘积的和. 当然, 在乘积的定义中, 要求左边的矩阵 $\boldsymbol{A}$ 的列数与右边的矩阵 $\boldsymbol{B}$ 的行数相等.

例如,

$$\begin{pmatrix}2\\2\\3\end{pmatrix}(1\quad 2)=\begin{pmatrix}2&4\\2&4\\3&6\end{pmatrix};\quad (1\quad 2\quad 3)\begin{pmatrix}3\\2\\1\end{pmatrix}=(1\times 3+2\times 2+3\times 1)=(10).$$

但是如下写法却无意义

$$\begin{pmatrix}1&2&3\\3&2&1\\5&8&9\end{pmatrix}\begin{pmatrix}1&6&8\\6&0&1\end{pmatrix}.$$

例 3 设 $\boldsymbol{A}=\begin{pmatrix}-1&2\\3&1\\2&4\end{pmatrix}$, $\boldsymbol{B}=\begin{pmatrix}2&1&0&-2\\1&2&-3&4\end{pmatrix}$, 求 $\boldsymbol{AB}$.

解　$\boldsymbol{AB}=\begin{pmatrix}-1&2\\3&1\\2&4\end{pmatrix}\begin{pmatrix}2&1&0&-2\\1&2&-3&4\end{pmatrix}=\begin{pmatrix}0&3&-6&10\\7&5&-3&-2\\8&10&-12&-12\end{pmatrix}$. ■

例 4　设二阶方阵 $\boldsymbol{A}=\begin{pmatrix}1&2\\-1&-2\end{pmatrix},\boldsymbol{B}=\begin{pmatrix}1&1\\2&2\end{pmatrix}$, 试计算 $\boldsymbol{AB},\boldsymbol{BA}$.

解　由矩阵乘法定义得

$$\boldsymbol{AB}=\begin{pmatrix}1&2\\-1&-2\end{pmatrix}\begin{pmatrix}1&1\\2&2\end{pmatrix}=\begin{pmatrix}5&5\\-5&-5\end{pmatrix},$$

$$\boldsymbol{BA}=\begin{pmatrix}1&1\\2&2\end{pmatrix}\begin{pmatrix}1&2\\-1&-2\end{pmatrix}=\begin{pmatrix}0&0\\0&0\end{pmatrix}.$$ ■

一般地, 矩阵的乘法不满足交换律, 即 $\boldsymbol{AB}\neq\boldsymbol{BA}$. 因为当 $\boldsymbol{AB}$ 有意义时, $\boldsymbol{BA}$ 不一定有意义; 即便是 $\boldsymbol{AB}$ 和 $\boldsymbol{BA}$ 都有意义, $\boldsymbol{AB}$ 与 $\boldsymbol{BA}$ 未必是同型矩阵. 如果 $\boldsymbol{AB}$ 与 $\boldsymbol{BA}$ 是同型矩阵, $\boldsymbol{AB}$ 与 $\boldsymbol{BA}$ 也不一定相等. 例如, 在例 4 中 $\boldsymbol{A},\boldsymbol{B}$ 都是二阶方阵, 但 $\boldsymbol{AB}\neq\boldsymbol{BA}$. 如果 $\boldsymbol{AB}=\boldsymbol{BA}$, 那么称矩阵 $\boldsymbol{A}$ 与 $\boldsymbol{B}$ 是**可交换的**(commutative).

从例 4 还可以看出, 当矩阵 $\boldsymbol{B}\neq\boldsymbol{O},\boldsymbol{A}\neq\boldsymbol{O}$ 时, 仍有可能 $\boldsymbol{BA}=\boldsymbol{O}$; 反之若 $\boldsymbol{BA}=\boldsymbol{O}$, 则不能得到 $\boldsymbol{A}=\boldsymbol{O}$ 或 $\boldsymbol{B}=\boldsymbol{O}$, 进而当 $\boldsymbol{AB}=\boldsymbol{AC}$ 且 $\boldsymbol{A}\neq\boldsymbol{O}$ 时仍不能得到 $\boldsymbol{B}=\boldsymbol{C}$ 的结论.

矩阵的乘法虽不满足交换律, 但仍满足下列结合律等运算律.

性质 3　假设以下矩阵运算可行的, 则

(1) **结合律**　$(\boldsymbol{AB})\boldsymbol{C}=\boldsymbol{A}(\boldsymbol{BC})$;

(2) **左分配律**　$\boldsymbol{A}(\boldsymbol{B}+\boldsymbol{C})=\boldsymbol{AB}+\boldsymbol{AC}$;

(3) **右分配律**　$(\boldsymbol{A}+\boldsymbol{B})\boldsymbol{C}=\boldsymbol{AC}+\boldsymbol{BC}$;

(4) **数与矩阵乘法的结合律**　$(\lambda\boldsymbol{A})\boldsymbol{B}=\lambda(\boldsymbol{AB})=\boldsymbol{A}(\lambda\boldsymbol{B})$;

(5) **单位矩阵$\boldsymbol{E}$满足**　$\boldsymbol{E}_m\boldsymbol{A}_{m\times n}=\boldsymbol{A}_{m\times n}\boldsymbol{E}_n=\boldsymbol{A}_{m\times n}$, 或简记为 $\boldsymbol{EA}=\boldsymbol{AE}=\boldsymbol{A}$.

证明　这里仅证明 (1), 其他等式的证明留给读者.

设 $\boldsymbol{A}=(a_{ij})_{m\times n},\boldsymbol{B}=(b_{ij})_{n\times k},\boldsymbol{C}=(c_{ij})_{k\times s}$. 易知 $(\boldsymbol{AB})\boldsymbol{C}$ 和 $\boldsymbol{A}(\boldsymbol{BC})$ 都是 $m\times s$ 矩阵, 只需证明 $(\boldsymbol{AB})\boldsymbol{C}$ 和 $\boldsymbol{A}(\boldsymbol{BC})$ 对应位置的元素相等即可. 事实上, $\boldsymbol{A}(\boldsymbol{BC})$ 中第 i 行第 j 列的元素为 $\boldsymbol{A}$ 的第 i 行的元素 $a_{i1},a_{i2},\cdots,a_{in}$ 与 $\boldsymbol{BC}$ 的第 j 列的元素 $\sum\limits_{t=1}^{k}b_{1t}c_{tj},\sum\limits_{t=1}^{k}b_{2t}c_{tj},\cdots,\sum\limits_{t=1}^{k}b_{nt}c_{tj}$ 对应乘积之和, 即为

$$\sum_{\tau=1}^{n}\left(a_{i\tau}\sum_{t=1}^{k}b_{\tau t}c_{tj}\right)=\sum_{\tau=1}^{n}\sum_{t=1}^{k}a_{i\tau}b_{\tau t}c_{tj},\tag{2.5}$$

而 $(\boldsymbol{AB})\boldsymbol{C}$ 中第 i 行第 j 列的元素为 $\boldsymbol{AB}$ 的第 i 行的元素 $\sum\limits_{\tau=1}^{n} a_{i\tau}b_{\tau 1}, \sum\limits_{\tau=1}^{n} a_{i\tau}b_{\tau 2}, \cdots,$ $\sum\limits_{\tau=1}^{n} a_{i\tau}b_{\tau k}$ 与 $\boldsymbol{C}$ 的第 j 列的元素 $c_{1j}, c_{2j}, \cdots, c_{kj}$ 对应乘积之和, 即为

$$\sum_{t=1}^{k}\left[\left(\sum_{\tau=1}^{n} a_{i\tau}b_{\tau t}\right)c_{tj}\right] = \sum_{t=1}^{k}\left(\sum_{\tau=1}^{n} a_{i\tau}b_{\tau t}c_{tj}\right)$$

$$= \sum_{t=1}^{k}\sum_{\tau=1}^{n} a_{i\tau}b_{\tau t}c_{tj} = \sum_{\tau=1}^{n}\sum_{t=1}^{k} a_{i\tau}b_{\tau t}c_{tj}, \tag{2.6}$$

而 (2.5) 和 (2.6) 两式相等, 从而 $(\boldsymbol{AB})\boldsymbol{C} = \boldsymbol{A}(\boldsymbol{BC})$. ■

根据矩阵的乘法, 可以引入方阵幂的运算, 它在矩阵的计算中发挥着一定的重要作用.

性质 4 若 $\boldsymbol{A}$ 为 n 阶方阵, 则对任意正整数 k, 定义 $\boldsymbol{A}^k$ 为 k 个方阵 $\boldsymbol{A}$ 的乘积, 称为方阵 $\boldsymbol{A}$ 的**幂**(power). 若 $\boldsymbol{A}$ 为 n 阶非零方阵, 规定: $\boldsymbol{A}^0 = \boldsymbol{E}$.

(1) 对任意正整数 k, l, 有 $\boldsymbol{A}^k\boldsymbol{A}^l = \boldsymbol{A}^{k+l}$, $(\boldsymbol{A}^k)^l = \boldsymbol{A}^{kl}$. 但 $(\boldsymbol{AB})^k$ 与 $\boldsymbol{A}^k\boldsymbol{B}^k$ 一般不相等.

(2) 设 $f(x) = a_m x^m + a_{m-1}x^{m-1} + \cdots + a_1 x + a_0$, 系数 $a_0, a_1, \cdots, a_m$ 均为实数, $\boldsymbol{A}$ 为一个 n 阶方阵, 那么 $a_m\boldsymbol{A}^m + a_{m-1}\boldsymbol{A}^{m-1} + \cdots + a_1\boldsymbol{A} + a_0\boldsymbol{E}$ 有意义, 它仍为一个 n 阶方阵, 记为 $f(\boldsymbol{A})$, 即

$$f(\boldsymbol{A}) = a_m\boldsymbol{A}^m + a_{m-1}\boldsymbol{A}^{m-1} + \cdots + a_1\boldsymbol{A} + a_0\boldsymbol{E}$$

称为矩阵 $\boldsymbol{A}$ 的 m 次多项式. ■

例 5 考虑线性方程组 (2.1). 记

$$\boldsymbol{A} = \begin{pmatrix} a_{11} & a_{12} & \cdots & a_{1n} \\ a_{21} & a_{22} & \cdots & a_{2n} \\ \vdots & \vdots & & \vdots \\ a_{m1} & a_{m1} & \cdots & a_{mn} \end{pmatrix}, \quad \boldsymbol{x} = \begin{pmatrix} x_1 \\ x_2 \\ \vdots \\ x_n \end{pmatrix}, \quad \boldsymbol{b} = \begin{pmatrix} b_1 \\ b_2 \\ \vdots \\ b_m \end{pmatrix},$$

称 $\boldsymbol{A}$ 为该方程组的系数矩阵. 由矩阵的乘法, 得上述线性方程组 (2.1) 的矩阵表示形式:

$$\boldsymbol{Ax} = \boldsymbol{b}.$$

记

$$\tilde{\boldsymbol{A}}=\begin{pmatrix} a_{11} & a_{12} & \cdots & a_{1n} & b_1 \\ a_{21} & a_{22} & \cdots & a_{2n} & b_2 \\ \vdots & \vdots & & \vdots & \vdots \\ a_{m2} & a_{m2} & \cdots & a_{mn} & b_m \end{pmatrix}, \tag{2.7}$$

$\tilde{\boldsymbol{A}}$ 称为线性方程组 (2.1) 的**增广矩阵** (augmented matrix). ■

例 6　设 $\boldsymbol{A}=\begin{pmatrix} \lambda & 1 & 0 \\ 0 & \lambda & 1 \\ 0 & 0 & \lambda \end{pmatrix}$, 求 $\boldsymbol{A}^k$.

解

$$\boldsymbol{A}^2=\begin{pmatrix} \lambda & 1 & 0 \\ 0 & \lambda & 1 \\ 0 & 0 & \lambda \end{pmatrix}\begin{pmatrix} \lambda & 1 & 0 \\ 0 & \lambda & 1 \\ 0 & 0 & \lambda \end{pmatrix}=\begin{pmatrix} \lambda^2 & 2\lambda & 1 \\ 0 & \lambda^2 & 2\lambda \\ 0 & 0 & \lambda^2 \end{pmatrix},$$

$$\boldsymbol{A}^3=\boldsymbol{A}^2\boldsymbol{A}=\begin{pmatrix} \lambda^2 & 2\lambda & 1 \\ 0 & \lambda^2 & 2\lambda \\ 0 & 0 & \lambda^2 \end{pmatrix}\begin{pmatrix} \lambda & 1 & 0 \\ 0 & \lambda & 1 \\ 0 & 0 & \lambda \end{pmatrix}=\begin{pmatrix} \lambda^3 & 3\lambda^2 & 3\lambda \\ 0 & \lambda^3 & 3\lambda^2 \\ 0 & 0 & \lambda^3 \end{pmatrix},$$

由归纳法得

$$\boldsymbol{A}^k=\begin{pmatrix} \lambda^k & k\lambda^{k-1} & \dfrac{k(k-1)}{2}\lambda^{k-2} \\ 0 & \lambda^k & k\lambda^{k-1} \\ 0 & 0 & \lambda^k \end{pmatrix} \quad (k \geqslant 2),$$

用数学归纳证明：当 $k=2$ 时, 等式显然成立. 假设当 $k=n$ 时等式成立, 则当 $k=n+1$ 时有

$$\begin{aligned}\boldsymbol{A}^{n+1}=\boldsymbol{A}^n\boldsymbol{A}&=\begin{pmatrix} \lambda^n & n\lambda^{n-1} & \dfrac{n(n-1)}{2}\lambda^{n-2} \\ 0 & \lambda^n & n\lambda^{n-1} \\ 0 & 0 & \lambda^n \end{pmatrix}\begin{pmatrix} \lambda & 1 & 0 \\ 0 & \lambda & 1 \\ 0 & 0 & \lambda \end{pmatrix}\\ &=\begin{pmatrix} \lambda^{n+1} & (n+1)\lambda^n & \dfrac{(n+1)n}{2}\lambda^{n-1} \\ 0 & \lambda^{n+1} & (n+1)\lambda^n \\ 0 & 0 & \lambda^{n+1} \end{pmatrix},\end{aligned}$$

所以对任意的 k 都有

$$\boldsymbol{A}^k=\begin{pmatrix} \lambda^k & k\lambda^{k-1} & \dfrac{k(k-1)}{2}\lambda^{k-2} \\ 0 & \lambda^k & k\lambda^{k-1} \\ 0 & 0 & \lambda^k \end{pmatrix}.$$ ■

2.2.4 矩阵的转置

定义 2.5 设矩阵 $\boldsymbol{A}=(a_{ij})_{m\times n}$, 如果以矩阵 $\boldsymbol{A}$ 的行换成同序数的列得到一个新的 $n\times m$ 矩阵, 称此矩阵为矩阵 $\boldsymbol{A}$ 的**转置矩阵**, 记为 $\boldsymbol{A}^{\mathrm{T}}$. 显然 $\boldsymbol{A}^{\mathrm{T}}$ 的元素 a_{ij} 就是 $\boldsymbol{A}$ 的元素 a_{ji}. 如果矩阵 $\boldsymbol{A}$ 满足 $\boldsymbol{A}^{\mathrm{T}}=\boldsymbol{A}$, 则称 $\boldsymbol{A}$ 为**对称矩阵** (symmetric matrix); 如果满足 $\boldsymbol{A}^{\mathrm{T}}=-\boldsymbol{A}$, 则称 $\boldsymbol{A}$ 为**反对称矩阵** (antisymmetric matrix). ■

矩阵的转置也可以理解为矩阵的运算, 它满足一定的运算律.

性质 5 设矩阵 $\boldsymbol{A},\boldsymbol{B}$ 使下述各式有意义, 则有

(1) $(\boldsymbol{A}^{\mathrm{T}})^{\mathrm{T}}=\boldsymbol{A}$;

(2) $(\boldsymbol{A}+\boldsymbol{B})^{\mathrm{T}}=\boldsymbol{A}^{\mathrm{T}}+\boldsymbol{B}^{\mathrm{T}}$;

(3) $(\lambda\boldsymbol{A})^{\mathrm{T}}=\lambda\boldsymbol{A}^{\mathrm{T}}$;

(4) $(\boldsymbol{A}\boldsymbol{B})^{\mathrm{T}}=\boldsymbol{B}^{\mathrm{T}}\boldsymbol{A}^{\mathrm{T}}$.

证明 仅证明 (4). 设 $\boldsymbol{A}=(a_{ij})_{m\times n},\boldsymbol{B}=(b_{ij})_{n\times k},(\boldsymbol{A}\boldsymbol{B})^{\mathrm{T}}$ 中第 i 行第 j 列的元素为 $\boldsymbol{A}\boldsymbol{B}$ 中第 j 行第 i 列的元素, 即为

$$\sum_{\tau=1}^{n}a_{j\tau}b_{\tau i},$$

而 $\boldsymbol{B}^{\mathrm{T}}\boldsymbol{A}^{\mathrm{T}}$ 中第 i 行第 j 列的元素为 $\boldsymbol{B}$ 中第 i 列与 $\boldsymbol{A}$ 中第 j 行的对应元素的乘积之和, 即为

$$\sum_{\tau=1}^{n}b_{\tau i}a_{j\tau}=\sum_{\tau=1}^{n}a_{j\tau}b_{\tau i},$$

由此知 $(\boldsymbol{A}\boldsymbol{B})^{\mathrm{T}}=\boldsymbol{B}^{\mathrm{T}}\boldsymbol{A}^{\mathrm{T}}$. ■

例 7 设 $\boldsymbol{A}=\begin{pmatrix}1&-2\\2&1\\1&3\end{pmatrix},\boldsymbol{B}=\begin{pmatrix}2&1&0\\1&-1&2\end{pmatrix}$, 求 $(\boldsymbol{A}\boldsymbol{B})^{\mathrm{T}},(\boldsymbol{B}\boldsymbol{A})^{\mathrm{T}}$.

解

$$\boldsymbol{A}\boldsymbol{B}=\begin{pmatrix}1&-2\\2&1\\1&3\end{pmatrix}\begin{pmatrix}2&1&0\\1&-1&2\end{pmatrix}=\begin{pmatrix}0&3&-4\\5&1&2\\5&-2&6\end{pmatrix},$$

于是

$$(\boldsymbol{A}\boldsymbol{B})^{\mathrm{T}}=\begin{pmatrix}0&5&5\\3&1&-2\\-4&2&6\end{pmatrix}.$$

又

$$\boldsymbol{BA}=\begin{pmatrix}2&1&0\\1&-1&2\end{pmatrix}\begin{pmatrix}1&-2\\2&1\\1&3\end{pmatrix}=\begin{pmatrix}4&-3\\1&3\end{pmatrix},$$

从而

$$(\boldsymbol{BA})^{\mathrm{T}}=\begin{pmatrix}4&1\\-3&3\end{pmatrix}.$$ ■

例 8　试证明: 任一方阵都可表示为一个对称矩阵和一个反对称矩阵的和.

证明　设 $\boldsymbol{C}=\boldsymbol{A}+\boldsymbol{A}^{\mathrm{T}}$, 则 $\boldsymbol{C}^{\mathrm{T}}=\left(\boldsymbol{A}+\boldsymbol{A}^{\mathrm{T}}\right)^{\mathrm{T}}=\boldsymbol{A}^{\mathrm{T}}+\boldsymbol{A}=\boldsymbol{C}$, 所以 $\boldsymbol{C}$ 为对称阵. 设 $\boldsymbol{B}=\boldsymbol{A}-\boldsymbol{A}^{\mathrm{T}}$, 则 $\boldsymbol{B}^{\mathrm{T}}=\left(\boldsymbol{A}-\boldsymbol{A}^{\mathrm{T}}\right)^{\mathrm{T}}=\boldsymbol{A}^{\mathrm{T}}-\boldsymbol{A}=-\boldsymbol{B}$, 所以 $\boldsymbol{B}$ 为反对称阵. 而 $\boldsymbol{A}=\frac{1}{2}(\boldsymbol{A}+\boldsymbol{A}^{\mathrm{T}})+\frac{1}{2}(\boldsymbol{A}-\boldsymbol{A}^{\mathrm{T}})=\frac{1}{2}\boldsymbol{C}+\frac{1}{2}\boldsymbol{B}$, 从而结论得到证明. ■

例 9　设 $\boldsymbol{A}$ 是 $m\times n$ 矩阵, 则 $\boldsymbol{A}^{\mathrm{T}}\boldsymbol{A}$ 和 $\boldsymbol{A}\boldsymbol{A}^{\mathrm{T}}$ 都是对称阵.

证明　$\boldsymbol{A}^{\mathrm{T}}\boldsymbol{A}$ 是 n 阶方阵, 且 $(\boldsymbol{A}^{\mathrm{T}}\boldsymbol{A})^{\mathrm{T}}=\boldsymbol{A}^{\mathrm{T}}(\boldsymbol{A}^{\mathrm{T}})^{\mathrm{T}}=\boldsymbol{A}^{\mathrm{T}}\boldsymbol{A}$, 所以 $\boldsymbol{A}^{\mathrm{T}}\boldsymbol{A}$ 是对称阵. 同理可证 $\boldsymbol{A}\boldsymbol{A}^{\mathrm{T}}$ 也是对称阵. ■

2.2.5　方阵的行列式及伴随矩阵

定义 2.6　由 n 阶方阵 $\boldsymbol{A}$ 的元素所构成的行列式 (各元素的位置不变), 称为方阵 $\boldsymbol{A}$ 的行列式 (determinant of a matrix $\boldsymbol{A}$), 记为 $|\boldsymbol{A}|$ 或 $\det\boldsymbol{A}$, 即

$$\det\boldsymbol{A}=\begin{vmatrix}a_{11}&a_{12}&\cdots&a_{1n}\\a_{21}&a_{22}&\cdots&a_{2n}\\\vdots&\vdots&&\vdots\\a_{n1}&a_{n1}&\cdots&a_{nn}\end{vmatrix}.$$ ■

n 阶方阵 $\boldsymbol{A}$ 的行列式具有以下性质.

性质 6　设 $\boldsymbol{A},\boldsymbol{B}$ 为 n 阶方阵, 则

(1) $\left|\boldsymbol{A}^{\mathrm{T}}\right|=|\boldsymbol{A}|$;

(2) $|\lambda\boldsymbol{A}|=\lambda^{n}|\boldsymbol{A}|$;

(3) $|\boldsymbol{AB}|=|\boldsymbol{BA}|=|\boldsymbol{A}||\boldsymbol{B}|$.

证明　仅证明性质 (3).

设 $\boldsymbol{A}=(a_{ij})_{n\times n},\boldsymbol{B}=(b_{ij})_{n\times n}$, 构造如下 $2n$ 阶行列式

$$D=\begin{vmatrix} a_{11} & \cdots & a_{1n} & -1 & \cdots & 0 \\ \vdots & & \vdots & \vdots & \ddots & \vdots \\ a_{n1} & \cdots & a_{nn} & 0 & \cdots & -1 \\ 0 & & 0 & b_{11} & \cdots & b_{1n} \\ & \ddots & & \vdots & & \vdots \\ 0 & & 0 & b_{n1} & \cdots & b_{nn} \end{vmatrix}=\begin{vmatrix} \boldsymbol{A} & -\boldsymbol{E} \\ \boldsymbol{O} & \boldsymbol{B} \end{vmatrix}.$$

一方面, 由 1.3 节中例 3 可知

$$D=\begin{vmatrix} \boldsymbol{A} & -\boldsymbol{E} \\ \boldsymbol{O} & \boldsymbol{B} \end{vmatrix}=|\boldsymbol{A}|\,|\boldsymbol{B}|.$$

另一方面, 在 D 中分别以 $a_{1j}, a_{2j}, \cdots, a_{nj}$ 乘第 $n+1, n+2, \cdots, 2n$ 列都加到第 j 列上 $(j=1,2,\cdots,n)$, 由行列式的性质得

$$D=\begin{vmatrix} \boldsymbol{O} & -\boldsymbol{E} \\ \boldsymbol{BA} & \boldsymbol{B} \end{vmatrix}=(-1)^n\begin{vmatrix} -\boldsymbol{E} & \boldsymbol{O} \\ \boldsymbol{B} & \boldsymbol{BA} \end{vmatrix}=(-1)^n\,|-\boldsymbol{E}|\,|\boldsymbol{BA}|=|\boldsymbol{BA}|,$$

从而 $|\boldsymbol{BA}|=|\boldsymbol{A}|\,|\boldsymbol{B}|=|\boldsymbol{B}|\,|\boldsymbol{A}|=|\boldsymbol{AB}|$. ■

对于方阵 $\boldsymbol{A},\boldsymbol{B}$, 一般情况下 $\boldsymbol{AB}\neq\boldsymbol{BA}$, 但由上述性质 (3) 总有 $|\boldsymbol{BA}|=|\boldsymbol{AB}|=|\boldsymbol{A}|\,|\boldsymbol{B}|$. 而且可以推广至多个矩阵相乘的情况, 设 $\boldsymbol{A}_1, \boldsymbol{A}_2 \cdots, \boldsymbol{A}_m$ 都是 n 阶方阵, 则

$$|\boldsymbol{A}_1\boldsymbol{A}_2\cdots\boldsymbol{A}_m|=|\boldsymbol{A}_1|\,|\boldsymbol{A}_2|\cdots|\boldsymbol{A}_m|.$$

定义 2.7 n 阶方阵 $\boldsymbol{A}$ 的行列式 $|\boldsymbol{A}|$ 中每一行 (列) 的元素 a_{ij} 的代数余子式 A_{ij} 按列 (行) 排成的矩阵称为矩阵 $\boldsymbol{A}$ 的**伴随矩阵**(adjugate matrix), 记为 $\boldsymbol{A}^*$, 即

$$\boldsymbol{A}^*=\begin{pmatrix} A_{11} & A_{21} & \cdots & A_{n1} \\ A_{12} & A_{22} & \cdots & A_{n2} \\ \vdots & \vdots & & \vdots \\ A_{1n} & A_{2n} & \cdots & A_{nn} \end{pmatrix}.$$ ■

例 10 已知 $\boldsymbol{A}=\begin{pmatrix} 1 & 3 & 0 \\ 0 & 1 & 0 \\ 1 & 0 & 1 \end{pmatrix}$, 求 $\boldsymbol{A}$ 的伴随矩阵.

解 由于

$$A_{11}=\begin{vmatrix} 1 & 0 \\ 0 & 1 \end{vmatrix}=1,\quad A_{12}=-\begin{vmatrix} 0 & 0 \\ 1 & 1 \end{vmatrix}=0,\quad A_{13}=\begin{vmatrix} 0 & 1 \\ 1 & 0 \end{vmatrix}=-1,$$

$$A_{21}=-\begin{vmatrix}3&0\\0&1\end{vmatrix}=-3,\quad A_{22}=\begin{vmatrix}1&0\\1&1\end{vmatrix}=1,\quad A_{23}=-\begin{vmatrix}1&3\\1&0\end{vmatrix}=3,$$

$$A_{31}=\begin{vmatrix}3&0\\1&0\end{vmatrix}=0,\quad A_{32}=-\begin{vmatrix}1&0\\0&0\end{vmatrix}=0,\quad A_{33}=\begin{vmatrix}1&3\\0&1\end{vmatrix}=1,$$

由定义 2.7 得

$$\boldsymbol{A}^*=\begin{pmatrix}1&-3&0\\0&1&0\\-1&3&1\end{pmatrix}.$$ ■

定理 2.1 若 $\boldsymbol{A}^*$ 是 n 阶方阵 $\boldsymbol{A}$ 的伴随矩阵, 则 $\boldsymbol{AA}^*=\boldsymbol{A}^*\boldsymbol{A}=|\boldsymbol{A}|\,\boldsymbol{E}$.

证明 设 $\boldsymbol{A}=(a_{ij})$, $\boldsymbol{AA}^*=(b_{ij})$, $\boldsymbol{A}^*\boldsymbol{A}=(c_{ij})$, 则

$$b_{ij}=a_{i1}A_{j1}+a_{i2}A_{j1}+\cdots+a_{in}A_{nj}=\begin{cases}|\boldsymbol{A}|, & i=j,\\ 0, & i\neq j,\end{cases}\quad 1\leqslant i,j\leqslant n.$$

$$c_{ij}=a_{1j}A_{1i}+a_{2j}A_{2i}+\cdots+a_{nj}A_{ni}=\begin{cases}|\boldsymbol{A}|, & i=j,\\ 0, & i\neq j,\end{cases}\quad 1\leqslant i,j\leqslant n.$$

故

$$\boldsymbol{AA}^*=\boldsymbol{A}^*\boldsymbol{A}=|\boldsymbol{A}|\,\boldsymbol{E}.$$ ■

2.3 逆 矩 阵

在数的运算中, 当 $a\neq 0$ 时有 $aa^{-1}=a^{-1}a=1$, 其中 $a^{-1}=\dfrac{1}{a}$ 为 a 的倒数 (或称为 a 的逆). 那么在矩阵的运算中, 对于一个矩阵 $\boldsymbol{A}$, 是否有类似于非零数 a 的这种性质呢? 换言之, 2.2 节矩阵的运算中没有论及除法, 那么矩阵是否有像数一样的除法运算呢? 本节将讨论这个问题. 注意到单位阵 $\boldsymbol{E}$ 在矩阵乘法中起到的作用与数 1 在数的乘法中起到的作用是类似的, 因此可以引入逆矩阵的概念以及矩阵求逆的运算.

定义 2.8 设 $\boldsymbol{A}$ 是一个 n 阶方阵, 若存在 n 阶方阵 $\boldsymbol{B}$, 满足条件 $\boldsymbol{AB}=\boldsymbol{BA}=\boldsymbol{E}$, 则称方阵 $\boldsymbol{A}$**可逆**(invertible), 称 $\boldsymbol{B}$ 为 $\boldsymbol{A}$ 的**逆矩阵**(inverse matrix). 记 $\boldsymbol{A}$ 的逆矩阵为 $\boldsymbol{A}^{-1}$, 即 $\boldsymbol{A}^{-1}=\boldsymbol{B}$. ■

例如, $\boldsymbol{A}=\begin{pmatrix}1&1\\2&1\end{pmatrix}$, $\boldsymbol{B}=\begin{pmatrix}-1&1\\2&-1\end{pmatrix}$, 不难验证

$$\boldsymbol{AB}=\begin{pmatrix}1&1\\2&1\end{pmatrix}\begin{pmatrix}-1&1\\2&-1\end{pmatrix}=\boldsymbol{BA}=\begin{pmatrix}1&0\\0&1\end{pmatrix},$$

所以 $\boldsymbol{A}$, $\boldsymbol{B}$ 都是可逆的, 且 $\boldsymbol{A}^{-1}=\boldsymbol{B}$, $\boldsymbol{B}^{-1}=\boldsymbol{A}$.

由定义不难验证可逆矩阵具有如下性质.

性质 1 设 $\boldsymbol{A},\boldsymbol{B}$ 是 n 阶可逆矩阵, 则

(1) $\boldsymbol{A}$ 逆矩阵唯一;

(2) $\boldsymbol{A}^{-1}$ 可逆, 且 $(\boldsymbol{A}^{-1})^{-1}=\boldsymbol{A}$;

(3) $\lambda\boldsymbol{A}$ 可逆 $(\lambda\neq 0)$, 且 $(\lambda\boldsymbol{A})^{-1}=\dfrac{1}{\lambda}\boldsymbol{A}^{-1}$;

(4) $\boldsymbol{A}^{\mathrm{T}}$ 可逆, 且 $(\boldsymbol{A}^{\mathrm{T}})^{-1}=(\boldsymbol{A}^{-1})^{\mathrm{T}}$;

(5) $\boldsymbol{AB}$ 可逆, 且 $(\boldsymbol{AB})^{-1}=\boldsymbol{B}^{-1}\boldsymbol{A}^{-1}$.

证明 只证明 (1) 和 (5), 其余留给读者证明.

(1) 的证明. 如果矩阵 $\boldsymbol{B},\boldsymbol{C}$ 是 $\boldsymbol{A}$ 的逆阵, 则有

$$\boldsymbol{C}=\boldsymbol{CE}=\boldsymbol{C}(\boldsymbol{AB})=(\boldsymbol{CA})\boldsymbol{B}=\boldsymbol{EB}=\boldsymbol{B}.$$

(5) 的证明. 由于

$$(\boldsymbol{AB})(\boldsymbol{B}^{-1}\boldsymbol{A}^{-1})=\boldsymbol{ABB}^{-1}\boldsymbol{A}^{-1}=\boldsymbol{AEA}^{-1}=\boldsymbol{E},$$

而且

$$(\boldsymbol{B}^{-1}\boldsymbol{A}^{-1})(\boldsymbol{AB})=\boldsymbol{B}^{-1}\boldsymbol{A}^{-1}\boldsymbol{AB}=\boldsymbol{B}^{-1}\boldsymbol{EB}=\boldsymbol{E}.$$

因此 $\boldsymbol{AB}$ 可逆, 且 $(\boldsymbol{AB})^{-1}=\boldsymbol{B}^{-1}\boldsymbol{A}^{-1}$. ■

下面讨论满足什么条件的方阵才存在逆矩阵.

定理 2.2 矩阵 $\boldsymbol{A}$ 可逆的充要条件是 $|\boldsymbol{A}|\neq 0$, 且当矩阵 $\boldsymbol{A}$ 可逆时

$$\boldsymbol{A}^{-1}=\frac{1}{|\boldsymbol{A}|}\boldsymbol{A}^{*}, \tag{2.8}$$

其中 $\boldsymbol{A}^{*}$ 是 $\boldsymbol{A}$ 的伴随矩阵.

证明 必要性. 因为 $\boldsymbol{A}$ 可逆, 所以存在 $\boldsymbol{A}^{-1}$, 使得 $\boldsymbol{AA}^{-1}=\boldsymbol{E}$, 从而 $|\boldsymbol{A}|\,|\boldsymbol{A}^{-1}|=|\boldsymbol{E}|=1$, 所以 $|\boldsymbol{A}|\neq 0$.

充分性. 当 $|\boldsymbol{A}|\neq 0$ 时, 由定理 2.1 得 $\boldsymbol{AA}^{*}=\boldsymbol{A}^{*}\boldsymbol{A}=|\boldsymbol{A}|\,\boldsymbol{E}$, 所以

$$\boldsymbol{A}\left(\frac{1}{|\boldsymbol{A}|}\boldsymbol{A}^{*}\right)=\frac{1}{|\boldsymbol{A}|}(\boldsymbol{AA}^{*})=\frac{1}{|\boldsymbol{A}|}(|\boldsymbol{A}|\,\boldsymbol{E})=\boldsymbol{E}.$$

由逆矩阵的定义可知, 方阵 $\boldsymbol{A}$ 可逆且

$$\boldsymbol{A}^{-1}=\frac{1}{|\boldsymbol{A}|}\boldsymbol{A}^{*}.$$ ■

由定理 2.2 可以证明下述性质, 证明留给读者.

性质 2 设 $\boldsymbol{A},\boldsymbol{B}$ 都是 n 阶方阵, 则

(1) 如果 $\boldsymbol{AB}=\boldsymbol{E}$, 则方阵 $\boldsymbol{A}$ 可逆, 且 $\boldsymbol{B}$ 为 $\boldsymbol{A}$ 的逆矩阵; 如果 $\boldsymbol{A}$ 可逆, 也称 $\boldsymbol{A}$ 是非奇异矩阵, 否则称为奇异矩阵;

(2) 如果 $\boldsymbol{A}$ 可逆, 则 $\boldsymbol{A}$ 的行列式值的倒数等于 $\boldsymbol{A}^{-1}$ 的行列式值, 即

$$\left|\boldsymbol{A}^{-1}\right|=|\boldsymbol{A}|^{-1};$$

(3) 如果 $\boldsymbol{A}$ 可逆, 则 $\boldsymbol{A}$ 的伴随矩阵 $\boldsymbol{A}^*$ 也可逆, 且 $(\boldsymbol{A}^*)^{-1}=\dfrac{1}{|\boldsymbol{A}|}\boldsymbol{A}$;

(4) 如果 $\boldsymbol{A}$ 可逆, k 为正整数, 定义

$$\boldsymbol{A}^0=\boldsymbol{E},\quad \boldsymbol{A}^{-k}=\left(\boldsymbol{A}^{-1}\right)^k,$$

定理 2.2 不仅给出了判定方阵 $\boldsymbol{A}$ 可逆的充要条件, 还给出了求逆矩阵 $\boldsymbol{A}^{-1}$ 的方法, 只不过当矩阵的阶数较大时, 计算量非常大, 后面还会介绍求逆矩阵的另一方法.

例 1 判断下列矩阵是否可逆, 如可逆, 求出其逆矩阵.

$$(1)\ \boldsymbol{A}=\begin{pmatrix}1&3&2\\1&1&0\\4&0&1\end{pmatrix};\quad (2)\ \boldsymbol{B}=\begin{pmatrix}1&0&3\\3&1&0\\1&0&3\end{pmatrix}.$$

解 (1) 因为 $|\boldsymbol{A}|=1\times\begin{vmatrix}1&0\\0&1\end{vmatrix}-3\times\begin{vmatrix}1&0\\4&1\end{vmatrix}+2\times\begin{vmatrix}1&1\\4&0\end{vmatrix}=-10\neq 0$, 所以 $\boldsymbol{A}$ 可逆.

$$A_{11}=\begin{vmatrix}1&0\\0&1\end{vmatrix}=1,\quad A_{12}=-\begin{vmatrix}1&0\\4&1\end{vmatrix}=-1,\quad A_{13}=\begin{vmatrix}1&1\\4&0\end{vmatrix}=-4,$$

$$A_{21}=-\begin{vmatrix}3&2\\0&1\end{vmatrix}=-3,\quad A_{22}=\begin{vmatrix}1&2\\4&1\end{vmatrix}=-7,\quad A_{23}=-\begin{vmatrix}1&3\\4&0\end{vmatrix}=12,$$

$$A_{31}=\begin{vmatrix}3&2\\1&0\end{vmatrix}=-2,\quad A_{32}=-\begin{vmatrix}1&2\\1&0\end{vmatrix}=2,\quad A_{33}=\begin{vmatrix}1&3\\1&1\end{vmatrix}=-2,$$

则

$$\boldsymbol{A}^*=\begin{pmatrix}1&-3&-2\\-1&-7&2\\-4&12&-2\end{pmatrix}.$$

所以

$$A^{-1}=\frac{1}{|A|}A^*=-\frac{1}{10}\begin{pmatrix}1&-3&-2\\-1&-7&2\\-4&12&-2\end{pmatrix}=\frac{1}{10}\begin{pmatrix}-1&3&2\\1&7&-2\\4&-12&2\end{pmatrix}.$$

(2) 因为 $|B|=1\times\begin{vmatrix}1&0\\0&3\end{vmatrix}-0\times\begin{vmatrix}3&0\\1&3\end{vmatrix}+3\times\begin{vmatrix}3&1\\1&0\end{vmatrix}=0$, 所以 B 不可逆.■

例 2 设 A 是三阶方阵, $|A|=\frac{1}{2}$, 计算 $\left|(3A)^{-1}-2A^*\right|$.

解 因为 $AA^*=A^*A=|A|E=\frac{1}{2}E$, 所以 $A^*=\frac{1}{2}A^{-1}$. 从而

$$\begin{aligned}\left|(3A)^{-1}-2A^*\right|&=\left|\frac{1}{3}A^{-1}-2\left(\frac{1}{2}A^{-1}\right)\right|=\left|-\frac{2}{3}A^{-1}\right|\\&=\left(-\frac{2}{3}\right)^3\left|A^{-1}\right|=-\frac{8}{27}\frac{1}{|A|}=-\frac{16}{27}.\end{aligned}$$ ■

例 3 已知 $AX=2X+B$, 求矩阵 X. 其中

$$A=\begin{pmatrix}3&0&0\\0&1&-1\\0&1&4\end{pmatrix},\quad B=\begin{pmatrix}3&6\\1&1\\2&-3\end{pmatrix}.$$

解 由 $AX=2X+B$ 得 $(A-2E)X=B$, 又因为

$$A-2E=\begin{pmatrix}1&0&0\\0&-1&-1\\0&1&2\end{pmatrix},$$

所以 $|A-2E|=-1\neq 0$, $A-2E$ 可逆, 易求得

$$(A-2E)^*=\begin{pmatrix}-1&0&0\\0&2&1\\0&-1&-1\end{pmatrix},$$

故

$$(A-2E)^{-1}=\frac{1}{|A-2E|}(A-2E)^*=\begin{pmatrix}1&0&0\\0&-2&-1\\0&1&1\end{pmatrix}.$$

方程 $(\boldsymbol{A}-2\boldsymbol{E})\boldsymbol{X}=\boldsymbol{B}$ 两边同时左乘 $(\boldsymbol{A}-2\boldsymbol{E})^{-1}$ 得

$$\boldsymbol{X}=(\boldsymbol{A}-2\boldsymbol{E})^{-1}\boldsymbol{B}=\begin{pmatrix}1&0&0\\0&-2&-1\\0&1&1\end{pmatrix}\begin{pmatrix}3&6\\1&1\\2&-3\end{pmatrix}=\begin{pmatrix}3&6\\-4&1\\3&-2\end{pmatrix}.$$ ■

例 4 若方阵 $\boldsymbol{A}$ 满足方程 $\boldsymbol{A}^2-\boldsymbol{A}-2\boldsymbol{E}=\boldsymbol{O}$, 证明 $\boldsymbol{A},\boldsymbol{A}+2\boldsymbol{E}$ 都可逆, 并求其逆矩阵.

解 由 $\boldsymbol{A}^2-\boldsymbol{A}-2\boldsymbol{E}=\boldsymbol{O}$, 得 $\boldsymbol{A}(\boldsymbol{A}-\boldsymbol{E})=2\boldsymbol{E}$, 即 $\boldsymbol{A}\left[\frac{1}{2}(\boldsymbol{A}-\boldsymbol{E})\right]=\boldsymbol{E}$, 故 $\boldsymbol{A}$ 可逆且 $\boldsymbol{A}^{-1}=\frac{1}{2}(\boldsymbol{A}-\boldsymbol{E})$.

又由 $\boldsymbol{A}^2-\boldsymbol{A}-2\boldsymbol{E}=\boldsymbol{O}$, 得 $(\boldsymbol{A}+2\boldsymbol{E})(\boldsymbol{A}-3\boldsymbol{E})+4\boldsymbol{E}=\boldsymbol{O}$, 即 $(\boldsymbol{A}+2\boldsymbol{E})\left[-\frac{1}{4}(\boldsymbol{A}-3\boldsymbol{E})\right]=\boldsymbol{E}$, 故 $\boldsymbol{A}+2\boldsymbol{E}$ 可逆, 且

$$(\boldsymbol{A}+2\boldsymbol{E})^{-1}=-\frac{1}{4}(\boldsymbol{A}-3\boldsymbol{E})=\frac{1}{4}(3\boldsymbol{E}-\boldsymbol{A}).$$ ■

2.4 矩阵的分块运算

对于行数和列数较高的矩阵, 很多问题如矩阵乘法、求逆等运算都不容易处理. 为了简化这些运算, 通常采用分块法, 将大矩阵运算化为小矩阵运算. 具体是将矩阵 $\boldsymbol{A}$ 用若干条纵线和横线分成许多个小矩阵, 每一个小矩阵称为 $\boldsymbol{A}$ 的子块, 以子块为元素的形式上的矩阵称为**分块矩阵**(partitioned matrix).

例如, 将 4×5 矩阵

$$\boldsymbol{A}=\left(\begin{array}{ccc:cc}2&1&-3&0&0\\1&0&4&0&0\\\hdashline-2&3&1&1&0\\3&1&2&0&1\end{array}\right)$$

分成子块的方法很多. 如令

$$\boldsymbol{A}_1=\begin{pmatrix}2&1&-3\\1&0&4\end{pmatrix},\quad \boldsymbol{A}_2=\begin{pmatrix}-2&3&1\\3&1&2\end{pmatrix},\quad \boldsymbol{O}=\begin{pmatrix}0&0\\0&0\end{pmatrix},\quad \boldsymbol{E}=\begin{pmatrix}1&0\\0&1\end{pmatrix},$$

则矩阵 $\boldsymbol{A}$ 可用分块矩阵表示为 $\boldsymbol{A}=\begin{pmatrix}\boldsymbol{A}_1&\boldsymbol{O}\\\boldsymbol{A}_2&\boldsymbol{E}\end{pmatrix}$. 如令

$$\boldsymbol{A}_1=\begin{pmatrix}2&1&-3&0\\1&0&4&0\end{pmatrix},\quad \boldsymbol{O}=\begin{pmatrix}0\\0\end{pmatrix},\quad \boldsymbol{A}_2=\begin{pmatrix}-2&3&1&1\\3&1&2&0\end{pmatrix},\quad \boldsymbol{A}_3=\begin{pmatrix}0\\1\end{pmatrix},$$

则矩阵 $\boldsymbol{A}$ 又可用分块矩阵表示为 $\boldsymbol{A}=\begin{pmatrix}\boldsymbol{A}_1 & \boldsymbol{O}\\ \boldsymbol{A}_2 & \boldsymbol{A}_3\end{pmatrix}$.

分块矩阵的运算规则与普通矩阵的运算规则相类似, 此时把分块矩阵的一个子块看成一般矩阵中的一个元素. 正是通过这些运算才使复杂的矩阵计算得以简化.

2.4.1 分块矩阵的加法 (减法)

设矩阵 $\boldsymbol{A},\boldsymbol{B}$ 是同型矩阵, 采用完全相同的分块法, 若

$$\boldsymbol{A}=\begin{pmatrix}\boldsymbol{A}_{11} & \boldsymbol{A}_{12} & \cdots & \boldsymbol{A}_{1t}\\ \boldsymbol{A}_{21} & \boldsymbol{A}_{22} & \cdots & \boldsymbol{A}_{2t}\\ \vdots & \vdots & & \vdots\\ \boldsymbol{A}_{s1} & \boldsymbol{A}_{s2} & \cdots & \boldsymbol{A}_{st}\end{pmatrix},\quad \boldsymbol{B}=\begin{pmatrix}\boldsymbol{B}_{11} & \boldsymbol{B}_{12} & \cdots & \boldsymbol{B}_{1t}\\ \boldsymbol{B}_{21} & \boldsymbol{B}_{22} & \cdots & \boldsymbol{B}_{2t}\\ \vdots & \vdots & & \vdots\\ \boldsymbol{B}_{s1} & \boldsymbol{B}_{s2} & \cdots & \boldsymbol{B}_{st}\end{pmatrix},$$

则

$$\boldsymbol{A}\pm\boldsymbol{B}=\begin{pmatrix}\boldsymbol{A}_{11}\pm\boldsymbol{B}_{11} & \boldsymbol{A}_{12}\pm\boldsymbol{B}_{12} & \cdots & \boldsymbol{A}_{1t}\pm\boldsymbol{B}_{1t}\\ \boldsymbol{A}_{21}\pm\boldsymbol{B}_{21} & \boldsymbol{A}_{22}\pm\boldsymbol{B}_{22} & \cdots & \boldsymbol{A}_{2t}\pm\boldsymbol{B}_{2t}\\ \vdots & \vdots & & \vdots\\ \boldsymbol{A}_{s1}\pm\boldsymbol{B}_{s1} & \boldsymbol{A}_{s2}\pm\boldsymbol{B}_{s2} & \cdots & \boldsymbol{A}_{st}\pm\boldsymbol{B}_{st}\end{pmatrix}.$$

例 1 已知

$$\boldsymbol{A}=\begin{pmatrix}1 & 0 & 1 & 3\\ 0 & 1 & 2 & 4\\ 0 & 0 & -1 & 0\\ 0 & 0 & 0 & -1\end{pmatrix},\quad \boldsymbol{B}=\begin{pmatrix}1 & 2 & 0 & 0\\ 2 & 0 & 0 & 0\\ 6 & -2 & 1 & 0\\ 0 & 3 & 0 & 1\end{pmatrix},$$

用矩阵的分块计算 $\boldsymbol{A}+\boldsymbol{B}$.

解

$$\boldsymbol{A}+\boldsymbol{B}=\left(\begin{array}{cc:cc}1 & 0 & 1 & 3\\ 0 & 1 & 2 & 4\\ \hdashline 0 & 0 & -1 & 0\\ 0 & 0 & 0 & -1\end{array}\right)+\left(\begin{array}{cc:cc}1 & 2 & 0 & 0\\ 2 & 0 & 0 & 0\\ \hdashline 6 & -2 & 1 & 0\\ 0 & 3 & 0 & 1\end{array}\right)$$

$$=\begin{pmatrix}\boldsymbol{E} & \boldsymbol{A}_1\\ \boldsymbol{O} & -\boldsymbol{E}\end{pmatrix}+\begin{pmatrix}\boldsymbol{B}_1 & \boldsymbol{O}\\ \boldsymbol{B}_2 & \boldsymbol{E}\end{pmatrix}=\begin{pmatrix}\boldsymbol{E}+\boldsymbol{B}_1 & \boldsymbol{A}_1\\ \boldsymbol{B}_2 & -\boldsymbol{E}+\boldsymbol{E}\end{pmatrix}$$

$$=\begin{pmatrix}\boldsymbol{E}+\boldsymbol{B}_1 & \boldsymbol{A}_1\\ \boldsymbol{B}_2 & -\boldsymbol{O}\end{pmatrix}=\begin{pmatrix}2 & 2 & 1 & 3\\ 2 & 1 & 2 & 4\\ 6 & -2 & 0 & 0\\ 0 & 3 & 0 & 0\end{pmatrix}.$$ ■

2.4.2 数乘分块矩阵

若 $\boldsymbol{A}=\begin{pmatrix}\boldsymbol{A}_{11} & \boldsymbol{A}_{12} & \cdots & \boldsymbol{A}_{1t}\\ \boldsymbol{A}_{21} & \boldsymbol{A}_{22} & \cdots & \boldsymbol{A}_{2t}\\ \vdots & \vdots & & \vdots\\ \boldsymbol{A}_{s1} & \boldsymbol{A}_{s2} & \cdots & \boldsymbol{A}_{st}\end{pmatrix}$, 则数 λ 与分块矩阵 $\boldsymbol{A}$ 的乘积为

$$\lambda\boldsymbol{A}=\begin{pmatrix}\lambda\boldsymbol{A}_{11} & \lambda\boldsymbol{A}_{12} & \cdots & \lambda\boldsymbol{A}_{1t}\\ \lambda\boldsymbol{A}_{21} & \lambda\boldsymbol{A}_{22} & \cdots & \lambda\boldsymbol{A}_{2t}\\ \vdots & \vdots & & \vdots\\ \lambda\boldsymbol{A}_{s1} & \lambda\boldsymbol{A}_{s2} & \cdots & \lambda\boldsymbol{A}_{st}\end{pmatrix}.$$

2.4.3 分块矩阵的乘积

若

$$\boldsymbol{A}=\begin{pmatrix}\boldsymbol{A}_{11} & \boldsymbol{A}_{12} & \cdots & \boldsymbol{A}_{1t}\\ \boldsymbol{A}_{21} & \boldsymbol{A}_{22} & \cdots & \boldsymbol{A}_{2t}\\ \vdots & \vdots & & \vdots\\ \boldsymbol{A}_{s1} & \boldsymbol{A}_{s2} & \cdots & \boldsymbol{A}_{st}\end{pmatrix}=(\boldsymbol{A}_{ij})_{s\times t},$$

$$\boldsymbol{B}=\begin{pmatrix}\boldsymbol{B}_{11} & \boldsymbol{B}_{12} & \cdots & \boldsymbol{B}_{1p}\\ \boldsymbol{B}_{21} & \boldsymbol{B}_{22} & \cdots & \boldsymbol{B}_{2p}\\ \vdots & \vdots & & \vdots\\ \boldsymbol{B}_{t1} & \boldsymbol{B}_{t2} & \cdots & \boldsymbol{B}_{tp}\end{pmatrix}=(\boldsymbol{B}_{ij})_{t\times p},$$

其中 $\boldsymbol{A}_{i1},\boldsymbol{A}_{i2},\cdots,\boldsymbol{A}_{it}$ 的列数分别等于 $\boldsymbol{B}_{1j},\boldsymbol{B}_{2j},\cdots,\boldsymbol{B}_{tj}$ 的行数 $(i=1,2,\cdots,s;$ $j=1,2,\cdots,p)$, 则

$$\boldsymbol{AB}=\begin{pmatrix}\boldsymbol{C}_{11} & \boldsymbol{C}_{12} & \cdots & \boldsymbol{C}_{1p}\\ \boldsymbol{C}_{21} & \boldsymbol{C}_{22} & \cdots & \boldsymbol{C}_{2p}\\ \vdots & \vdots & & \vdots\\ \boldsymbol{C}_{s1} & \boldsymbol{C}_{s2} & \cdots & \boldsymbol{C}_{sp}\end{pmatrix},$$

其中 $\boldsymbol{C}_{ij}=\sum\limits_{k=1}^{t}\boldsymbol{A}_{ik}\boldsymbol{B}_{kj}(i=1,2,\cdots,s;j=1,2,\cdots,p)$.

这要求对矩阵 $\boldsymbol{A}$ 的列的分法一定要与矩阵 $\boldsymbol{B}$ 的行的分法一致, 而对矩阵 $\boldsymbol{A}$ 的行的分法和对矩阵 $\boldsymbol{B}$ 的列的分法可以随意. 两个分块矩阵的乘法, 以子块为元素, 按矩阵的乘法法则相乘.

例 2 已知 $\boldsymbol{A}=\begin{pmatrix}1&0&-2&0\\0&1&0&-2\\0&0&5&3\end{pmatrix}$, $\boldsymbol{B}=\begin{pmatrix}3&0&-2\\1&2&0\\0&1&0\\0&0&1\end{pmatrix}$, 用分块矩阵计算 $\boldsymbol{AB}$.

解法一 $$\boldsymbol{AB}=\left(\begin{array}{cc:cc}1&0&-2&0\\0&1&0&-2\\\hdashline 0&0&5&3\end{array}\right)\left(\begin{array}{cc:c}3&0&-2\\1&2&0\\\hdashline 0&1&0\\0&0&1\end{array}\right)$$

$$=\begin{pmatrix}\boldsymbol{E}&-2\boldsymbol{E}\\\boldsymbol{O}&\boldsymbol{A}_1\end{pmatrix}\begin{pmatrix}\boldsymbol{B}_1&\boldsymbol{B}_2\\\boldsymbol{B}_3&\boldsymbol{B}_4\end{pmatrix}=\begin{pmatrix}\boldsymbol{B}_1-2\boldsymbol{B}_3&\boldsymbol{B}_2-2\boldsymbol{B}_4\\\boldsymbol{A}_1\boldsymbol{B}_3&\boldsymbol{A}_1\boldsymbol{B}_4\end{pmatrix},$$

又

$$\boldsymbol{B}_1-2\boldsymbol{B}_3=\begin{pmatrix}3&0\\1&2\end{pmatrix}-2\begin{pmatrix}0&1\\0&0\end{pmatrix}=\begin{pmatrix}3&-2\\1&2\end{pmatrix},$$

$$\boldsymbol{B}_2-2\boldsymbol{B}_4=\begin{pmatrix}-2\\0\end{pmatrix}-2\begin{pmatrix}0\\1\end{pmatrix}=\begin{pmatrix}-2\\-2\end{pmatrix},$$

$$\boldsymbol{A}_1\boldsymbol{B}_3=\begin{pmatrix}5&3\end{pmatrix}\begin{pmatrix}0&1\\0&0\end{pmatrix}=\begin{pmatrix}0&5\end{pmatrix},\quad \boldsymbol{A}_1\boldsymbol{B}_4=\begin{pmatrix}5&3\end{pmatrix}\begin{pmatrix}0\\1\end{pmatrix}=(3).$$

所以 $\boldsymbol{AB}=\begin{pmatrix}3&-3&-2\\1&2&-2\\0&5&3\end{pmatrix}$.

解法二 $$\boldsymbol{AB}=\left(\begin{array}{cc:cc}1&0&-2&0\\0&1&0&-2\\\hdashline 0&0&5&3\end{array}\right)\left(\begin{array}{c:cc}3&0&2\\1&2&0\\\hdashline 0&1&0\\0&0&1\end{array}\right)$$

$$=\begin{pmatrix}\boldsymbol{E}&-2\boldsymbol{E}\\\boldsymbol{O}&\boldsymbol{A}_1\end{pmatrix}\begin{pmatrix}\boldsymbol{B}_1&\boldsymbol{B}_2\\\boldsymbol{O}&\boldsymbol{E}\end{pmatrix}=\begin{pmatrix}\boldsymbol{B}_1&\boldsymbol{B}_2-2\boldsymbol{E}\\\boldsymbol{O}&\boldsymbol{A}_1\end{pmatrix}.$$

故 $\boldsymbol{AB}=\begin{pmatrix}3&-3&-2\\1&2&-2\\0&5&3\end{pmatrix}$. ■

本例说明, 分块方法不同, 求解过程的繁杂程度相差很大. 因此, 尽可能把特殊的零子块和单位子块分出来, 能够减少计算量.

2.4.4 分块矩阵的转置

设矩阵 $\boldsymbol{A}=\begin{pmatrix}\boldsymbol{A}_{11} & \boldsymbol{A}_{12} & \cdots & \boldsymbol{A}_{1t}\\ \boldsymbol{A}_{21} & \boldsymbol{A}_{22} & \cdots & \boldsymbol{A}_{2t}\\ \vdots & \vdots & & \vdots\\ \boldsymbol{A}_{s1} & \boldsymbol{A}_{s2} & \cdots & \boldsymbol{A}_{st}\end{pmatrix}$, 则 $\boldsymbol{A}^{\mathrm{T}}=\begin{pmatrix}\boldsymbol{A}_{11}^{\mathrm{T}} & \boldsymbol{A}_{21}^{\mathrm{T}} & \cdots & \boldsymbol{A}_{s1}^{\mathrm{T}}\\ \boldsymbol{A}_{12}^{\mathrm{T}} & \boldsymbol{A}_{22}^{\mathrm{T}} & \cdots & \boldsymbol{A}_{s2}^{\mathrm{T}}\\ \vdots & \vdots & & \vdots\\ \boldsymbol{A}_{1t}^{\mathrm{T}} & \boldsymbol{A}_{2t}^{\mathrm{T}} & \cdots & \boldsymbol{A}_{st}^{\mathrm{T}}\end{pmatrix}$.

这表明分块矩阵 $\boldsymbol{A}$ 的转置, 不仅要把分块矩阵 $\boldsymbol{A}$ 的每一 “行” 变为同序号的 “列”, 而且还要把矩阵 $\boldsymbol{A}$ 的每一子块 $\boldsymbol{A}_{ij}$ 取转置.

2.4.5 分块对角矩阵

若 n 阶矩阵 $\boldsymbol{A}$ 的分块矩阵只在对角线上有非零子块, 其余子块都为零矩阵, 且在对角线上的子块都是方阵, 即

$$\boldsymbol{A}=\begin{pmatrix}\boldsymbol{A}_1 & 0 & 0 & 0\\ 0 & \boldsymbol{A}_2 & 0 & 0\\ 0 & 0 & \ddots & 0\\ 0 & 0 & 0 & \boldsymbol{A}_s\end{pmatrix}, \tag{2.9}$$

其中 $\boldsymbol{A}_i(i=1,2,\cdots,s)$ 都是方阵, 称 $\boldsymbol{A}$ 为**分块对角矩阵**(partitioned diagonal matrix).

值得注意的是对角阵可以看成每个子块都是一阶方阵的分块对角阵的特例. 但是, 一般的分块对角阵不一定是对角矩阵.

分块对角矩阵的运算具有如下性质.

性质 1　设分块对角阵 $\boldsymbol{A}$ 由式 (2.9) 给出, 则以下结论成立:

(1) $|\boldsymbol{A}|=|\boldsymbol{A}_1||\boldsymbol{A}_2|\cdots|\boldsymbol{A}_s|$;

(2) 若 $|\boldsymbol{A}_i|\neq 0(i=1,2,\cdots,s)$, 则 $|\boldsymbol{A}|\neq 0$, 且有

$$\boldsymbol{A}^{-1}=\begin{pmatrix}\boldsymbol{A}_1^{-1} & 0 & 0 & 0\\ 0 & \boldsymbol{A}_2^{-1} & 0 & 0\\ 0 & 0 & \ddots & 0\\ 0 & 0 & 0 & \boldsymbol{A}_s^{-1}\end{pmatrix}.$$ ■

根据这个结论, 可以利用分块矩阵求逆矩阵.

例 3　已知 $\boldsymbol{A}=\begin{pmatrix}5 & 2 & 0 & 0\\ 2 & 1 & 0 & 0\\ 0 & 0 & 8 & 3\\ 0 & 0 & 5 & 2\end{pmatrix}$, 求 $\boldsymbol{A}^{-1}$.

解 将矩阵 $\boldsymbol{A}$ 化为分块对角矩阵

$$\boldsymbol{A}=\begin{pmatrix}\boldsymbol{A}_1 & \boldsymbol{O}\\ \boldsymbol{O} & \boldsymbol{A}_2\end{pmatrix},$$

其中

$$\boldsymbol{A}_1=\begin{pmatrix}5 & 2\\ 2 & 1\end{pmatrix},\quad \boldsymbol{A}_1^{-1}=\begin{pmatrix}1 & -2\\ -2 & 5\end{pmatrix},$$

$$\boldsymbol{A}_2=\begin{pmatrix}8 & 3\\ 5 & 2\end{pmatrix},\quad \boldsymbol{A}_2^{-1}=\begin{pmatrix}2 & -3\\ -5 & 8\end{pmatrix}.$$

故 $\boldsymbol{A}^{-1}=\begin{pmatrix}\boldsymbol{A}_1^{-1} & \boldsymbol{O}\\ \boldsymbol{O} & \boldsymbol{A}_2^{-1}\end{pmatrix}=\begin{pmatrix}1 & -2 & 0 & 0\\ -2 & 5 & 0 & 0\\ 0 & 0 & 2 & -3\\ 0 & 0 & -5 & 8\end{pmatrix}$. ■

例 4 设矩阵 $\boldsymbol{A}=(a_{ij})_{m\times n}, \boldsymbol{B}=(b_{ij})_{n\times k}$,

(1) 若 $\boldsymbol{A}$ 按列分块为 $\boldsymbol{A}=(\boldsymbol{A}_1\ \boldsymbol{A}_2\ \cdots\ \boldsymbol{A}_n)$, 则

$$\boldsymbol{AB}=(\boldsymbol{A}_1\ \boldsymbol{A}_2\ \cdots\ \boldsymbol{A}_n)\boldsymbol{B}=(\boldsymbol{A}_1\ \boldsymbol{A}_2\ \cdots\ \boldsymbol{A}_n)\begin{pmatrix}b_{11} & b_{12} & \cdots & b_{1k}\\ b_{21} & b_{22} & \cdots & b_{2k}\\ \vdots & \vdots & & \vdots\\ b_{n1} & b_{n2} & \cdots & b_{nk}\end{pmatrix}$$

$$=\left(\sum_{i=1}^{n}b_{i1}\boldsymbol{A}_i\ \sum_{i=1}^{n}b_{i2}\boldsymbol{A}_i\ \cdots\ \sum_{i=1}^{n}b_{ik}\boldsymbol{A}_i\right).$$

(2) 若 $\boldsymbol{B}$ 按行分块为

$$\boldsymbol{B}=\begin{pmatrix}\boldsymbol{B}_1\\ \boldsymbol{B}_2\\ \vdots\\ \boldsymbol{B}_n\end{pmatrix},$$

则

$$\boldsymbol{AB}=\begin{pmatrix}a_{11} & a_{12} & \cdots & a_{1n}\\ a_{21} & a_{22} & \cdots & a_{2n}\\ \vdots & \vdots & & \vdots\\ a_{m1} & a_{m2} & \cdots & a_{mn}\end{pmatrix}\begin{pmatrix}\boldsymbol{B}_1\\ \boldsymbol{B}_2\\ \vdots\\ \boldsymbol{B}_n\end{pmatrix}=\begin{pmatrix}\sum_{j=1}^{n}a_{1j}\boldsymbol{B}_j\\ \sum_{j=1}^{n}a_{2j}\boldsymbol{B}_j\\ \vdots\\ \sum_{j=1}^{n}a_{mj}\boldsymbol{B}_j\end{pmatrix}.$$ ■

作为本节结束, 我们回到线性方程组. 对于线性方程组 (2.1)

$$\begin{cases} a_{11}x_1 + a_{12}x_2 + \cdots + a_{1n}x_n = b_1, \\ a_{21}x_1 + a_{22}x_2 + \cdots + a_{2n}x_n = b_2, \\ \qquad \cdots\cdots \\ a_{m1}x_1 + a_{m2}x_2 + \cdots + a_{mn}x_n = b_m. \end{cases}$$

将系数矩阵 $\boldsymbol{A}$ 的每一列作为一个子块 $\boldsymbol{\alpha}_i(i=1,2,\cdots,n)$, 化矩阵 $\boldsymbol{A}$ 为分块行矩阵, 按照分块矩阵的记法, 增广矩阵可以表示为

$$\tilde{\boldsymbol{A}} = (\boldsymbol{A}, \boldsymbol{b}) = (\boldsymbol{\alpha}_1\ \boldsymbol{\alpha}_2\ \cdots\ \boldsymbol{\alpha}_n\ \boldsymbol{b}),$$

利用分块矩阵乘法, 方程组 (2.1) 可改写为

$$(\boldsymbol{\alpha}_1\boldsymbol{\alpha}_2\cdots\boldsymbol{\alpha}_n)\begin{pmatrix} x_1 \\ x_2 \\ \vdots \\ x_n \end{pmatrix} = \boldsymbol{b},$$

即

$$\boldsymbol{\alpha}_1x_1 + \boldsymbol{\alpha}_2x_2 + \cdots + \boldsymbol{\alpha}_nx_n = \boldsymbol{b}. \tag{2.10}$$

称式 (2.10) 为线性方程组的列向量组表示形式.

2.5　矩阵的初等变换

矩阵的初等变换是矩阵的一种十分重要的运算, 广泛应用于解线性方程组、求逆矩阵及矩阵理论研究中. 本节讨论矩阵的初等变换、矩阵的标准形、初等矩阵等重要概念以及初等变换的应用.

2.5.1　矩阵的初等变换与矩阵的标准形

本段讨论矩阵的初等变换. 在引进初等变换的概念之前, 先来分析用消元法解线性方程组的例子.

例 1　求解线性方程组

$$\begin{cases} -2x_1 + 3x_2 - x_3 = 9, \\ 2x_1 - 4x_2 + 2x_3 = -6, \\ 3x_1 + x_2 + 4x_3 = 8. \end{cases} \tag{2.11}$$

解 将方程组 (2.11) 中的第一、二个方程互换位置得方程组 (2.12)

$$\begin{cases} 2x_1-4x_2+2x_3=-6, \\ -2x_1+3x_2-x_3=9, \\ 3x_1+x_2+4x_3=8. \end{cases} \tag{2.12}$$

将方程组 (2.12) 中第一个方程两边乘以 $\frac{1}{2}$, 得

$$\begin{cases} x_1-2x_2+x_3=-3, \\ -2x_1+3x_2-x_3=9, \\ 3x_1+x_2+4x_3=8. \end{cases} \tag{2.13}$$

将方程组 (2.13) 中第一个方程分别乘以 2, −3 加到第二、三个方程上, 消去第二、第三个方程中的未知变量 x_1, 得

$$\begin{cases} x_1-2x_2+x_3=-3, \\ -x_2+x_3=3, \\ 7x_2+x_3=-1. \end{cases} \tag{2.14}$$

将方程组 (2.14) 中第二个方程两边乘以 −1 然后再两边乘以 −7 加到第三个方程上, 得

$$\begin{cases} x_1-2x_2+x_3=-3, \\ x_2-x_3=-3, \\ 8x_3=20. \end{cases}$$

由此回代得方程组 (2.11) 的解为 $x_1=-\frac{13}{2}, x_2=-\frac{1}{2}, x_3=\frac{5}{2}$. ■

在上述消元的过程中, 始终把方程组看成一个整体进行变形, 用到如下三种变换: ①交换方程的次序; ②以不等于 0 的数乘某个方程; ③一个方程加上另一个方程的 k 倍. 由于上述三种变换都是可逆的, 所以变换前的方程组与变换后的方程组是同解的. 故这三种变换是同解变换.

实际上在上述变换过程中, 仅只对方程组的系数和常数进行运算, 未知量并未参与运算. 因此若记方程组 (2.11) 的增广矩阵为

$$\tilde{\boldsymbol{A}}=(\boldsymbol{A},\boldsymbol{b})=\begin{pmatrix} -2 & 3 & -1 & 9 \\ 2 & -4 & 2 & -6 \\ 3 & 1 & 4 & 8 \end{pmatrix},$$

则对方程组的变换完全可以转换为对矩阵 $\tilde{\boldsymbol{A}}$ 的行变换. 由此得到矩阵的三种初等行变换.

定义 2.9 下面对矩阵的三种操作称为矩阵的**初等行变换**.

(1) 对调矩阵中任意两行的位置: 对调矩阵 $\boldsymbol{A}$ 的 i,j 两行得到矩阵 $\boldsymbol{B}$, 记为

$$\boldsymbol{A} \xrightarrow{r_i \leftrightarrow r_j} \boldsymbol{B};$$

(2) 以不等于 0 的数乘矩阵的某一行: 矩阵 $\boldsymbol{A}$ 的第 i 行乘以 k 得到矩阵 $\boldsymbol{B}$, 记作

$$\boldsymbol{A} \xrightarrow{r_i \times k} \boldsymbol{B};$$

(3) 将矩阵的某一行元素 k 倍加到另一行对应的元素上: 矩阵 $\boldsymbol{A}$ 的第 j 行的 k 倍加到第 i 行上得到矩阵 $\boldsymbol{B}$ 记作

$$\boldsymbol{A} \xrightarrow{r_i + kr_j} \boldsymbol{B}.$$

■

同理可将定义中的行换成列就得到矩阵的初等列变换的定义 (所用记号是把 “r” 换成 “c”).

定义 2.10 矩阵的初等列变换与初等行变换统称为矩阵的**初等变换**.

显然三种初等变换的逆变换仍为初等变换, 且变换类型相同. 具体如下:

(1) $\boldsymbol{A} \xrightarrow{r_i \leftrightarrow r_j} \boldsymbol{B}$ 的逆变换为 $\boldsymbol{B} \xrightarrow{r_i \leftrightarrow r_j} \boldsymbol{A}$;

(2) $\boldsymbol{A} \xrightarrow{r_i \times k} \boldsymbol{B}$ 的逆变换为 $\boldsymbol{B} \xrightarrow{r_i \div k} \boldsymbol{A}$;

(3) $\boldsymbol{A} \xrightarrow{r_i + kr_j} \boldsymbol{B}$ 的逆变换为 $\boldsymbol{B} \xrightarrow{r_i - kr_j} \boldsymbol{A}$. ■

定义 2.11 如果矩阵 $\boldsymbol{A}$ 经过有限次初等变换变成矩阵 $\boldsymbol{B}$, 则称矩阵 $\boldsymbol{A}$ 与 $\boldsymbol{B}$**等价**, 记作 $\boldsymbol{A} \sim \boldsymbol{B}$.

等价关系具有如下性质:

(1) **反身性** $\boldsymbol{A} \sim \boldsymbol{A}$;

(2) **对称性** 若 $\boldsymbol{A} \sim \boldsymbol{B}$, 则 $\boldsymbol{B} \sim \boldsymbol{A}$;

(3) **传递性** 若 $\boldsymbol{A} \sim \boldsymbol{B}, \boldsymbol{B} \sim \boldsymbol{C}$, 则 $\boldsymbol{A} \sim \boldsymbol{C}$. ■

例 2 用矩阵的初等行变换解线性方程组 (2.11).

解 对线性方程组 (2.11) 的增广矩阵实施初等行变换

$$\tilde{\boldsymbol{A}} = (\boldsymbol{A}, \boldsymbol{b}) = \begin{pmatrix} -2 & 3 & -1 & 9 \\ 2 & -4 & 2 & -6 \\ 3 & 1 & 4 & 8 \end{pmatrix} \xrightarrow[r_1 \div 2]{r_1 \leftrightarrow r_2} \boldsymbol{B}_1 = \begin{pmatrix} 1 & -2 & 1 & -3 \\ -2 & 3 & -1 & 9 \\ 3 & 1 & 4 & 8 \end{pmatrix}$$

$$\xrightarrow[r_3 - 3r_1]{r_2 + 2r_1} \boldsymbol{B}_2 = \begin{pmatrix} 1 & -2 & 1 & -3 \\ 0 & -1 & 1 & 3 \\ 0 & 7 & 1 & -1 \end{pmatrix} \xrightarrow[r_3 - 7r_2]{r_2 \times (-1)} \boldsymbol{B}_3 = \begin{pmatrix} 1 & -2 & 1 & -3 \\ 0 & 1 & -1 & -3 \\ 0 & 0 & 8 & 20 \end{pmatrix}$$

$$\xrightarrow{r_3 \div 8} \boldsymbol{B}_4 = \begin{pmatrix} 1 & -2 & 1 & -3 \\ 0 & 1 & -1 & -3 \\ 0 & 0 & 1 & 5/2 \end{pmatrix} \xrightarrow[\substack{r_1-r_3 \\ r_1+2r_2}]{r_2+r_3} \boldsymbol{B}_5 = \begin{pmatrix} 1 & 0 & 0 & -13/2 \\ 0 & 1 & 0 & -1/2 \\ 0 & 0 & 1 & 5/2 \end{pmatrix}.$$

由此得线性方程组 (2.11) 的解为 $x_1 = -\dfrac{13}{2}, x_2 = -\dfrac{1}{2}, x_3 = \dfrac{5}{2}$. ■

上述矩阵 $\boldsymbol{B}_4$ 和 $\boldsymbol{B}_5$ 称为**行阶梯形矩阵**(row echelon form matrix), 其特点为: ① 在矩阵中可划出一条阶梯线, 线的下方全为零; ②每个台阶只有一行, 台阶数即是非零行的行数, 阶梯线的竖线后面的第一个元素为非零元, 即非零行的第一个非零元.

行阶梯形矩阵 $\boldsymbol{B}_5$ 还称为**行最简形矩阵**, 其特点为非零行的第一个元素为 1, 且这些元素所在的列的其他元素都为零.

对于任意矩阵 $\boldsymbol{A}_{m\times n}$ 总可以经过有限次初等行变换变为行阶梯形矩阵和行最简形矩阵. 更进一步对行最简形矩阵再施以初等列变换, 可化为如下的**标准形**(normal form)

$$\boldsymbol{F} = \begin{pmatrix} \boldsymbol{E}_r & \boldsymbol{O} \\ \boldsymbol{O} & \boldsymbol{O} \end{pmatrix}_{m\times n}, \tag{2.15}$$

其特点为 $\boldsymbol{F}$ 的左上角是一个单位矩阵, 其余元素全为零. 此标准形由 m, n, r 三个数唯一确定, 其中 r 是行阶梯形矩阵中非零行的行数.

显然, 行最简形矩阵是由方程组唯一确定的, 行阶梯形矩阵的行数也是由方程组唯一确定的.

定理 2.3 所有与矩阵 $\boldsymbol{A}$ 等价的矩阵组成的一个集合, 称为矩阵 $\boldsymbol{A}$ 的一个等价类, 标准形 $\boldsymbol{F}$ 是这个等价类中最简单的矩阵. ■

例 3 用初等行变换化矩阵 $\begin{pmatrix} 3 & 4 & 2 & -3 & 6 \\ 1 & 3 & 1 & 2 & 4 \\ -1 & -5 & 4 & 1 & 11 \\ 2 & 7 & 1 & -6 & -5 \end{pmatrix}$ 为行阶梯形矩阵.

解

$$\begin{pmatrix} 3 & 4 & 2 & -3 & 6 \\ 1 & 3 & 1 & 2 & 4 \\ -1 & -5 & 4 & 1 & 11 \\ 2 & 7 & 1 & -6 & -5 \end{pmatrix} \xrightarrow{r_1 \leftrightarrow r_2} \begin{pmatrix} 1 & 3 & 1 & 2 & 4 \\ 3 & 4 & 2 & -3 & 6 \\ -1 & -5 & 4 & 1 & 11 \\ 2 & 7 & 1 & -6 & -5 \end{pmatrix}$$

$$\xrightarrow[\substack{r_1+r_3 \\ -2r_1+r_4}]{-3r_1+r_2} \begin{pmatrix} 1 & 3 & 1 & 2 & 4 \\ 0 & -5 & -1 & -9 & -6 \\ 0 & -2 & 5 & 3 & 15 \\ 0 & 1 & -1 & -10 & -13 \end{pmatrix} \xrightarrow{r_2 \leftrightarrow r_4} \begin{pmatrix} 1 & 3 & 1 & 2 & 4 \\ 0 & 1 & -1 & -10 & -13 \\ 0 & -2 & 5 & 3 & 15 \\ 0 & -5 & -1 & -9 & -6 \end{pmatrix}$$

$$\xrightarrow[5r_2+r_4]{2r_2+r_3}\begin{pmatrix}1&3&1&2&4\\0&1&-1&-10&-13\\0&0&3&-17&-11\\0&0&-6&-59&-71\end{pmatrix}$$

$$\xrightarrow{2r_3+r_4}\begin{pmatrix}1&3&1&2&4\\0&1&-1&-10&-13\\0&0&3&-17&-11\\0&0&0&-93&-93\end{pmatrix}.$$ ■

2.5.2　初等矩阵

下面引入初等矩阵的概念, 建立初等变换与初等矩阵之间的联系.

定义 2.12　由单位矩阵 $\boldsymbol{E}$ 经过一次初等变换所得矩阵称为**初等矩阵**(elementary matrix). 三种初等变换对应如下三种初等矩阵。

(1) 对 $\boldsymbol{E}$ 的第 i 行 (列) 和 j 的行 (列) 进行交换后得到初等矩阵记为 $\boldsymbol{E}(i,j)$, 即

$$\boldsymbol{E}\xrightarrow{r_i\leftrightarrow r_j}\boldsymbol{E}(i,j)=\begin{pmatrix}1&&&&&&\\&\ddots&&&&&\\&&0&\cdots&1&&\\&&\vdots&\ddots&\vdots&&\\&&1&\cdots&0&&\\&&&&&\ddots&\\&&&&&&1\end{pmatrix}\begin{matrix}\\\\i\text{行}\\\\j\text{行}\\\\\\\end{matrix}.$$

$$\qquad\qquad\qquad i\text{列}\quad j\text{列}$$

(2) 对 $\boldsymbol{E}$ 的第 i 行 (列) 乘以非零常数 k 所得到初等矩阵记为 $\boldsymbol{E}(i(k))$, 即

$$\boldsymbol{E}\xrightarrow{r_i\times k}\boldsymbol{E}(i(k))=\begin{pmatrix}1&&&&\\&\ddots&&&\\&&k&&\\&&&\ddots&\\&&&&1\end{pmatrix}\ i\text{行}.$$

$$\qquad\qquad k\text{列}$$

(3) 把 $\boldsymbol{E}$ 的第 i 行 (列)k 倍加 j 行 (列) 所得初等矩阵记为 $\boldsymbol{E}(i(k),j)$, 即

$$\boldsymbol{E} \xrightarrow{r_j+kr_i} \boldsymbol{E}(i(k),j) = \begin{pmatrix} 1 & & & & & \\ & \ddots & & & & \\ & & 1 & & & \\ & & \vdots & \ddots & \vdots & \\ & & k & \cdots & 1 & \\ & & & & & \ddots & \\ & & & & & & 1 \end{pmatrix} \begin{matrix} \\ \\ i\text{行} \\ \\ j\text{行} \\ \\ \\ \end{matrix} .$$

$\qquad\qquad\qquad\qquad\qquad i$列 $\quad j$列 ■

例 4 已知 $\boldsymbol{A} = \begin{pmatrix} a_{11} & a_{12} & a_{13} \\ a_{21} & a_{22} & a_{23} \\ a_{31} & a_{32} & a_{33} \end{pmatrix}$, 计算 $\boldsymbol{E}_3(1,2)\boldsymbol{A}$, $\boldsymbol{E}_3\left(2\left(\frac{1}{2}\right)\right)\boldsymbol{A}$ 以及 $\boldsymbol{E}_3(1(2),3)\boldsymbol{A}$.

解

$$\boldsymbol{E}_3(1,2)\boldsymbol{A} = \begin{pmatrix} 0 & 1 & 0 \\ 1 & 0 & 0 \\ 0 & 0 & 1 \end{pmatrix} \begin{pmatrix} a_{11} & a_{12} & a_{13} \\ a_{21} & a_{22} & a_{23} \\ a_{31} & a_{32} & a_{33} \end{pmatrix} = \begin{pmatrix} a_{21} & a_{22} & a_{23} \\ a_{11} & a_{12} & a_{13} \\ a_{31} & a_{32} & a_{33} \end{pmatrix},$$

相当于

$$\boldsymbol{A} \xrightarrow{r_1 \leftrightarrow r_2} \boldsymbol{B} = \boldsymbol{E}_3(1,2)\boldsymbol{A},$$

$$\boldsymbol{E}_3\left(2\left(\frac{1}{2}\right)\right)\boldsymbol{A} = \begin{pmatrix} 1 & 0 & 0 \\ 0 & \frac{1}{2} & 0 \\ 0 & 0 & 1 \end{pmatrix} \begin{pmatrix} a_{11} & a_{12} & a_{13} \\ a_{21} & a_{22} & a_{23} \\ a_{31} & a_{32} & a_{33} \end{pmatrix} = \begin{pmatrix} a_{11} & a_{12} & a_{13} \\ \frac{1}{2}a_{21} & \frac{1}{2}a_{22} & \frac{1}{2}a_{23} \\ a_{31} & a_{32} & a_{33} \end{pmatrix},$$

相当于

$$\boldsymbol{A} \xrightarrow{\frac{1}{2}r_2} \boldsymbol{B} = \boldsymbol{E}_3\left(2\left(\frac{1}{2}\right)\right)\boldsymbol{A}.$$

$$\begin{aligned} \boldsymbol{E}_3(1(2),3)\boldsymbol{A} &= \begin{pmatrix} 1 & 0 & 0 \\ 0 & 1 & 0 \\ 2 & 0 & 1 \end{pmatrix} \begin{pmatrix} a_{11} & a_{12} & a_{13} \\ a_{21} & a_{22} & a_{23} \\ a_{31} & a_{32} & a_{33} \end{pmatrix} \\ &= \begin{pmatrix} a_{11} & a_{12} & a_{13} \\ a_{21} & a_{22} & a_{23} \\ a_{31}+2a_{11} & a_{32}+2a_{12} & a_{33}+2a_{13} \end{pmatrix}, \end{aligned}$$

相当于

$$A \xrightarrow{r_3+2r_1} B = E_3(1(2),3)A.$$ ■

例 5　已知 $A=\begin{pmatrix} x_1 & x_2 & x_3 & x_4 \\ y_1 & y_2 & y_3 & y_4 \\ z_1 & z_2 & z_3 & z_4 \end{pmatrix}$, 计算 $AE_4(1,2)$, $AE_4(3(k))A$ 以及 $AE_3(2(m),3)$.

解

$$AE_4(1,2)=\begin{pmatrix} x_1 & x_2 & x_3 & x_4 \\ y_1 & y_2 & y_3 & y_4 \\ z_1 & z_2 & z_3 & z_4 \end{pmatrix}\begin{pmatrix} 0 & 1 & 0 & 0 \\ 1 & 0 & 0 & 0 \\ 0 & 0 & 1 & 0 \\ 0 & 0 & 0 & 1 \end{pmatrix}=\begin{pmatrix} x_2 & x_1 & x_3 & x_4 \\ y_2 & y_1 & y_3 & y_4 \\ z_2 & z_1 & z_3 & z_4 \end{pmatrix},$$

相当于

$$A \xrightarrow[C_1\leftrightarrow C_2]{} B = AE_4(1,2).$$

$$\begin{aligned} AE_4(3(k)) &= \begin{pmatrix} x_1 & x_2 & x_3 & x_4 \\ y_1 & y_2 & y_3 & y_4 \\ z_1 & z_2 & z_3 & z_4 \end{pmatrix}\begin{pmatrix} 1 & 0 & 0 & 0 \\ 0 & 1 & 0 & 0 \\ 0 & 0 & k & 0 \\ 0 & 0 & 0 & 1 \end{pmatrix} \\ &= \begin{pmatrix} x_1 & x_2 & kx_3 & x_4 \\ y_1 & y_2 & ky_3 & y_4 \\ z_1 & z_2 & kz_3 & z_4 \end{pmatrix}, \end{aligned}$$

相当于

$$A \xrightarrow[kC_3]{} B = AE_4(3(k)).$$

$$\begin{aligned} AE_4(2(m),3) &= \begin{pmatrix} x_1 & x_2 & x_3 & x_4 \\ y_1 & y_2 & y_3 & y_4 \\ z_1 & z_2 & z_3 & z_4 \end{pmatrix}\begin{pmatrix} 1 & 0 & 0 & 0 \\ 0 & 1 & 0 & 0 \\ 0 & m & 1 & 0 \\ 0 & 0 & 0 & 1 \end{pmatrix} \\ &= \begin{pmatrix} x_1 & x_2 & x_3+mx_2 & x_4 \\ y_1 & y_2 & y_3+my_2 & y_4 \\ z_1 & z_2 & z_3+mz_2 & z_4 \end{pmatrix}, \end{aligned}$$

相当于

$$A \xrightarrow[mC_2+C_3]{} B = AE_4(2(m),3).$$ ■

把例 4 和例 5 的结果推广到一般, 有下面定理.

定理 2.4 设 $\boldsymbol{A}$ 是一个 $m\times n$ 矩阵, 则对 $\boldsymbol{A}_{m\times n}$ 的行实施一次初等行变换, 等同于用相应的 m 阶初等矩阵左乘 $\boldsymbol{A}_{m\times n}$; 对 $\boldsymbol{A}_{m\times n}$ 的列实施一次初等列变换, 等同于用相应的 n 阶初等矩阵右乘 $\boldsymbol{A}_{m\times n}$. ■

定理 2.5 初等矩阵都是可逆的, 其逆矩阵仍是初等矩阵, 且

$$\boldsymbol{E}(i,j)^{-1}=\boldsymbol{E}(i,j);\quad \boldsymbol{E}(i(k))^{-1}=\boldsymbol{E}\left(i\left(\frac{1}{k}\right)\right);\quad \boldsymbol{E}(i(k),j)^{-1}=\boldsymbol{E}(i(-k),j).\ ■$$

利用初等变换和初等矩阵可以建立矩阵可逆的充要条件及求逆矩阵的方法.

定理 2.6 方阵 $\boldsymbol{A}$ 可逆的充要条件是存在有限个初等矩阵 $\boldsymbol{P}_1,\boldsymbol{P}_2,\cdots,\boldsymbol{P}_l$, 使 $\boldsymbol{A}=\boldsymbol{P}_1\boldsymbol{P}_2\cdots\boldsymbol{P}_l$.

证明 充分性. 设 $\boldsymbol{A}=\boldsymbol{P}_1\boldsymbol{P}_2\cdots\boldsymbol{P}_l$, 因为 $\boldsymbol{P}_1,\boldsymbol{P}_2,\cdots,\boldsymbol{P}_l$ 是初等矩阵, 故 $\boldsymbol{P}_1$, $\boldsymbol{P}_2,\cdots,\boldsymbol{P}_l$ 可逆, 由可逆矩阵性质有限个可逆矩阵的乘积也是可逆的知, $\boldsymbol{A}$ 可逆.

必要性. 因为 $\boldsymbol{A}$ 可逆, 且 $\boldsymbol{A}$ 与形如式 (2.15) 的标准形 $\boldsymbol{F}$ 等价, 因此一方面因为 $\boldsymbol{A}$ 可逆, 所以必有 $\boldsymbol{F}$ 中的 $r=n$, 即 $\boldsymbol{F}=\boldsymbol{E}$; 另一方面 $\boldsymbol{F}$ 可以经过有限次初等变换化为 $\boldsymbol{A}$, 即存在初等矩阵 $\boldsymbol{P}_1,\boldsymbol{P}_2,\cdots,\boldsymbol{P}_l$, 使得 $\boldsymbol{A}=\boldsymbol{P}_1\boldsymbol{P}_2\cdots\boldsymbol{P}_s\boldsymbol{F}\boldsymbol{P}_{s+1}\cdots\boldsymbol{P}_l=\boldsymbol{P}_1\boldsymbol{P}_2\cdots\boldsymbol{P}_l$. ■

推论 2.1 方阵 $\boldsymbol{A}$ 可逆的充要条件是 $\boldsymbol{A}\sim\boldsymbol{E}$. ■

推论 2.2 $m\times n$ 矩阵 $\boldsymbol{A}\sim\boldsymbol{B}$ 的充分必要条件是: 存在 m 阶可逆矩阵 $\boldsymbol{P}$ 及 n 阶可逆矩阵 $\boldsymbol{Q}$, 使得 $\boldsymbol{PAQ}=\boldsymbol{B}$. ■

对于 n 阶可逆矩阵 $\boldsymbol{A}$, 由定理 2.6 知 $\boldsymbol{A}=\boldsymbol{P}_1\boldsymbol{P}_2\cdots\boldsymbol{P}_l$, 因而有

$$\boldsymbol{P}_l^{-1}\boldsymbol{P}_{l-1}^{-1}\cdots\boldsymbol{P}_1^{-1}\boldsymbol{A}=\boldsymbol{E}$$

及

$$\boldsymbol{P}_l^{-1}\boldsymbol{P}_{l-1}^{-1}\cdots\boldsymbol{P}_1^{-1}\boldsymbol{E}=\boldsymbol{A}^{-1}.$$

所以

$$\boldsymbol{P}_l^{-1}\boldsymbol{P}_{l-1}^{-1}\cdots\boldsymbol{P}_1^{-1}(\boldsymbol{A}\ \boldsymbol{E})=\left(\boldsymbol{P}_l^{-1}\boldsymbol{P}_{l-1}^{-1}\cdots\boldsymbol{P}_1^{-1}\boldsymbol{A}\ \boldsymbol{P}_l^{-1}\boldsymbol{P}_{l-1}^{-1}\cdots\boldsymbol{P}_1^{-1}\boldsymbol{E}\right)=\left(\boldsymbol{E}\ \ \boldsymbol{A}^{-1}\right).$$

上式表明对 $n\times 2n$ 的矩阵 $(\boldsymbol{A}\ \boldsymbol{E})$ 施行初等行变换, 当 $\boldsymbol{A}$ 变成 $\boldsymbol{E}$ 时, 原来的 $\boldsymbol{E}$ 就变成 $\boldsymbol{A}^{-1}$.

上述讨论给出了一种利用初等变换求逆矩阵的方法. 利用下面的例子说明这一方法.

例 6 已知 $\boldsymbol{A}=\begin{pmatrix}1&-1&2\\2&-3&5\\3&-2&4\end{pmatrix}$, 求 $\boldsymbol{A}^{-1}$.

解　$(\boldsymbol{A}\ \boldsymbol{E})=\begin{pmatrix}1&-1&2&1&0&0\\2&-3&5&0&1&0\\3&-2&4&0&0&1\end{pmatrix}\xrightarrow[r_3-3r_1]{r_2-2r_1}\begin{pmatrix}1&-1&2&1&0&0\\0&-1&1&-2&1&0\\0&1&-2&-3&0&1\end{pmatrix}$

$$\xrightarrow{r_3+r_2}\begin{pmatrix}1&0&1&3&-1&0\\0&-1&1&-2&1&0\\0&0&-1&-5&1&1\end{pmatrix}$$

$$\xrightarrow[r_2+r_3]{r_1+r_3}\begin{pmatrix}1&0&0&-2&0&1\\0&-1&0&-7&2&1\\0&0&-1&-5&1&1\end{pmatrix}$$

$$\xrightarrow[-r_3]{-r_2}\begin{pmatrix}1&0&0&-2&0&1\\0&1&0&7&-2&-1\\0&0&1&5&-1&-1\end{pmatrix},$$

所以矩阵 $\boldsymbol{A}$ 可逆, 且 $\boldsymbol{A}^{-1}=\begin{pmatrix}-2&0&1\\7&-2&-1\\5&-1&-1\end{pmatrix}$. ■

例 7　求解下列矩阵方程:

(1) $\boldsymbol{AX}=\boldsymbol{A}+2\boldsymbol{X}$, 其中 $\boldsymbol{A}=\begin{pmatrix}4&2&3\\1&1&0\\-1&2&3\end{pmatrix}$;

(2) $\begin{pmatrix}0&1&0\\1&0&0\\0&0&1\end{pmatrix}\boldsymbol{X}\begin{pmatrix}1&0&0\\0&0&1\\0&1&0\end{pmatrix}=\begin{pmatrix}1&-4&3\\2&0&-1\\1&-2&0\end{pmatrix}$.

解　(1) 由 $\boldsymbol{AX}=\boldsymbol{A}+2\boldsymbol{X}$ 得 $(\boldsymbol{A}-2\boldsymbol{E})\boldsymbol{X}=\boldsymbol{A}$,

$$(\boldsymbol{A}-2\boldsymbol{E})=\begin{pmatrix}4&2&3\\1&1&0\\-1&2&3\end{pmatrix}-2\begin{pmatrix}1&0&0\\0&1&0\\0&0&1\end{pmatrix}=\begin{pmatrix}2&2&3\\1&-1&0\\-1&2&1\end{pmatrix},$$

又 $|\boldsymbol{A}-2\boldsymbol{E}|=\begin{vmatrix}2&2&3\\1&-1&0\\-1&2&1\end{vmatrix}=-1$, 故 $(\boldsymbol{A}-2\boldsymbol{E})$ 可逆, 从而 $\boldsymbol{X}=(\boldsymbol{A}-2\boldsymbol{E})^{-1}\boldsymbol{A}$.

因为

$$(\boldsymbol{A}-2\boldsymbol{E}\ \boldsymbol{A})=\begin{pmatrix}2&2&3&4&2&3\\1&-1&0&1&1&0\\-1&2&1&-1&2&3\end{pmatrix}\xrightarrow{r_1\leftrightarrow r_2}\begin{pmatrix}1&-1&0&1&1&0\\2&2&3&4&2&3\\-1&2&1&-1&2&3\end{pmatrix}$$

$$\xrightarrow[r_3+r_1]{r_2-2r_1}\begin{pmatrix}1&-1&0&1&1&0\\0&4&3&2&0&3\\0&1&1&0&3&3\end{pmatrix}$$

$$\xrightarrow{r_2-3r_3}\begin{pmatrix}1&-1&0&1&1&0\\0&1&0&2&-9&-6\\0&1&1&0&3&3\end{pmatrix}$$

$$\xrightarrow{r_3-r_2}\begin{pmatrix}1&0&0&3&-8&-6\\0&1&0&2&-9&-6\\0&0&1&-2&12&9\end{pmatrix}.$$

所以 $\boldsymbol{X}=(\boldsymbol{A}-2\boldsymbol{E})^{-1}\boldsymbol{A}=\begin{pmatrix}3&-8&-6\\2&-9&-6\\-2&12&9\end{pmatrix}.$

(2) 原式可以写成 $\boldsymbol{AXB}=\boldsymbol{C}$, 又

$$|\boldsymbol{A}|=\begin{vmatrix}0&1&0\\1&0&0\\0&0&1\end{vmatrix}=-1\neq 0,\quad |\boldsymbol{B}|=\begin{vmatrix}1&0&0\\0&0&1\\0&1&0\end{vmatrix}=-1\neq 0,$$

故 $\boldsymbol{A},\boldsymbol{B}$ 均可逆, 从而 $\boldsymbol{X}=\boldsymbol{A}^{-1}\boldsymbol{C}\boldsymbol{B}^{-1}$.

$$(\boldsymbol{A}\ \boldsymbol{E})=\begin{pmatrix}0&1&0&1&0&0\\1&0&0&0&1&0\\0&0&1&0&0&1\end{pmatrix}\xrightarrow{r_1\leftrightarrow r_2}\begin{pmatrix}1&0&0&0&1&0\\0&1&0&1&0&0\\0&0&1&0&0&1\end{pmatrix}.$$

所以 $\boldsymbol{A}^{-1}=\begin{pmatrix}0&1&0\\1&0&0\\0&0&1\end{pmatrix}$. 同样地, 得到 $\boldsymbol{B}^{-1}=\begin{pmatrix}1&0&0\\0&0&1\\0&1&0\end{pmatrix}$. 所以

$$\begin{aligned}\boldsymbol{X}&=\boldsymbol{A}^{-1}\boldsymbol{C}\boldsymbol{B}^{-1}\\&=\begin{pmatrix}0&1&0\\1&0&0\\0&0&1\end{pmatrix}\begin{pmatrix}1&-4&3\\2&0&-1\\1&-2&0\end{pmatrix}\begin{pmatrix}1&0&0\\0&0&1\\0&1&0\end{pmatrix}=\begin{pmatrix}2&-1&0\\1&3&-4\\1&0&-2\end{pmatrix}.\end{aligned}$$

■

2.6 矩阵的秩

矩阵的秩是刻画矩阵内在特征的重要概念, 它在建立线性方程组的理论等方面都起着重要的作用.

2.6.1 矩阵的秩及其计算

本段先给出矩阵秩的概念, 而后讨论计算矩阵秩的一些方法.

定义 2.13 在 $m\times n$ 矩阵 $\boldsymbol{A}$ 中任取 k 行与 k 列 $(k\leqslant m,k\leqslant n)$, 位于这些行和列交叉处的 k^2 个元素按照原来次序构成的 k 阶行列式, 称为矩阵 $\boldsymbol{A}$ 的一个 k **阶子式**(minor). ■

显然, $m\times n$ 矩阵 $\boldsymbol{A}$ 共有 $\mathrm{C}_m^k\mathrm{C}_n^k$ 个 k 阶子式.

定义 2.14 设在矩阵 $\boldsymbol{A}$ 中存在一个不等于零的 r 阶子式 $\boldsymbol{D}_r$, 且 $\boldsymbol{A}$ 的所有 $r+1$ 阶子式 (如果存在的话) 均为零, 那么 $\boldsymbol{D}_r$ 称为矩阵 $\boldsymbol{A}$ 的最高阶非零子式, 称数 r 为矩阵 $\boldsymbol{A}$ 的**秩**(rank), 记为 $R(\boldsymbol{A})=r$. 规定零矩阵的秩等于零. ■

显然, $m\times n$ 矩阵 $\boldsymbol{A}$ 的秩满足 $0\leqslant R(\boldsymbol{A})\leqslant\min(m,n)$. 而对于 n 阶方阵 $\boldsymbol{A}$, 其 n 阶子式只有一个 $|\boldsymbol{A}|$, 故当 $|\boldsymbol{A}|\neq 0$, $R(\boldsymbol{A})=n$, 即可逆矩阵的秩等于其阶数, 此时称矩阵 $\boldsymbol{A}$ 为**满秩矩阵**(full rank matrix); 当 $|\boldsymbol{A}|=0$, $R(\boldsymbol{A})<n$, 矩阵 $\boldsymbol{A}$ 为**降秩矩阵或奇异矩阵**(singular matrix).

例 1 求下列矩阵的秩

$$(1)\ \boldsymbol{A}=\begin{pmatrix}1&0&1\\0&1&2\\1&1&3\end{pmatrix},\qquad (2)\ \boldsymbol{B}=\begin{pmatrix}1&3&-2&2\\0&2&-1&3\\-2&0&1&5\end{pmatrix}.$$

解 (1) $\boldsymbol{A}$ 的一个二阶子式 $D_2=\begin{vmatrix}1&0\\1&1\end{vmatrix}=1\neq 0$, 而 $\boldsymbol{A}$ 只有一个三阶子式 $|\boldsymbol{A}|$, 且

$$|\boldsymbol{A}|=\begin{vmatrix}1&0&1\\0&1&2\\1&1&3\end{vmatrix}=\begin{vmatrix}1&2\\1&3\end{vmatrix}+\begin{vmatrix}0&1\\1&1\end{vmatrix}=0.$$

所以 D_2 就是 $\boldsymbol{A}$ 的一个最高阶非零子式, 所以 $R(\boldsymbol{A})=2$.

(2) 因为 $\begin{vmatrix}1&3\\0&2\end{vmatrix}=2\neq 0$, 计算其三阶子式

$$\begin{vmatrix}1&3&-2\\0&2&-1\\-2&0&1\end{vmatrix}=0,\quad \begin{vmatrix}1&3&2\\0&2&3\\-2&0&5\end{vmatrix}=0,\quad \begin{vmatrix}3&-2&2\\2&-1&3\\0&1&5\end{vmatrix}=0,\quad \begin{vmatrix}1&-2&2\\0&-1&3\\-2&1&5\end{vmatrix}=0,$$

所以 $R(\boldsymbol{B}) = 2$. ■

从本例可知, 当矩阵的行数和列数较大时, 按定义求秩的方法显得很麻烦. 然而对于行阶梯形矩阵, 很容易知道**它的秩等于非零行的行数**. 因此很自然就想到用初等变换把矩阵化为阶梯形矩阵, 但矩阵的初等变换是否改变矩阵的秩呢? 为此给出下面定理.

定理 2.7 若 $\boldsymbol{A} \sim \boldsymbol{B}$, 则 $R(\boldsymbol{A}) = R(\boldsymbol{B})$.

证明 先考虑矩阵 $\boldsymbol{A}$ 经过一次初等行变换变为 $\boldsymbol{B}$, 则有 $R(\boldsymbol{A}) = R(\boldsymbol{B})$ 成立.

设 $R(\boldsymbol{A}) = r$, 则矩阵 $\boldsymbol{A}$ 中存在一个 r 阶子式 $D_r \neq 0$. 首先证明矩阵 $\boldsymbol{A}$ 经过一次初等行变换变为 $\boldsymbol{B}$, 它们的秩满足 $R(\boldsymbol{A}) \leqslant R(\boldsymbol{B})$, 分别从三种初等变换证明.

(1) 变换 $\boldsymbol{A} \xrightarrow{r_i \leftrightarrow r_j} \boldsymbol{B}$. 由行列式性质知, 在矩阵 $\boldsymbol{B}$ 中总能找到与 D_r 相对应的子式 $\bar{D}_r$ 满足: $\bar{D}_r = D_r \neq 0$ 或 $\bar{D}_r = -D_r \neq 0$, 从而 $R(\boldsymbol{B}) \geqslant r = R(\boldsymbol{A})$.

(2) 变换 $\boldsymbol{A} \xrightarrow{r_i \times k_j} \boldsymbol{B}$. 同样由行列式性质知, 在矩阵 $\boldsymbol{B}$ 中的对应子式 $\bar{D}_r$ 满足: $\bar{D}_r = D_r \neq 0$ 或 $\bar{D}_r = kD_r \neq 0$, 从而 $R(\boldsymbol{B}) \geqslant r = R(\boldsymbol{A})$.

(3) 变换 $\boldsymbol{A} \xrightarrow{r_i + kr_j} \boldsymbol{B}$. 设 $\boldsymbol{B}$ 的子式 $\bar{D}_r$ 是与 $\boldsymbol{A}$ 的子式 $D_r \neq 0$ 对应的子式, 分以下几种情况加以讨论.

(i) 子式 $\bar{D}_r$ 不含第 i 行, 这时显然有 $\bar{D}_r = D_r \neq 0$;

(ii) 子式 $\bar{D}_r$ 既含第 i 行, 也含第 j 行, 显然也有 $\bar{D}_r = D_r \neq 0$;

(iii) 子式 $\bar{D}_r$ 含第 i 行, 但不含第 j 行, 这时 $\boldsymbol{B}$ 的子式 $\bar{D}_r$ 按照行列式的性质化为两个行列式的和 $\bar{D}_r = D_r + kD'_r$, 其中 D_r 是 $\boldsymbol{A}$ 原来的子式, D'_r 是 $\boldsymbol{B}$ 的另一个子式. 由于 $D_r \neq 0$, 所以 $\boldsymbol{B}$ 的子式 $\bar{D}_r$ 和 D'_r 至少有一个不等于零, 从而有 $R(\boldsymbol{B}) \geqslant r = R(\boldsymbol{A})$.

总之, 我们证明了矩阵 $\boldsymbol{A}$ 经过一次初等行变换变为 $\boldsymbol{B}$, 则 $R(\boldsymbol{B}) \geqslant R(\boldsymbol{A})$. 因为初等行变换是可逆的, 所以矩阵 $\boldsymbol{B}$ 也可以经过一次初等行变换变为 $\boldsymbol{A}$, 于是又有 $R(\boldsymbol{A}) \geqslant R(\boldsymbol{B})$, 因此 $R(\boldsymbol{A}) = R(\boldsymbol{B})$, 从而可知经过有限次初等行变换矩阵的秩不改变.

同样地, 对 $\boldsymbol{A}$ 施行初等列变换变为 $\boldsymbol{B}$, 相当于对 $\boldsymbol{A}^{\mathrm{T}}$ 施行初等行变换变为 $\boldsymbol{B}^{\mathrm{T}}$, 则 $R(\boldsymbol{A}^{\mathrm{T}}) = R(\boldsymbol{B}^{\mathrm{T}})$, 又因为 $R(\boldsymbol{A}^{\mathrm{T}}) = R(\boldsymbol{A})$, $R(\boldsymbol{B}^{\mathrm{T}}) = R(\boldsymbol{B})$, 因此 $R(\boldsymbol{A}) = R(\boldsymbol{B})$.

综上所述, 矩阵 $\boldsymbol{A}$ 经过有限次初等变换变为 $\boldsymbol{B}$(即 $\boldsymbol{A} \sim \boldsymbol{B}$), 则

$$R(\boldsymbol{A}) = R(\boldsymbol{B}).$$ ■

定理 2.7 给出了利用初等变换求矩阵秩的方法: 把矩阵用初等行变换变成为行阶梯形矩阵, 行阶梯形矩阵中非零行的行数就是矩阵的秩.

例 2 求下列矩阵的秩.

$$(1)\ \boldsymbol{A}=\begin{pmatrix}1&2&3&4\\1&-2&4&5\\1&10&1&2\\2&4&1&1\end{pmatrix},\qquad (2)\ \boldsymbol{B}=\begin{pmatrix}1&1&-2&1&4\\3&6&-9&7&9\\4&-6&2&-2&4\\2&-1&-1&1&2\end{pmatrix}.$$

解 对矩阵进行一系列初等行变换化为阶梯形矩阵

$$\boldsymbol{A}=\begin{pmatrix}1&2&3&4\\1&-2&4&5\\1&10&1&2\\2&4&1&1\end{pmatrix}\xrightarrow[-2r_1+r_4]{\substack{-r_1+r_2\\-r_1+r_3}}\begin{pmatrix}1&2&3&4\\0&-4&1&1\\0&8&-2&-2\\0&0&-5&-7\end{pmatrix}$$

$$\xrightarrow{2r_2+r_3}\begin{pmatrix}1&2&3&4\\0&-4&1&1\\0&0&0&0\\0&0&-5&-7\end{pmatrix}\xrightarrow{r_3\leftrightarrow r_4}\begin{pmatrix}1&2&3&4\\0&-4&1&1\\0&0&-5&-7\\0&0&0&0\end{pmatrix}.$$

因为行阶梯形矩阵有三个非零行, 所以 $R(\boldsymbol{A})=3$.

$$\boldsymbol{B}=\begin{pmatrix}1&1&-2&1&4\\3&6&-9&7&9\\4&-6&2&-2&4\\2&-1&-1&1&2\end{pmatrix}\xrightarrow[-2r_1+r_4]{\substack{-3r_1+r_2\\-4r_1+r_3}}\begin{pmatrix}1&1&-2&1&4\\0&3&-3&4&-3\\0&-10&10&-6&-12\\0&-3&3&-1&-6\end{pmatrix}$$

$$\xrightarrow[-3r_2+r_3]{r_2+r_4}\begin{pmatrix}1&1&-2&1&4\\0&3&-3&4&-3\\0&-1&1&6&-21\\0&0&0&3&-9\end{pmatrix}\xrightarrow{-3r_3+r_2}\begin{pmatrix}1&1&-2&1&4\\0&0&0&22&-66\\0&-1&1&6&-21\\0&0&0&3&-9\end{pmatrix}$$

$$\xrightarrow[-3r_3+r_4]{\substack{r_2\leftrightarrow r_3\\r_3\div 22}}\begin{pmatrix}1&1&-2&1&4\\0&-1&1&6&-21\\0&0&0&1&-3\\0&0&0&0&0\end{pmatrix}.$$

因为行阶梯形矩阵中非零行的行数为 3, 所以 $R(\boldsymbol{B})=3$. ■

例 3 设 $\boldsymbol{A}=\begin{pmatrix}3&2&0&5&0\\3&-2&3&6&-1\\2&0&1&5&-3\\1&6&-4&-1&4\end{pmatrix}$, 求矩阵 $\boldsymbol{A}$ 的秩, 并求 $\boldsymbol{A}$ 的一个最高阶非零子式.

解 对矩阵 $\boldsymbol{A}$ 施行初等行变换化为行阶梯形矩阵.

$$\boldsymbol{A}=\begin{pmatrix}3&2&0&5&0\\3&-2&3&6&-1\\2&0&1&5&-3\\1&6&-4&-1&4\end{pmatrix}\xrightarrow{r_1\leftrightarrow r_4}\begin{pmatrix}1&6&-4&-1&4\\3&-2&3&6&-1\\2&0&1&5&-3\\3&2&0&5&0\end{pmatrix}$$

$$\xrightarrow[r_4-3r_1]{\substack{r_2-r_4\\r_3-2r_1}}\begin{pmatrix}1&6&-4&-1&4\\0&-4&3&1&-1\\0&-12&9&7&-11\\0&-16&12&8&-12\end{pmatrix}\xrightarrow[r_4-4r_2]{r_3-3r_2}\begin{pmatrix}1&6&-4&-1&4\\0&-4&3&1&-1\\0&0&0&4&-8\\0&0&0&4&-8\end{pmatrix}$$

$$\xrightarrow{r_4-r_3}\begin{pmatrix}1&6&-4&-1&4\\0&-4&3&1&-1\\0&0&0&4&-8\\0&0&0&0&0\end{pmatrix}.$$

因为行阶梯形矩阵中非零行的行数为 3, 所以 $R(\boldsymbol{A})=3$.

下面求 $\boldsymbol{A}$ 的一个最高阶非零子式. 因为 $R(\boldsymbol{A})=3$, 所以 $\boldsymbol{A}$ 的最高阶非零子式是三阶的, 而 $\boldsymbol{A}$ 的三阶子式共有 $\mathrm{C}_4^3\cdot\mathrm{C}_5^3=40$ 个. 考察 $\boldsymbol{A}$ 的行阶梯形矩阵, 记 $\boldsymbol{A}=(\boldsymbol{a}_1,\boldsymbol{a}_2,\boldsymbol{a}_3,\boldsymbol{a}_4,\boldsymbol{a}_5)$, 则矩阵 $\boldsymbol{B}=(\boldsymbol{a}_1,\boldsymbol{a}_2,\boldsymbol{a}_4)$ 的行阶梯形矩阵为

$$\boldsymbol{B}=\begin{pmatrix}1&6&-1\\0&-4&1\\0&0&4\\0&0&0\end{pmatrix},$$

显然 $\boldsymbol{B}$ 中必有三阶非零子式, 这样矩阵 $\boldsymbol{A}$ 的第 1, 2, 4 列组成的矩阵必有 3 阶非零子式且共有 4 个. 计算其前三行构成的子式

$$\begin{vmatrix}3&2&5\\3&-2&6\\2&0&5\end{vmatrix}=\begin{vmatrix}3&2&5\\6&0&11\\2&0&5\end{vmatrix}=-2\begin{vmatrix}6&11\\2&5\end{vmatrix}=-16\neq0,$$

则这个子式便是 $\boldsymbol{A}$ 的一个最高阶非零子式. ■

2.6.2 不同矩阵秩间的一些关系

矩阵的秩是矩阵中最高阶非零子式的阶数, 是一个正整数, 它表征了矩阵的一种基本属性. 下面讨论不同矩阵秩间的一些关系, 以性质的形式给出.

性质 1 $R(\boldsymbol{A}^{\mathrm{T}})=R(\boldsymbol{A})$. ■

性质 2　如果矩阵 $\boldsymbol{P},\boldsymbol{Q}$ 可逆, 则 $R(\boldsymbol{PAQ})=R(\boldsymbol{A})$. ■

性质 3　$\max(R(\boldsymbol{A}),R(\boldsymbol{B}))\leqslant R(\boldsymbol{A}\quad\boldsymbol{B})\leqslant R(\boldsymbol{A})+R(\boldsymbol{B})$.

证明　对矩阵 $(\boldsymbol{A}\,\vdots\,\boldsymbol{B})$ 中 $\boldsymbol{A}$ 和 $\boldsymbol{B}$ 所在的列分别进行初等列变换, 分别得到 $R(\boldsymbol{A})=t$ 个非零列和 $R(\boldsymbol{B})=s$ 个非零列, 从而对矩阵 $(\boldsymbol{A}\,\vdots\,\boldsymbol{B}))$ 经初等列变换后得到的列阶梯形矩阵中只包含其 $t+s$ 个非零列, 从而 $R(\boldsymbol{A}\,\vdots\,\boldsymbol{B}))\leqslant t+s=R(\boldsymbol{A})+R(\boldsymbol{B})$. 按定义显然又有 $R(\boldsymbol{A})\leqslant R(\boldsymbol{A}\,\vdots\,\boldsymbol{B}))$ 或 $R(\boldsymbol{B}))\leqslant R(\boldsymbol{A}\,\vdots\,\boldsymbol{B}))$, 所以

$$\max(R(\boldsymbol{A}),R(\boldsymbol{B}))\leqslant R(\boldsymbol{A}\quad\boldsymbol{B})\leqslant R(\boldsymbol{A})+R(\boldsymbol{B}).$$ ■

性质 4　$R(\boldsymbol{A}+\boldsymbol{B})\leqslant R(\boldsymbol{A})+R(\boldsymbol{B})$.

证明　设 $\boldsymbol{A}$, $\boldsymbol{B}$ 为 $m\times n$ 矩阵, 对矩阵 $(\boldsymbol{A}+\boldsymbol{B})$ 进行初等列变换可得到 $(\boldsymbol{A}\quad\boldsymbol{B})$, 所以

$$R(\boldsymbol{A}+\boldsymbol{B})\leqslant R(\boldsymbol{A}+\boldsymbol{B})=R(\boldsymbol{A}\quad\boldsymbol{B})\leqslant R(\boldsymbol{A})+R(\boldsymbol{B}).$$ ■

性质 5　若 $\boldsymbol{A}$ 为 n 阶方阵, 则 $R(\boldsymbol{A}+\boldsymbol{E})+\boldsymbol{R}(\boldsymbol{A}-\boldsymbol{E})\geqslant n$.

证明　由性质 4 知

$$R((\boldsymbol{A}+\boldsymbol{E})+(\boldsymbol{E}-\boldsymbol{A}))\leqslant R(\boldsymbol{A}+\boldsymbol{E})+R(\boldsymbol{E}-\boldsymbol{A})=R(\boldsymbol{A}+\boldsymbol{E})+R(\boldsymbol{A}-\boldsymbol{E}),$$

又因为

$$R((\boldsymbol{A}+\boldsymbol{E})+(\boldsymbol{E}-\boldsymbol{A}))=\boldsymbol{R}(2\boldsymbol{E})=n,$$

所以 $R(\boldsymbol{A}+\boldsymbol{E})+R(\boldsymbol{A}-\boldsymbol{E})\geqslant n$. ■

性质 6　$R(\boldsymbol{AB})\leqslant\min(R(\boldsymbol{A}),R(\boldsymbol{B}))$.

证明　设 $\boldsymbol{A}$,$\boldsymbol{B}$ 分别为 $m\times n$,$n\times l$ 矩阵. 令 $R(\boldsymbol{A})=r$, $R(\boldsymbol{B})=s$, 则对矩阵 $\boldsymbol{A}$, $\boldsymbol{B}$ 分别施行初等行变换和初等列变换将 $\boldsymbol{A}$ 和 $\boldsymbol{B}$ 变为行阶梯形矩阵和列阶梯形矩阵, 即存在 m 阶可逆矩阵 $\boldsymbol{P}$ 和 l 阶可逆矩阵 $\boldsymbol{Q}$, 使得

$$\boldsymbol{PA}=\begin{pmatrix}\boldsymbol{A}_1\\\boldsymbol{A}_2\\\vdots\\\boldsymbol{A}_r\\\boldsymbol{O}\\\vdots\\\boldsymbol{O}\end{pmatrix},\quad \boldsymbol{BQ}=\begin{pmatrix}\boldsymbol{B}_1 & \boldsymbol{B}_2 & \cdots & \boldsymbol{B}_s & \boldsymbol{O} & \cdots & \boldsymbol{O}\end{pmatrix}$$

从而

$$
\boldsymbol{PABQ}=\begin{pmatrix}\boldsymbol{A}_1\\ \boldsymbol{A}_2\\ \vdots\\ \boldsymbol{A}_r\\ \boldsymbol{O}\\ \vdots\\ \boldsymbol{O}\end{pmatrix}\begin{pmatrix}\boldsymbol{B}_1 & \boldsymbol{B}_2 & \cdots & \boldsymbol{B}_s & \boldsymbol{O} & \cdots & \boldsymbol{O}\end{pmatrix}
=\begin{pmatrix}\boldsymbol{A}_1\boldsymbol{B}_1 & \boldsymbol{A}_1\boldsymbol{B}_2 & \cdots & \boldsymbol{A}_1\boldsymbol{B}_s & \\ \boldsymbol{A}_2\boldsymbol{B}_1 & \boldsymbol{A}_2\boldsymbol{B}_2 & \cdots & \boldsymbol{A}_2\boldsymbol{B}_s & \boldsymbol{O}\\ \vdots & \vdots & & \vdots & \\ \boldsymbol{A}_r\boldsymbol{B}_1 & \boldsymbol{A}_r\boldsymbol{B}_2 & \cdots & \boldsymbol{A}_r\boldsymbol{B}_s & \\ & \boldsymbol{O} & & & \boldsymbol{O}\end{pmatrix}.
$$

所以 $\boldsymbol{PABQ}$ 的非零行数不超过 r, 非零列数不超过 s, 于是有

$$R(\boldsymbol{AB})=R(\boldsymbol{PABQ})\leqslant \min(r,s)=\min(R(\boldsymbol{A}),R(\boldsymbol{B})).$$ ■

性质 7 若 $\boldsymbol{A}_{m\times n}\boldsymbol{B}_{n\times s}=\boldsymbol{O}$, 则 $R(\boldsymbol{A})+R(\boldsymbol{B})\leqslant n$. (证明见第 3 章) ■

例 4 设 n 阶方阵 $\boldsymbol{A}$ 满足 $\boldsymbol{A}^2=\boldsymbol{E}$, $\boldsymbol{E}$ 为 n 阶单位阵, 证明: $R(\boldsymbol{A}+\boldsymbol{E})+R(\boldsymbol{A}-\boldsymbol{E})=n$.

证明 由性质 5 知, 当 $\boldsymbol{A}$ 为 n 阶方阵时, $R(\boldsymbol{A}+\boldsymbol{E})+R(\boldsymbol{A}-\boldsymbol{E})\geqslant n$; 又方阵 $\boldsymbol{A}$ 满足 $\boldsymbol{A}^2=\boldsymbol{E}$, 所以 $(\boldsymbol{A}+\boldsymbol{E})(\boldsymbol{A}-\boldsymbol{E})=\boldsymbol{O}$, 再根据性质 7 可得 $R(\boldsymbol{A}+\boldsymbol{E})+R(\boldsymbol{A}-\boldsymbol{E})\leqslant n$, 从而

$$R(\boldsymbol{A}+\boldsymbol{E})+R(\boldsymbol{A}-\boldsymbol{E})=n.$$ ■

例 5 设 $\boldsymbol{A}$ 为 n 阶矩阵 $(n\geqslant 2)$,$\boldsymbol{A}^*$ 为 $\boldsymbol{A}$ 的伴随矩阵, 证明

$$R(\boldsymbol{A}^*)=\begin{cases}n, & R(\boldsymbol{A})=n,\\ 1, & R(\boldsymbol{A})=n-1,\\ 0, & R(\boldsymbol{A})<n-1.\end{cases}$$

证明 当 $R(\boldsymbol{A})=n$ 时, 矩阵 $\boldsymbol{A}$ 可逆, 从而矩阵 $\boldsymbol{A}^*$ 可逆, 于是 $R(\boldsymbol{A}^*)=n$.

当 $R(\boldsymbol{A})=n-1$ 时, $\boldsymbol{A}$ 不可逆, $|\boldsymbol{A}|=0$, 所以 $\boldsymbol{AA}^*=\boldsymbol{O}$, 由性质 7 知 $R(\boldsymbol{A})+R(\boldsymbol{A}^*)\leqslant n$, 则 $R(\boldsymbol{A}^*)\leqslant n-R(\boldsymbol{A})=n-(n-1)=1$, 又由于 $\boldsymbol{A}$ 至少有一个 $n-1$ 阶子式不为零, 知 $R(\boldsymbol{A}^*)\geqslant 1$, 从而 $R(\boldsymbol{A}^*)=1$.

当 $R(\boldsymbol{A})<n-1$, 由 $\boldsymbol{A}^*$ 定义知 $\boldsymbol{A}^*=\boldsymbol{O}$, 从而 $R(\boldsymbol{A}^*)=0$. ■

2.7　线性方程组有解的判别法

本节介绍如何利用系数矩阵 $\boldsymbol{A}$ 和增广矩阵 $\tilde{\boldsymbol{A}}$ 的秩, 讨论一般的线性方程组解存在的判别方法, 并介绍利用初等变换求方程组通解的方法.

考虑由 m 个方程 n 个未知数组成的 n 元**线性方程组**(linear equations)—— 方程组 (2.1):

$$\begin{cases} a_{11}x_1 + a_{12}x_2 + \cdots + a_{1n}x_n = b_1, \\ a_{21}x_1 + a_{22}x_2 + \cdots + a_{2n}x_n = b_2, \\ \cdots\cdots \\ a_{m1}x_1 + a_{m2}x_2 + \cdots + a_{mn}x_n = b_m. \end{cases}$$

其系数矩阵为 $\boldsymbol{A}$, 增广矩阵为 $\tilde{\boldsymbol{A}} = (\boldsymbol{A}\ \boldsymbol{b})$, 方程组 (2.1) 的矩阵表示形式为 $\boldsymbol{A}_{m\times n}\,\boldsymbol{x} = \boldsymbol{b}$, 则方程组的解的存在性有如下定理.

定理 2.8　n 元非齐次线性方程组 $\boldsymbol{A}_{m\times n}\boldsymbol{x} = \boldsymbol{b}$ 有解的充分必要条件是系数矩阵 $\boldsymbol{A}$ 的秩等于增广矩阵 $\tilde{\boldsymbol{A}} = (\boldsymbol{A}\ \boldsymbol{b})$ 的秩, 即 $R(\boldsymbol{A}) = R(\tilde{\boldsymbol{A}}) = R(\boldsymbol{A}\ \boldsymbol{b})$.

证明　必要性. 若线性方程组 $\boldsymbol{A}_{m\times n}\boldsymbol{x} = \boldsymbol{\beta}$ 有解, 设 $R(\boldsymbol{A}) < R(\boldsymbol{A}\ \boldsymbol{b})$, 则增广矩阵 $\tilde{\boldsymbol{A}}$ 的行阶梯形矩阵最后一行对应的方程是矛盾方程 $0 = 1$, 这与方程组有解相矛盾, 所以 $R(\boldsymbol{A}) = R(\boldsymbol{A}\ \boldsymbol{b})$.

充分性. 若 $R(\boldsymbol{A}) = R(\tilde{\boldsymbol{A}}) = R(\boldsymbol{A}\ \boldsymbol{b})$, 设 $R(\boldsymbol{A}) = R(\tilde{\boldsymbol{A}}) < r(r \leqslant n)$, 则 $\tilde{\boldsymbol{A}}$ 的行阶梯形矩阵中含 r 个非零行, 把这 r 个非零行的第一个非零元所对应的未知量作为非自由未知量, 其余 $n-r$ 个作为自由未知量, 并令 $n-r$ 个自由未知量全取 $c_1, c_2, \cdots, c_{n-r}$, 即可得方程组的解. ■

推论 2.3　(1) 线性方程组 $\boldsymbol{A}_{m\times n}\,\boldsymbol{x} = \boldsymbol{b}$ 有唯一解的充分必要条件是 $R(\boldsymbol{A}) = R(\tilde{\boldsymbol{A}}) = n$;

(2) 线性方程组 $\boldsymbol{A}_{m\times n}\,\boldsymbol{x} = \boldsymbol{b}$ 有无穷解的充分必要条件是 $R(\boldsymbol{A}) = R(\tilde{\boldsymbol{A}}) < n$;

(3) 线性方程组 $\boldsymbol{A}_{m\times n}\,\boldsymbol{x} = \boldsymbol{b}$ 无解的充分必要条件是 $R(\boldsymbol{A}) < R(\tilde{\boldsymbol{A}})$. ■

定理 2.8 给出了求解线性方程组的方法:

(i) 利用初等行变换将增广矩阵为 $\tilde{\boldsymbol{A}} = (\boldsymbol{A}\ \boldsymbol{b})$ 化为行阶梯形矩阵, 据此判定方程组有解的情况;

(ii) 若 $R(\boldsymbol{A}) = R(\tilde{\boldsymbol{A}})$, 则将 $\tilde{\boldsymbol{A}} = (\boldsymbol{A}\ \boldsymbol{b})$ 进一步化为行最简形矩阵;

(iii) 设 $R(\boldsymbol{A}) = R(\tilde{\boldsymbol{A}}) < r$, 把 $\tilde{\boldsymbol{A}}$ 行最简形矩阵中 r 个非零行的第一个非零元所对应的未知量作为非自由未知量, 其余 $n-r$ 个作为自由未知量, 并令 $n-r$ 个自由未知量取 $c_1, c_2, \cdots, c_{n-r}$, 由 $\tilde{\boldsymbol{A}}$ 的行最简形, 即可写出含 $n-r$ 个参数的通解.

当 $\boldsymbol{b} = \boldsymbol{0}$ 时, 得到齐次线性方程组 $\boldsymbol{A}_{m\times n}\,\boldsymbol{x} = \boldsymbol{0}$. 显然齐次线性方程组至少有一组零解. 由定理 2.8 得到齐次线性方程组 $\boldsymbol{A}_{m\times n}\,\boldsymbol{x} = \boldsymbol{0}$ 解存在的判定.

定理 2.9 n 元齐次线性方程组 $\boldsymbol{A}_{m\times n}\boldsymbol{x}=\boldsymbol{0}$ 有非零解的充分必要条件是系数矩阵 $\boldsymbol{A}$ 的秩 $R(\boldsymbol{A})<n$. ■

例 1 求解齐次线性方程组

$$\begin{cases} x_1+2x_2+2x_3+x_4=0,\\ 2x_1+x_2-2x_3-2x_4=0,\\ x_1-x_2-4x_3-3x_4=0. \end{cases}$$

解 对系数矩阵施行初等行变换

$$\boldsymbol{A}=\begin{pmatrix}1&2&2&1\\2&1&-2&-2\\1&-1&-4&-3\end{pmatrix}\xrightarrow[r_3-r_1]{r_2-2r_1}\begin{pmatrix}1&2&2&1\\0&-3&-6&-4\\0&-3&-6&-4\end{pmatrix}$$

$$\xrightarrow[r_2\div(-3)]{r_3-r_2}\begin{pmatrix}1&2&2&1\\0&1&2&\frac{4}{3}\\0&0&0&0\end{pmatrix}\xrightarrow{r_1-2r_2}\begin{pmatrix}1&0&-2&-\frac{5}{3}\\0&1&2&\frac{4}{3}\\0&0&0&0\end{pmatrix},$$

即得到与原方程组同解的方程组

$$\begin{cases} x_1-2x_3-\frac{5}{3}x_4=0,\\ x_2+2x_3+\frac{4}{3}x_4=0, \end{cases}$$

由此即得

$$\begin{cases} x_1=2x_3+\frac{5}{3}x_4,\\ x_2=-2x_3-\frac{4}{3}x_4, \end{cases}\quad x_3,x_4\text{可任意取值}.$$

令 $x_3=c_1,x_4=c_2$, 得通解的参数形式为

$$\begin{cases} x_1=2c_2+\frac{5}{3}c_2,\\ x_2=-2c_2-\frac{4}{3}c_2,\\ x_3=c_1,\\ x_4=c_2, \end{cases}$$

即

$$\begin{pmatrix}x_1\\x_2\\x_3\\x_4\end{pmatrix}=c_1\begin{pmatrix}2\\-2\\1\\0\end{pmatrix}+c_2\begin{pmatrix}\frac{5}{3}\\-\frac{4}{3}\\0\\1\end{pmatrix}.$$ ■

例 2 求解非齐次线性方程组

$$\begin{cases} 2x_1 - x_2 - x_3 + x_4 = 2, \\ x_1 + x_2 - 2x_3 + x_4 = 4, \\ 4x_1 - 6x_2 + 2x_3 - 2x_4 = 4, \\ 3x_1 + 6x_2 - 9x_3 + 7x_4 = 9. \end{cases}$$

解 对增广矩阵为 $\tilde{\boldsymbol{A}}$ 施行初等行变换

$$\tilde{\boldsymbol{A}} = \begin{pmatrix} 2 & -1 & -1 & 1 & 2 \\ 1 & 1 & -2 & 1 & 4 \\ 4 & -6 & 2 & -2 & 4 \\ 3 & 6 & -9 & 7 & 9 \end{pmatrix} \xrightarrow[r_3 \div 2]{r_2 \leftrightarrow r_1} \begin{pmatrix} 1 & 1 & -2 & 1 & 4 \\ 2 & -1 & -1 & 1 & 2 \\ 2 & -3 & 1 & -1 & 2 \\ 3 & 6 & -9 & 7 & 9 \end{pmatrix}$$

$$\xrightarrow[\substack{r_3 - 2r_1 \\ r_4 - 3r_1}]{r_2 - r_3} \begin{pmatrix} 1 & 1 & -2 & 1 & 4 \\ 0 & 2 & -2 & 2 & 0 \\ 0 & -5 & 5 & -3 & -6 \\ 0 & 3 & -3 & 4 & -3 \end{pmatrix} \xrightarrow[\substack{r_3 + 5r_2 \\ r_4 - 3r_2}]{r_2 \div 2} \begin{pmatrix} 1 & 1 & -2 & 1 & 4 \\ 0 & 1 & -1 & 1 & 0 \\ 0 & 0 & 0 & 2 & -6 \\ 0 & 0 & 0 & 1 & -3 \end{pmatrix}$$

$$\xrightarrow[r_4 - r_3]{r_3 \div 2} \begin{pmatrix} 1 & 1 & -2 & 1 & 4 \\ 0 & 1 & -1 & 0 & 0 \\ 0 & 0 & 0 & 1 & 2 \\ 0 & 0 & 0 & 0 & 0 \end{pmatrix} \xrightarrow[r_1 - r_3]{r_1 - r_2} \begin{pmatrix} 1 & 0 & -1 & 0 & 2 \\ 0 & 1 & -1 & 0 & 0 \\ 0 & 0 & 0 & 1 & 2 \\ 0 & 0 & 0 & 0 & 0 \end{pmatrix},$$

由此得

$$\begin{cases} x_1 = x_3 + 2, \\ x_2 = x_3, \\ x_4 = 2. \end{cases}$$

令 $x_3 = c$ 得方程组全部解为

$$\begin{pmatrix} x_1 \\ x_2 \\ x_3 \\ x_4 \end{pmatrix} = c \begin{pmatrix} 1 \\ 1 \\ 1 \\ 0 \end{pmatrix} + \begin{pmatrix} 2 \\ 0 \\ 0 \\ 2 \end{pmatrix}.$$ ■

例 3 设线性方程组

$$\begin{cases} \lambda x_1 + x_2 + x_3 = 1, \\ x_1 + \lambda x_2 + x_3 = \lambda, \\ x_1 + x_2 + \lambda x_3 = \lambda^2. \end{cases}$$

问 λ 为何值时, 方程组有解、无解、有无穷多解? 并在有无穷多解时求其全部解.

解 对增广矩阵为 $\tilde{\boldsymbol{A}}$ 施行初等行变换

$$\tilde{\boldsymbol{A}}=\begin{pmatrix}\lambda & 1 & 1 & 1\\ 1 & \lambda & 1 & \lambda\\ 1 & 1 & \lambda & \lambda^2\end{pmatrix}\sim\begin{pmatrix}1 & 1 & \lambda & \lambda^2\\ 1 & \lambda & 1 & \lambda\\ \lambda & 1 & 1 & 1\end{pmatrix}\sim\begin{pmatrix}1 & 1 & \lambda & \lambda^2\\ 0 & \lambda-1 & 1-\lambda & \lambda-\lambda^2\\ 0 & 1-\lambda & 1-\lambda^2 & 1-\lambda^2\end{pmatrix}$$

$$\sim\begin{pmatrix}1 & 1 & \lambda & \lambda^2\\ 0 & \lambda-1 & 1-\lambda & \lambda-\lambda^2\\ 0 & 0 & 2-\lambda-\lambda^2 & 1+\lambda-\lambda^2-\lambda^3\end{pmatrix}$$

$$=\begin{pmatrix}1 & 1 & \lambda & \lambda^2\\ 0 & \lambda-1 & 1-\lambda & \lambda(1-\lambda)\\ 0 & 0 & (1-\lambda)(2+\lambda) & (1-\lambda)(1+\lambda)^2\end{pmatrix}.$$

(1) 当 $\lambda=1$ 时, $\tilde{\boldsymbol{A}}\sim\begin{pmatrix}1 & 1 & 1 & 1\\ 0 & 0 & 0 & 0\\ 0 & 0 & 0 & 0\end{pmatrix}$, $R(\boldsymbol{A})=R\left(\tilde{\boldsymbol{A}}\right)<3$, 此时方程组有无穷多解, 其通解为

$$\begin{cases}x_1=1-x_2-x_3,\\ x_2=x_2,\\ x_3=x_3,\end{cases}$$

即

$$\begin{pmatrix}x_1\\ x_2\\ x_3\end{pmatrix}=c_1\begin{pmatrix}-1\\ 1\\ 0\end{pmatrix}+c_2\begin{pmatrix}-1\\ 0\\ 1\end{pmatrix}+\begin{pmatrix}1\\ 0\\ 0\end{pmatrix}.$$

(2) 当 $\lambda\neq 1$ 且 $\lambda\neq -2$ 时, $\tilde{\boldsymbol{A}}\sim\begin{pmatrix}1 & 1 & \lambda & \lambda^2\\ 0 & 1 & -1 & -\lambda\\ 0 & 0 & 2+\lambda & (1+\lambda)^2\end{pmatrix}$, $R(\boldsymbol{A})=R\left(\tilde{\boldsymbol{A}}\right)=3$, 此时方程组有唯一解

$$x_1=-\frac{\lambda+1}{\lambda+2},\quad x_2=\frac{1}{\lambda+2},\quad x_3=\frac{(\lambda+1)^2}{\lambda+2}.$$

(3) 当 $\lambda\neq 1$ 且 $\lambda=-2$ 时, $\boldsymbol{B}\sim\begin{pmatrix}1 & 1 & -2 & 4\\ 0 & -3 & 3 & -6\\ 0 & 0 & 0 & 3\end{pmatrix}$, $R(\boldsymbol{A})\neq R(\boldsymbol{B})$, 此时方程组无解. ■

定理 2.8 和定理 2.9 还可以推广到矩阵方程, 有如下定理.

定理 2.10 矩阵方程 $\boldsymbol{AX}=\boldsymbol{B}$ 有解的充分必要条件是 $R(\boldsymbol{A})=R(\boldsymbol{A}\ \boldsymbol{B})$. ■

定理 2.11 设 $\boldsymbol{AB}=\boldsymbol{C}$, 则 $R(\boldsymbol{C})\leqslant\min(R(\boldsymbol{A}),R(\boldsymbol{B}))$.

证明 因为 $\boldsymbol{AB}=\boldsymbol{C}$, 则矩阵方程 $\boldsymbol{AX}=\boldsymbol{C}$ 有解, 由定理 2.10 得

$$R(\boldsymbol{A})=R(\boldsymbol{A}\ \boldsymbol{C})\geqslant R(\boldsymbol{C}).$$

此外, 由 $\boldsymbol{AB}=\boldsymbol{C}$, 得 $\boldsymbol{B}^{\mathrm{T}}\boldsymbol{A}^{\mathrm{T}}=\boldsymbol{C}^{\mathrm{T}}$, 则矩阵方程 $\boldsymbol{B}^{\mathrm{T}}\boldsymbol{X}=\boldsymbol{C}^{\mathrm{T}}$ 有解, 由定理 2.10 得

$$R(\boldsymbol{B})=R(\boldsymbol{B}^{\mathrm{T}})=R(\boldsymbol{B}^{\mathrm{T}}\ \boldsymbol{C}^{\mathrm{T}})\geqslant R(\boldsymbol{C}^{\mathrm{T}})=R(\boldsymbol{C}),$$

因此 $R(C)\leqslant\min(R(\boldsymbol{A}),R(\boldsymbol{B}))$. ■

定理 2.12 矩阵方程 $\boldsymbol{A}_{m\times n}\boldsymbol{X}_{n\times l}=\boldsymbol{O}$ 有解的充分必要条件是 $R(\boldsymbol{A})=n$. ■

这个定理的证明请读者自己完成. 该定理阐明了矩阵乘法消去律成立的条件是系数矩阵必须是满秩矩阵.

2.8 矩阵的应用 (一)

2.8.1 矩阵在生物种群建模中的应用

例 1(昆虫种群模型) 一种昆虫具有三个生命阶段: 卵、幼虫与成虫. 一群此种昆虫在某一特定环境下 2 天时间间隔观察到: 20%的卵没有成活, 60%的卵发育成幼虫; 在同一时间间隔内 10%的幼虫没有成活, 60%的幼虫发育成成虫, 而成虫 80%成活; 同一时间间隔内平均每只成虫产下 0.25 只虫卵. 假设初始状态有 10 千只卵、8 千只幼虫与 6 千只成虫. 计算 2 天, 20 天, 200 天后该昆虫种群的结构数量.

解 取初始时间为第 0 天, 设第 k 阶段是即第 $2k$ 天该昆虫种群的结构数量为 $\boldsymbol{x}^{(k)}=(a_k,b_k,c_k)^{\mathrm{T}}$, 表示卵、幼虫与成虫的数量 (单位: 千只), 而题设 $\boldsymbol{x}^{(0)}=(10,8,6)^{\mathrm{T}}$. 考察矩阵

$$\boldsymbol{A}=\begin{pmatrix}0.2 & 0 & 0.25\\ 0.6 & 0.3 & 0\\ 0 & 0.6 & 0.8\end{pmatrix}$$

第 1 列表示 20%的虫卵没有发育成幼虫, 60%的卵发育成幼虫, 其余虫卵没有成活; 第 2 列表示幼虫没有后代, 30%的幼虫没有发育成虫, 60%的幼虫发育成成虫; 第 3 列表示 0.25 只虫卵产自一每只成虫, 没有成虫变成幼虫, 80%的成虫成活. 考察

$$A\begin{pmatrix}10\\8\\6\end{pmatrix}=\begin{pmatrix}0.2&0&0.25\\0.6&0.3&0\\0&0.6&0.8\end{pmatrix}\begin{pmatrix}10\\8\\6\end{pmatrix}$$
$$=\begin{pmatrix}0.2\times10+0\times8+0.25\times6\\0.6\times10+0.3\times8+0\times6\\0\times10+0.6\times8+0.8\times6\end{pmatrix}=\begin{pmatrix}3.5\\8.4\\9.6\end{pmatrix},$$

其意义就是在一个 2 天时间间隔内 10 千只虫卵中 20%仍是虫卵, 8 千只幼虫没有变成虫卵, 6 千只成虫生产 0.25×6 千只虫卵; 10 千只虫卵中 60%发育成幼虫, 8 千只幼虫中 30%没有发育成成虫, 6 千只成虫中没有变成幼虫者; 10 千只虫卵中没有变成成虫者, 8 千只幼虫中 60%发育成成虫, 6 千只成虫中 80%仍是成虫. 因此上述结果就是 $\boldsymbol{x}^{(1)}=(3.5,8.4,9.6)^{\mathrm{T}}$. 这样可知第 k 阶段该昆虫种群的结构数量为

$$\boldsymbol{x}^{(k)}=\begin{pmatrix}a_k\\b_k\\c_k\end{pmatrix}=\begin{pmatrix}0.2&0&0.25\\0.6&0.3&0\\0&0.6&0.8\end{pmatrix}\begin{pmatrix}a_{k-1}\\b_{k-1}\\c_{k-1}\end{pmatrix}=\begin{pmatrix}0.2&0&0.25\\0.6&0.3&0\\0&0.6&0.8\end{pmatrix}^k\begin{pmatrix}a_0\\b_0\\c_0\end{pmatrix},$$

从而第 10 天和第 100 天昆虫种群的结构数量分别为

$$\boldsymbol{x}^{(10)}=\begin{pmatrix}0.2&0&0.25\\0.6&0.3&0\\0&0.6&0.8\end{pmatrix}^{10}\begin{pmatrix}10\\8\\6\end{pmatrix}=\begin{pmatrix}3.331\\2.969\\10.299\end{pmatrix},$$

$$\boldsymbol{x}^{(100)}=\begin{pmatrix}0.2&0&0.25\\0.6&0.3&0\\0&0.6&0.8\end{pmatrix}^{100}\begin{pmatrix}10\\8\\6\end{pmatrix}=\begin{pmatrix}0.284\\0.253\\0.877\end{pmatrix}.$$

因此该虫群随着时间的推移呈现数量减少的趋势.

例 2(人口模型) 如果以年为时间单位记录人口数量, 年龄取周岁. 设某地区最大年龄为 m 岁; 在第 t 年为 i 岁的人数为 $x_i(t), i=1,2,\cdots,m; t=0,1,2,\cdots$. 试研究变量 $x_i(t)$ 的变化规律.

解 进一步作如下假设.

(1) 设第 t 年为 i 岁的人口平均死亡率为 $d_i(t)$, 即这一年中 i 岁人口中死亡数与基数之比:

$$d_i(t)=\frac{x_i(t)-x_{i+1}(t+1)}{x_i(t)}\quad \text{或者}\quad x_{i+1}(t+1)=(1-d_i(t))x_i(t).$$

(2) 设第 t 年 i 岁女性的生育率: 即每位育龄女性平均生育婴儿数为 $b_i(t)$,

$[i_1, i_2]$ 为生育区间. $k_i(t)$ 为第 t 年 i 岁人口的女性比 (占全部 i 岁人口数). 由此可知, 第 t 年出生的人数为

$$f(t)=\sum_{i=i_1}^{i_2} b_i(t)k_i(t)x_i(t).$$

(3) 记第 t 年婴儿的死亡率为 $d_{00}(t)$, 则 $x_0(t)=[1-d_{00}(t)]f(t)$.

(4) 设 $h_i(t)=b_i(t)\Big/\sum\limits_{i=i_1}^{i_2} b_i(t)=\dfrac{b_i(t)}{\beta(t)}$, 它表示 i 岁女性总生育率, 则 $b_i(t)=\beta(t)h_i(t)$, 如果假设 t 年后女性出生率保持不变, 则

$$\begin{aligned}\beta(t)&=b_{i_1}(t)+b_{i_1+1}(t)+\cdots+b_{i_2}(t)\\&=b_{i_1}(t)+b_{i_1+1}(t+1)+\cdots+b_{i_2}(t+i_2-i_1),\end{aligned}$$

可见, $\beta(t)$ 表示每位妇女一生中平均生育的婴儿数, 称为总和生育率. 它反映了人口变化的基本因素.

根据上面的假设可以建立如下模型

$$\begin{aligned}&x_1(t+1)=[1-d_0(t)]x_0(t)=[1-d_0(t)][1-d_{00}(t)]f(t)\\&=[1-d_0(t)][1-d_{00}(t)]\sum_{i=i_1}^{i_2} b_i(t)k_i(t)x_i(t)\\&=[1-d_0(t)][1-d_{00}(t)]\beta(t)\sum_{i=i_1}^{i_2} h_i(t)k_i(t)x_i(t)\\&=\beta(t)\sum_{i=i_1}^{i_2} b_i^*(t)x_i(t),\\&x_2(t+1)=[1-d_2(t)]x_1(t),\\&\qquad\cdots\cdots\\&x_m(t+1)=[1-d_{m-1}(t)]x_{m-1}(t).\end{aligned}$$

这里 $b_i^*(t)=h_i(t)k_i(t)(i=i_1,\cdots,i_2)$, 为了全面系统地反映一个时期内人口数量的状况, 令

$$\boldsymbol{x}(t)=(x_1(t),x_2(t),\cdots,x_m(t))^{\mathrm{T}}$$

$$\boldsymbol{A}(t)=\begin{pmatrix}0&0&0&\cdots&0&0\\1-d_1(t)&0&0&\cdots&0&0\\0&1-d_2(t)&0&\cdots&0&0\\\vdots&\vdots&\vdots&&\vdots&\vdots\\0&0&0&\cdots&1-d_{m-1}(t)&0\end{pmatrix}_{m\times n},$$

$$
\boldsymbol{B}(t)=\begin{pmatrix}
0 & 0 & b_{i_1}^*(t) & \cdots & b_{i_1}^*(t) & \cdots & 0\\
0 & 0 & 0 & \cdots & 0 & \cdots & 0\\
0 & 0 & 0 & \cdots & 0 & \cdots & 0\\
\vdots & \vdots & \vdots & & \vdots & & \vdots\\
0 & 0 & 0 & \cdots & 0 & \cdots & 0
\end{pmatrix}_{m\times n},
$$

则此向量 $\boldsymbol{x}(t)$ 满足方程

$$
\boldsymbol{x}(t+1)=\boldsymbol{A}(t)\boldsymbol{x}(t)+\beta(t)\boldsymbol{B}(t)\boldsymbol{x}(t)
$$

或者

$$
\boldsymbol{x}(t+1)=[\boldsymbol{A}(t)+\beta(t)\boldsymbol{B}(t)]\,\boldsymbol{x}(t),
$$

这里 $\beta(t)$ 表示的每位妇女一生中平均生育的婴儿数是可以控制的, 而 $\boldsymbol{x}(t)$ 也称为该方程的状态变量.

在稳定的社会环境下, 死亡率、生育模式、女性比例、婴儿存活率是可以假设为不变的, 故 $\boldsymbol{A}(t)=\boldsymbol{A},\boldsymbol{B}(t)=\boldsymbol{B}$ 为常数矩阵. 从而,

$$
\boldsymbol{x}(t+1)=(\boldsymbol{A}+\beta(t)\boldsymbol{B})\boldsymbol{x}(t)
$$

只要总生育率 $\beta(t)$ 确定下来, 人口的变化规律就可以确定下来.

2.8.2 矩阵在图像处理中的应用

从三维客观场景中拍摄到的图像是二维信息, 因此, 一幅图像可以定义为一个二元函数 $f(x,y)$, 其中 (x,y) 为位置坐标, 任何坐标 (x,y) 上的幅值 $f(x,y)$, 称为图像在该点的强度或灰度, 或简称为像素值. 图像的坐标 x,y 和像素值 $f(x,y)$ 均为有限的、离散的数值. 矩阵是二维结构的数据信息, 因此可以用来表述图像, 只是习惯上坐标定义不同而已. 矩阵坐标从上至下定义第 1、2 等行, 而图像坐标从下至上定义第 1、2 等行. 灰度图像常用 8bit 表示, 每一像素都是介于黑色和白色之间的 $256(2^8=256)$ 种灰度中的一种. 通常, 0 表示黑, 255 表示白, 从 0 至 255 亮度逐渐增加. 图 2.1 是按照以下矩阵显示的图像, 这里位置关系是一致的:

$$
\begin{pmatrix}
0 & 100 & 200\\
128 & 64 & 256\\
240 & 120 & 60
\end{pmatrix}.
$$

图 2.1　用矩阵定义的灰度图像

图 2.2 是人眼前节的一部分的图像, 上部为角膜, 下部为虹膜.

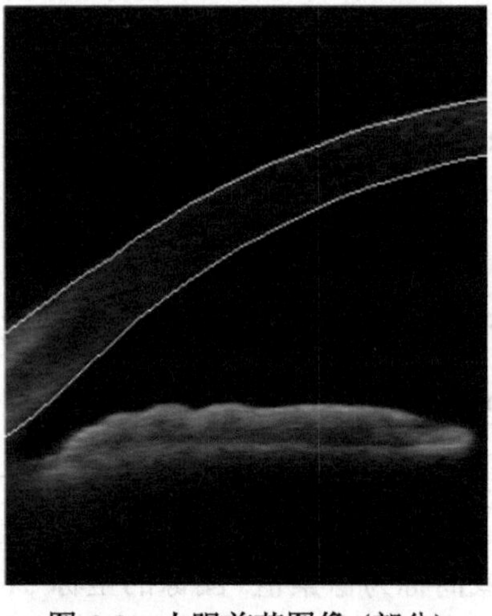

图 2.2　人眼前节图像 (部分)

1. 图像的加减法运算

设两幅图像分别为

$$I_k = \begin{pmatrix} G_k(0,0) & \cdots & G_k(0,w) \\ \vdots & \ddots & \vdots \\ G_k(h,0) & \cdots & G_k(h,w) \end{pmatrix}, \quad k=1,2,$$

其中 $G_k(i,j)$ 表示第 $k(k=1,2)$ 幅图位置为 $i(0\leqslant i\leqslant h)$ 行，$j(0\leqslant j\leqslant w)$ 列处的像素值．定义两幅图相加、减分别为

$$
\boldsymbol{I}_a=\begin{pmatrix} G_1(0,0)+G_2(0,0) & \cdots & G_1(0,w)+G_2(0,w) \\ \vdots & \ddots & \vdots \\ G_1(h,0)+G_2(h,0) & \cdots & G_1(h,w)+G_2(h,w) \end{pmatrix}
$$

和

$$
\boldsymbol{I}_m=\begin{pmatrix} G_1(0,0)-G_2(0,0) & \cdots & G_1(0,w)-G_2(0,w) \\ \vdots & \ddots & \vdots \\ G_1(h,0)-G_2(h,0) & \cdots & G_1(h,w)-G_2(h,w) \end{pmatrix}.
$$

图 2.3 显示了前后 (只相差几秒钟) 拍摄的人眼前节图像 ($\boldsymbol{A}$), ($\boldsymbol{B}$), 这里 ($\boldsymbol{A}$) 中角膜边缘被强化了. 这两幅图的减法运算结果为图 2.3(C), 加法运算结果为图 2.3(D). 图像的加法运算常用于图像合成. 在医学图像处理中, 通常利用图像的加法运算将同一场景的多幅图像加起来求平均, 以便减少图像的随机噪声, 也可以为突出某种增强效果需要把多幅图像有目的加起来, 如图 2.3(D) 中, 角膜、虹膜部分得到了增强. 在医学图像处理中, 通常将同一场景在不同时间拍摄的多幅图像进行相减, 用来消除前后图像中背景相同的内容, 进而增强前后有所变化的部分. 减法运算的这一特点在临床上具有重要应用价值, 其中一个著名的实例就是数字减影血管造影技术. 例如, 图 2.3(C) 中, 仅留下了角膜边缘的增强线. 另外, 图像相减还可以用以指导动态检测, 运动目标检测机目标识别等工作.

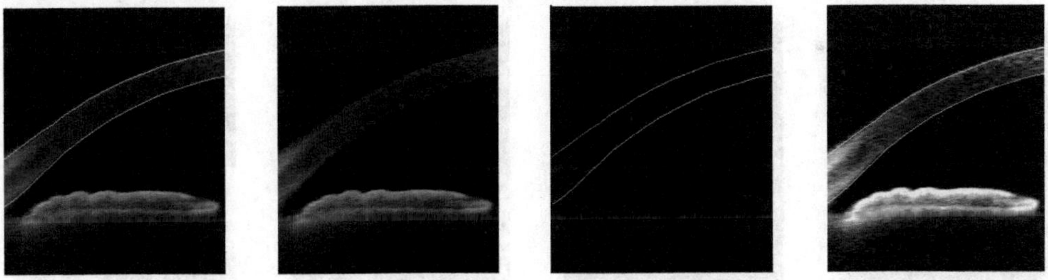

(A) (B) (C) (D)

图 2.3 图像运算结果, (C) 和 (D) 是 (A) 与 (B) 减法和加法运算的结果

2. 图像的灰度线性变换运算

设原图像为

$$
\boldsymbol{I}_0=\begin{pmatrix} G_0(0,0) & \cdots & G_0(0,w) \\ \vdots & \ddots & \vdots \\ G_0(h,0) & \cdots & G_0(h,w) \end{pmatrix},
$$

下边运算定义了图像的线性灰度变换

$$G_t(i,j) = cG_0(i,j) + a, \quad i = 1,2,\cdots,h; j = 1,2,\cdots,w,$$

其中正实数 c 为线性灰度变换系数, 当 $c > 1$ 时, 变换后的图像对比度得到增强. 对医学图像而言其效果是图像中相邻组织的对比更加明显, 看起来图像更为清晰; 当 $c < 1$ 时, 变换后的图像对比度减小, 看起来图像变得更为暗淡. 整数 a 表示亮度调节系数. 当 $c = 1, a > 0$ 时, 变换后的图像整体灰度增加, 看起来整个图像变亮; 当 $c = 1, a < 0$ 时, 变换后的图像整体灰度减少, 看起来整个图像变暗. 图 2.4 给出了图像在线性灰度变换下的运算结果: (A_1) 是原图, (B_1), (C_1) 和 (D_1) 分别是 (A_1) 在 $a = 0$ 情况下 $c = 0.5$, $c = 1.5$ 和 $c = 3$ 时灰度变换后的结果, 即与 (A_1) 相比亮度不作调节, 而对比度分别降低一半、增强 1.5 倍和 3 倍. (A_2), (B_2), (C_2) 和 (D_2) 分别是 (A_1), (B_1), (C_1) 和 (D_1) 增加亮度 $(a > 0)$ 的结果, 而 (A_3), (B_3), (C_3) 和 (D_3) 分别是 (A_1), (B_1), (C_1) 和 (D_1) 减少亮度 $(a < 0)$ 的结果.

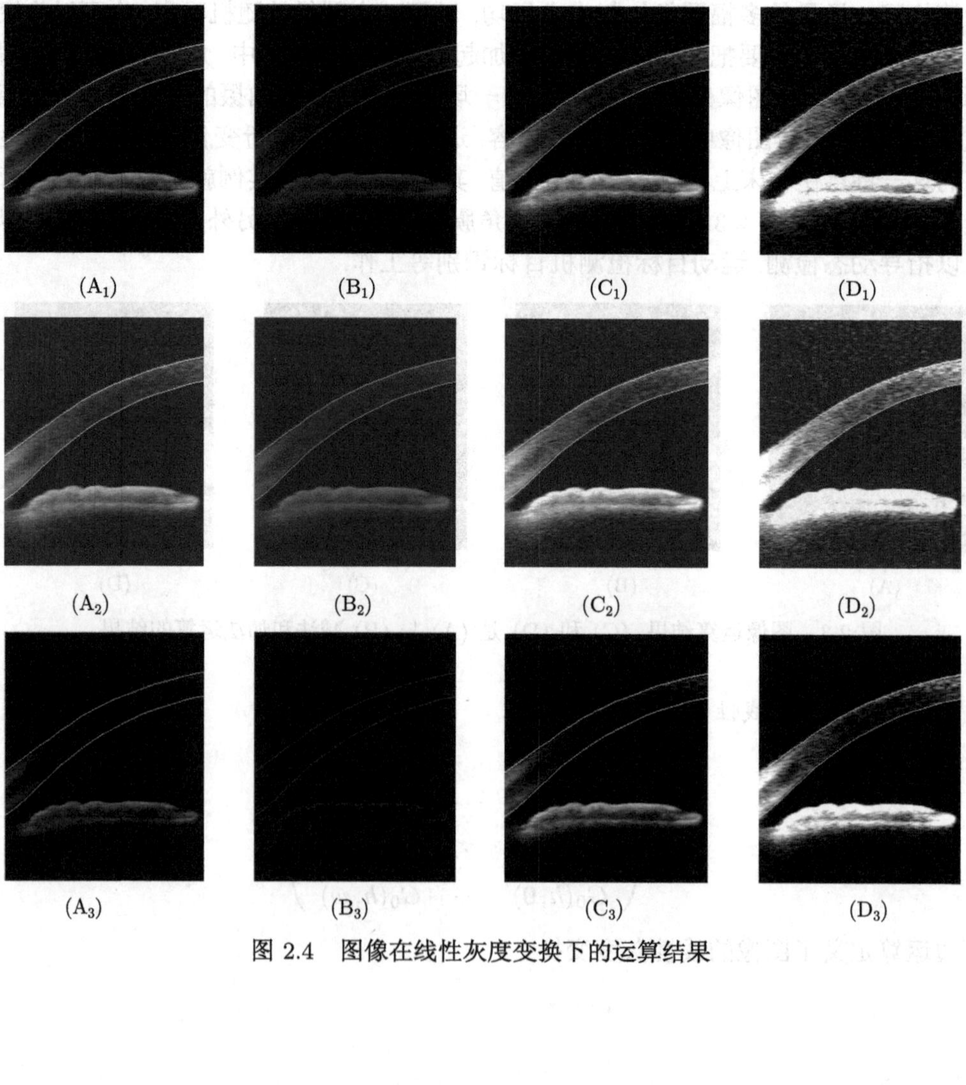

图 2.4 图像在线性灰度变换下的运算结果

2.8.3 矩阵在力学中的应用 (一)

在一连续介质内部, 任取一封闭曲面 Σ, 它把介质分成 Σ 内与 Σ 外两个部分. Σ 面上点 P 处的外单位法向量为 $\boldsymbol{\nu}$. 点 P 附近取面元 $\Delta\sigma$, 作用在 $\Delta\sigma$ 的面力向量为 $\Delta\boldsymbol{f}$. 假定介质在 Σ 外部对 Σ 内部的作用力就表现为作用在 Σ 的面力, 如果保持法向量 $\boldsymbol{\nu}$ 不变而令 $\Delta\sigma \to 0$ 时, $\dfrac{\Delta\boldsymbol{f}}{\Delta\sigma}$ 有确定的极限, 这个极限向量 (与点 P 和法向量 $\boldsymbol{\nu}$ 都有关) 称为**应力**(stress), 可以记为 $\boldsymbol{T}(P;\boldsymbol{\nu})$, 力学中也记为 $\overset{\boldsymbol{\nu}}{\boldsymbol{T}}$, 即

$$\overset{\boldsymbol{\nu}}{\boldsymbol{T}} = \boldsymbol{T}(P;\boldsymbol{\nu}) = \lim\nolimits_{\Delta\sigma\to 0}\frac{\Delta\boldsymbol{f}}{\Delta\sigma}.$$

有了应力的一般概念, 现在考虑一种特殊的模型, 考察图 2.5 中直角坐标系中的正六面体介质, 其中坐标轴与六面体的棱平行. 设平面 ΔS_1 是该六面体的一个表面, 其外法线方向指向 x_1 轴的正向. 将作用在 ΔS_1 上的应力矢量记为 $\overset{1}{T}$, 其三个分量为 $\overset{1}{T}_1, \overset{1}{T}_2, \overset{1}{T}_3$, 分别沿坐标轴 x_1, x_2, x_3 方向. 同理 $\Delta S_2, \Delta S_3$ 也是该六面体的表面, 其外法线方向分别指向 x_2, x_3 轴的正向, 其上作用的应力沿坐标轴 x_1, x_2, x_3 方向分别为 $\overset{2}{T}_1, \overset{2}{T}_2, \overset{2}{T}_3$ 和 $\overset{3}{T}_1, \overset{3}{T}_2, \overset{3}{T}_3$. 如果记 $\overset{i}{T}_j = \tau_{ij}(i,j=1,2,3)$ 并将应力写成矩阵形式, 则有

$$\begin{pmatrix} \overset{1}{T}_1 & \overset{1}{T}_2 & \overset{1}{T}_2 \\ \overset{2}{T}_1 & \overset{2}{T}_2 & \overset{2}{T}_3 \\ \overset{3}{T}_1 & \overset{2}{T}_2 & \overset{3}{T}_3 \end{pmatrix} = \begin{pmatrix} \tau_{11} & \tau_{12} & \tau_{13} \\ \tau_{21} & \tau_{22} & \tau_{23} \\ \tau_{31} & \tau_{32} & \tau_{33} \end{pmatrix}.$$

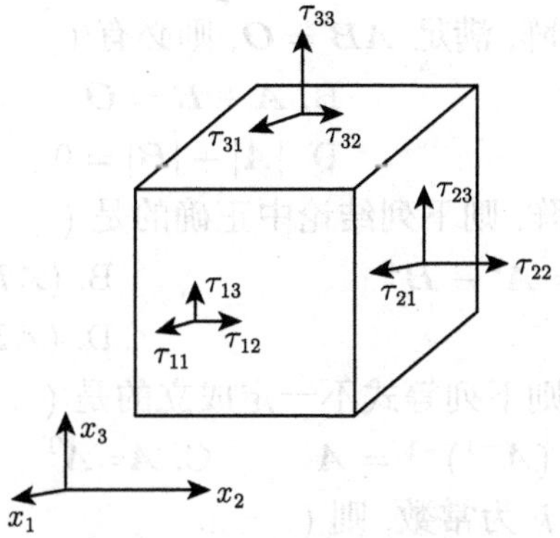

图 2.5 应力分量的标记

力学中可以证明: 只要知道应力分量 τ_{ij}, 就可以写出作用在外法线单位向量为 $\boldsymbol{\nu}$ 的任意平面上的应力分量 $\overset{\nu}{T}_1, \overset{\nu}{T}_2, \overset{\nu}{T}_3$, 即如下柯西公式

$$\overset{\nu}{T}_i = \nu_1\tau_{1i} + \nu_2\tau_{2i}\nu_3\tau_{3i}. \tag{2.16}$$

例 3 物体内某点的应力分量为 ($Oxyz$ 坐标系内)

$$\begin{pmatrix} \tau_{11} & \tau_{12} & \tau_{13} \\ \tau_{21} & \tau_{22} & \tau_{23} \\ \tau_{31} & \tau_{32} & \tau_{33} \end{pmatrix} = \begin{pmatrix} 0 & 1 & 2 \\ 1 & 2 & 0 \\ 2 & 0 & 1 \end{pmatrix},$$

试问作用在穿过该处的平面 $x+3y+z=1$ 外侧 (远离原点的一侧) 上的应力分量.

解 该平面的单位法向量为 $\boldsymbol{\nu}=(1,3,1)/\sqrt{11}$, 根据柯西公式 (2.16) 有

$$\overset{\boldsymbol{\nu}}{T}_1=\nu_1\tau_{11}+\nu_2\tau_{21}\nu_3\tau_{31}=\frac{1\times 0+3\times 1+1\times 2}{\sqrt{11}}=\frac{5}{\sqrt{11}},$$

$$\overset{\boldsymbol{\nu}}{T}_2=\nu_1\tau_{12}+\nu_2\tau_{22}\nu_3\tau_{32}=\frac{7}{\sqrt{11}},$$

$$\overset{\boldsymbol{\nu}}{T}_3=\nu_1\tau_{13}+\nu_2\tau_{23}\nu_3\tau_{33}=\frac{3}{\sqrt{11}}.$$

习 题 2

(A)

一、选择题

1. 设 $\boldsymbol{A},\boldsymbol{B}$ 为五阶方阵, $|\boldsymbol{A}|=-1, |\boldsymbol{B}|=-2$, 则 $\left|\boldsymbol{A}^{\mathrm{T}}\boldsymbol{B}\right|$=( ).

A. 2　　B. 1　　C. $-\dfrac{1}{2}$　　D. -2

2. 设 $\boldsymbol{A},\boldsymbol{B}$ 为 n 阶方阵, 满足 $\boldsymbol{AB}=\boldsymbol{O}$, 则必有 ( ).

A. $\boldsymbol{A}=\boldsymbol{O}$ 或 $\boldsymbol{B}=\boldsymbol{O}$　　B. $\boldsymbol{A}+\boldsymbol{B}=\boldsymbol{O}$

C. $|\boldsymbol{A}|=0$ 或 $|\boldsymbol{B}|=0$　　D. $|\boldsymbol{A}|+|\boldsymbol{B}|=0$

3. 设 $\boldsymbol{A},\boldsymbol{B}$ 为同阶矩阵, 则下列结论中正确的是 ( )

A. $(\boldsymbol{A}+\boldsymbol{B})(\boldsymbol{A}-\boldsymbol{B})=\boldsymbol{A}^2-\boldsymbol{B}^2$　　B. $(\boldsymbol{AB})^k=\boldsymbol{A}^k\boldsymbol{B}^k$

C. $(\boldsymbol{AB})^{\mathrm{T}}=\boldsymbol{A}^{\mathrm{T}}\boldsymbol{B}^{\mathrm{T}}$　　D. $(\boldsymbol{AB})^{\mathrm{T}}=\boldsymbol{B}^{\mathrm{T}}\boldsymbol{A}^{\mathrm{T}}$

4. 设 A 是可逆矩阵, 则下列等式不一定成立的是 ( )

A. $(\boldsymbol{A}^{\mathrm{T}})^{\mathrm{T}}$=$\boldsymbol{A}$　　B. $(\boldsymbol{A}^{-1})^{-1}=\boldsymbol{A}$　　C. $\boldsymbol{A}$=$\boldsymbol{A}^{\mathrm{T}}$　　D. $\boldsymbol{E}^{-1}=\boldsymbol{E}$

5. 设 $\boldsymbol{A}$ 为 n 阶方阵, k 为常数, 则 ( ).

A. $|k\boldsymbol{A}|=k|\boldsymbol{A}|$　　B. $|k\boldsymbol{A}|=|k||\boldsymbol{A}|$　　C. $|k\boldsymbol{A}|=k|\boldsymbol{A}|^n$　　D. $|k\boldsymbol{A}|=k^n|\boldsymbol{A}|$

6. 设 $\boldsymbol{A}$ 是一个 4×3 矩阵, 则它的秩 ( ).

A. $R(\boldsymbol{A})$=4　　B. $R(\boldsymbol{A})$=3　　C. $R(\boldsymbol{A})\leqslant 4$　　D. $R(\boldsymbol{A})\leqslant 3$

7. 设 $\boldsymbol{A}$ 是 n 阶可逆方阵 ($n\geqslant 2$), 则 ( ).

A. $|\boldsymbol{A}^*|=\left|\boldsymbol{A}^{-1}\right|$　　B. $|\boldsymbol{A}^*|=|\boldsymbol{A}|$　　C. $|\boldsymbol{A}^*|=|\boldsymbol{A}|^n$　　D. $|\boldsymbol{A}^*|=|\boldsymbol{A}|^{n-1}$

8. 设 $\boldsymbol{A}$ 为 n 阶矩阵 $(n \geqslant 2)$, $R(\boldsymbol{A}) = r$, 则 ( ).

A. $\boldsymbol{A}$ 的任意一个 r 阶子式都不等于零

B. $\boldsymbol{A}$ 中至少有一个 r 阶子式不等于零

C. $\boldsymbol{A}$ 中任意一个 $r-1$ 阶子式都不等于零

D. $\boldsymbol{A}$ 中有一个 $r+1$ 阶子式不等于零

9. 设 $\boldsymbol{A}$ 为三阶方阵, $R(\boldsymbol{A}) = 1$, 则 ( ).

A. $R(\boldsymbol{A}^*) = 3$ B. $R(\boldsymbol{A}^*) = 2$ C. $R(\boldsymbol{A}^*) = 1$ D. $R(\boldsymbol{A}^*) = 0$

10. 设 $\boldsymbol{A}, \boldsymbol{B}$ 均为 n 阶方阵, 则下列结论成立的是 ( ).

A. 若 $\det(\boldsymbol{AB}) = 0$, 则 $\boldsymbol{A} = \boldsymbol{O}$, 或 $\boldsymbol{B} = \boldsymbol{O}$

B. 若 $\det(\boldsymbol{AB}) = 0$, 则 $\det \boldsymbol{A} = 0$, 或 $\det \boldsymbol{B} = 0$

C. 若 $\boldsymbol{AB} = \boldsymbol{O}$, 则 $\boldsymbol{A} = \boldsymbol{O}$, 或 $\boldsymbol{B} = \boldsymbol{O}$

D. 若 $\boldsymbol{AB} \neq \boldsymbol{O}$, 则 $\det \boldsymbol{A} \neq 0$, 或 $\det \boldsymbol{B} \neq 0$

11. 设齐次线性方程组 $\boldsymbol{Ax} = \boldsymbol{O}$ 有 m 个方程, n 个未知量, 在下面 ( ) 的情况下, 其仅有零解.

A. $m < n$ B. $m=n$ C. $m > n$ D. $R(\boldsymbol{A}) = n$

12. 若线性方程组 $\boldsymbol{Ax} = \boldsymbol{\beta}$ 的增广矩阵 $\tilde{\boldsymbol{A}}$ 经过初等行变换化为

$$\tilde{A} \to \left(\begin{array}{ccc|c} 2 & 0 & 2 & 3 \\ 0 & \lambda & \lambda & 1 \\ 0 & 0 & 0 & \lambda \end{array}\right)$$

则此线性方程组 ( ).

A. 可能有无穷多解 B. 一定有无穷多解 C. 可能无解 D. 一定无解

13. $|\boldsymbol{A}| \neq 0$ 是 n 阶矩阵 $\boldsymbol{A}$ 可逆的 ( ).

A. 充分条件 B. 必要条件 C. 充要条件 D. 无关条件

14. 设矩阵 $\boldsymbol{A} = \begin{pmatrix} a_{11} & a_{12} & a_{13} \\ a_{21} & a_{22} & a_{23} \\ a_{31} & a_{32} & a_{33} \end{pmatrix}$, $\boldsymbol{B} = \begin{pmatrix} a_{21} & a_{22} & a_{23} \\ a_{11} & a_{12} & a_{13} \\ a_{31}+a_{11} & a_{32}+a_{12} & a_{33}+a_{13} \end{pmatrix}$,

$\boldsymbol{P}_1 = \begin{pmatrix} 0 & 1 & 0 \\ 1 & 0 & 0 \\ 0 & 0 & 1 \end{pmatrix}$, $\boldsymbol{P}_2 = \begin{pmatrix} 1 & 0 & 0 \\ 0 & 1 & 0 \\ 1 & 0 & 1 \end{pmatrix}$, 则必有 ( ).

A. $\boldsymbol{AP}_1\boldsymbol{P}_2 = \boldsymbol{B}$ B. $\boldsymbol{AP}_2\boldsymbol{P}_1 = \boldsymbol{B}$ C. $\boldsymbol{P}_1\boldsymbol{P}_2\boldsymbol{A} = \boldsymbol{B}$ D. $\boldsymbol{P}_2\boldsymbol{P}_1\boldsymbol{A} = \boldsymbol{B}$

15. 设 $\boldsymbol{A}$ 和 $\boldsymbol{B}$ 都是 n 阶可逆阵, 若 $\boldsymbol{D} = \begin{pmatrix} \boldsymbol{A} & \boldsymbol{O} \\ \boldsymbol{C} & \boldsymbol{B} \end{pmatrix}$, 则 $\boldsymbol{D}^{-1}$ 为 ( ).

A. $\begin{pmatrix} \boldsymbol{A}^{-1} & \boldsymbol{O} \\ -\boldsymbol{B}^{-1}\boldsymbol{C}\boldsymbol{A}^{-1} & \boldsymbol{B}^{-1} \end{pmatrix}$　　B. $\begin{pmatrix} \boldsymbol{O} & \boldsymbol{B}^{-1} \\ \boldsymbol{A}^{-1} & -\boldsymbol{B}^{-1}\boldsymbol{C}\boldsymbol{A}^{-1} \end{pmatrix}$

C. $\begin{pmatrix} \boldsymbol{O} & \boldsymbol{A}^{-1} \\ \boldsymbol{B}^{-1} & -\boldsymbol{B}^{-1}\boldsymbol{C}\boldsymbol{A}^{-1} \end{pmatrix}$　　D. $\begin{pmatrix} \boldsymbol{B}^{-1} & \boldsymbol{O} \\ -\boldsymbol{B}^{-1}\boldsymbol{C}\boldsymbol{A}^{-1} & \boldsymbol{A}^{-1} \end{pmatrix}$

二、填空题

1. 设三阶方阵 $\boldsymbol{A}$ 按列分块为 $\boldsymbol{A} = (\boldsymbol{\alpha}, \boldsymbol{\alpha}_2, \boldsymbol{\alpha}_3)$, 且 $\det \boldsymbol{A} = 5$, 又设 $\boldsymbol{B} = (\boldsymbol{\alpha}_1 + 2\boldsymbol{\alpha}_2, 3\boldsymbol{\alpha}_1 + 4\boldsymbol{\alpha}_3, 5\boldsymbol{\alpha}_2)$, 则 $\det \boldsymbol{B}$=__________.

2. 设$\boldsymbol{A} = \begin{pmatrix} -1 & 0 \\ 2 & 1 \end{pmatrix}$, $\boldsymbol{B} = \begin{pmatrix} 2 & -1 \\ 1 & 0 \end{pmatrix}$, 则 $2\boldsymbol{A} + 3\boldsymbol{B}$ =__________; $\boldsymbol{AB}$ =__________; $\boldsymbol{B}^{\mathrm{T}}$ =__________.

3. 设 $\boldsymbol{A}$ 为三阶矩阵, $|\boldsymbol{A}| = \dfrac{1}{2}$, 求 $\left|(2\boldsymbol{A})^{-1} - 3\boldsymbol{A}^*\right|$=__________.

4. 设矩阵 $\boldsymbol{A}$ 为三阶方阵, 且 $|\boldsymbol{A}|$=5, 则 $|\boldsymbol{A}^*|$=__________, $|2\boldsymbol{A}|$=__________.

5. 设 $\boldsymbol{A} = \begin{pmatrix} 1 & 2 & 0 \\ 3 & 4 & 0 \\ -1 & 2 & 1 \end{pmatrix}$, $\boldsymbol{B} = \begin{pmatrix} 2 & 3 & -1 \\ -2 & 4 & 0 \end{pmatrix}$, 则 $\boldsymbol{AB}^{\mathrm{T}}$=__________.

6. 若 $\boldsymbol{A} = \begin{pmatrix} 1 & 2 & 3 & 3 \\ 0 & 3 & -1 & 2 \\ 0 & 6 & -2 & 4 \\ 0 & 0 & 0 & 0 \end{pmatrix}$, 则 $R(\boldsymbol{A})$=__________.

7. 设矩阵 $\boldsymbol{A} = \begin{pmatrix} 1 & -1 \\ 2 & 3 \end{pmatrix}$, $\boldsymbol{B} = \boldsymbol{A}^2 - 3\boldsymbol{A} + 2\boldsymbol{I}$, 则 $\boldsymbol{B}^{-1}$ =__________.

8. 设 $\boldsymbol{A} = \begin{pmatrix} 1 & 0 & 0 \\ 2 & 2 & 0 \\ 3 & 3 & 3 \end{pmatrix}$ 的伴随矩阵为 $\boldsymbol{A}^*$, 则 $(\boldsymbol{A}^*)^{-1}$=__________.

9. 设 $\boldsymbol{A} = \begin{pmatrix} 2 & & \\ & 3 & \\ & & 4 \end{pmatrix}$, $\boldsymbol{A}^2$ =__________; $\boldsymbol{A}^n$=__________.

10. 设 $\boldsymbol{A}$ 为 5×3 矩阵, 则 $R(\boldsymbol{AA}^{\mathrm{T}}) \leqslant$__________; $\left|\boldsymbol{AA}^{\mathrm{T}}\right|$=__________.

11. 设 $\boldsymbol{A}$ 为 n 阶方阵, 且 $|\boldsymbol{A}| = a \neq 0$, 则 $|\boldsymbol{A}^*|$ =__________.

12. 设 $\boldsymbol{A}, \boldsymbol{B}$ 为 n 阶可逆方阵, 设 $\boldsymbol{D} = \begin{pmatrix} \boldsymbol{A} & \boldsymbol{C} \\ \boldsymbol{O} & \boldsymbol{B} \end{pmatrix}$, 则 $\boldsymbol{D}^{-1}$ =__________.

13. 四阶行列式 $D=\begin{vmatrix} a & b & c & d \\ -b & a & -d & c \\ -c & d & a & b \\ -d & -c & b & a \end{vmatrix}=$________.

三、解答题

1. 已知两个线性变换

$$\begin{cases} x_1=2y_1+y_3, \\ x_2=-2y_1+3y_2+2y_3, \\ x_3=4y_1+y_2+5y_3, \end{cases} \quad \begin{cases} y_1=-3z_1+z_2, \\ y_2=2z_1+z_3, \\ y_3=-z_2+3z_3, \end{cases}$$

求从 z_1,z_2,z_3 到 x_1,x_2,x_3 的线性变换.

2. 设 $\boldsymbol{A}=\begin{pmatrix} 1 & 1 & 1 \\ 1 & 1 & -1 \\ 1 & -1 & 1 \end{pmatrix}$, $\boldsymbol{B}=\begin{pmatrix} 1 & 2 & 3 \\ -1 & -2 & 4 \\ 0 & 5 & 1 \end{pmatrix}$, 求 $3\boldsymbol{AB}-2\boldsymbol{A}$ 及 $\boldsymbol{A}^{\mathrm{T}}\boldsymbol{B}$.

3. 求下列矩阵.

(1) $\begin{pmatrix} 2 \\ 1 \\ 3 \end{pmatrix}\begin{pmatrix} -1, & 2 \end{pmatrix}$;

(2) $(1,\ 2,\ 3)\begin{pmatrix} 3 \\ 2 \\ 1 \end{pmatrix}$;

(3) $\begin{pmatrix} x & y & 1 \end{pmatrix}\begin{pmatrix} a_{11} & a_{12} & b_1 \\ a_{12} & a_{22} & b_2 \\ b_1 & b_2 & c \end{pmatrix}\begin{pmatrix} x \\ y \\ 1 \end{pmatrix}$;

(4) $\begin{pmatrix} 2 & 1 & 4 & 0 \\ 1 & -1 & 3 & 4 \end{pmatrix}\begin{pmatrix} 1 & 3 & 1 \\ 0 & -1 & 2 \\ 1 & -3 & 1 \\ 4 & 0 & -2 \end{pmatrix}$;

(5) $\begin{pmatrix} 1 & 2 & 1 & 0 \\ 0 & 1 & 0 & 1 \\ 0 & 0 & 2 & 1 \\ 0 & 0 & 0 & 3 \end{pmatrix}\begin{pmatrix} 1 & 0 & 3 & 1 \\ 0 & 1 & 2 & -1 \\ 0 & 0 & -2 & 3 \\ 0 & 0 & 0 & -3 \end{pmatrix}$.

4. 设矩阵 $\boldsymbol{A}=\begin{pmatrix}4&2&3\\1&1&0\\-1&2&3\end{pmatrix}$, $\boldsymbol{AB}=\boldsymbol{A}+2\boldsymbol{B}$, 求 $\boldsymbol{B}$.

5. 设矩阵 $\boldsymbol{A}=\begin{pmatrix}2&-1&0\\-1&2&0\\5&-3&2\end{pmatrix}$, 矩阵 $\boldsymbol{X}$ 满足 $\boldsymbol{AX}+4\boldsymbol{E}=\boldsymbol{A}^2-2\boldsymbol{X}$, 求 $\boldsymbol{X}$.

6. 解矩阵方程 $\begin{pmatrix}0&1&0\\1&0&0\\0&0&1\end{pmatrix}\boldsymbol{X}\begin{pmatrix}1&0&0\\0&0&1\\0&1&0\end{pmatrix}=\begin{pmatrix}1&-4&3\\2&0&-1\\1&-2&0\end{pmatrix}$.

7. 设矩阵 $\boldsymbol{A}=\begin{pmatrix}1&0&0\\1&1&0\\1&1&1\end{pmatrix}$, $\boldsymbol{B}=\begin{pmatrix}0&1&1\\1&0&1\\1&1&0\end{pmatrix}$, 矩阵 $\boldsymbol{X}$ 满足

$\boldsymbol{AXA}+\boldsymbol{BXB}=\boldsymbol{AXB}+\boldsymbol{BXA}+\boldsymbol{E}$, 其中 $\boldsymbol{E}$ 是三阶单位矩阵, 试求矩阵 $\boldsymbol{X}$.

8. 求下列矩阵的逆矩阵.

(1) $\begin{pmatrix}1&2&-1\\3&4&-2\\5&-4&1\end{pmatrix}$;　　(2) $\begin{pmatrix}\cos\theta&-\sin\theta\\\sin\theta&\cos\theta\end{pmatrix}$;

(3) $\boldsymbol{A}=\begin{pmatrix}a_1&&&0\\&a_2&&\\&&\ddots&\\0&&&a_n\end{pmatrix}$; (4) $\boldsymbol{A}=\begin{pmatrix}1&1&0&0&0\\-1&3&0&0&0\\0&0&-2&0&0\\0&0&0&1&2\\0&0&0&0&1\end{pmatrix}$.

9. 设 n 阶实方阵 $\boldsymbol{A}\neq\boldsymbol{O}$, 且 $\boldsymbol{A}^*=\boldsymbol{A}^{\mathrm{T}}$, 证明 $\boldsymbol{A}$ 可逆.

10. 设矩阵 $\boldsymbol{A}$ 可逆, 证明其伴随阵 $\boldsymbol{A}^*$ 也可逆, 且 $(\boldsymbol{A}^*)^{-1}=(\boldsymbol{A}^{-1})^*$.

11. 设 $\boldsymbol{A}=\begin{pmatrix}1&&\\&-2&\\&&1\end{pmatrix}$, $\boldsymbol{A}^*\boldsymbol{BA}=2\boldsymbol{BA}-8\boldsymbol{E}$, 求 $\boldsymbol{B}$.

12. 已知三阶行列式 $\boldsymbol{A}$ 可逆, 且 $|\boldsymbol{A}|=3$, 求:

(1) $|\boldsymbol{A}^{-1}|$,　　(2)$|\boldsymbol{A}^*|$,　　(3)$|-2\boldsymbol{A}|$.　　(4) $\left|\dfrac{1}{3}\boldsymbol{A}^*-4\boldsymbol{A}^{-1}\right|$.

13. 已知矩阵 $\boldsymbol{A}$ 的伴随阵 $\boldsymbol{A}^*=\begin{pmatrix}1&0&0&0\\0&1&0&0\\1&0&1&0\\0&-3&0&8\end{pmatrix}$，且 $\boldsymbol{ABA}^{-1}=\boldsymbol{BA}^{-1}+3\boldsymbol{E}$，求 $\boldsymbol{B}$.

14. 设 $\boldsymbol{P}^{-1}\boldsymbol{AP}=\boldsymbol{\Lambda}$，其中 $\boldsymbol{P}=\begin{pmatrix}-1&-4\\1&1\end{pmatrix}$，$\boldsymbol{\Lambda}=\begin{pmatrix}-1&0\\0&2\end{pmatrix}$，求 $\boldsymbol{A}^{11}$.

15. 设 $\boldsymbol{A}=\begin{pmatrix}3&4&&\\4&-3&\multicolumn{2}{c}{\boldsymbol{O}}\\&&2&0\\\multicolumn{2}{c}{\boldsymbol{O}}&2&2\end{pmatrix}$，求 $|\boldsymbol{A}^8|$ 及 $\boldsymbol{A}^4$.

16. 求下列矩阵的秩，并求一个最高阶非零子式.

(1) $\begin{pmatrix}1&-1&1&2&1\\2&3&3&2&2\\1&1&2&1&3\\4&4&4&8&4\end{pmatrix}$；

(2) $\begin{pmatrix}1&3&-2&2&-1\\0&0&1&2&-1\\2&6&-4&5&7\\1&3&-4&0&19\end{pmatrix}$；

(3) $\begin{pmatrix}3&1&0&2\\1&-1&2&-1\\1&3&-4&4\end{pmatrix}$.

17. 求一个秩是 4 的方阵，它有两个行是 $(1\ 0\ 1\ 0\ 0)$，$(1\ -1\ 0\ 0\ 0)$.

18. 设矩阵 $\boldsymbol{A}=\begin{pmatrix}3&-2&\lambda&-16\\2&-3&0&1\\1&-1&1&-3\\3&\mu&1&-2\end{pmatrix}$，其中 λ,μ 为参数. 求矩阵 $\boldsymbol{A}$ 的秩最大值和最小值.

19. 求解下列方程组.

(1) $\begin{cases}x_1+2x_2-3x_3=0,\\2x_1+5x_2+2x_3=0,\\3x_1-x_2-4x_3=0;\end{cases}$

(2) $\begin{cases}2x_1+3x_2-x_3+5x_4=0,\\3x_1+x_2+2x_3-7x_4=0,\\4x_1+x_2-3x_3+6x_4=0,\\x_1-2x_2+4x_3-7x_4=0;\end{cases}$

(3) $\begin{cases} 2x+3y+z=4, \\ x-2y+4z=-5, \\ 3x+8y-2z=13, \\ 4x-y+9z=-6; \end{cases}$ (4) $\begin{cases} 2x_1+3x_2+5x_3+x_4=3, \\ 3x_1+4x_2+2x_3+3x_4=-2, \\ x_1+2x_2+8x_3-x_4=8, \\ 7x_1+9x_2+x_3+8x_4=0. \end{cases}$

20. λ 取何值时, 下列非齐次线性方程组有唯一解、无解或有无穷多解? 并在有无穷多解时求出其解.

(1) $\begin{cases} \lambda x_1+x_2+x_3=1, \\ x_1+\lambda x_2+x_3=\lambda, \\ x_1+x_2+\lambda x_3=\lambda^2; \end{cases}$ (2) $\begin{cases} (2-\lambda)x_1+2x_2-2x_3=1, \\ 2x_1+(5-\lambda)x_2-4x_3=2, \\ -2x_1-4x_2+(5-\lambda)x_3=-\lambda-1. \end{cases}$

21. 设线性方程组 $\begin{cases} x_1+a_1x_2+a_1^2x_3=a_1^3, \\ x_1+a_2x_2+a_2^2x_3=a_2^3, \\ x_1+a_3x_2+a_3^2x_3=a_3^3, \\ x_1+a_4x_2+a_4^2x_3=a_4^3. \end{cases}$

(1) 证明: 若 a_1,a_2,a_3,a_4 两两不相等, 则此线性方程组无解;

(2) 设 $a_1=a_3=k, a_2=a_4=-k$, 且已知 $\boldsymbol{\beta}_1,\boldsymbol{\beta}_2$ 是该方程组得两个解, 其中

$\boldsymbol{\beta}_1=\begin{pmatrix} -1 \\ 1 \\ 1 \end{pmatrix}, \boldsymbol{\beta}_2=\begin{pmatrix} 1 \\ 1 \\ -1 \end{pmatrix}$, 写出此方程组的通解.

(B)

一、填空题

1. 设矩阵 $\boldsymbol{A}$ 满足 $\boldsymbol{A}^2+\boldsymbol{A}-4\boldsymbol{E}=\boldsymbol{O}$, 则 $(\boldsymbol{A}-\boldsymbol{E})^{-1}=$__________.

2. 设 $\boldsymbol{A}=\begin{pmatrix} 3 & 0 & 0 \\ 1 & 4 & 0 \\ 0 & 0 & 3 \end{pmatrix}$, 则 $(\boldsymbol{A}-2\boldsymbol{E})^{-1}=$__________.

3. 设 $\boldsymbol{A}=\begin{pmatrix} 5 & 2 & 0 & 0 \\ 2 & 1 & 0 & 0 \\ 0 & 0 & 1 & -2 \\ 0 & 0 & 1 & 1 \end{pmatrix}$, 则 $\boldsymbol{A}^{-1}=$__________.

4. 设三阶方阵 $\boldsymbol{A}\neq\boldsymbol{O}, \boldsymbol{B}=\begin{pmatrix} 1 & 3 & 5 \\ 2 & 4 & t \\ 3 & 5 & 3 \end{pmatrix}$, 且 $\boldsymbol{AB}=\boldsymbol{O}$, 则 $t=$__________.

5. 已知 $\boldsymbol{A}^3=\boldsymbol{E}$, 则 $\boldsymbol{A}^{-1}=$__________.

6. 设 $\boldsymbol{A}$ 为 n 阶方阵, $\boldsymbol{A}^*$ 为其伴随矩阵, 且 $\det \boldsymbol{A}=\frac{1}{3}$, 则 $\det\left(\left(\frac{1}{4}\boldsymbol{A}\right)^{-1}-15\boldsymbol{A}^*\right)$ =__________.

二、解答题

1. 已知 $\boldsymbol{\alpha}=(1,2,3)^{\mathrm{T}},\boldsymbol{\beta}=\left(1,\frac{1}{2},\frac{1}{3}\right)^{\mathrm{T}}$, 又方阵 $\boldsymbol{A}=\boldsymbol{\alpha}\boldsymbol{\beta}^{\mathrm{T}}$, 求 $\boldsymbol{A}^n$.

2. 计算下列矩阵.

(1) $\begin{pmatrix} 2 & -1 \\ 3 & -2 \end{pmatrix}^n$; (2) $\boldsymbol{A}=\begin{pmatrix} 1 & 0 & 1 \\ 0 & 1 & 0 \\ 0 & 0 & 1 \end{pmatrix}^n$.

3. 设矩阵 $\boldsymbol{X}$ 满足 $\boldsymbol{A}^*\boldsymbol{X}=\boldsymbol{A}^{-1}\boldsymbol{B}+2\boldsymbol{X}$, 其中 $\boldsymbol{A}=\begin{pmatrix} 1 & 1 & -1 \\ -1 & 1 & 1 \\ 1 & -1 & 1 \end{pmatrix}$, $\boldsymbol{B}=\begin{pmatrix} 1 & 1 \\ 1 & 0 \\ 0 & -1 \end{pmatrix}$, 求 $\boldsymbol{X}$.

4. 设 $\boldsymbol{A},\boldsymbol{B}$ 均为 n 阶方阵, 且 $\boldsymbol{B}=\boldsymbol{B}^2,\boldsymbol{A}=\boldsymbol{E}+\boldsymbol{B}$, 证明 $\boldsymbol{A}$ 可逆, 并求其逆.

5. 设矩阵 $\boldsymbol{A},\boldsymbol{B}$ 及 $\boldsymbol{A}+\boldsymbol{B}$ 都可逆, 证明 $\boldsymbol{A}^{-1}+\boldsymbol{B}^{-1}$ 也可逆, 并求其逆阵.

6. 设 $\boldsymbol{AP}=\boldsymbol{P\Lambda}$, 其中 $\boldsymbol{P}=\begin{pmatrix} 1 & 1 & 1 \\ 1 & 0 & -2 \\ 1 & -1 & 1 \end{pmatrix}$, $\boldsymbol{\Lambda}=\begin{pmatrix} -1 & & \\ & 1 & \\ & & 5 \end{pmatrix}$, 求 $\psi(\boldsymbol{A})=\boldsymbol{A}^8(5\boldsymbol{E}-6\boldsymbol{A}+\boldsymbol{A}^2)$.

7. 讨论线性方程组 $\begin{cases} x_1+x_2+2x_3+3x_4=1, \\ x_1+3x_2+6x_3+x_4=3, \\ 3x_1-x_2-px_3+15x_4=3, \\ x_1-5x_2-10x_3+12x_4=t \end{cases}$ 当 p,t 为何值时, 方程组无解? 有唯一解? 有无穷多解? 并在方程组有无穷多解时求出一般解.

第 3 章　向量组及其线性关系

向量作为特殊的矩阵在线性代数中具有特殊地位, 而且它在自然科学和工程技术、现代经济学与管理等领域也有广泛的应用. 本章将介绍 n 维向量及其运算; 向量组的相关性及其判定方法; 向量组的等价关系; 线性方程组解的结构的有关理论.

第 2 章介绍了用消元法解线性方程组, 并讨论了线性方程组解的存在性判定, 回答了一个线性方程组在什么情况下有解, 什么情况下有唯一解和无穷多解. 但并没有回答在有无穷解的情况下, 如何表示出这无穷多个解? 在引进 n 维向量的概念之后将以向量为工具讨论线性方程组解的存在性及解的结构.

3.1　n 维向量及其线性运算

考虑线性方程组

$$\begin{cases} a_{11}x_1 + a_{12}x_2 + \cdots + a_{1n}x_n = b_1, \\ a_{21}x_1 + a_{22}x_2 + \cdots + a_{2n}x_n = b_2, \\ \qquad \cdots\cdots \\ a_{m1}x_1 + a_{m2}x_2 + \cdots + a_{mn}x_n = b_m. \end{cases} \tag{3.1}$$

事实上每一个方程仅取决于有序数组 $(a_{i1}, a_{i2}, \cdots, a_{in}, b_i)(i = 1, 2, \cdots, m)$, 称这样的有序数组为**向量**(vector). 这样可以认为这些向量与方程之间建立了一一对应的关系, 讨论方程之间的关系就转化为讨论向量之间的关系. 同时我们将看到线性方程组的解也是一个数组即向量, 研究不同解之间的关系以及解的表示方法也需要讨论不同向量之间的关系. 为此先引入 n 维向量的概念.

定义 3.1　n 个有次序的数 $a_1, a_2, \cdots, a_n$ 所组成的数组称为 n**维向量**(n dimensional vector), 这 n 个数称为该向量的 n 个**分量**(component), 第 i 个数称为**第**i**个分量**(ith component). ■

分量全为实数的向量称为**实向量**(real vector), 分量中有复数的向量称为**复向量**(complex vector), 本书若无特别指明, 则所讨论的向量均为实向量.

n 维向量可以写成一行, 对应地称为 n 维行向量 (n dimensional row vector), 也可以看成行矩阵, n 维向量也可以写成一列, 对应地称为 n**维列向量**(n dimensional column vector). 规定行向量和列向量都按矩阵的运算规则进行运算, 因此把列向量

$$\boldsymbol{\alpha} = \begin{pmatrix} a_1 \\ a_2 \\ \vdots \\ a_n \end{pmatrix}$$

与行向量 $\boldsymbol{\alpha}^{\mathrm{T}} = (a_1, a_2, \cdots, a_n)$ 看成是两个不同的向量.

通常用希腊字母 $\boldsymbol{\alpha}, \boldsymbol{\beta}, \boldsymbol{\gamma}$ 等表示向量, 用带下标的小写拉丁字母 a_i, b_j, c_k 等表示向量的分量. 所讨论的向量在没指明是行向量还是列向量时都当成列向量.

特别地, 所有分量都是零的向量称为**零向量**. 记为 $\mathbf{0} = (0, 0, \cdots, 0)$, 向量 $-\boldsymbol{\alpha} = (-a_1, -a_2, \cdots, -a_n)$ 称为向量 $\boldsymbol{\alpha} = (a_1, a_2, \cdots, a_n)$ 的**负向量**.

对 n 维向量 $\boldsymbol{\alpha} = (a_1, a_2, \cdots, a_n)$ 与 $\boldsymbol{\beta} = (b_1, b_2, \cdots, b_n)$ 当且仅当它们的各个对应分量都相等, 即 $a_i = b_i (i = 1, 2, \cdots, n)$, 称向量 $\boldsymbol{\alpha}$ 与 $\boldsymbol{\beta}$ 相等, 记作 $\boldsymbol{\alpha} = \boldsymbol{\beta}$.

定义 3.2 设 $\boldsymbol{\alpha} = (a_1, a_2, \cdots, a_n)$, $\boldsymbol{\beta} = (b_1, b_2, \cdots, b_n)$ 都是 n 维向量, 则定义 $\boldsymbol{\alpha}$ 与 $\boldsymbol{\beta}$ 的和, 记为 $\boldsymbol{\alpha} + \boldsymbol{\beta}$, 是一个同维向量, 其分量是 $\boldsymbol{\alpha}$ 与 $\boldsymbol{\beta}$ 对应分量之和, 即

$$\boldsymbol{\alpha} + \boldsymbol{\beta} = (a_1 + b_1, a_2 + b_2, \cdots, a_n + b_n).$$

减法运算定义为向量与负向量的和

$$\boldsymbol{\alpha} - \boldsymbol{\beta} = \boldsymbol{\alpha} + (-\boldsymbol{\beta}) = (a_1 - b_1, a_2 - b_2, \cdots, a_n - b_n).$$ ■

定义 3.3 设 n 维向量 $\boldsymbol{\alpha} = (a_1, a_2, \cdots, a_n)$, λ 为实数, 则向量 $(\lambda a_1, \lambda a_2, \cdots, \lambda a_n)$ 称为数 λ 与向量 $\boldsymbol{\alpha}$ 的乘积 (数乘), 记作 $\lambda\boldsymbol{\alpha}$ 或 $\boldsymbol{\alpha}\lambda$, 即

$$\lambda\boldsymbol{\alpha} = \boldsymbol{\alpha}\lambda = (\lambda a_1, \lambda a_2, \cdots, \lambda a_n).$$ ■

向量的加法运算与数乘运算统称为向量的**线性运算**.利用上述定义容易验证向量满足以下运算律.

性质 1 设 $\boldsymbol{\alpha}, \boldsymbol{\beta}, \boldsymbol{\gamma}$ 都是 n 维向量, λ, μ 是实数, 那么

(1) $\boldsymbol{\alpha} + \boldsymbol{\beta} = \boldsymbol{\beta} + \boldsymbol{\alpha}$ (加法交换律);

(2) $(\boldsymbol{\alpha} + \boldsymbol{\beta}) + \boldsymbol{\gamma} = \boldsymbol{\alpha} + (\boldsymbol{\beta} + \boldsymbol{\gamma})$ (加法结合律);

(3) $\boldsymbol{\alpha} + \mathbf{0} = \boldsymbol{\alpha}$ (零向量性质);

(4) $\boldsymbol{\alpha} + (-\boldsymbol{\alpha}) = \mathbf{0}$ (负向量性质);

(5) $1\boldsymbol{\alpha} = \boldsymbol{\alpha}$ (数 1 乘向量结果不变性);

(6) $\lambda(\mu\boldsymbol{\alpha}) = (\lambda\mu)\boldsymbol{\alpha}$ (数乘结合律);

(7) $\lambda(\boldsymbol{\alpha} + \boldsymbol{\beta}) = \lambda\boldsymbol{\alpha} + \lambda\boldsymbol{\beta}$ (数乘分配律);

(8) $(\lambda+\mu)\boldsymbol{\alpha}=\lambda\boldsymbol{\alpha}+\mu\boldsymbol{\alpha}$ (数乘分配律). ■

根据向量的定义和运算律可得以下性质.

性质 2　(1) 数零乘任何向量得零向量, 即 $0\alpha=\mathbf{0}$;

(2) 任何数乘零向量得零向量, 即 $\lambda\mathbf{0}=\mathbf{0}$;

(3) -1 乘任何向量得其负向量, 即 $(-1)\boldsymbol{\alpha}=-\boldsymbol{\alpha}$;

(4) 如果 $k\neq 0,\boldsymbol{\alpha}\neq\mathbf{0}$, 那么 $k\alpha\neq\mathbf{0}$. ■

n 维向量及其线性运算有着十分广泛的应用. 以后将用这 8 条运算律来引入线性空间的概念.

例 1　确定空中飞机的状态, 需要以下六个参数: 表示飞机重心在空间的位置需要三个参数 $P(x,y,z)$, 机身的仰角 $\varphi\left(-\dfrac{\pi}{2}\leqslant\varphi\leqslant\dfrac{\pi}{2}\right)$, 机身的水平转角 $\theta(0\leqslant\theta<2\pi)$, 机翼的转角 (以机身为轴) $\psi(-\pi<\psi\leqslant\pi)$, 这六个参数形成六维向量 $(x,y,z,\varphi,\theta,\psi)$. ■

例 2　考虑线性方程组 (3.1), 记

$$\boldsymbol{\alpha}_1=\begin{pmatrix}a_{11}\\a_{21}\\\vdots\\a_{m1}\end{pmatrix},\boldsymbol{\alpha}_{21}=\begin{pmatrix}a_{12}\\a_{22}\\\vdots\\a_{m2}\end{pmatrix},\cdots,\boldsymbol{\alpha}_n=\begin{pmatrix}a_{1n}\\a_{2n}\\\vdots\\a_{mn}\end{pmatrix},\boldsymbol{\beta}=\begin{pmatrix}b_1\\b_2\\\vdots\\b_m\end{pmatrix},\tag{3.2}$$

则线性方程组 (3.1) 可以写成

$$\boldsymbol{\alpha}_1x_1+\boldsymbol{\alpha}_2x_2+\cdots+\boldsymbol{\alpha}_nx_n=\boldsymbol{b},$$

称为线性方程组的向量表示形式, 于是线性方程组 (3.1) 解的情况完全由向量 $\boldsymbol{\alpha}_1$, $\boldsymbol{\alpha}_2,\cdots,\boldsymbol{\alpha}_n,\boldsymbol{b}$ 决定.

在解析几何中, 把 "既有大小又有方向的量" 称为向量, 并把可随意平行移动的有向线段作为向量的几何形象. 引入坐标系后, 又定义了向量的坐标表示式 (三个有次序实数), 此即上面定义的三维向量. 因此, 当 $n\leqslant 3$ 时, n 维向量可以把有向线段作为其几何形象. 当 $n\geqslant 3$ 时, n 维向量没有直观的几何形象.

3.2　向量组的线性组合

为了研究向量与向量之间的关系, 需要先给出向量组的概念。

若干个同维数的列向量 (或行向量) 所组成的集合称为**向量组**. 例如, 一个 $m\times n$ 矩阵

$$A = \begin{pmatrix} a_{11} & a_{12} & \cdots & a_{1n} \\ a_{21} & a_{22} & \cdots & a_{2n} \\ \vdots & \vdots & & \vdots \\ a_{m1} & a_{m1} & \cdots & a_{mn} \end{pmatrix}$$

的所有列

$$\alpha_j = \begin{pmatrix} a_{1j} \\ a_{2j} \\ \vdots \\ a_{mj} \end{pmatrix} \quad (j = 1, 2, \cdots, n)$$

组成的向量组 $\alpha_1, \alpha_2, \cdots, \alpha_n$ 称为**矩阵A的列向量组**(column vector set of matrix A), 矩阵 A 的每一行

$$\beta_i = (a_{i1}, a_{i2}, \cdots, a_{in}) \quad (i = 1, 2, \cdots, m)$$

组成的向量组 $\beta_1, \beta_2, \cdots, \beta_m$ 称为**矩阵A的行向量组**(row vector set of matrix A).

由此矩阵 A 可以记为

$$A = (\alpha_1, \alpha_2, \cdots, \alpha_n) \text{ 或 } A = \begin{pmatrix} \beta_1 \\ \beta_2 \\ \vdots \\ \beta_m \end{pmatrix}.$$

这样, 矩阵 A 就与其列向量组或行向量组之间建立了一一对应关系. 矩阵的列向量组和行向量组都是只含有有限个向量的向量组, 而线性方程组

$$A_{m\times n}x = 0$$

的全体解当 $R(A) < n$ 时是一个含有无限多个 n 维列向量的向量组.

定义 3.4 对 n 维向量 β 及向量组 $\alpha_1, \alpha_2, \cdots, \alpha_m$, 若有数组 $k_1, k_2, \cdots, k_m$, 使得 $\beta = k_1\alpha_1 + k_2\alpha_2 + \cdots + k_m\alpha_m$, 称 β 为向量组 $\alpha_1, \alpha_2, \cdots, \alpha_m$ 的**一个线性组合**, 或 β 可由 $\alpha_1, \alpha_2, \cdots, \alpha_m$**线性表示**. ■

根据上述定义, 线性方程组 (3.2) 有解可以理解为向量 b 是向量组 A : α_1, $\alpha_2, \cdots, \alpha_m$ 的线性组合, 即存在一组数 $x_1, x_2, \cdots, x_m$, 使

$$b = x_1\alpha_1 + x_2\alpha_2 + \cdots x_m\alpha_m.$$

因此一个向量是否可由一个向量组线性表示的问题, 可归结为非齐次线性方程组是否有解的问题. 线性方程组解的三种情况: 无解、唯一解、无穷解, 分别对应线性表

示的三种情况：不能线性表示、唯一线性表示、有无穷多种线性表示, 而且线性表示的系数就是对应的线性方程组的解.

例 1　零向量是任何一组向量的线性组合. 因为

$$\mathbf{0} = 0\boldsymbol{\alpha}_1 + 0\boldsymbol{\alpha}_2 + \cdots + 0\boldsymbol{\alpha}_m. \qquad \blacksquare$$

例 2　给定 n 维向量组 $\boldsymbol{e}_1 = (1,0,\cdots,0)^{\mathrm{T}}, \boldsymbol{e}_2 = (0,1,\cdots,0)^{\mathrm{T}}, \cdots, \boldsymbol{e}_n = (0,0,\cdots,1)^{\mathrm{T}}$, 则任何一个 n 维向量 $\boldsymbol{\alpha} = (a_1, a_2, \cdots, a_n)^{\mathrm{T}}$ 都是该向量组的线性组合. 因为 $\boldsymbol{\alpha} = a_1\boldsymbol{e}_1 + a_2\boldsymbol{e}_2 + \cdots + a_n\boldsymbol{e}_n$. ■

例 3　考虑线性方程组 (3.1) 以及向量组 $(a_{i1}, a_{i2}, \cdots, a_{in}, b_i)(i = 1, 2, \cdots, m)$. 如果某一个向量可以由其余向量线性表示, 那么该向量对应的方程是多余的, 即原方程组与去掉该方程后的方程组同解.

证明　不妨假设最后一个向量 $(a_{m1}, a_{m2}, \cdots, a_{mn}, b_m)$ 可以由其余向量线性表示如下

$$\begin{aligned}&(a_{m1}, a_{m2}, \cdots, a_{mn}, b_m)\\ =\ & k_1(a_{11}, a_{12}, \cdots, a_{1n}, b_1) + \cdots + k_{m-1}(a_{m-1,1}, a_{m-1,2}, \cdots, a_{m-1,n}, b_{m-1}),\end{aligned}$$

那么, 对于方程组 (3.1) 实施如下操作：将第 1 个方程的 $-k_1$ 倍, 第 2 个方程的 $-k_2$ 倍, $\cdots$, 第 $m-1$ 个方程的 $-k_{m-1}$ 倍, 都加到第 m 个方程之后得到 $0 = 0$, 因此前 $m-1$ 个方程的方程组与原方程组同解. ■

例 4　设 $\boldsymbol{\alpha}_1 = \begin{pmatrix} 1 \\ 2 \\ -1 \\ 5 \end{pmatrix}, \boldsymbol{\alpha}_2 = \begin{pmatrix} 2 \\ -1 \\ 1 \\ 1 \end{pmatrix}, \boldsymbol{\beta} = \begin{pmatrix} 4 \\ 3 \\ -1 \\ 11 \end{pmatrix}$, 问 $\boldsymbol{\beta}$ 能否由向量组 $\boldsymbol{\alpha}_1, \boldsymbol{\alpha}_2$ 线性表示? 若能表示, 写出线性表示式.

解　由以上讨论可知, 此问题归结为非齐次线性方程组

$$(\boldsymbol{\alpha}_1, \boldsymbol{\alpha}_2)\boldsymbol{x} = \boldsymbol{\beta}$$

是否有解, 故可以通过行初等变换化增广矩阵 $\tilde{\boldsymbol{A}} = (\boldsymbol{\alpha}_1, \boldsymbol{\alpha}_2, \boldsymbol{\beta})$ 为行阶梯形矩阵.

$$\tilde{\boldsymbol{A}} = \begin{pmatrix} 1 & 2 & 4 \\ 2 & -1 & 3 \\ -1 & 1 & 1 \\ 5 & 1 & 11 \end{pmatrix} \to \begin{pmatrix} 1 & 0 & 2 \\ 0 & 1 & 1 \\ 0 & 0 & 0 \\ 0 & 0 & 0 \end{pmatrix},$$

由此得 $R(\boldsymbol{A}) = R(\tilde{\boldsymbol{A}}) = 2 =$ 未知量个数, 所以非齐次线性方程组 $(\boldsymbol{\alpha}_1, \boldsymbol{\alpha}_2)x = \boldsymbol{\beta}$ 有唯一解, 即 $x_1 = 2, x_2 = 1$. 因此 $\boldsymbol{\beta}$ 可由向量组 $\boldsymbol{\alpha}_1, \boldsymbol{\alpha}_2$ 线性表示, 且表示式唯一. ■

向量间的线性表示问题可以转化为线性方程组是否有解问题, 那么由第 2 章中关于线性方程组解的存在性定理可得到向量组线性表示的判别法.

定理 3.1 向量 $\boldsymbol{\beta}$ 能由向量组 $A:\boldsymbol{\alpha}_1,\boldsymbol{\alpha}_2,\cdots,\boldsymbol{\alpha}_m$ 线性表示的充分必要条件是矩阵 $\boldsymbol{A}=(\boldsymbol{\alpha}_1,\boldsymbol{\alpha}_2,\cdots,\boldsymbol{\alpha}_m)$ 的秩等于增广矩阵 $\tilde{\boldsymbol{A}}=(\boldsymbol{\alpha}_1,\boldsymbol{\alpha}_2,\cdots,\boldsymbol{\alpha}_m,\boldsymbol{\beta})$ 的秩.■

定义 3.5 设有两个向量组 $A:\boldsymbol{\alpha}_1,\boldsymbol{\alpha}_2,\cdots,\boldsymbol{\alpha}_m$ 及 $B:\boldsymbol{\beta}_1,\boldsymbol{\beta}_2,\cdots,\boldsymbol{\beta}_n$, 若 B 组中每个向量都能由向量组 A 线性表示, 则称向量组 B 能由向量组 A 线性表示. 若向量组 A 与向量组 B 能互相线性表示, 则称这两个**向量组等价**. ■

向量组 $B:\boldsymbol{\beta}_1,\boldsymbol{\beta}_2,\cdots,\boldsymbol{\beta}_n$ 能由向量组 $A:\boldsymbol{\alpha}_1,\boldsymbol{\alpha}_2,\cdots,\boldsymbol{\alpha}_m$ 线性表示, 即对每个向量 $\boldsymbol{\beta}_j(j=1,2,\cdots,n)$ 存在数 $k_{1j},k_{2j},\cdots,k_{mj}$, 使

$$\boldsymbol{\beta}_j=k_{1j}\boldsymbol{\alpha}_1+k_{2j}\boldsymbol{\alpha}_2+\cdots+k_{mj}\boldsymbol{\alpha}_m=(\boldsymbol{\alpha}_1,\boldsymbol{\alpha}_2,\cdots,\boldsymbol{\alpha}_m)\begin{pmatrix}k_{1j}\\k_{2j}\\\vdots\\k_{mj}\end{pmatrix},$$

从而

$$(\boldsymbol{\beta}_1,\boldsymbol{\beta}_2,\cdots,\boldsymbol{\beta}_n)=(\boldsymbol{\alpha}_1,\boldsymbol{\alpha}_2,\cdots,\boldsymbol{\alpha}_m)\begin{pmatrix}k_{11}&k_{12}&\cdots&k_{1n}\\k_{21}&k_{22}&\cdots&k_{2n}\\\vdots&\vdots&&\vdots\\k_{m1}&k_{m2}&\cdots&k_{mn}\end{pmatrix},$$

其中矩阵 $\boldsymbol{K}_{m\times n}=(k_{ij})_{m\times n}$ 称为向量组 B 由向量组 A 线性表示的系数矩阵. 这种线性表示意味着矩阵方程

$$(\boldsymbol{\alpha}_1,\boldsymbol{\alpha}_2,\cdots,\boldsymbol{\alpha}_m)\boldsymbol{X}=(b_1,b_2,\cdots,b_n)$$

有解. 从而可以得到以下结论.

定理 3.2 向量组 $B:\boldsymbol{\beta}_1,\boldsymbol{\beta}_2,\cdots,\boldsymbol{\beta}_n$ 能由向量组 $A:\boldsymbol{\alpha}_1,\boldsymbol{\alpha}_2,\cdots,\boldsymbol{\alpha}_m$ 线性表示的充分必要条件是矩阵 $\boldsymbol{A}=(\boldsymbol{\alpha}_1,\boldsymbol{\alpha}_2,\cdots,\boldsymbol{\alpha}_m)$ 的秩等于矩阵 $(\boldsymbol{A}\ \boldsymbol{B})=(\boldsymbol{\alpha}_1,\boldsymbol{\alpha}_2,\cdots,\boldsymbol{\alpha}_m,\boldsymbol{\beta}_1,\cdots,\boldsymbol{\beta}_n)$ 的秩, 即 $R(\boldsymbol{A})=R(\boldsymbol{A}\ \boldsymbol{B})$. ■

推论 3.1 向量组 $A:\boldsymbol{\alpha}_1,\boldsymbol{\alpha}_2,\cdots,\boldsymbol{\alpha}_m$ 与向量组 $B:\boldsymbol{\beta}_1,\boldsymbol{\beta}_2,\cdots,\boldsymbol{\beta}_n$ 等价的充分必要条件是 $R(\boldsymbol{A})=R(\boldsymbol{B})=R(\boldsymbol{A}\ \boldsymbol{B})$, 其中 $\boldsymbol{A}$ 和 $\boldsymbol{B}$ 是向量组 A 和 B 所构成的矩阵. ■

例 5 已知向量组

$$A:\boldsymbol{\alpha}_1=\begin{pmatrix}0\\1\\2\\3\end{pmatrix},\boldsymbol{\alpha}_2=\begin{pmatrix}3\\0\\1\\2\end{pmatrix},\boldsymbol{\alpha}_3=\begin{pmatrix}2\\3\\0\\1\end{pmatrix}$$

与

$$B:\boldsymbol{\beta}_1=\begin{pmatrix}2\\1\\1\\2\end{pmatrix},\boldsymbol{\beta}_2=\begin{pmatrix}0\\-2\\1\\1\end{pmatrix},\boldsymbol{\beta}_3=\begin{pmatrix}4\\4\\1\\3\end{pmatrix}.$$

证明向量组 B 能由向量组 A 线性表示, 但向量组 A 不能由向量组 B 线性表示.

证明　由

$$(\boldsymbol{A}\ \boldsymbol{B})=(\boldsymbol{\alpha}_1,\boldsymbol{\alpha}_2,\boldsymbol{\alpha}_3,\boldsymbol{\beta}_1,\boldsymbol{\beta}_2,\boldsymbol{\beta}_3)=\begin{pmatrix}0&3&2&2&0&4\\1&0&3&1&-2&4\\2&1&0&1&1&1\\3&2&1&2&1&3\end{pmatrix}$$

$$\xrightarrow{\mathrm{r}}\begin{pmatrix}1&0&3&1&-2&4\\0&3&2&2&0&4\\0&1&-6&-1&5&-7\\0&2&-8&-1&7&-9\end{pmatrix}$$

$$\xrightarrow{\mathrm{r}}\begin{pmatrix}1&0&3&1&-2&4\\0&1&-6&-1&5&-7\\0&0&20&5&-15&25\\0&0&4&1&-3&5\end{pmatrix}$$

$$\xrightarrow{\mathrm{r}}\begin{pmatrix}1&0&3&1&-2&4\\0&1&-6&-1&5&-7\\0&0&4&1&-3&5\\0&0&0&0&0&0\end{pmatrix}$$

知 $R(\boldsymbol{A})=R(\boldsymbol{A}\ \boldsymbol{B})=3$, 因此向量组 B 能由向量组 A 线性表示.

又由

$$\boldsymbol{B}=\begin{pmatrix}2&0&4\\1&-2&4\\1&1&1\\2&1&3\end{pmatrix}\xrightarrow{\mathrm{r}}\begin{pmatrix}1&0&2\\0&-2&2\\0&1&-1\\0&1&-1\end{pmatrix}\xrightarrow{\mathrm{r}}\begin{pmatrix}1&0&2\\0&1&-1\\0&0&0\\0&0&0\end{pmatrix}$$

知 $R(\boldsymbol{B})=2$, 因为 $R(\boldsymbol{B})\neq R(\boldsymbol{B}\ \boldsymbol{A})$, 所以向量组 A 不能由向量组 B 线性表示. ■

例 6 证明向量组 $A:\boldsymbol{\alpha}_1=\begin{pmatrix}1\\-1\\1\\-1\end{pmatrix},\boldsymbol{\alpha}_2=\begin{pmatrix}3\\1\\1\\3\end{pmatrix}$ 与 $B:\boldsymbol{\beta}_1=\begin{pmatrix}2\\0\\1\\1\end{pmatrix},\boldsymbol{\beta}_2=\begin{pmatrix}1\\1\\0\\2\end{pmatrix},\boldsymbol{\beta}_3=\begin{pmatrix}3\\-1\\2\\0\end{pmatrix}$ 等价.

证明 对矩阵 $(\boldsymbol{A}\ \boldsymbol{B})=(\boldsymbol{\alpha}_1,\boldsymbol{\alpha}_2,\boldsymbol{\beta}_1,\boldsymbol{\beta}_2,\boldsymbol{\beta}_3)$ 进行初等行变换

$$(\boldsymbol{A},\boldsymbol{B})=(\boldsymbol{\alpha}_1,\boldsymbol{\alpha}_2,\boldsymbol{\beta}_1,\boldsymbol{\beta}_2,\boldsymbol{\beta}_3)=\begin{pmatrix}1&3&2&1&3\\-1&1&0&1&-1\\1&1&1&0&2\\-1&3&1&2&0\end{pmatrix}$$

$$\xrightarrow{r}\begin{pmatrix}1&3&2&1&3\\0&4&2&2&2\\0&-2&-1&-1&-1\\0&6&3&3&3\end{pmatrix}\xrightarrow{r}\begin{pmatrix}1&3&2&1&3\\0&4&2&2&2\\0&0&0&0&0\\0&0&0&0&0\end{pmatrix},$$

由于

$$R(\boldsymbol{A})=R(\boldsymbol{B})=R(\boldsymbol{A}\ \boldsymbol{B})=2,$$

所以向量组 A 与向量组 B 等价. ■

定理 3.3 设向量组 $B:\boldsymbol{\beta}_1,\boldsymbol{\beta}_2,\cdots,\boldsymbol{\beta}_n$ 能由向量组 $A:\boldsymbol{\alpha}_1,\boldsymbol{\alpha}_2,\cdots,\boldsymbol{\alpha}_m$ 线性表示, 则 $R(\boldsymbol{\beta}_1,\boldsymbol{\beta}_2,\cdots,\boldsymbol{\beta}_n)\leqslant R(\boldsymbol{\alpha}_1,\boldsymbol{\alpha}_2,\cdots,\boldsymbol{\alpha}_m)$, 即 $R(\boldsymbol{B})\leqslant R(\boldsymbol{A})$.

证明 记 $\boldsymbol{A}=(\boldsymbol{\alpha}_1,\boldsymbol{\alpha}_2,\cdots,\boldsymbol{\alpha}_m)$, $\boldsymbol{B}=(\boldsymbol{\beta}_1,\boldsymbol{\beta}_2,\cdots,\boldsymbol{\beta}_n)$, 由于向量组 $B:\boldsymbol{\beta}_1,\boldsymbol{\beta}_2,\cdots,\boldsymbol{\beta}_n$ 能由向量组 $A:\boldsymbol{\alpha}_1,\boldsymbol{\alpha}_2,\cdots,\boldsymbol{\alpha}_m$ 线性表示, 由定理 3.2 知, $R(\boldsymbol{A})=R(\boldsymbol{A},\boldsymbol{B})$, 而 $R(\boldsymbol{B})\leqslant R(\boldsymbol{A}\ \boldsymbol{B})$, 因此 $R(\boldsymbol{B})\leqslant R(\boldsymbol{A})$. ■

例 7 设 n 维列向量组 $A:\boldsymbol{\alpha}_1,\boldsymbol{\alpha}_2,\cdots,\boldsymbol{\alpha}_m$ 构成 $n\times m$ 矩阵 $\boldsymbol{A}=(\boldsymbol{\alpha}_1,\boldsymbol{\alpha}_2,\cdots,\boldsymbol{\alpha}_m)$, n 阶单位阵 $\boldsymbol{E}=(\boldsymbol{e}_1,\boldsymbol{e}_2,\cdots,\boldsymbol{e}_n)$ 的列向量称为 **n 维单位坐标向量**. 证明: n 维单位坐标向量组 $E:\boldsymbol{e}_1,\boldsymbol{e}_2,\cdots,\boldsymbol{e}_n$ 能由向量组 $A:\boldsymbol{\alpha}_1,\boldsymbol{\alpha}_2,\cdots,\boldsymbol{\alpha}_m$ 线性表示的充分必要条件是 $R(\boldsymbol{A})=n$.

证明 由定理 3.2, 向量组 $E:\boldsymbol{e}_1,\boldsymbol{e}_2,\cdots,\boldsymbol{e}_n$ 能由向量组 $A:\boldsymbol{\alpha}_1,\boldsymbol{\alpha}_2,\cdots,\boldsymbol{\alpha}_m$ 线性表示的充分必要条件是 $R(\boldsymbol{A})=R(\boldsymbol{A}\ \boldsymbol{E})$. 而 $R(\boldsymbol{A}\ \boldsymbol{E})\geqslant R(\boldsymbol{E})=n$, 又 $(\boldsymbol{A}\ \boldsymbol{E})$ 为 $n\times(m+n)$ 矩阵, 所以 $R(\boldsymbol{A}\ \boldsymbol{E})\leqslant n$, 故 $R(\boldsymbol{A}\ \boldsymbol{E})=n$, 因此 $R(\boldsymbol{A})=R(\boldsymbol{A}\ \boldsymbol{E})=n$,

即 n 维单位坐标向量组 $E: \boldsymbol{e}_1, \boldsymbol{e}_2, \cdots, \boldsymbol{e}_n$ 能由向量组 $A: \boldsymbol{\alpha}_1, \boldsymbol{\alpha}_2, \cdots, \boldsymbol{\alpha}_m$ 线性表示的充分必要条件是 $R(\boldsymbol{A}) = n$. ■

3.3 向量组的线性相关性

在研究向量时, 向量与向量之间的线性关系起着非常重要的作用. 3.2 节讨论了向量组之间的关系, 本节将讨论在一个向量组中, 向量之间的线性关系.

定义 3.6 设有 n 维向量组 $A: \boldsymbol{\alpha}_1, \boldsymbol{\alpha}_2, \cdots, \boldsymbol{\alpha}_m$, 如果存在一组不全为零的数 $k_1, k_2, \cdots, k_m$, 使得

$$k_1\boldsymbol{\alpha}_1 + k_2\boldsymbol{\alpha}_2 + \cdots + k_m\boldsymbol{\alpha}_m = \mathbf{0},$$

则称向量组 $A: \boldsymbol{\alpha}_1, \boldsymbol{\alpha}_2, \cdots, \boldsymbol{\alpha}_m$**线性相关**(linearly dependent). 否则称它是**线性无关的**(linearly independent). ■

例 1 设 n 维列向量 $\boldsymbol{e}_1 = (1, 0, \cdots, 0, 0)^{\mathrm{T}}, \boldsymbol{e}_2 = (0, 1, \cdots 0, 0)^{\mathrm{T}}, \cdots, \boldsymbol{e}_n = (0, 0, \cdots, 0, 1)^{\mathrm{T}}$, 则 $\boldsymbol{e}_1, \boldsymbol{e}_2, \cdots, \boldsymbol{e}_n$ 线性无关.

证明 设存在 n 个数 $k_1, k_2, \cdots, k_n$, 使

$$k_1\boldsymbol{e}_1 + k_2\boldsymbol{e}_2 + \cdots + k_n\boldsymbol{e}_n = \mathbf{0},$$

即

$$k_1(1, 0, \cdots, 0, 0)^{\mathrm{T}} + k_2(0, 1, \cdots, 0, 0)^{\mathrm{T}} + \cdots + k_n(0, 0, \cdots, 0, 1)^{\mathrm{T}} = \mathbf{0},$$

得

$$(k_1, k_2, \cdots, k_n)^{\mathrm{T}} = \mathbf{0},$$

从而这 n 个数 $k_1, k_2, \cdots, k_n$ 全为零, 所以 $\boldsymbol{e}_1, \boldsymbol{e}_2, \cdots, \boldsymbol{e}_n$ 线性无关. ■

例 2 包含零向量的任何向量组是线性相关的.

证明 设向量组 $\boldsymbol{\alpha}_1, \boldsymbol{\alpha}_2, \cdots, \boldsymbol{\alpha}_m$(其中一个向量 $\boldsymbol{\alpha}_i = \mathbf{0}$), 于是存在一组不全为零的数 $0, 0, \cdots, 1, 0, \cdots, 0$, 使得

$$0\boldsymbol{\alpha}_1 + 0\boldsymbol{\alpha}_2 + \cdots + 1\boldsymbol{\alpha}_i + \cdots + 0\boldsymbol{\alpha}_m = \mathbf{0},$$

所以 $\boldsymbol{\alpha}_1, \boldsymbol{\alpha}_2, \cdots, \boldsymbol{\alpha}_m$ 线性相关. ■

不难证明, 单个向量 $\boldsymbol{\alpha}$ 线性相关 (无关) 当且仅当 $\boldsymbol{\alpha}$ 为零向量 (非零向量). 含两个向量 $\boldsymbol{\alpha}_1, \boldsymbol{\alpha}_2$ 的向量组线性相关的充分必要条件是 $\boldsymbol{\alpha}_1, \boldsymbol{\alpha}_2$ 的分量对应成比例, 其几何意义是两向量共线, 三个向量线性相关的几何意义是三个向量共面.

例 3 证明向量组 $\boldsymbol{\beta}_1 = \boldsymbol{\alpha}_1 + \boldsymbol{\alpha}_2, \boldsymbol{\beta}_2 = \boldsymbol{\alpha}_2 + \boldsymbol{\alpha}_3, \boldsymbol{\beta}_3 = \boldsymbol{\alpha}_3 + \boldsymbol{\alpha}_1$ 线性无关, 其中向量组 $\boldsymbol{\alpha}_1, \boldsymbol{\alpha}_2, \boldsymbol{\alpha}_3$ 线性无关.

证明 设有关系式 $k_1\boldsymbol{\beta}_1+k_2\boldsymbol{\beta}_2+k_3\boldsymbol{\beta}_3=\mathbf{0}$, 则有

$$(k_1+k_3)\boldsymbol{\alpha}_1+(k_1+k_2)\boldsymbol{\alpha}_2+(k_2+k_3)\boldsymbol{\alpha}_3=\mathbf{0}.$$

因为 $\boldsymbol{\alpha}_1,\boldsymbol{\alpha}_2,\boldsymbol{\alpha}_3$ 线性无关, 所以

$$\begin{cases} k_1+k_3=0,\\ k_1+k_2=0,\\ k_2+k_3=0,\end{cases}$$

即 $\begin{pmatrix}1&0&1\\1&1&0\\0&1&1\end{pmatrix}\begin{pmatrix}k_1\\k_2\\k_3\end{pmatrix}=\begin{pmatrix}0\\0\\0\end{pmatrix}$, 由于系数行列式 $\begin{vmatrix}1&0&1\\1&1&0\\0&1&1\end{vmatrix}=2\neq0$, 故该齐次方程组只有零解. 所以向量组 $\boldsymbol{\beta}_1,\boldsymbol{\beta}_2,\boldsymbol{\beta}_3$ 线性无关. ■

向量组 $A:\boldsymbol{\alpha}_1,\boldsymbol{\alpha}_2,\cdots,\boldsymbol{\alpha}_m$ 构成矩阵 $\boldsymbol{A}=(\boldsymbol{\alpha}_1,\boldsymbol{\alpha}_2,\cdots,\boldsymbol{\alpha}_m)$, 显然向量组 A 线性相关就是齐次线性方程组

$$x_1\boldsymbol{\alpha}_1+x_2\boldsymbol{\alpha}_2+\cdots+x_m\boldsymbol{\alpha}_m=\mathbf{0}$$

有非零解. 结合齐次线性方程组有解的判定有以下结论.

定理 3.4 向量组 $\boldsymbol{\alpha}_1,\boldsymbol{\alpha}_2,\cdots,\boldsymbol{\alpha}_m$ 线性相关的充分必要条件是它所构成的矩阵 $\boldsymbol{A}=(\boldsymbol{\alpha}_1,\boldsymbol{\alpha}_2,\cdots,\boldsymbol{\alpha}_m)$ 的秩小于向量个数 m; 向量组 $\boldsymbol{\alpha}_1,\boldsymbol{\alpha}_2,\cdots,\boldsymbol{\alpha}_m$ 线性无关的充分必要条件是它所构成的矩阵 $\boldsymbol{A}=(\boldsymbol{\alpha}_1,\boldsymbol{\alpha}_2,\cdots,\boldsymbol{\alpha}_m)$ 的秩等于向量个数 m. ■

由此定理知, 判断某向量组线性相关 (线性无关) 的问题, 可归结为齐次线性方程组有无非零解 (只有零解) 的问题, 从而取决于方程组系数矩阵秩的问题, 所以向量组线性相关的判定最终转化为用初等行变换化系数矩阵为行阶梯形矩阵来解决.

例 4 设向量组 $A:\boldsymbol{\alpha}_1=\begin{pmatrix}1\\2\\5\end{pmatrix},\boldsymbol{\alpha}_2=\begin{pmatrix}2\\4\\-1\end{pmatrix},\boldsymbol{\alpha}_3=\begin{pmatrix}6\\-1\\-1\end{pmatrix}$, 试判断向量组 $\boldsymbol{\alpha}_1,\boldsymbol{\alpha}_2,\boldsymbol{\alpha}_3$ 线性相关性.

解法一 对矩阵 $(\boldsymbol{\alpha}_1,\boldsymbol{\alpha}_2,\boldsymbol{\alpha}_3)$ 实行初等行变换变成行阶梯形矩阵, 由

$$\boldsymbol{A}=(\boldsymbol{\alpha}_1,\boldsymbol{\alpha}_2,\boldsymbol{\alpha}_3)=\begin{pmatrix}1&2&6\\2&4&-1\\5&-1&-1\end{pmatrix}\xrightarrow{\mathrm{r}}\begin{pmatrix}1&0&0\\0&1&0\\0&0&1\end{pmatrix},$$

得 $R(\boldsymbol{\alpha}_1,\boldsymbol{\alpha}_2,\boldsymbol{\alpha}_3)=3$, 因此向量组 $\boldsymbol{\alpha}_1,\boldsymbol{\alpha}_2,\boldsymbol{\alpha}_3$ 线性无关.

解法二　因为 $|A| = \begin{vmatrix} 1 & 2 & 6 \\ 2 & 4 & -1 \\ 5 & -1 & -1 \end{vmatrix} = -143 \neq 0$, 所以 $R(\boldsymbol{\alpha}_1, \boldsymbol{\alpha}_2, \boldsymbol{\alpha}_3) = 3$, 因此向量组 $\boldsymbol{\alpha}_1, \boldsymbol{\alpha}_2, \boldsymbol{\alpha}_3$ 线性无关.

例 5　设 $\boldsymbol{\beta}_1 = \boldsymbol{\alpha}_1, \boldsymbol{\beta}_2 = \boldsymbol{\alpha}_1 + \boldsymbol{\alpha}_2, \cdots, \boldsymbol{\beta}_r = \boldsymbol{\alpha}_1 + \boldsymbol{\alpha}_2 + \cdots + \boldsymbol{\alpha}_r$, 且向量组 $\boldsymbol{\alpha}_1, \boldsymbol{\alpha}_2, \cdots, \boldsymbol{\alpha}_r$ 线性无关, 证明向量组 $\boldsymbol{\beta}_1, \boldsymbol{\beta}_2, \cdots, \boldsymbol{\beta}_r$ 线性无关.

证明　设 $k_1\boldsymbol{\beta}_1 + k_2\boldsymbol{\beta}_2 + \cdots + k_r\boldsymbol{\beta}_r = \mathbf{0}$, 则

$$(k_1 + \cdots + k_r)\boldsymbol{\alpha}_1 + (k_2 + \cdots + k_r)\boldsymbol{\alpha}_2 + \cdots + (k_p + \cdots + k_r)\boldsymbol{\alpha}_p + \cdots + k_r\boldsymbol{\alpha}_r = \mathbf{0}.$$

因向量组 $\boldsymbol{\alpha}_1, \boldsymbol{\alpha}_2, \cdots, \boldsymbol{\alpha}_r$ 线性无关, 故

$$\begin{cases} k_1 + k_2 + \cdots + k_r = 0, \\ k_2 + \cdots + k_r = 0, \\ \qquad \cdots\cdots \\ k_r = 0, \end{cases}$$

即

$$\begin{pmatrix} 1 & 1 & \cdots & 1 & 1 \\ 0 & 1 & \cdots & 1 & 1 \\ \vdots & \vdots & \cdots & \vdots & \vdots \\ 0 & 0 & \cdots & 0 & 1 \end{pmatrix} \begin{pmatrix} k_1 \\ k_2 \\ \vdots \\ k_r \end{pmatrix} = \begin{pmatrix} 0 \\ 0 \\ \vdots \\ 0 \end{pmatrix}.$$

因为

$$\begin{vmatrix} 1 & 1 & \cdots & 1 & 1 \\ 0 & 1 & \cdots & 1 & 1 \\ \vdots & \vdots & & \vdots & \vdots \\ 0 & 0 & \cdots & 0 & 1 \end{vmatrix} = 1 \neq 0,$$

故方程组只有零解, 则 $k_1 = k_2 = \cdots = k_r = 0$. 所以 $\boldsymbol{\beta}_1, \boldsymbol{\beta}_2, \cdots, \boldsymbol{\beta}_r$ 线性无关. ■

推论 3.2　在定理 3.4 中, 当 $m = n$ 时, 有

(1) $\boldsymbol{\alpha}_1, \boldsymbol{\alpha}_2, \cdots, \boldsymbol{\alpha}_m$ 线性相关当且仅当 $\det \boldsymbol{A} = 0$;

(2) $\boldsymbol{\alpha}_1, \boldsymbol{\alpha}_2, \cdots, \boldsymbol{\alpha}_m$ 线性无关当且仅当 $\det \boldsymbol{A} \neq 0$. ■

推论 3.3　若 $m > n$ 时, 必有 $\boldsymbol{\alpha}_1, \boldsymbol{\alpha}_2, \cdots, \boldsymbol{\alpha}_m$ 线性相关. ■

下面给出向量组线性相关性的一些重要结论.

定理 3.5　向量组 $A: \boldsymbol{\alpha}_1, \boldsymbol{\alpha}_2, \cdots, \boldsymbol{\alpha}_m\ (m \geqslant 2)$ 线性相关的充分必要条件是 $\boldsymbol{A}$ 中至少有一个向量能由其余的 $m-1$ 个向量线性表示.

证明 充分性. 如果 A 中有某个向量能由其余的 $m-1$ 个向量线性表示, 不妨设 $\boldsymbol{\alpha}_m$ 能由 $\boldsymbol{\alpha}_1,\boldsymbol{\alpha}_2,\cdots,\boldsymbol{\alpha}_{m-1}$ 线性表示, 即有 $\lambda_1,\lambda_2,\cdots,\lambda_{m-1}$, 使

$$\boldsymbol{\alpha}_m=\lambda_1\boldsymbol{\alpha}_1+\lambda_2\boldsymbol{\alpha}_2+\cdots+\lambda_{m-1}\boldsymbol{\alpha}_{m-1},$$

故

$$\lambda_1\boldsymbol{\alpha}_1+\lambda_2\boldsymbol{\alpha}_2+\cdots\lambda_{m-1}\boldsymbol{\alpha}_{m-1}+(-1)\boldsymbol{\alpha}_m=\boldsymbol{0},$$

因为 $\lambda_1,\lambda_2,\cdots,\lambda_{m-1},-1$ 这 m 个数不全为零, 所以向量组 $\boldsymbol{\alpha}_1,\boldsymbol{\alpha}_2,\cdots,\boldsymbol{\alpha}_m$ 线性相关.

必要性. 设向量组 $A:\boldsymbol{\alpha}_1,\boldsymbol{\alpha}_2,\cdots,\boldsymbol{\alpha}_m$ 线性相关, 即存在一组不全为零的数 $k_1,k_2,\cdots,k_m$, 使得 $k_1\boldsymbol{\alpha}_1+k_2\boldsymbol{\alpha}_2+\cdots+k_m\boldsymbol{\alpha}_m=\boldsymbol{0}$. 因为 $k_1,k_2,\cdots,k_m$ 不全为零, 不妨设 $k_1\neq 0$, 于是有

$$\boldsymbol{\alpha}_1=\left(-\frac{k_2}{k_1}\right)\boldsymbol{\alpha}_2+\left(-\frac{k_3}{k_1}\right)\boldsymbol{\alpha}_3+\cdots+\left(-\frac{k_m}{k_1}\right)\boldsymbol{\alpha}_m,$$

即 $\boldsymbol{\alpha}_1$ 能由 $\boldsymbol{\alpha}_2,\cdots,\boldsymbol{\alpha}_m$ 线性表示. ■

定理 3.6 若向量组 $\boldsymbol{\alpha}_1,\boldsymbol{\alpha}_2,\cdots,\boldsymbol{\alpha}_m$ 线性无关, $\boldsymbol{\alpha}_1,\boldsymbol{\alpha}_2,\cdots,\boldsymbol{\alpha}_m,\boldsymbol{\beta}$ 线性相关, 则 $\boldsymbol{\beta}$ 可由 $\boldsymbol{\alpha}_1,\boldsymbol{\alpha}_2,\cdots,\boldsymbol{\alpha}_m$ 线性表示, 且表示式唯一.

证明 因为 $\boldsymbol{\alpha}_1,\boldsymbol{\alpha}_2,\cdots,\boldsymbol{\alpha}_m,\boldsymbol{\beta}$ 线性相关, 所以存在不全为零的数 $k_1,\cdots,k_m,k$ 使得

$$k_1\boldsymbol{\alpha}_1+k_2\boldsymbol{\alpha}_2+\cdots+k_m\boldsymbol{\alpha}_m+k\boldsymbol{\beta}=\boldsymbol{0}.$$

若 $k=0$, 则有 $k_1\boldsymbol{\alpha}_1+k_2\boldsymbol{\alpha}_2+\cdots+k_m\boldsymbol{\alpha}_m=\boldsymbol{0}$, 从而 $k_1=0,\cdots,k_m=0$. 这与向量组 $\boldsymbol{\alpha}_1,\boldsymbol{\alpha}_2,\cdots,\boldsymbol{\alpha}_m$ 线性无关矛盾, 故 $k\neq 0$, 从而有

$$\boldsymbol{\beta}=\left(-\frac{k_1}{k}\right)\boldsymbol{\alpha}_1+\left(-\frac{k_2}{k}\right)\alpha_2+\cdots+\left(-\frac{k_m}{k}\right)\boldsymbol{\alpha}_m.$$

下面证明表示式唯一. 若设

$$\boldsymbol{\beta}=k_1\boldsymbol{\alpha}_1+k_2\boldsymbol{\alpha}_2+\cdots+k_m\boldsymbol{\alpha}_m=l_1\boldsymbol{\alpha}_1+l_2\boldsymbol{\alpha}_2+\cdots+l_m\boldsymbol{\alpha}_m,$$

则有

$$(k_1-l_1)\boldsymbol{\alpha}_1+\cdots+(k_m-l_m)\boldsymbol{\alpha}_m=\boldsymbol{0}.$$

因为 $\boldsymbol{\alpha}_1,\boldsymbol{\alpha}_2,\cdots,\boldsymbol{\alpha}_m$ 线性无关, 所以

$$k_1-l_1=0,\cdots,k_m-l_m=0,$$

即

$$k_1 = l_1, \cdots, k_m = l_m,$$

即 $\boldsymbol{\beta}$ 的表示式唯一. ■

定理 3.7 (1) 若向量组 $A: \boldsymbol{\alpha}_1, \boldsymbol{\alpha}_2, \cdots, \boldsymbol{\alpha}_m$ 线性相关, 则向量组 $B: \boldsymbol{\alpha}_1, \boldsymbol{\alpha}_2, \cdots, \boldsymbol{\alpha}_m, \boldsymbol{\alpha}_{m+1}$ 也线性相关; 反之, 若向量组 B 线性无关, 则向量组 A 也线性无关.

(2) m 个 n 维向量组成的向量组, 当维数 n 小于向量的个数 m 时一定线性相关. 特别地, $n+1$ 个 n 维向量一定线性相关. ■

证明留给读者.

例 6 设向量组 $\boldsymbol{\alpha}_1, \boldsymbol{\alpha}_2, \boldsymbol{\alpha}_3$ 线性相关, 向量组 $\boldsymbol{\alpha}_2, \boldsymbol{\alpha}_3, \boldsymbol{\alpha}_4$ 线性无关, 证明: (1)$\boldsymbol{\alpha}_1$ 可由 $\boldsymbol{\alpha}_2, \boldsymbol{\alpha}_3$ 线性表示; (2) $\boldsymbol{\alpha}_4$ 不能由 $\boldsymbol{\alpha}_1, \boldsymbol{\alpha}_2, \boldsymbol{\alpha}_3$ 线性表示.

证明 (1) 因为向量组 $\boldsymbol{\alpha}_2, \boldsymbol{\alpha}_3, \boldsymbol{\alpha}_4$ 线性无关, 由定理 3.7(1) 知 $\boldsymbol{\alpha}_2, \boldsymbol{\alpha}_3$ 也线性无关. 又因为向量组 $\boldsymbol{\alpha}_1, \boldsymbol{\alpha}_2, \boldsymbol{\alpha}_3$ 线性相关, 由定理 3.6 知 $\boldsymbol{\alpha}_1$ 可由 $\boldsymbol{\alpha}_2, \boldsymbol{\alpha}_3$ 线性表示.

(2) 用反证法. 假设 $\boldsymbol{\alpha}_4$ 能由 $\boldsymbol{\alpha}_1, \boldsymbol{\alpha}_2, \boldsymbol{\alpha}_3$ 线性表示, 而由 (1) 知, $\boldsymbol{\alpha}_1$ 可由 $\boldsymbol{\alpha}_2, \boldsymbol{\alpha}_3$ 线性表示, 因而 $\boldsymbol{\alpha}_4$ 能由 $\boldsymbol{\alpha}_2, \boldsymbol{\alpha}_3$ 线性表示, 这与 $\boldsymbol{\alpha}_2, \boldsymbol{\alpha}_3, \boldsymbol{\alpha}_4$ 线性无关矛盾, 所以 $\boldsymbol{\alpha}_4$ 不能由 $\boldsymbol{\alpha}_1, \boldsymbol{\alpha}_2, \boldsymbol{\alpha}_3$ 线性表示. ■

3.4 向量组的等价关系

在 3.3 节对向量组线性相关性的讨论中, 矩阵的秩起着非常重要的作用. 本节将把秩的概念引进向量组, 先讨论向量组的极大无关组, 进而给出向量组秩的定义, 并讨论其与矩阵秩的关系.

定义 3.7 设向量组 A_0: $\boldsymbol{\alpha}_{i_1}, \boldsymbol{\alpha}_{i_2}, \cdots, \boldsymbol{\alpha}_{i_r}$ 为向量组 A: $\boldsymbol{\alpha}_1, \boldsymbol{\alpha}_2, \cdots, \boldsymbol{\alpha}_m$ 的一个部分组, 若满足

(1) 向量组 A_0: $\boldsymbol{\alpha}_{i_1}, \boldsymbol{\alpha}_{i_2}, \cdots, \boldsymbol{\alpha}_{i_r}$ 线性无关,

(2) 在 A 中任意 $r+1$ 个向量 (如果存在的话) 线性相关,

则称向量组 $A_0: \boldsymbol{\alpha}_{i_1}, \boldsymbol{\alpha}_{i_2}, \cdots, \boldsymbol{\alpha}_{i_r}$ 为向量组 A 的一个极大线性无关向量组, 简称**极大无关组** (maximal in dependent vector set), 称极大无关组包含的向量个数 r 为**向量组A的秩**(rank of vector set), 记作 $R(A)$. ■

只含零向量的向量组没有极大无关组, 规定其秩为 0. 特别地, 如果一个向量组线性无关, 则其极大无关组就是它本身.

向量组的极大无关组一般不是唯一的, 但其所包含的向量个数都是相同的. 例

如, 向量组

$$\boldsymbol{\alpha}_1=\begin{pmatrix}1\\0\end{pmatrix},\quad \boldsymbol{\alpha}_2=\begin{pmatrix}0\\1\end{pmatrix},\quad \boldsymbol{\alpha}_3=\begin{pmatrix}1\\1\end{pmatrix},\quad \boldsymbol{\alpha}_4=\begin{pmatrix}2\\2\end{pmatrix}$$

的秩为 2, $\boldsymbol{\alpha}_1,\boldsymbol{\alpha}_2$ 是 $\boldsymbol{\alpha}_1,\boldsymbol{\alpha}_2,\boldsymbol{\alpha}_3,\boldsymbol{\alpha}_4$ 的极大无关组, $\boldsymbol{\alpha}_1,\boldsymbol{\alpha}_3$; $\boldsymbol{\alpha}_1,\boldsymbol{\alpha}_4$;$\boldsymbol{\alpha}_2,\boldsymbol{\alpha}_3$ 与 $\boldsymbol{\alpha}_2,\boldsymbol{\alpha}_4$ 也都是该向量组的极大无关组.

定理 3.8 向量组与其任意一个极大无关组等价.

证明 设向量组 A_0 为向量组 A 的一个极大无关组, 由于 A_0 是 A 一个部分组, 所以 A_0 组总能由 A 组线性表示. 又由定义 3.7 的条件 (2) 知, 对于 A 中任意一个向量 $\boldsymbol{\alpha}$, $r+1$ 个向量 $\boldsymbol{\alpha}_{i_1},\boldsymbol{\alpha}_{i_2},\cdots,\boldsymbol{\alpha}_{i_r},\boldsymbol{\alpha}$ 线性相关, 而其中的 r 个向量 $\boldsymbol{\alpha}_{i_1},\boldsymbol{\alpha}_{i_2},\cdots,\boldsymbol{\alpha}_{i_r}$ 线性无关, 定理 3.6 确保 $\boldsymbol{\alpha}$ 能由 $\boldsymbol{\alpha}_{i_1},\boldsymbol{\alpha}_{i_2},\cdots,\boldsymbol{\alpha}_{i_r}$ 线性表示, 即 A 组总能由 A_0 组线性表示, 所以向量组 A_0 与向量组 A 等价. ■

推论 3.4 向量组 $A_0:\boldsymbol{\alpha}_{i_1},\boldsymbol{\alpha}_{i_2},\cdots,\boldsymbol{\alpha}_{i_r}$ 为向量组 $A:\boldsymbol{\alpha}_1,\boldsymbol{\alpha}_2,\cdots,\boldsymbol{\alpha}_m$ 的一个极大线性无关组, 当且仅当

(1) 向量组 $A_0:\boldsymbol{\alpha}_{i_1},\boldsymbol{\alpha}_{i_2},\cdots,\boldsymbol{\alpha}_{i_r}$ 线性无关;

(2) 向量组 A 中任一个向量都能由向量组 A_0 线性表示.

例 1 设向量组 B 能由向量组 A 线性表示, 且它们的秩相等, 证明向量组 A 与向量组 B 等价.

证明 设两个向量组 A 和 B 合并为向量组 C, 由定理 3.2, 因向量组 B 能由向量组 A 线性表示, 故 $R(A)=R(C)$, 又已知 $R(A)=R(B)$, 故有 $R(A)=R(B)=R(C)$, 所以向量组 A 与向量组 B 等价. ■

例 2 设矩阵 $\boldsymbol{A}=\begin{pmatrix}2&-1&-1&1&2\\1&1&-2&1&4\\4&-6&2&-2&4\\3&6&-9&7&9\end{pmatrix}$, 求矩阵 $\boldsymbol{A}$ 的列向量组 A : $\boldsymbol{\alpha}_1,\boldsymbol{\alpha}_2,\boldsymbol{\alpha}_3,\boldsymbol{\alpha}_4,\boldsymbol{\alpha}_5$ 的一个极大无关组, 并将其余列向量用此极大无关组线性表示.

解 对矩阵 $\boldsymbol{A}$ 实施初等行变换化为行阶梯形矩阵

$$\boldsymbol{A}\xrightarrow{\mathrm{r}}\begin{pmatrix}1&1&-2&1&4\\0&1&-1&1&0\\0&0&0&1&-3\\0&0&0&0&0\end{pmatrix}\xrightarrow{\mathrm{r}}\begin{pmatrix}1&0&-1&0&4\\0&1&-1&0&3\\0&0&0&1&-3\\0&0&0&0&0\end{pmatrix},$$

由上可知 $R(\boldsymbol{A})=3$, 故 $\boldsymbol{A}$ 的列向量组的极大无关组包含三个列向量, 而三个非零

行的非零首元在第 1,2,4 列, 由此可得一个三阶非零子式

$$D=\begin{vmatrix}1&0&0\\0&1&0\\0&0&1\end{vmatrix},$$

所以在 A 的第 1,2,4 列中必存在一个三阶非零子式, 从而向量组 $\boldsymbol{\alpha}_1,\boldsymbol{\alpha}_2,\boldsymbol{\alpha}_4$ 为其一个极大无关组, 且 $\boldsymbol{\alpha}_3=-\boldsymbol{\alpha}_1-\boldsymbol{\alpha}_2$, $\boldsymbol{\alpha}_5=4\boldsymbol{\alpha}_1+3\boldsymbol{\alpha}_2-3\boldsymbol{\alpha}_4$. ■

例 3 全体 n 维向量构成的向量组记作 $\mathbf{R}^n$, 求它的一个极大无关组及 $\mathbf{R}^n$ 的秩.

解 因为 n 维单位坐标向量构成的向量组

$$E:\boldsymbol{e}_1,\boldsymbol{e}_2,\cdots,\boldsymbol{e}_n$$

是线性无关的, 又根据定理 3.7 的结论 (2) 知, $\mathbf{R}^n$ 中任意 $n+1$ 个向量是线性相关的, 因此向量组 $E:\boldsymbol{e}_1,\boldsymbol{e}_2,\cdots,\boldsymbol{e}_n$ 是 $\mathbf{R}^n$ 的一个极大无关组, 且 $\mathbf{R}^n$ 的秩为 n. ■

含有限个向量的向量组 $A:\boldsymbol{\alpha}_1,\boldsymbol{\alpha}_2,\cdots,\boldsymbol{\alpha}_m$ 可以构成矩阵 $\boldsymbol{A}=(\boldsymbol{\alpha}_1,\boldsymbol{\alpha}_2,\cdots,\boldsymbol{\alpha}_m)$, 那么矩阵的秩与向量组的秩的关系如何? 我们不加证明给出如下结论.

定理 3.9 矩阵的秩等于它的列向量组的秩, 也等于它的行向量组的秩. ■

因此关于矩阵秩的有关结论对于向量组的秩也成立.

3.5 线性方程组解的结构

前面已经建立了线性方程组解存在的判定定理, 本节将利用向量组线性相关性理论来阐明齐次线性方程组与非齐次线性方程组解的结构及解的求法.

3.5.1 齐次线性方程组

如果式 (3.2) 中的 $\boldsymbol{b}=\boldsymbol{0}$ 则线性方程组 (3.1) 称为 n 元齐次线性方程组

$$\begin{cases}a_{11}x_1+a_{12}x_2+\cdots+a_{1n}x_n=0,\\a_{21}x_1+a_{22}x_2+\cdots+a_{2n}x_n=0,\\\qquad\cdots\cdots\\a_{m1}x_1+a_{m2}x_2+\cdots+a_{mn}x_n=0,\end{cases}\tag{3.3}$$

或者写成

$$\boldsymbol{Ax}=\boldsymbol{0}.\tag{3.4}$$

若 $x_1=\xi_{11},x_2=\xi_{21},\cdots,x_n=\xi_{n1}$ 为方程 $\boldsymbol{A}\boldsymbol{x}=\boldsymbol{0}$ 的解, 则

$$\boldsymbol{x}=\boldsymbol{\xi}_1=\begin{pmatrix}\xi_{11}\\ \xi_{21}\\ \vdots\\ \xi_{n1}\end{pmatrix}$$

称为方程组 (3.3) 的解向量.

下面讨论解向量的性质.

性质 1 若 $\boldsymbol{x}=\boldsymbol{\xi}_1,\boldsymbol{x}=\boldsymbol{\xi}_2$ 为 $\boldsymbol{A}\boldsymbol{x}=\boldsymbol{0}$ 的解, 则 $\boldsymbol{x}=\boldsymbol{\xi}_1+\boldsymbol{\xi}_2$ 也是 $\boldsymbol{A}\boldsymbol{x}=\boldsymbol{0}$ 的解.

证明 因为 $\boldsymbol{A}\boldsymbol{\xi}_1=\boldsymbol{0}$, $\boldsymbol{A}\boldsymbol{\xi}_2=\boldsymbol{0}$, 那么 $\boldsymbol{A}(\boldsymbol{\xi}_1+\boldsymbol{\xi}_2)=\boldsymbol{A}\boldsymbol{\xi}_1+\boldsymbol{A}\boldsymbol{\xi}_2=\boldsymbol{0}$, 所以 $\boldsymbol{x}=\boldsymbol{\xi}_1+\boldsymbol{\xi}_2$ 是 $\boldsymbol{A}\boldsymbol{x}=\boldsymbol{0}$ 的解. ■

性质 2 若 $\boldsymbol{x}=\boldsymbol{\xi}_1$ 为 $\boldsymbol{A}\boldsymbol{x}=\boldsymbol{0}$ 的解, k 为实数, 则 $\boldsymbol{x}=k\boldsymbol{\xi}_1$ 也是 $\boldsymbol{A}\boldsymbol{x}=\boldsymbol{0}$ 的解.

证明 因为 $\boldsymbol{A}(k\boldsymbol{\xi}_1)=k\boldsymbol{A}(\boldsymbol{\xi}_1)=k\boldsymbol{0}=\boldsymbol{0}$, 所以 $\boldsymbol{x}=k\boldsymbol{\xi}_1$ 也是 $\boldsymbol{A}\boldsymbol{x}=\boldsymbol{0}$ 的解. ■

由性质 1、性质 2 知, 方程组 (3.3) 的任意一组解的线性组合也是它的解, 那么方程组 (3.3) 的全体解向量所组成的集合 S(解集合), 应该具有怎样的结构呢？任意一个解是否可以由满足一定条件的解线性组合表示？

设 $R(\boldsymbol{A})=r$, 并不妨设 $\boldsymbol{A}$ 的前 r 个列向量线性无关, 对 $\boldsymbol{A}$ 施行初等行变换得到其行最简形矩阵为

$$A\sim\begin{pmatrix}1&\cdots&0&b_{11}&\cdots&b_{1,n-r}\\ \vdots&&\vdots&\vdots&&\vdots\\ 0&\cdots&1&b_{r1}&\cdots&b_{r,n-r}\\ 0&\cdots&0&0&\cdots&0\\ \vdots&&\vdots&\vdots&&\vdots\\ 0&\cdots&0&0&\cdots&0\end{pmatrix},$$

则原方程组等价于方程组

$$\begin{pmatrix}1&\cdots&0&b_{11}&\cdots&b_{1,n-r}\\ \vdots&&\vdots&\vdots&&\vdots\\ 0&\cdots&1&b_{r1}&\cdots&b_{r,n-r}\\ 0&\cdots&0&0&\cdots&0\\ \vdots&&\vdots&\vdots&&\vdots\\ 0&\cdots&0&0&\cdots&0\end{pmatrix}\begin{pmatrix}x_1\\ \vdots\\ x_r\\ x_{r+1}\\ \vdots\\ x_n\end{pmatrix}=\boldsymbol{0},$$

从而有方程组

$$\begin{cases} x_1 = -b_{11}x_{r+1} - \cdots - b_{1,n-r}x_n, \\ \quad\cdots\cdots \\ x_r = -b_{r1}x_{r+1} - \cdots - b_{r,n-r}x_n \end{cases} \tag{3.5}$$

将 $x_{r+1},\cdots,x_n$ 作为自由变量, 并令它们依次取 $c_1,c_2,\cdots,c_{n-r}$, 可得方程组 (3.5) 的全部解

$$\begin{pmatrix} x_1 \\ \vdots \\ x_r \\ x_{r+1} \\ x_{r+2} \\ \vdots \\ x_n \end{pmatrix} = c_1\begin{pmatrix} -b_{11} \\ \vdots \\ -b_{r1} \\ 1 \\ 0 \\ \vdots \\ 0 \end{pmatrix} + c_2\begin{pmatrix} -b_{12} \\ \vdots \\ -b_{r2} \\ 0 \\ 1 \\ \vdots \\ 0 \end{pmatrix} + \cdots + c_{n-r}\begin{pmatrix} -b_{1,n-r} \\ \vdots \\ -b_{r,n-r} \\ 0 \\ 0 \\ \vdots \\ 1 \end{pmatrix}.$$

把上式记为

$$\boldsymbol{x} = c_1\boldsymbol{\xi}_1 + c_2\boldsymbol{\xi}_2 + \cdots + c_{n-r}\boldsymbol{\xi}_{n-r}.$$

由此可知解集 S 中的任意一个解向量 $\boldsymbol{x}$ 都能由 $\boldsymbol{\xi}_1,\boldsymbol{\xi}_2,\cdots,\boldsymbol{\xi}_{n-r}$ 线性表示. 又因为矩阵 $(\boldsymbol{\xi}_1,\boldsymbol{\xi}_2,\cdots,\boldsymbol{\xi}_{n-r})$ 中有 $n-r$ 阶非零子式 $|\boldsymbol{E}_{n-r}| \neq 0$, 所以解向量 $\boldsymbol{\xi}_1,\boldsymbol{\xi}_2,\cdots,\boldsymbol{\xi}_{n-r}$ 线性无关. 推论 3.4 知, $\boldsymbol{\xi}_1,\boldsymbol{\xi}_2,\cdots,\boldsymbol{\xi}_{n-r}$ 是解集 S 的极大无关组.

定义 3.8　称 $\boldsymbol{\xi}_1,\boldsymbol{\xi}_2,\cdots,\boldsymbol{\xi}_{n-r}$ 为齐次线性方程组 $\boldsymbol{Ax}=\boldsymbol{0}$ 的**基础解系**, 如果 (1) $\boldsymbol{\xi}_1,\boldsymbol{\xi}_2,\cdots,\boldsymbol{\xi}_{n-r}$ 是齐次线性方程组 $\boldsymbol{Ax}=\boldsymbol{0}$ 的一组线性无关解; (2) $\boldsymbol{Ax}=\boldsymbol{0}$ 的任一个解都可由 $\boldsymbol{\xi}_1,\boldsymbol{\xi}_2,\cdots,\boldsymbol{\xi}_{n-r}$ 线性表示. ■

若 $\boldsymbol{\xi}_1,\boldsymbol{\xi}_2,\cdots,\boldsymbol{\xi}_{n-r}$ 为齐次线性方程组 $\boldsymbol{Ax}=\boldsymbol{0}$ 的一组基础解系, 则 $\boldsymbol{Ax}=\boldsymbol{0}$ 的通解可以表示为

$$\boldsymbol{x} = c_1\boldsymbol{\xi}_1 + c_2\boldsymbol{\xi}_2 + \cdots + c_{n-r}\boldsymbol{\xi}_{n-r}.$$

从上面的讨论中先得到了通解, 再从通解中求得基础解系. 实际计算时也可以先求出基础解系, 再得到通解, 这只需在得到方程组 (3.5) 后, 令自由变量 $x_{r+1},\cdots,x_n$ 依次取下列 $n-r$ 组数

$$\begin{pmatrix} x_{r+1} \\ x_{r+2} \\ \vdots \\ x_n \end{pmatrix} = \begin{pmatrix} 1 \\ 0 \\ \vdots \\ 0 \end{pmatrix}, \begin{pmatrix} 0 \\ 1 \\ \vdots \\ 0 \end{pmatrix}, \cdots, \begin{pmatrix} 0 \\ 0 \\ \vdots \\ 1 \end{pmatrix},$$

分别代入方程组 (3.5), 依次得到

$$\begin{pmatrix} x_1 \\ \vdots \\ x_r \end{pmatrix} = \begin{pmatrix} -b_{11} \\ \vdots \\ -b_{r1} \end{pmatrix}, \begin{pmatrix} -b_{12} \\ \vdots \\ -b_{r2} \end{pmatrix}, \cdots, \begin{pmatrix} -b_{1,n-r} \\ \vdots \\ -b_{r,n-r} \end{pmatrix}.$$

从而得到原方程组 (3.3) 的一组基础解系

$$\boldsymbol{\xi}_1 = \begin{pmatrix} -b_{11} \\ \vdots \\ -b_{r1} \\ 1 \\ 0 \\ \vdots \\ 0 \end{pmatrix}, \quad \boldsymbol{\xi}_2 = \begin{pmatrix} -b_{12} \\ \vdots \\ -b_{r2} \\ 0 \\ 1 \\ \vdots \\ 0 \end{pmatrix}, \cdots, \quad \boldsymbol{\xi}_{n-r} = \begin{pmatrix} -b_{1,n-r} \\ \vdots \\ -b_{r,n-r} \\ 0 \\ 0 \\ \vdots \\ 1 \end{pmatrix}.$$

定理 3.10　设 n 元齐次线性方程组 $\boldsymbol{A}\boldsymbol{x} = \boldsymbol{0}$ 的系数矩阵的秩为 $R(\boldsymbol{A}) = r$, 则其解集 S 必有 $n-r$ 个解向量. 当 $R(\boldsymbol{A}) = n$ 时, 方程组 (3.3) 只有零解, 没有基础解系. ■

例 1　求齐次线性方程组

$$\begin{cases} x_1 + x_2 + x_3 + 4x_4 - 3x_5 = 0, \\ 2x_1 + x_2 + 3x_3 + 5x_4 - 5x_5 = 0, \\ x_1 - x_2 + 3x_3 - 2x_4 - x_5 = 0, \\ 3x_1 + x_2 + 5x_3 + 6x_4 - 7x_5 = 0 \end{cases}$$

的基础解系及通解.

解　对系数矩阵施行初等行变换

$$\boldsymbol{A} = \begin{pmatrix} 1 & 1 & 1 & 4 & -3 \\ 2 & 1 & 3 & 5 & -5 \\ 1 & -1 & 3 & -2 & -1 \\ 3 & 1 & 5 & 6 & -7 \end{pmatrix} \xrightarrow{\text{r}} \begin{pmatrix} 1 & 1 & 1 & 4 & -3 \\ 0 & -1 & 1 & -3 & 1 \\ 0 & -2 & 2 & -6 & 2 \\ 0 & -2 & 2 & -6 & 2 \end{pmatrix}$$

$$\xrightarrow{\text{r}} \begin{pmatrix} 1 & 1 & 1 & 4 & -3 \\ 0 & -1 & 1 & -3 & 1 \\ 0 & 0 & 0 & 0 & 0 \\ 0 & 0 & 0 & 0 & 0 \end{pmatrix}.$$

由于 $R(\boldsymbol{A})=r=2,\ n=5,\ n-r=3$, 所以方程组有无穷多解, 且基础解系中包含三个线性无关的解向量, 令 $(x_3,x_4,x_5)^{\mathrm{T}}$ 分别取

$$\begin{pmatrix} x_3 \\ x_4 \\ x_5 \end{pmatrix}=\begin{pmatrix} 1 \\ 0 \\ 0 \end{pmatrix},\begin{pmatrix} 0 \\ 1 \\ 0 \end{pmatrix},\begin{pmatrix} 0 \\ 0 \\ 1 \end{pmatrix},$$

代入

$$\begin{cases} x_1+x_2=-x_3-4x_4+3x_5, \\ x_2=x_3-3x_4+x_5, \end{cases}$$

依次得到

$$\begin{pmatrix} x_1 \\ x_2 \end{pmatrix}=\begin{pmatrix} -2 \\ 1 \end{pmatrix},\begin{pmatrix} -1 \\ -3 \end{pmatrix},\begin{pmatrix} 2 \\ 1 \end{pmatrix}.$$

所以原方程组的一个基础解系为

$$\boldsymbol{\xi}_1=\begin{pmatrix} -2 \\ 1 \\ 1 \\ 0 \\ 0 \end{pmatrix},\quad \boldsymbol{\xi}_2=\begin{pmatrix} -1 \\ -3 \\ 0 \\ 1 \\ 0 \end{pmatrix},\quad \boldsymbol{\xi}_3=\begin{pmatrix} 2 \\ 1 \\ 0 \\ 0 \\ 1 \end{pmatrix}.$$

故原方程组的通解为 $\boldsymbol{x}=k_1\boldsymbol{\xi}_1+k_2\boldsymbol{\xi}_2+k_3\boldsymbol{\xi}_3$, 其中 k_1,k_2,k_3 为任意常数. ■

例 2　证明: $R(\boldsymbol{A}^{\mathrm{T}}\boldsymbol{A})=R(\boldsymbol{A})$.

证明　设 $\boldsymbol{A}$ 为 $m\times n$ 矩阵, $\boldsymbol{x}$ 为 n 维列向量. 若 $\boldsymbol{x}$ 满足 $\boldsymbol{A}\boldsymbol{x}=\boldsymbol{0}$, 则有 $\boldsymbol{A}^{\mathrm{T}}(\boldsymbol{A}\boldsymbol{x})=\boldsymbol{0}$, 即 $(\boldsymbol{A}^{\mathrm{T}}\boldsymbol{A})\boldsymbol{x}=\boldsymbol{0}$. 若 $\boldsymbol{x}$ 满足 $(\boldsymbol{A}^{\mathrm{T}}\boldsymbol{A})\boldsymbol{x}=\boldsymbol{0}$, 则有 $\boldsymbol{x}^{\mathrm{T}}(\boldsymbol{A}^{\mathrm{T}}\boldsymbol{A})\boldsymbol{x}=\boldsymbol{0}$, 即 $(\boldsymbol{A}\boldsymbol{x})^{\mathrm{T}}(\boldsymbol{A}\boldsymbol{x})=\boldsymbol{0}$, 从而推知 $\boldsymbol{A}\boldsymbol{x}=\boldsymbol{0}$. 综上可知方程组 $\boldsymbol{A}\boldsymbol{x}=\boldsymbol{0}$ 与 $(\boldsymbol{A}^{\mathrm{T}}\boldsymbol{A})\boldsymbol{x}=\boldsymbol{O}$ 同解, 进而其基础解系中向量的个数一样, 因此 $R(\boldsymbol{A}^{\mathrm{T}}\boldsymbol{A})=R(\boldsymbol{A})$. ■

例 3　设 $\boldsymbol{A}_{m\times n}\boldsymbol{B}_{n\times l}=\boldsymbol{O}$, 证明 $R(\boldsymbol{A})+R(\boldsymbol{B})\leqslant n$.

证明　记 $\boldsymbol{B}=(\boldsymbol{\beta}_1,\boldsymbol{\beta}_2,\cdots,\boldsymbol{\beta}_l)$, 由 $\boldsymbol{A}_{m\times n}\boldsymbol{B}_{n\times l}=\boldsymbol{O}$, 得

$$\boldsymbol{A}(\boldsymbol{\beta}_1,\boldsymbol{\beta}_2,\cdots,\boldsymbol{\beta}_l)=(\boldsymbol{0},\boldsymbol{0},\cdots,\boldsymbol{0}),$$

即

$$\boldsymbol{A}\boldsymbol{\beta}_i=\boldsymbol{0},\quad i=1,2,\cdots,l.$$

上式表明矩阵 $\boldsymbol{B}$ 的 l 个列向量都是齐次线性方程组 $\boldsymbol{A}\boldsymbol{x}=\boldsymbol{0}$ 的解, 记方程组 $\boldsymbol{A}\boldsymbol{x}=\boldsymbol{0}$ 的解集为 S, 由于 $\boldsymbol{\beta}_i\in S$, 得 $R(\boldsymbol{\beta}_1,\boldsymbol{\beta}_2,\cdots,\boldsymbol{\beta}_l)\leqslant R(S)=n-R(\boldsymbol{A})$, 所以 $R(\boldsymbol{A})+R(\boldsymbol{B})\leqslant n$. ■

3.5.2 非齐次线性方程组

对于 n 元非齐次线性方程组 (3.1) 或者

$$\boldsymbol{Ax}=\boldsymbol{b}. \tag{3.6}$$

可以证明下列性质.

性质 3 设 $\boldsymbol{x}=\boldsymbol{\eta}_1$ 及 $\boldsymbol{x}=\boldsymbol{\eta}_2$ 都是 $\boldsymbol{Ax}=\boldsymbol{b}$ 的解, 则 $\boldsymbol{x}=\boldsymbol{\eta}_1-\boldsymbol{\eta}_2$ 为对应的齐次方程 $\boldsymbol{Ax}=\boldsymbol{0}$ 的解. ■

性质 4 设 $\boldsymbol{x}=\boldsymbol{\eta}$ 是方程 $\boldsymbol{Ax}=\boldsymbol{b}$ 的解, $\boldsymbol{x}=\boldsymbol{\xi}$ 是方程 $\boldsymbol{Ax}=\boldsymbol{0}$ 的解, 则 $\boldsymbol{x}=\boldsymbol{\xi}+\boldsymbol{\eta}$ 仍是方程 $\boldsymbol{Ax}=\boldsymbol{b}$ 的解. ■

由性质 4 可得非齐次线性方程组 (3.1) 的通解.

定理 3.11 非齐次线性方程组 $\boldsymbol{Ax}=\boldsymbol{b}$ 的通解为

$$\boldsymbol{x}=k_1\boldsymbol{\xi}_1+\cdots+k_{n-r}\boldsymbol{\xi}_{n-r}+\boldsymbol{\eta}^*,$$

其中 $k_1\boldsymbol{\xi}_1+\cdots+k_{n-r}\boldsymbol{\xi}_{n-r}$ 为对应的齐次线性方程组 $\boldsymbol{Ax}=\boldsymbol{0}$ 的通解, $\boldsymbol{\eta}^*$ 为非齐次线性方程组 $\boldsymbol{Ax}=\boldsymbol{b}$ 的任意一个特解. ■

至此可以将得到的与方程组 $\boldsymbol{Ax}=\boldsymbol{b}$ 有解的相关结论汇总成以下相互等价的命题.

定理 3.12 关于线性方程组 (3.1) 下列说法等价:

(1) 线性方程组 $\boldsymbol{Ax}=\boldsymbol{b}$ 有解;

(2) 向量 $\boldsymbol{b}$ 能由 $\boldsymbol{A}$ 的列向量组 $\boldsymbol{\alpha}_1,\boldsymbol{\alpha}_2,\cdots,\boldsymbol{\alpha}_n$ 线性表示;

(3) $\boldsymbol{A}$ 的列向量组 $\boldsymbol{\alpha}_1,\boldsymbol{\alpha}_2,\cdots,\boldsymbol{\alpha}_n$ 与向量组 $\boldsymbol{\alpha}_1,\boldsymbol{\alpha}_2,\cdots,\boldsymbol{\alpha}_n,\boldsymbol{b}$ 等价;

(4) 系数矩阵 $\boldsymbol{A}=(\boldsymbol{\alpha}_1,\boldsymbol{\alpha}_2,\cdots,\boldsymbol{\alpha}_n)$ 与增广矩阵 $\tilde{\boldsymbol{A}}=(\boldsymbol{\alpha}_1,\boldsymbol{\alpha}_2,\cdots,\boldsymbol{\alpha}_n,\boldsymbol{b})$ 的秩相等. ■

例 4 求解方程组

$$\begin{cases}x_1+x_2+x_3+x_4+x_5=7,\\3x_1+x_2+2x_3+x_4-3x_5=-2,\\2x_2+x_3+2x_4+6x_5=23,\\2x_1+4x_2+3x_3+4x_4+8x_5=37.\end{cases}$$

解 对增广矩阵 $\tilde{\boldsymbol{A}}$ 施行初等行变换:

$$\tilde{\boldsymbol{A}}=\begin{pmatrix}1&1&1&1&1&7\\3&1&2&1&-3&-2\\0&2&1&2&6&23\\2&4&3&4&8&37\end{pmatrix}\xrightarrow{\mathrm{r}}\begin{pmatrix}1&1&1&1&1&7\\0&-2&-1&-2&-6&-23\\0&0&0&0&0&0\\0&0&0&0&0&0\end{pmatrix}$$

$$\xrightarrow{\mathrm{r}}\begin{pmatrix}1&0&1/2&0&-2&-9/2\\0&1&1/2&1&3&23/2\\0&0&0&0&0&0\\0&0&0&0&0&0\end{pmatrix},$$

可见 $R(\boldsymbol{A})=R(\tilde{\boldsymbol{A}})=2$, 故方程组有解, 又 $R(\boldsymbol{A})=2, n-r=3$, 所以方程组有无穷多解, 且原方程组等价于

$$\begin{cases}x_1=-\dfrac{1}{2}x_3+2x_5-\dfrac{9}{2},\\x_2=-\dfrac{1}{2}x_3-x_4-3x_5+\dfrac{23}{2}.\end{cases}$$

取 $x_3=x_4=x_5=0$, 则 $x_1=-\dfrac{9}{2}, x_2=\dfrac{23}{2}$, 从而得到方程组的一个特解

$$\boldsymbol{\eta}^*=\begin{pmatrix}-9/2\\23/2\\0\\0\\0\end{pmatrix}.$$

在对应的齐次线性方程组 $\begin{cases}x_1=-\dfrac{1}{2}x_3+2x_5,\\x_2=-\dfrac{1}{2}x_3-x_4-3x_5\end{cases}$ 中, 取 $\begin{pmatrix}x_3\\x_4\\x_5\end{pmatrix}=\begin{pmatrix}1\\0\\0\end{pmatrix}$, $\begin{pmatrix}0\\1\\0\end{pmatrix}$, $\begin{pmatrix}0\\0\\1\end{pmatrix}$, 得到对应的齐次线性方程组的基础解系

$$\boldsymbol{\xi}_1=\begin{pmatrix}-1/2\\-1/2\\1\\0\\0\end{pmatrix},\quad\boldsymbol{\xi}_2=\begin{pmatrix}0\\-1\\0\\1\\0\end{pmatrix},\quad\boldsymbol{\xi}_3=\begin{pmatrix}2\\-3\\0\\0\\1\end{pmatrix},$$

于是所求的非齐次线性方程组的通解为

$$x = k_1\begin{pmatrix}-1/2\\-1/2\\1\\0\\0\end{pmatrix} + k_2\begin{pmatrix}0\\-1\\0\\1\\0\end{pmatrix} + k_3\begin{pmatrix}2\\-3\\0\\0\\1\end{pmatrix} + \begin{pmatrix}-9/2\\23/2\\0\\0\\0\end{pmatrix},\quad k_1,k_2,k_3\in\mathbf{R}.$$ ■

例 5 设 $\boldsymbol{A}$ 是 3×3 矩阵, 且 $R(\boldsymbol{A})=2$. 如果非齐次线性方程组 $\boldsymbol{Ax}=\boldsymbol{\beta}$ 的三个解向量 $\boldsymbol{\eta}_1,\boldsymbol{\eta}_2,\boldsymbol{\eta}_3$ 满足 $\boldsymbol{\eta}_1+\boldsymbol{\eta}_2=\begin{pmatrix}2\\0\\-2\end{pmatrix}$, $\boldsymbol{\eta}_1+\boldsymbol{\eta}_3=\begin{pmatrix}3\\1\\-1\end{pmatrix}$, 求 $\boldsymbol{Ax}=\boldsymbol{\beta}$ 的通解.

解 因为 $R(\boldsymbol{A})=2$, 所以齐次线性方程组 $\boldsymbol{Ax}=\mathbf{0}$ 的基础解系中含有 $3-2=1$ 个解向量. 又因为 $\boldsymbol{A}[(\boldsymbol{\eta}_1+\boldsymbol{\eta}_2)-(\boldsymbol{\eta}_1+\boldsymbol{\eta}_3)]=\mathbf{0}$, 所以

$$\boldsymbol{\xi}=(\boldsymbol{\eta}_1+\boldsymbol{\eta}_2)-(\boldsymbol{\eta}_1+\boldsymbol{\eta}_3)=\begin{pmatrix}-1\\-1\\-1\end{pmatrix}$$

是 $\boldsymbol{Ax}=\mathbf{0}$ 的基础解系中的解向量. 又 $\boldsymbol{A}\left[\dfrac{1}{2}(\boldsymbol{\eta}_1+\boldsymbol{\eta}_2)\right]=\boldsymbol{\beta}$, 则

$$\boldsymbol{\eta}^*=\frac{1}{2}(\boldsymbol{\eta}_1+\boldsymbol{\eta}_2)=\begin{pmatrix}1\\0\\-1\end{pmatrix}$$

是 $\boldsymbol{Ax}=\boldsymbol{\beta}$ 的特解. 所以方程组 $\boldsymbol{Ax}=\boldsymbol{\beta}$ 的通解为

$$\boldsymbol{x}=k\boldsymbol{\xi}+\boldsymbol{\eta}^*=k\begin{pmatrix}-1\\-1\\-1\end{pmatrix}+\begin{pmatrix}1\\0\\-1\end{pmatrix},\quad k\in\mathbf{R}.$$ ■

习 题 3

(A)

一、选择题

1. 已知 $\boldsymbol{\alpha}_1=\begin{pmatrix}2\\0\\0\end{pmatrix}$, $\boldsymbol{\alpha}_2=\begin{pmatrix}0\\0\\-3\end{pmatrix}$, 下列向量中是 $\boldsymbol{\alpha}_1,\boldsymbol{\alpha}_2$ 的线性组合的是 (　　).

A. $\boldsymbol{\beta}=\begin{pmatrix}-3\\0\\4\end{pmatrix}$　　B. $\boldsymbol{\beta}=\begin{pmatrix}0\\1\\0\end{pmatrix}$　　C. $\boldsymbol{\beta}=\begin{pmatrix}1\\1\\0\end{pmatrix}$　　D. $\boldsymbol{\beta}=\begin{pmatrix}0\\-1\\1\end{pmatrix}$

2. 已知向量组 $\boldsymbol{\alpha}_1,\boldsymbol{\alpha}_2,\boldsymbol{\alpha}_3,\boldsymbol{\alpha}_4$ 的秩为 3, 则 (　　).

A. $\boldsymbol{\alpha}_1,\boldsymbol{\alpha}_2,\boldsymbol{\alpha}_3,\boldsymbol{\alpha}_4$ 中任意三个向量线性无关

B. $\boldsymbol{\alpha}_1,\boldsymbol{\alpha}_2,\boldsymbol{\alpha}_3,\boldsymbol{\alpha}_4$ 中必有任意两个向量线性无关

C. $\boldsymbol{\alpha}_1,\boldsymbol{\alpha}_2,\boldsymbol{\alpha}_3,\boldsymbol{\alpha}_4$ 中至少有一个向量可以用其他三个向量线性表示

D. $\boldsymbol{\alpha}_1,\boldsymbol{\alpha}_2,\boldsymbol{\alpha}_3,\boldsymbol{\alpha}_4$ 中任意一个向量都能用其他三个向量线性表示

3. 如果向量 $\boldsymbol{\beta}$ 可由向量组 $\boldsymbol{\alpha}_1,\boldsymbol{\alpha}_2,\cdots,\boldsymbol{\alpha}_s$ 线性表示, 则下列结论正确的是 (　　).

A. 存在一组不全为零的数 $k_1,k_2,\cdots,k_s$, 使等式 $\boldsymbol{\beta}=k_1\boldsymbol{\alpha}_1+k_2\boldsymbol{\alpha}_2+\cdots+k_s\boldsymbol{\alpha}_s$ 成立

B. 存在一组全为零的数 $k_1,k_2,\cdots,k_s$, 使等式 $\boldsymbol{\beta}=k_1\boldsymbol{\alpha}_1+k_2\boldsymbol{\alpha}_2+\cdots+k_s\boldsymbol{\alpha}_s$ 成立

C. 存在一组数 $k_1,k_2,\cdots,k_s$, 使等式 $\boldsymbol{\beta}=k_1\boldsymbol{\alpha}_1+k_2\boldsymbol{\alpha}_2+\cdots+k_s\boldsymbol{\alpha}_s$ 成立

D. 存在一组全不为零的数 $k_1,k_2,\cdots,k_s$, 使等式 $\boldsymbol{\beta}=k_1\boldsymbol{\alpha}_1+k_2\boldsymbol{\alpha}_2+\cdots+k_s\boldsymbol{\alpha}_s$ 成立

4. 向量组 $\boldsymbol{\alpha}_1,\boldsymbol{\alpha}_2,\cdots,\boldsymbol{\alpha}_n$ 线性无关的充分必要条件是 (　　).

A. 向量组 $\boldsymbol{\alpha}_1,\boldsymbol{\alpha}_2,\cdots,\boldsymbol{\alpha}_n$ 中任意两个向量的分量不成比例

B. 向量组 $\boldsymbol{\alpha}_1,\boldsymbol{\alpha}_2,\cdots,\boldsymbol{\alpha}_n$ 中不含零向量

C. 向量组 $\boldsymbol{\alpha}_1,\boldsymbol{\alpha}_2,\cdots,\boldsymbol{\alpha}_n$ 中有部分向量线性无关

D. 向量组 $\boldsymbol{\alpha}_1,\boldsymbol{\alpha}_2,\cdots,\boldsymbol{\alpha}_n$ 中任一向量不能由其他 $n-1$ 个向量线性表示

5. 设向量组

$A:\boldsymbol{\alpha}_1=(a_1,a_2,a_3)^{\mathrm{T}},\boldsymbol{\alpha}_2=(b_1,b_2,b_3)^{\mathrm{T}},\boldsymbol{\alpha}_3=(c_1,c_2,c_3)^{\mathrm{T}}$;

$B:\boldsymbol{\beta}_1=(a_1,a_2,a_3,a_4)^{\mathrm{T}},\boldsymbol{\beta}_2=(b_1,b_2,b_3,b_4)^{\mathrm{T}},\boldsymbol{\beta}_3=(c_1,c_2,c_3,c_4)^{\mathrm{T}}$, 则有 (　　).

A. 向量组 A 线性相关, 则向量组 B 线性相关

B. 向量组 A 线性无关, 则向量组 B 线性无关

C. 向量组 B 线性无关, 则向量组 A 线性无关

D. 向量组 A 线性无关的充要条件是向量组 B 线性无关

6. 设 $\boldsymbol{\alpha}_1=(1,1,0,0)$, $\boldsymbol{\alpha}_2=(0,0,1,1)$, $\boldsymbol{\alpha}_3=(1,0,1,0)$, $\boldsymbol{\alpha}_4=(1,1,1,1)$, 则它的极大无关组为 (　　).

A. $\boldsymbol{\alpha}_1,\boldsymbol{\alpha}_2$　　B.$\boldsymbol{\alpha}_1,\boldsymbol{\alpha}_2,\boldsymbol{\alpha}_3$　　C. $\boldsymbol{\alpha}_1,\boldsymbol{\alpha}_2,\boldsymbol{\alpha}_4$　　D. $\boldsymbol{\alpha}_1,\boldsymbol{\alpha}_2,\boldsymbol{\alpha}_3,\boldsymbol{\alpha}_4$

7. $\boldsymbol{A}$ 为 n 阶方阵, $|\boldsymbol{A}|=0$, 则 (　　).

A. $\boldsymbol{A}$ 中一定有两行 (列) 的元素对应成比例

B. $\boldsymbol{A}$ 中任意一行 (列) 向量都是其余行 (列) 向量的线性组合

C. $\boldsymbol{A}$ 中有一行 (列) 向量是其余行 (列) 向量的线性组合

D. $\boldsymbol{A}$ 中至少有一行 (列) 的元素全为零

8. 设 $\boldsymbol{A}$ 为 $m\times n$ 矩阵, $\boldsymbol{Ax}=\boldsymbol{0}$ 只有零解的充分必要条件是 (　　).

A. $\boldsymbol{A}$ 的列向量组线性无关　　B. $\boldsymbol{A}$ 的列向量组线性相关

C. $\boldsymbol{A}$ 的行向量组线性无关　　D. $\boldsymbol{A}$ 的行向量组线性相关

9. 若两向量 $\boldsymbol{\xi}_1=\begin{pmatrix}1\\0\\2\end{pmatrix},\boldsymbol{\xi}_2=\begin{pmatrix}0\\1\\-1\end{pmatrix}$ 都是齐次线性方程组 $\boldsymbol{Ax}=\boldsymbol{0}$ 的解, 则系数矩阵 $\boldsymbol{A}$ 应为 (　　).

A. $\boldsymbol{A}=\begin{pmatrix}2&0&-1\\0&1&1\end{pmatrix}$　　B. $\boldsymbol{A}=\begin{pmatrix}0&1&-1\\4&-2&-2\\0&1&1\end{pmatrix}$

C. $\boldsymbol{A}=\begin{pmatrix}-1&0&2\\0&1&-1\end{pmatrix}$　　D. $\boldsymbol{A}=\begin{pmatrix}-2&1&1\end{pmatrix}$

10. 设 $\boldsymbol{\eta}_1,\boldsymbol{\eta}_2,\boldsymbol{\eta}_3$ 是齐次线性方程组 $\boldsymbol{Ax}=\boldsymbol{0}$ 的一组基础解系, 则下列向量中不是 $\boldsymbol{Ax}=\boldsymbol{0}$ 的基础解系的是 (　　).

A. $\boldsymbol{\eta}_1,2\boldsymbol{\eta}_2,3\boldsymbol{\eta}_3$　　B. $\boldsymbol{\eta}_1,\boldsymbol{\eta}_1+\boldsymbol{\eta}_2,\boldsymbol{\eta}_1+\boldsymbol{\eta}_2+\boldsymbol{\eta}_3$

C. $\boldsymbol{\eta}_1,\boldsymbol{\eta}_2+\boldsymbol{\eta}_3,\boldsymbol{\eta}_3$　　D. $\boldsymbol{\eta}_1-\boldsymbol{\eta}_2,\boldsymbol{\eta}_2-\boldsymbol{\eta}_3,\boldsymbol{\eta}_3-\boldsymbol{\eta}_1$

二、填空题

1. 设向量 $\boldsymbol{\alpha}_1=\begin{pmatrix}5\\-1\\3\\2\\4\end{pmatrix},3\boldsymbol{\alpha}_1-4\boldsymbol{\alpha}_2=\begin{pmatrix}3\\-7\\17\\2\\8\end{pmatrix}$, 则 $2\boldsymbol{\alpha}_1+3\boldsymbol{\alpha}_2=$________.

2. 设向量 $\boldsymbol{\alpha}=\begin{pmatrix}3\\5\\1\\2\end{pmatrix},\boldsymbol{\beta}=\begin{pmatrix}-1\\2\\3\\0\end{pmatrix}$, 且 $2\boldsymbol{\alpha}+\boldsymbol{\xi}=3\boldsymbol{\beta}$, 则 $\boldsymbol{\xi}=$________.

3. 若向量 $\boldsymbol{\beta}=(0,k,k^2)^{\mathrm{T}}$ 能由向量 $\boldsymbol{\alpha}_1=(1+k,1,1)^{\mathrm{T}},\boldsymbol{\alpha}_2=(1,1+k,1)^{\mathrm{T}},\boldsymbol{\alpha}_3=(1,1,1+k)^{\mathrm{T}}$ 唯一线性表示, 则 k 应满足________.

4. 向量组 $\boldsymbol{\alpha}=\begin{pmatrix}a_1\\a_2\end{pmatrix},\boldsymbol{\beta}=\begin{pmatrix}b_1\\b_2\end{pmatrix}$ 线性相关的充分必要条件是________.

5. 向量组 $\boldsymbol{\alpha}_1=\begin{pmatrix}0\\0\\0\end{pmatrix},\boldsymbol{\alpha}_2=\begin{pmatrix}1\\2\\3\end{pmatrix}$ 一定线性__________.

6. 若向量组 $\boldsymbol{\alpha}_1=\begin{pmatrix}1\\0\\2\end{pmatrix},\boldsymbol{\alpha}_2=\begin{pmatrix}-1\\2\\1\end{pmatrix},\boldsymbol{\alpha}_3=\begin{pmatrix}2\\k\\5\end{pmatrix}$ 线性无关, 则 k 应满足__________.

7. 设 $\boldsymbol{\alpha}_1=\begin{pmatrix}1\\1\\1\end{pmatrix},\boldsymbol{\alpha}_2=\begin{pmatrix}a\\0\\b\end{pmatrix},\boldsymbol{\alpha}_3=\begin{pmatrix}1\\3\\2\end{pmatrix}$, 若 $\boldsymbol{\alpha}_1,\boldsymbol{\alpha}_2,\boldsymbol{\alpha}_3$ 线性相关, 则 a,b 应满足 __________.

8. 向量组 $\boldsymbol{\alpha}_1=\begin{pmatrix}1\\3\\5\\-1\end{pmatrix},\boldsymbol{\alpha}_2=\begin{pmatrix}2\\-1\\-3\\4\end{pmatrix},\boldsymbol{\alpha}_3=\begin{pmatrix}5\\1\\-1\\7\end{pmatrix},\boldsymbol{\alpha}_4=\begin{pmatrix}7\\7\\9\\1\end{pmatrix}$ 的极大无关组是__________.

9. 已知向量组 $\boldsymbol{\alpha}_1=\begin{pmatrix}1\\2\\3\\4\end{pmatrix},\boldsymbol{\alpha}_2=\begin{pmatrix}2\\3\\5\\5\end{pmatrix},\boldsymbol{\alpha}_3=\begin{pmatrix}3\\4\\5\\6\end{pmatrix},\boldsymbol{\alpha}_4=\begin{pmatrix}4\\5\\6\\7\end{pmatrix}$, 则该向量组的秩为__________.

10. 方程 $x_1-4x_2+2x_3-5x_4=6$ 的通解为__________.

11. 设方程组 $\begin{pmatrix}a&1&1\\1&a&1\\1&1&a\end{pmatrix}\begin{pmatrix}x_1\\x_2\\x_3\end{pmatrix}=\begin{pmatrix}1\\1\\-2\end{pmatrix}$ 有无穷多个解, 则 $a=$ __________.

12. 设 $\boldsymbol{\eta}_1,\boldsymbol{\eta}_2,\cdots,\boldsymbol{\eta}_t$ 及 $\lambda_1\boldsymbol{\eta}_1+\lambda_2\boldsymbol{\eta}_2+\cdots+\lambda_t\boldsymbol{\eta}_t$ 都是非齐次线性方程组 $\boldsymbol{Ax}=\boldsymbol{b}$ 的解向量, 则 $\lambda_1+\lambda_2+\cdots+\lambda_t=$ __________.

三、解答题

1. 设向量 $\boldsymbol{\alpha}_1=(1,1,0,-1)^{\mathrm{T}},\boldsymbol{\alpha}_2=(-2,1,0,0)^{\mathrm{T}},\boldsymbol{\alpha}_3=(-1,-2,0,0)^{\mathrm{T}}$, 求 $\boldsymbol{\alpha}_1+\boldsymbol{\alpha}_2+\boldsymbol{\alpha}_3$ 及 $3\boldsymbol{\alpha}_1-\boldsymbol{\alpha}_2+5\boldsymbol{\alpha}_3$.

2. 设 $3(\boldsymbol{\alpha}_1-\boldsymbol{\alpha})+2(\boldsymbol{\alpha}_2+\boldsymbol{\alpha})=5(\boldsymbol{\alpha}_3+\boldsymbol{\alpha})$ 其中 $\boldsymbol{\alpha}_1=(2,5,1,3)^{\mathrm{T}}$, $\boldsymbol{\alpha}_2=(10,1,5,10)^{\mathrm{T}}$, $\boldsymbol{\alpha}_3=(4,1,-1,1)^{\mathrm{T}}$, 求向量 $\boldsymbol{\alpha}$.

3. 设向量 $\boldsymbol{\beta}=(1,a,3)^{\mathrm{T}}$ 能由向量 $\boldsymbol{\alpha}_1=(2,1,0)^{\mathrm{T}},\boldsymbol{\alpha}_2=(-3,2,1)^{\mathrm{T}}$ 线性表示, 求 a 的值.

4. 试将向量 $\boldsymbol{\beta}$ 表示成向量 $\boldsymbol{\alpha}_1,\boldsymbol{\alpha}_2,\boldsymbol{\alpha}_3,\boldsymbol{\alpha}_4$ 的线性组合.

(1) $\boldsymbol{\beta}=(1,2,1,1)^{\mathrm{T}}, \boldsymbol{\alpha}_1=(1,1,1,1)^{\mathrm{T}}, \boldsymbol{\alpha}_2=(1,1,-1,-1)^{\mathrm{T}}, \boldsymbol{\alpha}_3=(1,-1,1,-1)^{\mathrm{T}}, \boldsymbol{\alpha}_4=(1,-1,-1,1)^{\mathrm{T}}$;

(2) $\boldsymbol{\beta}=(0,2,0,-1)^{\mathrm{T}}, \boldsymbol{\alpha}_1=(1,1,1,1)^{\mathrm{T}}, \boldsymbol{\alpha}_2=(1,1,1,0)^{\mathrm{T}}, \boldsymbol{\alpha}_3=(1,1,0,0)^{\mathrm{T}}, \boldsymbol{\alpha}_4=(1,0,0,0)^{\mathrm{T}}$.

5. 已知向量组

$$\boldsymbol{A}: \boldsymbol{\alpha}_1=\begin{pmatrix}0\\1\\1\end{pmatrix}, \boldsymbol{\alpha}_2=\begin{pmatrix}1\\1\\0\end{pmatrix}, B: \boldsymbol{\beta}_1=\begin{pmatrix}-1\\0\\1\end{pmatrix}, \boldsymbol{\beta}_2=\begin{pmatrix}1\\2\\1\end{pmatrix}, \boldsymbol{\beta}_3=\begin{pmatrix}3\\2\\-1\end{pmatrix}.$$

证明向量组 $\boldsymbol{A}$ 与向量组 B 等价.

6. 判断下列向量组的线性相关性.

(1) $\begin{pmatrix}1\\0\\1\end{pmatrix}, \begin{pmatrix}-1\\2\\2\end{pmatrix}, \begin{pmatrix}1\\2\\4\end{pmatrix}$; (2) $\begin{pmatrix}2\\3\\0\end{pmatrix}, \begin{pmatrix}-1\\4\\0\end{pmatrix}, \begin{pmatrix}0\\0\\2\end{pmatrix}$.

7. 问 a 取什么值时下列向量组线性相关, 线性无关?

$$\boldsymbol{\alpha}_1=\begin{pmatrix}-1\\1\\2\end{pmatrix}, \quad \boldsymbol{\alpha}_2=\begin{pmatrix}2\\-a\\3\end{pmatrix}, \quad \boldsymbol{\alpha}_3=\begin{pmatrix}1\\a\\-1\end{pmatrix}.$$

8. 设 $\boldsymbol{\alpha}_1, \boldsymbol{\alpha}_2$ 线性无关, $\boldsymbol{\alpha}_1+\boldsymbol{\beta}, \boldsymbol{\alpha}_2+\boldsymbol{\beta}$ 线性相关, 求向量 $\boldsymbol{\beta}$ 用 $\boldsymbol{\alpha}_1, \boldsymbol{\alpha}_2$ 线性表示的表示式.

9. 设 $\boldsymbol{\alpha}_1=\begin{pmatrix}1\\0\\2\\3\end{pmatrix}, \boldsymbol{\alpha}_2=\begin{pmatrix}1\\1\\3\\5\end{pmatrix}, \boldsymbol{\alpha}_3=\begin{pmatrix}1\\-1\\a+2\\1\end{pmatrix}, \boldsymbol{\alpha}_4=\begin{pmatrix}1\\2\\4\\a+8\end{pmatrix}, \boldsymbol{\beta}=\begin{pmatrix}1\\1\\b+3\\5\end{pmatrix}$.

(1) a, b 满足何种关系时, $\boldsymbol{\beta}$ 能表示成 $\boldsymbol{\alpha}_1, \boldsymbol{\alpha}_2, \boldsymbol{\alpha}_3, \boldsymbol{\alpha}_4$ 的线性组合;

(2) a, b 满足何种关系时, $\boldsymbol{\beta}$ 可以由 $\boldsymbol{\alpha}_1, \boldsymbol{\alpha}_2, \boldsymbol{\alpha}_3, \boldsymbol{\alpha}_4$ 的线性表示, 且表示法唯一.

10. 求下列向量组的秩, 并求其一个极大无关组.

$$\boldsymbol{\alpha}_1=\begin{pmatrix}1\\-2\\0\\3\end{pmatrix},\boldsymbol{\alpha}_2=\begin{pmatrix}2\\-5\\-3\\6\end{pmatrix},\boldsymbol{\alpha}_3=\begin{pmatrix}0\\1\\3\\0\end{pmatrix},\boldsymbol{\alpha}_4=\begin{pmatrix}2\\-1\\4\\-7\end{pmatrix},\boldsymbol{\alpha}_5=\begin{pmatrix}5\\-8\\1\\2\end{pmatrix}.$$

11. 求下列各向量组的一个极大无关组, 并把其余的向量用该极大无关组线性表示.

(1) $\boldsymbol{\alpha}_1=\begin{pmatrix}1\\-2\\5\end{pmatrix},\boldsymbol{\alpha}_2=\begin{pmatrix}3\\2\\-1\end{pmatrix},\boldsymbol{\alpha}_3=\begin{pmatrix}3\\10\\-7\end{pmatrix}$;

(2) $\boldsymbol{\alpha}_1=\begin{pmatrix}1\\-1\\0\\4\end{pmatrix},\boldsymbol{\alpha}_2=\begin{pmatrix}2\\1\\5\\6\end{pmatrix},\boldsymbol{\alpha}_3=\begin{pmatrix}1\\-1\\-2\\0\end{pmatrix},\boldsymbol{\alpha}_4=\begin{pmatrix}3\\0\\7\\14\end{pmatrix}$.

12. 设向量

$$\boldsymbol{\alpha}_1=\begin{pmatrix}a\\3\\1\end{pmatrix},\boldsymbol{\alpha}_2=\begin{pmatrix}2\\b\\3\end{pmatrix},\boldsymbol{\alpha}_3=\begin{pmatrix}1\\2\\1\end{pmatrix},\boldsymbol{\alpha}_4=\begin{pmatrix}2\\3\\1\end{pmatrix}$$

的秩为 2, 求 a,b 的值.

13. 设

$$\begin{cases}\boldsymbol{\beta}_1=\boldsymbol{\alpha}_2+\boldsymbol{\alpha}_3+\cdots+\boldsymbol{\alpha}_n,\\ \boldsymbol{\beta}_2=\boldsymbol{\alpha}_1+\boldsymbol{\alpha}_3+\cdots+\boldsymbol{\alpha}_n,\\ \qquad\cdots\cdots,\\ \boldsymbol{\beta}_n=\boldsymbol{\alpha}_1+\boldsymbol{\alpha}_2+\boldsymbol{\alpha}_3+\cdots+\boldsymbol{\alpha}_{n-1}.\end{cases}$$

证明向量组 $\boldsymbol{\alpha}_1,\cdots,\boldsymbol{\alpha}_n$ 与向量组 $\boldsymbol{\beta}_1,\cdots,\boldsymbol{\beta}_n$ 等价.

14. 设 $\boldsymbol{A}=\begin{pmatrix}2&-2&1&3\\9&-5&2&8\end{pmatrix}$, 求一个 4×2 矩阵 $\boldsymbol{B}$, 使 $\boldsymbol{AB}=\mathbf{O}$, 且 $R(\boldsymbol{B})=2$.

15. 求一个齐次线性方程组, 使它的基础解系为 $\boldsymbol{\xi}_1=(0,1,2,3)^{\mathrm{T}},\boldsymbol{\xi}_1=(3,2,1,0)^{\mathrm{T}}$.

16. 求下列齐次线性方程组的基础解系.

(1) $\begin{cases}x_1+2x_2+2x_3=0,\\x_1+3x_2+4x_3-2x_4=0,\\x_1+x_2+2x_4=0;\end{cases}$ (2) $\begin{cases}x_1-2x_2-x_3-x_4=0,\\2x_1-4x_2+5x_3+3x_4=0,\\4x_1-8x_2+17x_3+11x_4=0.\end{cases}$

17. 求下列非齐次线性方程组的通解.

(1) $\begin{cases} x_1+2x_2-x_3+3x_4+x_5=2, \\ 2x_1+4x_2-2x_3+6x_4+3x_5=6, \\ -x_1-2x_2+x_3-x_4+3x_5=4; \end{cases}$ (2) $\begin{cases} x_1+x_2-3x_3-x_4=1, \\ 3x_1-x_2-3x_3+4x_4=4, \\ x_1+5x_2-9x_3-8x_4=0. \end{cases}$

18. 设 $\begin{cases} (2-\lambda)x_1+2x_2-2x_3=1, \\ 2x_1+(5-\lambda)x_2-4x_3=2, \\ -2x_1-4x_2+(5-\lambda)x_3=-\lambda-1. \end{cases}$ 问 λ 为何值时, 此方程组有唯一解、无解或有无穷多解? 并在有无穷多解时求其通解.

19. 设有向量组 $A:\boldsymbol{\alpha}_1=\begin{pmatrix}\alpha\\2\\10\end{pmatrix},\boldsymbol{\alpha}_2=\begin{pmatrix}-2\\1\\5\end{pmatrix},\boldsymbol{\alpha}_3=\begin{pmatrix}-1\\1\\4\end{pmatrix}$, 及 $\boldsymbol{b}=\begin{pmatrix}1\\\beta\\-1\end{pmatrix}$, 问 α,β 为何值时,

(1) 向量 $\boldsymbol{b}$ 不能由向量组 A 线性表示;

(2) 向量 $\boldsymbol{b}$ 能由向量组 A 线性表示, 且表示式唯一;

(3) 向量 $\boldsymbol{b}$ 能由向量组 A 线性表示, 且表示式不唯一, 并求一般表示式.

(B)

1. 设 $\boldsymbol{\beta}_1=\boldsymbol{\alpha}_1+\boldsymbol{\alpha}_2,\boldsymbol{\beta}_2=\boldsymbol{\alpha}_2+\boldsymbol{\alpha}_3,\boldsymbol{\beta}_3=\boldsymbol{\alpha}_3+\boldsymbol{\alpha}_4,\boldsymbol{\beta}_4=\boldsymbol{\alpha}_4+\boldsymbol{\alpha}_1$, 证明向量组 $\boldsymbol{\beta}_1,\boldsymbol{\beta}_2,\boldsymbol{\beta}_3,\boldsymbol{\beta}_4$ 线性相关.

2. 已知三阶矩阵 $\boldsymbol{A}$ 与三维列向量 $\boldsymbol{x}$ 满足 $\boldsymbol{A}^3\boldsymbol{x}=3\boldsymbol{A}\boldsymbol{x}-\boldsymbol{A}^2\boldsymbol{x}$, 且向量组 $\boldsymbol{x},\boldsymbol{A}\boldsymbol{x},\boldsymbol{A}^2\boldsymbol{x}$ 线性无关.

(1) 记 $\boldsymbol{P}=(\boldsymbol{x},\boldsymbol{A}\boldsymbol{x},\boldsymbol{A}^2\boldsymbol{x})$, 求三阶矩阵 $\boldsymbol{B}$, 使 $\boldsymbol{AP}=\boldsymbol{PB}$; (2) 求 $|\boldsymbol{A}|$.

3. 设向量组 $B:\boldsymbol{b}_1,\cdots,\boldsymbol{b}_r$ 能由向量组 $A:\boldsymbol{a}_1,\cdots,\boldsymbol{a}_s$ 线性表示为

$$(\boldsymbol{b}_1,\cdots,\boldsymbol{b}_r)=(\boldsymbol{a}_1,\cdots,\boldsymbol{a}_s)\boldsymbol{K},$$

其中 $\boldsymbol{K}$ 为 $s\times r$ 矩阵, 且 $\boldsymbol{A}$ 组线性无关. 证明 $\boldsymbol{B}$ 组线性无关的充分必要条件是矩阵 $\boldsymbol{K}$ 的秩 $R(\boldsymbol{K})=r$.

4. 设 $\boldsymbol{A}$ 为 n 阶矩阵, $\boldsymbol{\alpha}$ 为 n 维列向量, 记矩阵 $\boldsymbol{B}=\begin{pmatrix}\boldsymbol{A}&\boldsymbol{\alpha}\\\boldsymbol{\alpha}^{\mathrm{T}}&0\end{pmatrix}$, 且 $R(B)=R(A)$, 证明: 齐次线性方程组 $\boldsymbol{B}x=\mathbf{0}$ 必有非零解.

5. 设 $\boldsymbol{\eta}^*$ 是非齐次线性方程组 $\boldsymbol{A}\boldsymbol{x}=\boldsymbol{\beta}$ 的一个解, $\boldsymbol{\xi}_1,\cdots,\boldsymbol{\xi}_{n-r}$ 是对应的齐次线性方程组的一组基础解系, 证明: (1) $\boldsymbol{\eta}^*,\boldsymbol{\xi}_1,\cdots,\boldsymbol{\xi}_{n-r}$ 线性无关; (2) $\boldsymbol{\eta}^*,\boldsymbol{\eta}^*+\boldsymbol{\xi}_1,\cdots,\boldsymbol{\eta}^*+\boldsymbol{\xi}_{n-r}$ 线性无关。

6. 设 $\boldsymbol{\eta}_1,\cdots,\boldsymbol{\eta}_s$ 是非齐次线性方程组 $\boldsymbol{Ax}=\boldsymbol{\beta}$ 的 s 个解, $k_1,\cdots,k_s$ 为实数, 满足 $k_1+k_2+\cdots+k_s=1$. 证明 $\boldsymbol{x}=k_1\boldsymbol{\eta}_1+k_2\boldsymbol{\eta}_2+\cdots+k_s\boldsymbol{\eta}_s$ 也是它的解.

7. 设非齐次线性方程组 $\boldsymbol{Ax}=\boldsymbol{\beta}$ 的系数矩阵的秩为 r, $\eta_1,\cdots,\eta_{n-r+1}$ 是它的 $n-r+1$ 个线性无关的解. 试证它的任一解可表示为

$$\boldsymbol{x}=k_1\boldsymbol{\eta}_1+k_2\boldsymbol{\eta}_2+\cdots+k_{n-r+1}\boldsymbol{\eta}_{n-r+1},\quad k_1+\cdots+k_{n-r+1}=1.$$

8. 设有方程组 I: $\begin{cases}2x_1+3x_2-x_3=0,\\ x_1+2x_2+x_3-x_4=0\end{cases}$ 和另一四元齐次方程组 II, 已知 II 的一组基础解系为: $\boldsymbol{\xi}_1=\begin{pmatrix}2\\-1\\a+2\\1\end{pmatrix},\boldsymbol{\xi}_2=\begin{pmatrix}-1\\2\\4\\a+8\end{pmatrix}$.

(1) 求方程组 I 的一组基础解系;

(2) 问 a 为何值时, 方程组 I 与 II 有非零公共解, 并求出全部公共解.

第 4 章　线 性 空 间

几何中, “空间” 通常是点的集合, 即作为 “空间” 的元素是点, 这样的空间称为点空间. 例如, 一维直线、二维平面和三维空间都是点空间. 换言之, 如果利用数表示直线中的点, 用二维有序数组表示平面中的点, 用三维有序数组表示三维空间中的点, 进一步将有序数组与二维、三维几何向量对应起来, 那么二维、三维集合空间可以认为是由向量组成的集合. 显然还应该注意到对于几何向量我们引入了诸如加法和数与向量的乘法运算, 这些运算满足一定的运算规律. 同样地, 在 $\mathbf{R}^n$ 中定义的有序 n 元数组 $(x_1, x_2, \cdots, x_n)$ 为 n 维空间 $\mathbf{R}^n$ 中的点, 也可以理解为 n 维向量组成的集合. 对于 n 维向量也引入了诸如加法和数与向量的乘法运算, 这些运算满足一定的运算规律. 从 $\mathbf{R}$, $\mathbf{R}^2$, $\mathbf{R}^3$ 到 $\mathbf{R}^n$, 不仅空间的维数在不断增加, 而且点的概念也在进一步地抽象. 点的概念抽象到一定程度, 我们就会得到不同于点空间的空间, 如**线性空间**(linear space).

如果更加抽象地来设想, 给定一个非空集合, 在其中引入适当的运算, 如加法和数与这些元素的乘法运算, 而且这些运算满足一定的运算规律, 这种特定的结构称为数学模型, 就是本章所要讨论的线性空间的基本内容.

线性空间最直观的一个模型是几何向量及其相关的运算. 这里几何向量的相关运算是指其加法、数与向量的乘法及对运算的一些限制如封闭性、结合律等. 本章首先介绍线性空间的基本概念,

4.1　线性空间的概念

线性空间是一个较为抽象的概念, 也是研究客观世界中线性问题的重要观念和工具. 在学习中要常回想所讨论的问题在平面或空间坐标系下几何空间的原型. 本节从几个例子入手给出线性空间的概念.

例 1　实数集合. 运算定义为实数的加法和实数与实数的数乘. 这些运算满足一定的运算规律:

对任意实数 α, β, γ 有

(1) $\alpha+\beta=\beta+\alpha$(加法交换律);

(2) $(\alpha+\beta)+\gamma=\alpha+(\beta+\gamma)$ (加法结合律);

(3) 存在一个数 (即数 0) 满足任何数与之相加仍是该数;

(4) 任何一个数 α 都有其相反数, 即 $-\alpha$;

(5) 数 1 乘任何数 α 结果仍是 α;

(6) $(\beta\gamma)\alpha=\beta(\gamma\alpha)=\gamma(\beta\alpha)$ (数乘结合律);

(7) $(\beta+\gamma)\alpha=\beta\alpha+\gamma\alpha$ (数乘对加法的分配律);

(8) $\gamma(\alpha+\beta)=\gamma\alpha+\gamma\beta$ (数乘对加法的分配律). ■

例 2 $m\times n$ 实矩阵集合 $\mathbf{R}^{m\times n}$. 运算定义为矩阵的加法和实数乘以矩阵的数乘运算. 这些运算满足一定的运算规律:

设 k, l 为任意的实数, $\boldsymbol{A}, \boldsymbol{B}, \boldsymbol{C}$ 为 $m\times n$ 实矩阵, 那么

(1) $\boldsymbol{A}+\boldsymbol{B}=\boldsymbol{B}+\boldsymbol{A}$;

(2) $(\boldsymbol{A}+\boldsymbol{B})+\boldsymbol{C}=\boldsymbol{A}+(\boldsymbol{B}+\boldsymbol{C})$;

(3) $\boldsymbol{A}+\boldsymbol{O}=\boldsymbol{A}$;

(4) $\boldsymbol{A}+(-\boldsymbol{A})=\boldsymbol{O}$;

(5) 数 1 乘任何矩阵 $\boldsymbol{A}$ 结果仍是 $\boldsymbol{A}$;

(6) $(kl)\boldsymbol{A}=k(l\boldsymbol{A})=l(k\boldsymbol{A})$;

(7) $(k+l)\boldsymbol{A}=k\boldsymbol{A}+l\boldsymbol{A}$;

(8) $k(\boldsymbol{A}+\boldsymbol{B})=k\boldsymbol{A}+k\boldsymbol{B}$. ■

上述两个例子所考虑的对象不同, 但它们具有一个共同的特点, 即都具有加法和数乘两种运算. 当然由于对象不一致, 加法和数乘运算的内涵也不相同. 为了研究其共同的特点, 本章引入线性空间的概念, 简单地讲就是一个集合中元素有两种运算, 而且这两种运算满足 8 条规律, 则这个集合称为线性空间, 也常称为向量空间.

定义 4.1 设 V 是非空集合, P 是**数域**(number field)(即 P 是包含 0 和 1 的数集, 且 P 中数的和、差、积、商 (0 不作除数) 均在 P 内). 在 V 的元素间定义了一种运算, 称为**加法**(addition): 对于任意的 $\boldsymbol{\alpha}, \boldsymbol{\beta}\in V$, 都有唯一的 $\boldsymbol{\delta}\in V$ 与它们对应, 称为 $\boldsymbol{\alpha}$ 与 $\boldsymbol{\beta}$ 的和, 记为 $\boldsymbol{\delta}=\boldsymbol{\alpha}+\boldsymbol{\beta}$. 另外, 在 P 和 V 之间还定义了一种运算, 称为**数乘**(multiplied by a number): 对于任意的 $\boldsymbol{\alpha}\in V$ 和 $k\in P$, 都有唯一的元素 $\boldsymbol{\eta}\in V$ 与之对应, 称为 k 和 $\boldsymbol{\alpha}$ 的数量乘积 (简称数乘), 记为 $\boldsymbol{\eta}=k\boldsymbol{\alpha}$. 如果加法和数乘满足以下 8 条运算规律:

(1) $\boldsymbol{\alpha}+\boldsymbol{\beta}=\boldsymbol{\beta}+\boldsymbol{\alpha}$; (加法交换律)

(2) $(\boldsymbol{\alpha}+\boldsymbol{\beta})+\boldsymbol{\gamma}=\boldsymbol{\alpha}+(\boldsymbol{\beta}+\boldsymbol{\gamma})$; (加法结合律)

(3) V 中有一零元素 $\boldsymbol{\theta}$, 即对于任意的 $\boldsymbol{\alpha}\in V$, 有 $\boldsymbol{\alpha}+\boldsymbol{\theta}=\boldsymbol{\alpha}$; (有零元)

(4) 对任意的 $\boldsymbol{\alpha}\in V$, 存在 $\boldsymbol{\beta}\in V$, 称为 $\boldsymbol{\alpha}$ 的负元, 记为 $-\boldsymbol{\alpha}$, 使得 $\boldsymbol{\alpha}+(-\boldsymbol{\alpha})=\boldsymbol{\theta}$; (有负元)

(5) $1\boldsymbol{\alpha}=\boldsymbol{\alpha}$;

(6) $(kl)\boldsymbol{\alpha}=k(l\boldsymbol{\alpha})=l(k\boldsymbol{\alpha})$;

(7) $(k+l)\boldsymbol{\alpha}=k\boldsymbol{\alpha}+l\boldsymbol{\alpha}$;

(8) $k(\boldsymbol{\alpha}+\boldsymbol{\beta})=k\boldsymbol{\alpha}+k\boldsymbol{\beta}$.

则称定义了这两种运算的集合 V 是数域 P 上的**线性空间**, 其中 $\boldsymbol{\alpha},\boldsymbol{\beta},\boldsymbol{\gamma}$ 是 V 中的任意元素, k,l 是 P 中的任意数. 当 P 是实数域或复数域时, V 分别称为实线性空间或复线性空间. ■

线性空间中的元素也称为**向量**, 故而线性空间也称为**向量空间**(vector space). 但需要注意的是这里的向量是一个比较抽象的概念, 它不同于之前几何中介绍的“既有大小又有方向的量”, 也不局限于第 3 章中的 n 维向量.

依据线性空间的定义, 例 1 说明全体实数按照实数的加法和实数与实数的数乘构成线性空间. 例 2 说明 $m\times n$ 实矩阵集合 $\mathbf{R}^{m\times n}$ 按照矩阵的加法和实数乘以矩阵的数乘运算构成线性空间. 因此 n 维行向量或 n 维列向量依照向量的加法和数乘运算构成实数域上的线性空间, 记为 $\mathbf{R}^n$. 特别地, 平面几何向量、空间几何向量依照向量的加法和向量的数乘运算构成实数域上的线性空间, 分别记为 $\mathbf{R}^2$ 和 $\mathbf{R}^3$.

例 3 考虑全体正实数 $\mathbf{R}^+$, 分别如下定义运算: 对于任意的 $a,b\in\mathbf{R}^+$, 以及任意实数 k, 加法与数量乘法定义为 (这里为了区别正常的运算, 引入了特别的记号):

(1) $a\dot{+}b=\log_a b,\quad k\circ a=a^k$;

(2) $a\dot{+}b=ab,\quad k\circ a=a^k$.

判断 $\mathbf{R}^+$ 按照所定义的两种类型的运算是否构成实数域 $\mathbf{R}$ 上的线性空间.

解 (1) 因为 $2\dot{+}\dfrac{1}{2}=\log_2\dfrac{1}{2}\notin\mathbf{R}^+$, 即 $\mathbf{R}^+$ 对于这种加法不封闭, 因此 $\mathbf{R}^+$ 不构成实数域 $\mathbf{R}$ 上的线性空间.

(2) 首先, $\mathbf{R}^+$ 对于这两种运算是封闭的. 事实上, 对于任意的 $a,b\in\mathbf{R}^+$, 以及任意实数 $ka\dot{+}b=ab\in\mathbf{R}^+, k\circ a=a^k\in\mathbf{R}^+$. 其次, 对于任意 $a,b,c\in\mathbf{R}^+$, 以及任意实数 k,l 验证这种加法和数量乘法满足下列算律:

① $a\dot{+}b=ab=ba=b\dot{+}a$;

② $(a\dot{+}b)\dot{+}c=(ab)\dot{+}c=(ab)c=a(bc)=a\dot{+}(bc)=a\dot{+}(b\dot{+}c)$;

③ 数 1 是零元, 即 $1\dot{+}a=1a=a$;

④ a^{-1} 是 a 的负元, 因为 $a\dot{+}a^{-1}=aa^{-1}=1$, 1 是零元;

⑤ 数 1 数乘任意元有 $1\circ a=a^1=a$;

⑥ $k\circ(l\circ a)=k\circ a^l=(a^l)^k=a^{lk}=a^{kl}=(kl)\circ a$;

⑦ $(k+l)\circ a=a^{k+l}=a^ka^l=a^k\dot{+}a^l=k\circ a\dot{+}l\circ a$;

⑧ $k\circ(a\dot{+}b)=k\circ(ab)=(ab)^k=a^kb^k=a^k\dot{+}b^k$.

因此 $\mathbf{R}^+$ 构成实数域 $\mathbf{R}$ 上的线性空间. ■

例 4 令 $P[x]_n=\{a_0+a_1x+a_2x^2+\cdots+a_nx^n|a_0,a_1,\cdots,a_n\in\mathbf{R}\}$, 即所有次

数不超过 n 的实系数一元多项式的集合. 任给

$$a_0 + a_1x + a_2x^2 + \cdots + a_nx^n, b_0 + b_1x + b_2x^2 + \cdots + b_nx^n \in P[x]_n,$$

定义加法为

$$\begin{aligned}&(a_0 + a_1x + a_2x^2 + \cdots + a_nx^n) + (b_0 + b_1x + b_2x^2 + \cdots + b_nx^n)\\ =& (a_0 + b_0) + (a_1 + b_1)x + (a_2 + b_2)x^2 + \cdots + (a_n + b_n)x^n \in P[x]_n;\end{aligned}$$

对任意实数 k 定义数乘为

$$k(a_0 + a_1x + a_2x^2 + \cdots + a_nx^n) = ka_0 + ka_1x + ka_2x^2 + \cdots + ka_nx^n \in P[x]_n.$$

容易验证定义 4.1 中的 8 条运算规律成立, 所以所有次数不超过 n 的实系数一元多项式按上述加法和数乘构成实数域上的线性空间. ■

由此例可以看出定义在某一区间上的实连续 (或可微、可积) 函数按照函数的加法和数乘运算构成实数域上的线性空间.

下面给出线性空间的性质.

性质 1　线性空间中的零元是唯一的.

证明　设 $\boldsymbol{\theta}_1$ 和 $\boldsymbol{\theta}_2$ 为一线性空间的零元, 要证 $\boldsymbol{\theta}_1 = \boldsymbol{\theta}_2$. 由于 $\boldsymbol{\theta}_1$ 是零元, 对于元素 $\boldsymbol{\theta}_2$ 成立

$$\boldsymbol{\theta}_2 + \boldsymbol{\theta}_1 = \boldsymbol{\theta}_2.$$

同理, 由于 $\boldsymbol{\theta}_2$ 是零元, 对于 $\boldsymbol{\theta}_1$ 元素成立

$$\boldsymbol{\theta}_1 + \boldsymbol{\theta}_2 = \boldsymbol{\theta}_1.$$

由此得到

$$\boldsymbol{\theta}_2 = \boldsymbol{\theta}_2 + \boldsymbol{\theta}_1 = \boldsymbol{\theta}_1 + \boldsymbol{\theta}_2 = \boldsymbol{\theta}_1.$$ ■

性质 2　线性空间中任一元素的负元是唯一的; 线性空间中任一元素数乘以 -1 结果为其负元.

该性质证明留给读者. ■

性质 3　线性空间中任一元素数乘以 0 结果为零元; 零元数乘以任何数结果为零元.

证明　先证 $0\boldsymbol{\alpha} = \boldsymbol{\theta}$. 因为

$$\boldsymbol{\alpha} + 0\boldsymbol{\alpha} = 1\boldsymbol{\alpha} + 0\boldsymbol{\alpha} = (1 + 0)\boldsymbol{\alpha} = \boldsymbol{\alpha},$$

等式两边加上 $\boldsymbol{\alpha}$ 的负元 $-\boldsymbol{\alpha}$ 即得

$$0\boldsymbol{\alpha} = \boldsymbol{\theta}.$$

再证 $k\boldsymbol{\theta}=\boldsymbol{\theta}$. 根据分配律和性质 2, 易得

$$\boldsymbol{\theta}=0\boldsymbol{\theta}=[k+(-k)]\boldsymbol{\theta}=k\boldsymbol{\theta}+(-k)\boldsymbol{\theta}=k\boldsymbol{\theta}+k(-1)\boldsymbol{\theta}=k(\boldsymbol{\theta}+(-\boldsymbol{\theta}))=k\boldsymbol{\theta}.$$ ■

性质 4 线性空间中如果一元素 $\boldsymbol{\alpha}$ 数乘以一个数 k 是零元, 则要么 k 是零, 要么 $\boldsymbol{\alpha}$ 是零元.

证明 设 $k\boldsymbol{\alpha}=\boldsymbol{\theta}$, 要证 $k=0$ 或 $\boldsymbol{\alpha}=\boldsymbol{\theta}$. 设 $k\neq 0$, 那么一方面有

$$k^{-1}(k\boldsymbol{\alpha})=k^{-1}\boldsymbol{\theta}=\boldsymbol{\theta};$$

另一方面有

$$k^{-1}(k\boldsymbol{\alpha})=(k^{-1}k)\boldsymbol{\alpha}=1\boldsymbol{\alpha}=\alpha.$$

因此有 $\boldsymbol{\alpha}=\boldsymbol{\theta}$. ■

4.2 子 空 间

在三维几何向量组成的线性空间 $\mathbf{R}^3$ 中, 显然所有在某一过原点平面上的向量按照向量加法和数乘运算也构成一个线性空间, 它既是原线性空间 $\mathbf{R}^3$ 的一部分, 同时也是一个线性空间.

定义 4.2 数域 P 上线性空间 V 的一个非空子集合 W 称为 V 的一个**线性子空间**(linear subspace) 或简称**子空间**(subspace), 如果 W 对于 V 的两种运算也构成线性空间. ■

例 1 $P[x]_n=\{a_0+a_1x+a_2x^2+\cdots+a_nx^n|a_0,a_1,\cdots,a_n\in\mathbf{R}\}$ 是实数域上的线性空间, $P[x]_1,P[x]_2,\cdots,P[x]_{n-1}$, 即次数分别不超过 $1,2,\cdots,n-1$ 的实系数多项式全体, 都是实数域上的线性空间, 也都是 $P[x]_n$ 的子空间. ■

根据定义 4.2 数域 P 上线性空间 V 本身也是 V 的一个子空间. 由线性空间的定义可知, 任何一个线性空间都有零元 $\boldsymbol{\theta}$. 在线性空间 V 中仅有零元 $\boldsymbol{\theta}$ 组成的子集 $S=\{\boldsymbol{\theta}\}$ 也是 V 的一个子空间, 易知它是最小的子空间, 它被包含在所有子空间中.

关于线性空间的一个非空子集合满足什么条件才能成为子空间的问题, 或者说如何判定线性空间的一个非空子集合是否为其子空间, 我们有下面结果.

定理 4.1 数域 P 上线性空间 V 的一个非空集合 W 为 V 的一个线性子空间的充分必要条件是

(1) 如果 $\boldsymbol{\alpha},\boldsymbol{\beta}\in W$, 则 $\boldsymbol{\alpha}+\boldsymbol{\beta}\in W$;

(2) 如果 $\boldsymbol{\alpha}\in W$, 对于 P 中任意数 k, 则 $k\boldsymbol{\alpha}\in W$.

证明 条件的必要性是显然的. 下面证明充分性. 假设 W 满足上述条件 (1) 与 (2), 那么 W 对于加法和数乘运算是封闭的, 满足了定义 4.1 中存在两种运算的

要求. 下面验证定义 4.1 中条件 (3) 和 (4), 其他条件是显然的. 事实上, V 的零元 $\boldsymbol{\theta}$ 也在 W 中, 因为对任意 $\boldsymbol{\alpha} \in W \subseteq V$ 以及数 0, 在 V 中有 $0\boldsymbol{\alpha} = \boldsymbol{\theta} \in V$, 根据定理条件 (2) 有 $0\boldsymbol{\alpha} \in W \subseteq V$, 所以 V 的零元 $\boldsymbol{\theta}$ 也是 W 的零元. 对任意 $\boldsymbol{\alpha} \in W \subseteq V$ 以及数 -1, 在 V 中有 $\boldsymbol{\alpha} + (-1)\boldsymbol{\alpha} = \boldsymbol{\alpha} - \boldsymbol{\alpha} = \boldsymbol{\theta}$, 根据定理条件 (2) 有 $(-1)\boldsymbol{\alpha} \in W$, 且 $\boldsymbol{\alpha} + (-1)\boldsymbol{\alpha} = \boldsymbol{\theta}$ 在 W 自然成立, 所以 W 中任何元素有负元. ■

例 2　三维行向量集合 $W = \{(x,y,z)|x,y,z$ 为实数, 且 $\alpha + y + z = 0\}$ 是三维向量空间 $\mathbf{R}^3$ 的子空间.

证明　任给 $(x_1,y_1,z_1),(x_2,y_2,z_2) \in W$, 以及任意实数 k, 有

$$(x_1,y_1,z_1)+(x_2,y_2,z_2)=(x_1+x_2,y_1+y_2,z_1+z_2),$$

$$k(x_1,y_1,z_1)=(kx_1,ky_1,kz_1).$$

因为

$$(x_1+x_2)+(y_1+y_2)+(z_1+z_2)=(x_1+y_1+z_1)+(x_2+y_2+z_2)=0,$$

$$kx_1+ky_1+kz_1=k(x_1+y_1+z_1)=0,$$

所以 $(x_1,y_1,z_1)+(x_2,y_2,z_2) \in W$, $k(x_1,y_1,z_1) \in W$, 即 W 为三维向量空间 $\mathbf{R}^3$ 的子空间. ■

例 3　三维行向量集合 $W = \{(x,y,z)|x,y,z$ 为实数, 且 $x+2y-3z=1\}$ 对于向量的加法和数乘可否构成向量空间?

解　由于 W 是三维向量空间 $\mathbf{R}^3$ 的子集, 而 $\mathbf{R}^3$ 中的零向量 $(0,0,0)$ 并不在 W 中, 所以对于向量的加法和数乘 W 不是线性空间. ■

例 4　设 $\boldsymbol{A}$ 是 $m \times n$ 矩阵, $\boldsymbol{x}$ 是 n 维列向量, 证明集合$\{\boldsymbol{x}|\boldsymbol{A}\boldsymbol{x}=\boldsymbol{0}\}$是 n 维列向量空间的子空间. 这事实上是线性方程组 $\boldsymbol{A}\boldsymbol{x}=\boldsymbol{0}$ 所有解向量构成的线性空间, 称为该线性方程组的**解空间**(solution space), 也称成为矩阵 $\boldsymbol{A}$ 的**零空间**(null space), 有时也称 $\boldsymbol{A}$ 的**核**(kernel), 记为 $\ker(\boldsymbol{A})$.

证明　留于读者. ■

例 5　设 W_1, W_2 为实数域上线性空间 V 的两个子空间, 证明 $W_1 \cap W_2$ 为 V 的子空间.

证明　对于任意 $\boldsymbol{\alpha}, \boldsymbol{\beta} \in W_1 \cap W_2$ 以及任意实数 k, 考虑到 W_1, W_2 为 V 的子空间, 则有

$$\boldsymbol{\alpha}+\boldsymbol{\beta} \in W_1, \quad \boldsymbol{\alpha}+\boldsymbol{\beta} \in W_2; \quad k\boldsymbol{\alpha} \in W_1, \quad k\boldsymbol{\alpha} \in W_2.$$

从而

$$\boldsymbol{\alpha}+\boldsymbol{\beta} \in W_1 \cap W_2, \quad k\boldsymbol{\alpha} \in W_1 \cap W_2,$$

所以 $W_1 \cap W_2$ 为 V 的子空间. ■

在几何空间中, 平行于 xOy 平面以及 yOz 平面的向量组成的集合是 $\mathbf{R}^3$ 的子空间, 它们的交集是平行于 y 轴的向量集合, 它也是 $\mathbf{R}^3$ 的子空间. 这种由同一个线性空间的两个子空间之交集构成的子空间, 称为原来两个子空间的**交空间**(intersection space).

例 6 设 W_1, W_2 为实数域上线性空间 V 的两个子空间, 设

$$S = \{\boldsymbol{\alpha}_1 + \boldsymbol{\alpha}_2 | \boldsymbol{\alpha}_1 \in W_1, \boldsymbol{\alpha}_2 \in W_2\},$$

证明 S 是 V 的子空间, 这个空间称为 W_1 与 W_2 的**和空间**(sum space), 记为 $W_1 + W_2$.

证明 对于任意 $\boldsymbol{\gamma}, \boldsymbol{\delta} \in S$ 以及任意实数 k, 则有 $\boldsymbol{\alpha}_1, \boldsymbol{\beta}_1 \in W_1, \boldsymbol{\alpha}_2, \boldsymbol{\beta}_2 \in W_2$, 使得

$$\boldsymbol{\gamma} = \boldsymbol{\alpha}_1 + \boldsymbol{\alpha}_2, \quad \boldsymbol{\delta} = \boldsymbol{\beta}_1 + \boldsymbol{\beta}_2,$$

由于 W_1, W_2 为线性空间 V 的两个子空间, 因此有

$$\boldsymbol{\gamma} + \boldsymbol{\delta} = (\boldsymbol{\alpha}_1 + \boldsymbol{\alpha}_2) + (\boldsymbol{\beta}_1 + \boldsymbol{\beta}_2) = (\boldsymbol{\alpha}_1 + \boldsymbol{\beta}_1) + (\boldsymbol{\alpha}_2 + \boldsymbol{\beta}_2) \in S,$$

$$k\boldsymbol{\gamma} = k(\boldsymbol{\alpha}_1 + \boldsymbol{\alpha}_2) = k\boldsymbol{\alpha}_1 + k\boldsymbol{\alpha}_2 \in S,$$

所以 S 为 V 的子空间. ■

在几何空间中, 平行于 x 轴的向量组成的集合 S_1 和平行于 y 轴的向量组成的集合 S_2 都是 $\mathbf{R}^3$ 的子空间, 那么 $S_1 + S_2$ 就是平行于 xOy 平面向量集合, 它也是 $\mathbf{R}^3$ 的子空间.

例 7 设

$$W_1 = \{(x, y, z) | x, y, z \text{ 为实数, 且} x + 2y + z = 0\},$$
$$W_2 = \{(x, y, z) | x, y, z \text{ 为实数, 且} z = 0\}.$$

试证明 (1) W_1, W_2 是三维向量空间 $\mathbf{R}^3$ 的子空间; (2) $\mathbf{R}^3 = W_1 + W_2$.

证明 (1) 留作习题, 下证 (2). 对任意 $\boldsymbol{\alpha} \in W_1 + W_2$, 显然 $\alpha \in \mathbf{R}^3$, 即 $W_1 + W_2 \subseteq \mathbf{R}^3$. 反之对任意 $\boldsymbol{\alpha} = (a, b, c) \in \mathbf{R}^3$, 分别在 W_1 和 W_2 求两个向量 (x_1, y_1, z_1) 和 $(x_2, y_2, 0)$ 使得

$$(a, b, c) = (x_1, y_1, z_1) + (x_2, y_2, 0),$$

即求解下列方程组

$$\begin{cases} x_1 + x_2 = a, \\ y_1 + y_2 = b, \\ z_1 = c, \\ x_1 + 2y_1 + z_1 = 0, \end{cases}$$

写成矩阵形式为

$$\begin{pmatrix} 1 & 1 & 0 & 0 & 0 \\ 0 & 0 & 1 & 1 & 0 \\ 0 & 0 & 0 & 0 & 1 \\ 1 & 0 & 2 & 0 & 1 \end{pmatrix} \begin{pmatrix} x_1 \\ x_2 \\ y_1 \\ y_2 \\ z_1 \end{pmatrix} = \begin{pmatrix} a \\ b \\ c \\ 0 \end{pmatrix}.$$

易知, 其系数矩阵和增广矩阵的秩为 4 小于未知量个数 5, 因此有无穷多解, 这说明 $W_1 + W_2 \supseteq \mathbf{R}^3$, 从而 $\mathbf{R}^3 = W_1 + W_2$. ■

例 8 设 $\boldsymbol{\alpha}_1, \boldsymbol{\alpha}_2, \cdots, \boldsymbol{\alpha}_n$ 是实数域上线性空间 V 的任意 n 个元素, 那么

$$\{k_1\boldsymbol{\alpha}_1 + k_2\boldsymbol{\alpha}_2 + \cdots + k_n\boldsymbol{\alpha}_n | k_i \in \mathbf{R}, \boldsymbol{\alpha}_i \in V, i = 1, 2, \cdots, n\}$$

是 V 的一个子空间, 通常称为由 $\boldsymbol{\alpha}_1, \boldsymbol{\alpha}_2, \cdots, \boldsymbol{\alpha}_n$**生成的子空间**(spanning subspace), 记为 $\text{span}(\boldsymbol{\alpha}_1, \boldsymbol{\alpha}_2, \cdots, \boldsymbol{\alpha}_n)$.

证明 对于任意的 $\boldsymbol{\beta}, \boldsymbol{\gamma} \in \text{span}(\boldsymbol{\alpha}_1, \boldsymbol{\alpha}_2, \cdots, \boldsymbol{\alpha}_n)$, 要证对任意的实数 k, $\boldsymbol{\beta} + \boldsymbol{\gamma}$ 和 $k\boldsymbol{\beta}$ 都属于 $\text{span}(\boldsymbol{\alpha}_1, \boldsymbol{\alpha}_2, \cdots, \boldsymbol{\alpha}_n)$. 由于 $\boldsymbol{\beta}, \boldsymbol{\gamma} \in \text{span}(\boldsymbol{\alpha}_1, \boldsymbol{\alpha}_2, \cdots, \boldsymbol{\alpha}_n)$, 所以存在实数 $k_1, k_2, \cdots, k_n$ 和 $l_1, l_2, \cdots, l_n$ 使得

$$\boldsymbol{\beta} = k_1\boldsymbol{\alpha}_1 + k_2\boldsymbol{\alpha}_2 + \cdots + k_n\boldsymbol{\alpha}_n, \quad \boldsymbol{\gamma} = l_1\boldsymbol{\alpha}_1 + l_2\boldsymbol{\alpha}_2 + \cdots + l_n\boldsymbol{\alpha}_n.$$

那么

$$\begin{aligned} \boldsymbol{\beta} + \boldsymbol{\gamma} &= (k_1\boldsymbol{\alpha}_1 + k_2\boldsymbol{\alpha}_2 + \cdots + k_n\boldsymbol{\alpha}_n) + (l_1\boldsymbol{\alpha}_1 + l_2\boldsymbol{\alpha}_2 + \cdots + l_n\boldsymbol{\alpha}_n) \\ &= (k_1 + l_1)\boldsymbol{\alpha}_1 + (k_2 + l_2)\boldsymbol{\alpha}_2 + \cdots + (k_n + l_n)\boldsymbol{\alpha}_n \in \text{span}(\boldsymbol{\alpha}_1, \boldsymbol{\alpha}_2, \cdots, \boldsymbol{\alpha}_n), \end{aligned}$$

$$\begin{aligned} k\boldsymbol{\beta} &= k(k_1\boldsymbol{\alpha}_1 + k_2\boldsymbol{\alpha}_2 + \cdots + k_n\boldsymbol{\alpha}_n) \\ &= (kk_1)\boldsymbol{\alpha}_1 + (kk_2)\boldsymbol{\alpha}_2 + \cdots + (kk_n)\boldsymbol{\alpha}_n \in \text{span}(\boldsymbol{\alpha}_1, \boldsymbol{\alpha}_2, \cdots, \boldsymbol{\alpha}_n), \end{aligned}$$

因此 $\text{span}(\boldsymbol{\alpha}_1, \boldsymbol{\alpha}_2, \cdots, \boldsymbol{\alpha}_n)$ 是 V 的一个子空间. ■

例 9 $P[x]_n = \{a_0 + a_1x + a_2x^2 + \cdots + a_nx^n | a_0, a_1, \cdots, a_n \in \mathbf{R}\}$ 是实数域上的线性空间, 显然 $1, x, x^2, \cdots, x^n$ 是其中 $n+1$ 个元素, 而且

$$P[x]_n = \text{span}(1, x, x^2, \cdots, x^n).$$ ■

例 10 设 $m \times n$ 矩阵 $\boldsymbol{A}$ 的秩为 $r < n$, $\boldsymbol{\xi}_1, \boldsymbol{\xi}_2, \cdots, \boldsymbol{\xi}_{n-r}$ 是线性方程组 $\boldsymbol{Ax} = \mathbf{0}$ 的一组基础解系, 则 $\ker(\boldsymbol{A}) = \text{span}(\boldsymbol{\xi}_1, \boldsymbol{\xi}_2, \cdots, \boldsymbol{\xi}_{n-r})$. ■

例 11 给定如下矩阵

$$\boldsymbol{A}_1 = \begin{pmatrix} 1 & -1 \\ 0 & 0 \end{pmatrix}, \boldsymbol{A}_2 = \begin{pmatrix} 1 & 0 \\ 0 & 0 \end{pmatrix}, \boldsymbol{A}_3 = \begin{pmatrix} 0 & 0 \\ 1 & 1 \end{pmatrix}, \boldsymbol{A}_4 = \begin{pmatrix} 0 & 0 \\ 1 & 0 \end{pmatrix}.$$

证明 $\text{span}(\boldsymbol{A}_1, \boldsymbol{A}_2, \boldsymbol{A}_3, \boldsymbol{A}_4) = \mathbf{R}^{2\times 2}$, 即所有二阶实方阵构成的实数域上的线性空间.

证明 设 $\boldsymbol{A} = \begin{pmatrix} a & b \\ c & d \end{pmatrix}$ 是线性空间 $\mathbf{R}^{2\times 2}$ 的任意一个向量. 下面寻找常数 k_1, k_2, k_3, k_4 使得

$$\begin{pmatrix} a & b \\ c & d \end{pmatrix} = k_1 \begin{pmatrix} 1 & -1 \\ 0 & 0 \end{pmatrix} + k_2 \begin{pmatrix} 1 & 0 \\ 0 & 0 \end{pmatrix} + k_3 \begin{pmatrix} 0 & 0 \\ 1 & 1 \end{pmatrix} + k_4 \begin{pmatrix} 0 & 0 \\ 1 & 0 \end{pmatrix}.$$

这等价于求解如下方程组

$$a = k_1 + k_2, \quad b = -k_1, \quad c = k_3 + k_4, \quad d = k_3.$$

由上可以得到

$$\begin{pmatrix} a & b \\ c & d \end{pmatrix} = -b \begin{pmatrix} 1 & -1 \\ 0 & 0 \end{pmatrix} + (a+b) \begin{pmatrix} 1 & 0 \\ 0 & 0 \end{pmatrix} + d \begin{pmatrix} 0 & 0 \\ 1 & 1 \end{pmatrix} + (c-d) \begin{pmatrix} 0 & 0 \\ 1 & 0 \end{pmatrix}.$$

因此 $\text{span}(\boldsymbol{A}_1,\boldsymbol{A}_2,\boldsymbol{A}_3,\boldsymbol{A}_4) = \mathbf{R}^{2\times 2}$. ■

4.3 线性空间的维数、基与坐标

4.3.1 线性空间中向量组的线性关系

首先, 类似于 n 维向量组的线性关系, 给出线性空间中向量组的线性关系的有关概念.

定义 4.3 设 V 是实数域上的线性空间, $\boldsymbol{\alpha}_1, \boldsymbol{\alpha}_2, \cdots, \boldsymbol{\alpha}_r (r \geqslant 1)$ 是 V 中的一组向量, $k_1, k_2, \cdots, k_r$ 为实数, 那么向量

$$\boldsymbol{\alpha} = k_1\boldsymbol{\alpha}_1 + k_2\boldsymbol{\alpha}_2 + \cdots + k_r\boldsymbol{\alpha}_r \tag{4.1}$$

称为向量组 $\boldsymbol{\alpha}_1, \boldsymbol{\alpha}_2, \cdots, \boldsymbol{\alpha}_r$ 的一个**线性组合**. 有时也称向量 $\boldsymbol{\alpha}$ 可由向量组 $\boldsymbol{\alpha}_1, \boldsymbol{\alpha}_2, \cdots, \boldsymbol{\alpha}_r$ **线性表出**. ■

定义 4.4 设 $\boldsymbol{\alpha}_1, \boldsymbol{\alpha}_2, \cdots, \boldsymbol{\alpha}_r$ 和 $\boldsymbol{\beta}_1, \boldsymbol{\beta}_2, \cdots, \boldsymbol{\beta}_s$ 是实数域上的线性空间 V 的两个向量组, 如果向量组 $\boldsymbol{\beta}_1, \boldsymbol{\beta}_2, \cdots, \boldsymbol{\beta}_s$ 中的每一个向量都可由向量组 $\boldsymbol{\alpha}_1, \boldsymbol{\alpha}_2, \cdots, \boldsymbol{\alpha}_r$ 线性表出, 那么称该向量组 $\boldsymbol{\beta}_1, \boldsymbol{\beta}_2, \cdots, \boldsymbol{\beta}_s$ 可由 $\boldsymbol{\alpha}_1, \boldsymbol{\alpha}_2, \cdots, \boldsymbol{\alpha}_r$ 线性表出. 如果这两个向量组可以互相线性表出, 称该二向量组为**等价的向量组**. ■

定义 4.5 实数域上的线性空间 V 中的向量组 $\boldsymbol{\alpha}_1, \boldsymbol{\alpha}_2, \cdots, \boldsymbol{\alpha}_r (r \geqslant 1)$ 称为**线性相关**, 如果存在一组不全为零的实数 $k_1, k_2, \cdots, k_r$ 使得

$$k_1\boldsymbol{\alpha}_1 + k_2\boldsymbol{\alpha}_2 + \cdots + k_r\boldsymbol{\alpha}_r = \boldsymbol{\theta}. \tag{4.2}$$

如果式 (4.2) 仅在 $k_1 = k_2 = \cdots = k_r = 0$ 时才成立, 则称向量组 $\boldsymbol{\alpha}_1, \boldsymbol{\alpha}_2, \cdots, \boldsymbol{\alpha}_r$ **线性无关**. ■

以上定义是大家过去已经熟悉的, 它们几乎是第 3 章关于 n 维向量组的线性关系内容的翻版. 不仅如此, 在抽象的线性空间中类似于 n 维向量组的线性关系的结论也是成立的. 我们不再重复这些结论, 只是将几个常用的结论叙述如下.

性质 1 单个向量 $\boldsymbol{\alpha}$ 是线性相关的充分必要条件是 $\boldsymbol{\alpha}$ 为零向量; 两个以上向量 $\boldsymbol{\alpha}_1, \boldsymbol{\alpha}_2, \cdots, \boldsymbol{\alpha}_r$ 是线性相关的充分必要条件是其中一个向量是其余向量的线性组合. ■

性质 2 如果向量组 $\boldsymbol{\alpha}_1, \boldsymbol{\alpha}_2, \cdots, \boldsymbol{\alpha}_r$ 线性无关, 而且可以由向量组 $\boldsymbol{\beta}_1, \boldsymbol{\beta}_2, \cdots, \boldsymbol{\beta}_s$ 线性表出, 那么 $r \leqslant s$. ■

性质 3 如果向量组 $\boldsymbol{\alpha}_1, \boldsymbol{\alpha}_2, \cdots, \boldsymbol{\alpha}_r$ 线性无关, 但向量组 $\boldsymbol{\beta}, \boldsymbol{\alpha}_1, \boldsymbol{\alpha}_2, \cdots, \boldsymbol{\alpha}_r$ 线性相关, 那么向量 $\boldsymbol{\beta}$ 可以由向量组 $\boldsymbol{\alpha}_1, \boldsymbol{\alpha}_2, \cdots, \boldsymbol{\alpha}_r$ 线性表出, 而且其表示式唯一. ■

4.3.2 线性空间的维数、基与向量的坐标

对于几何空间中的向量, 线性无关的向量个数至多是三个, 而且任意四个向量是线性相关的. 对于 n 元数组所组成的几何向量空间中, 线性无关的向量个数至多是 n 个, 而且任意 $n+1$ 个向量是线性相关的. 在一个线性空间中, 究竟至多有多少个向量是线性无关的问题是线性空间的一个重要属性.

定义 4.6 如果在线性空间 V 中有 m 个线性无关的向量, 但是没有更多数目的线性无关的向量, 那么 V 就称为 **m维的**(m dimensional); 如果在 V 中存在任意多个线性无关的向量, 那么 V 就称为**无限维的**(infinite dimensional). ■

因此几何空间中的向量组成的线性空间, 即 $\mathbf{R}^3$ 是三维的, 由 n 个数组所组成的向量空间是 n 维的. 4.2 节例 10 中秩为 r 的 $m \times n$ 矩阵 $\boldsymbol{A}$ 的解空间是 $n-r$ 维的. 对任何实数 x, 数列 $1, x, x^2, \cdots, x^n, \cdots$ 是线性无关的, 那么 $\operatorname{span}(1, x, x^2, \cdots, x^n, \cdots)$ 是一个无穷维线性空间. 根据微积分的知识, 具有无限次可微的函数都可以展开成为幂级数, 因而属于 $\operatorname{span}(1, x, x^2, \cdots, x^n, \cdots)$. 无穷维线性空间是一个专门的研究对象, 与有限维线性空间有较大的不同, 本书仅限于讨论有限维线性空间.

几何空间中, 引入坐标研究向量性质是一个重要的步骤. 对于有限维线性空间, 坐标也是一个有力的工具.

定义 4.7 在 n 维线性空间 V 中, 任意一组 n 个线性无关的向量组称为 V 的一组**基**(basis). 设 $\boldsymbol{\alpha}_1, \boldsymbol{\alpha}_2, \cdots, \boldsymbol{\alpha}_n$ 是 V 的一组基, 对任意一个向量 $\boldsymbol{\beta}$, 向量组 $\boldsymbol{\beta}, \boldsymbol{\alpha}_1, \boldsymbol{\alpha}_2, \cdots, \boldsymbol{\alpha}_n$ 线性相关, 因此 $\boldsymbol{\beta}$ 可由 $\boldsymbol{\alpha}_1, \boldsymbol{\alpha}_2, \cdots, \boldsymbol{\alpha}_n$ 线性表出

$$\boldsymbol{\beta} = k_1\boldsymbol{\alpha}_1 + k_2\boldsymbol{\alpha}_2 + \cdots + k_n\boldsymbol{\alpha}_n,$$

则称 $(k_1, k_2, \cdots, k_n)$ 为 $\boldsymbol{\beta}$ 在基 $\boldsymbol{\alpha}_1, \boldsymbol{\alpha}_2, \cdots, \boldsymbol{\alpha}_n$ 下的**坐标**(coordintes). ■

全体实数是实数域上一个一维线性空间, 任何一个非零实数都构成它的一组基. 例如, 1 就是其一组基. 平面上的所有向量构成的线性空间是二维的, 任何两个不共线的向量都构成该线性空间的一组基. 几何空间中的向量组成的线性空间是三维的, 任何三个不共面的向量都构成该线性空间的一组基.

例 1 次数不超过 n 的实系数一元多项式是 $n+1$ 维的, $1, x, x^2, \cdots, x^{n-1}, x^n$ 构成该线性空间的一组基. 在这组基下, 多项式

$$f(x) = a_0 + a_1x + \cdots + a_{n-1}x^{n-1} + a_nx^n$$

的坐标为 $(a_0, a_1, \cdots, a_{n-1}, a_n)$. ■

例 2 n 维向量空间的一组基为

$$\boldsymbol{\varepsilon}_1 = \begin{pmatrix} 1 \\ 0 \\ \vdots \\ 0 \end{pmatrix}, \boldsymbol{\varepsilon}_2 = \begin{pmatrix} 0 \\ 1 \\ \vdots \\ 0 \end{pmatrix}, \cdots, \boldsymbol{\varepsilon}_n = \begin{pmatrix} 0 \\ 0 \\ \vdots \\ 1 \end{pmatrix}, \tag{4.3}$$

对于每一个向量 $\boldsymbol{\alpha} = (a_1, a_2, \cdots, a_n)^{\mathrm{T}}$, 都有

$$\boldsymbol{\alpha} = a_1\boldsymbol{\varepsilon}_1 + a_2\boldsymbol{\varepsilon}_2 + \cdots + a_n\boldsymbol{\varepsilon}_n.$$

所以 $(a_1, a_2, \cdots, a_n)^{\mathrm{T}}$ 是向量 $\boldsymbol{\alpha}$ 在这组基下的坐标. ■

例 3 (1) 证明 $(1, -1, 3), (0, 1, 1), (1, -1, 0)$ 线性无关, 因而可以成为 $\mathbf{R}^3$ 的一组基; (2) 求向量 $(1, -1, 2)$ 在这组基下的坐标.

证明 考察是否存在常数 c_1, c_2, c_3 使得

$$(1, -1, 2) = c_1(1, -1, 3) + c_2(0, 1, 1) + c_3(1, -1, 0),$$

改写成线性方程组的形式

$$\begin{cases} c_1 + c_3 = 1, \\ -c_1 + c_2 - c_3 = -1, \\ 3c_1 + c_2 = 2. \end{cases}$$

对其增广矩阵实施行初等变换

$$\begin{pmatrix} 1 & 0 & 1 & 1 \\ -1 & 1 & -1 & -1 \\ 3 & 1 & 0 & 2 \end{pmatrix} \xrightarrow[r_3-3r_1]{r_2+r_1} \begin{pmatrix} 1 & 0 & 1 & 1 \\ 0 & 1 & 0 & 0 \\ 0 & 1 & -3 & -1 \end{pmatrix} \xrightarrow{r_3-r_2} \begin{pmatrix} 1 & 0 & 1 & 1 \\ 0 & 1 & 0 & 0 \\ 0 & 0 & -3 & -1 \end{pmatrix},$$

系数矩阵的秩为 3, 因而该向量组线性无关, 可以构成 $\mathbf{R}^3$ 的一组基. 从上式可求出方程组的解为 $\left(\frac{2}{3},0,\frac{1}{3}\right)$, 因此向量 $(1,-1,2)$ 在这组基下的坐标为 $\left(\frac{2}{3},0,\frac{1}{3}\right)$. ■

这个例子说明向量 $(1,-1,2)$ 在基 $(1,0,0),(0,1,0),(0,0,1)$ 下的坐标为 $(1,-1,2)$, 而在本例中基 $(1,-1,3),(0,1,1),(1,-1,0)$ 下的坐标为 $\left(\frac{2}{3},0,\frac{1}{3}\right)$, 即不同基下同一个向量的坐标是不同的. 下面讨论随着基的改变, 向量坐标是怎样变化的.

4.3.3 向量在不同基的坐标变换公式

设 $\varepsilon_1,\varepsilon_2,\cdots,\varepsilon_n$ 与 $\boldsymbol{\xi}_1,\boldsymbol{\xi}_2,\cdots,\boldsymbol{\xi}_n$ 是 n 维线性空间 V 中任意两组基, 那么 $\boldsymbol{\xi}_1,\boldsymbol{\xi}_2,\cdots,\boldsymbol{\xi}_n$ 中每一个向量在基 $\varepsilon_1,\varepsilon_2,\cdots,\varepsilon_n$ 下的线性表示为

$$\begin{cases}\boldsymbol{\xi}_1=a_{11}\boldsymbol{\varepsilon}_1+a_{21}\boldsymbol{\varepsilon}_2+\cdots+a_{n1}\boldsymbol{\varepsilon}_n,\\ \boldsymbol{\xi}_2=a_{12}\boldsymbol{\varepsilon}_1+a_{22}\boldsymbol{\varepsilon}_2+\cdots+a_{n2}\boldsymbol{\varepsilon}_n,\\ \qquad\cdots\cdots\\ \boldsymbol{\xi}_n=a_{1n}\boldsymbol{\varepsilon}_1+a_{2n}\boldsymbol{\varepsilon}_2+\cdots+a_{nn}\boldsymbol{\varepsilon}_n.\end{cases} \tag{4.4}$$

设向量 $\boldsymbol{\alpha}$ 在这两组基下的坐标分别为 $(x_1,x_2,\cdots,x_n)$ 与 $(y_1,y_2,\cdots,y_n)$, 即

$$\boldsymbol{\alpha}=x_1\boldsymbol{\varepsilon}_1+x_2\boldsymbol{\varepsilon}_2+\cdots+x_n\boldsymbol{\varepsilon}_n=y_1\boldsymbol{\xi}_1+y_2\boldsymbol{\xi}_2+\cdots+y_n\boldsymbol{\xi}_n. \tag{4.5}$$

现在的问题是找出式 (4.5) 中坐标 $(x_1,x_2,\cdots,x_n)$ 与 $(y_1,y_2,\cdots,y_n)$ 的关系.

为了写起来方便, 引入一种写法. 把向量

$$\boldsymbol{\alpha}=x_1\boldsymbol{\varepsilon}_1+x_2\boldsymbol{\varepsilon}_2+\cdots+x_n\boldsymbol{\varepsilon}_n$$

写成

$$\boldsymbol{\alpha}=(\boldsymbol{\varepsilon}_1,\boldsymbol{\varepsilon}_2,\cdots,\boldsymbol{\varepsilon}_n)\begin{pmatrix}x_1\\x_2\\\vdots\\x_n\end{pmatrix}, \tag{4.6}$$

即把基写成一个 $1\times n$ 矩阵, 把向量的坐标写成一个 $n\times 1$ 矩阵, 而把向量看成是两个矩阵之积. 需要说明的是式 (4.6) 这种写法是 “形式上的”, 因为这里的 $1\times n$ 矩阵的元素是向量空间的向量, 一般没有意义, 但在此特殊情况下, 仅看成一种约定记法而已.

按照这种写法, 基 $\boldsymbol{\xi}_1,\boldsymbol{\xi}_2,\cdots,\boldsymbol{\xi}_n$ 中每一个向量在基 $\boldsymbol{\varepsilon}_1,\boldsymbol{\varepsilon}_2,\cdots,\boldsymbol{\varepsilon}_n$ 下的线性表

示式可以写为

$$(\boldsymbol{\xi}_1, \boldsymbol{\xi}_2, \cdots, \boldsymbol{\xi}_n) = (\boldsymbol{\varepsilon}_1, \boldsymbol{\varepsilon}_2, \cdots, \boldsymbol{\varepsilon}_n) \begin{pmatrix} a_{11} & a_{12} & \cdots & a_{1n} \\ a_{21} & a_{22} & \cdots & a_{2n} \\ \vdots & \vdots & & \vdots \\ a_{n1} & a_{n2} & \cdots & a_{nn} \end{pmatrix}, \tag{4.7}$$

式中矩阵

$$\boldsymbol{A} = \begin{pmatrix} a_{11} & a_{12} & \cdots & a_{1n} \\ a_{21} & a_{22} & \cdots & a_{2n} \\ \vdots & \vdots & & \vdots \\ a_{n1} & a_{n2} & \cdots & a_{nn} \end{pmatrix}$$

称为由基 $\boldsymbol{\varepsilon}_1, \boldsymbol{\varepsilon}_2, \cdots, \boldsymbol{\varepsilon}_n$ 到基 $\boldsymbol{\xi}_1, \boldsymbol{\xi}_2, \cdots, \boldsymbol{\xi}_n$ 的**过渡矩阵**(the change of basis matrix). 由于过渡矩阵每一列向量正对应着基向量 $\boldsymbol{\xi}_1, \boldsymbol{\xi}_2, \cdots, \boldsymbol{\xi}_n$ 在基 $\boldsymbol{\varepsilon}_1, \boldsymbol{\varepsilon}_2, \cdots, \boldsymbol{\varepsilon}_n$ 下的坐标, 所以矩阵 $\boldsymbol{A}$ 是可逆矩阵.

回到式 (4.5) 中坐标 $(x_1, x_2, \cdots, x_n)$ 与 $(y_1, y_2, \cdots, y_n)$ 的关系问题. 将式 (4.5) 写成

$$\boldsymbol{\alpha} = (\boldsymbol{\varepsilon}_1, \boldsymbol{\varepsilon}_2, \cdots, \boldsymbol{\varepsilon}_n) \begin{pmatrix} x_1 \\ x_2 \\ \vdots \\ x_n \end{pmatrix} = (\boldsymbol{\xi}_1, \boldsymbol{\xi}_2, \cdots, \boldsymbol{\xi}_n) \begin{pmatrix} y_1 \\ y_2 \\ \vdots \\ y_n \end{pmatrix},$$

并将式 (4.7) 代入得到

$$\boldsymbol{\alpha} = (\boldsymbol{\varepsilon}_1, \boldsymbol{\varepsilon}_2, \cdots, \boldsymbol{\varepsilon}_n) \begin{pmatrix} x_1 \\ x_2 \\ \vdots \\ x_n \end{pmatrix} = (\boldsymbol{\varepsilon}_1, \boldsymbol{\varepsilon}_2, \cdots, \boldsymbol{\varepsilon}_n) \begin{pmatrix} a_{11} & a_{12} & \cdots & a_{1n} \\ a_{21} & a_{22} & \cdots & a_{2n} \\ \vdots & \vdots & & \vdots \\ a_{n1} & a_{n2} & \cdots & a_{nn} \end{pmatrix} \begin{pmatrix} y_1 \\ y_2 \\ \vdots \\ y_n \end{pmatrix}.$$

由于基向量线性无关, 同一向量的坐标表示式唯一, 所以可以得到

$$\begin{pmatrix} x_1 \\ x_2 \\ \vdots \\ x_n \end{pmatrix} = \begin{pmatrix} a_{11} & a_{12} & \cdots & a_{1n} \\ a_{21} & a_{22} & \cdots & a_{2n} \\ \vdots & \vdots & & \vdots \\ a_{n1} & a_{n2} & \cdots & a_{nn} \end{pmatrix} \begin{pmatrix} y_1 \\ y_2 \\ \vdots \\ y_n \end{pmatrix}. \tag{4.8}$$

式 (4.8) 给出了基变换 (4.7) 下, 向量的坐标变换公式.

例 4　已知 $\mathbf{R}^4$ 的两组基

$$\boldsymbol{\xi}_1=(1,1,0,1),\quad \boldsymbol{\xi}_2=(2,1,3,1),\quad \boldsymbol{\xi}_3=(1,1,0,0),\quad \boldsymbol{\xi}_4=(0,1,-1,-1);$$
$$\boldsymbol{\eta}_1=(1,1,1,1),\quad \boldsymbol{\eta}_2=(1,1,-1,-1),\quad \boldsymbol{\eta}_3=(1,-1,1,-1),\quad \boldsymbol{\eta}_4=(1,-1,-1,1).$$

求向量 $\boldsymbol{\alpha}=(1,2,1,1)$ 在这两组基下的坐标.

解　考虑 $\mathbf{R}^4$ 的如下一组基

$$\boldsymbol{\varepsilon}_1=(1,0,0,0),\quad \boldsymbol{\varepsilon}_2=(0,1,0,0),\quad \boldsymbol{\varepsilon}_3=(0,0,1,0),\quad \boldsymbol{\varepsilon}_4=(0,0,0,1).$$

根据式 (4.7), 可以写出

$$(\boldsymbol{\xi}_1,\boldsymbol{\xi}_2,\boldsymbol{\xi}_3,\boldsymbol{\xi}_4)=(\boldsymbol{\varepsilon}_1,\boldsymbol{\varepsilon}_2,\boldsymbol{\varepsilon}_3,\boldsymbol{\varepsilon}_4)\begin{pmatrix}1&2&1&0\\1&1&1&1\\0&3&0&-1\\1&1&0&-1\end{pmatrix},$$

$$(\boldsymbol{\eta}_1,\boldsymbol{\eta}_2,\boldsymbol{\eta}_3,\boldsymbol{\eta}_4)=(\boldsymbol{\varepsilon}_1,\boldsymbol{\varepsilon}_2,\boldsymbol{\varepsilon}_3,\boldsymbol{\varepsilon}_4)\begin{pmatrix}1&1&1&1\\1&1&-1&-1\\1&-1&1&-1\\1&-1&-1&1\end{pmatrix}$$

或者

$$\begin{aligned}(\boldsymbol{\varepsilon}_1,\boldsymbol{\varepsilon}_2,\boldsymbol{\varepsilon}_3,\boldsymbol{\varepsilon}_4)&=(\boldsymbol{\xi}_1,\boldsymbol{\xi}_2,\boldsymbol{\xi}_3,\boldsymbol{\xi}_4)\begin{pmatrix}1&2&1&0\\1&1&1&1\\0&3&0&-1\\1&1&0&-1\end{pmatrix}^{-1}\\&=(\boldsymbol{\xi}_1,\boldsymbol{\xi}_2,\boldsymbol{\xi}_3,\boldsymbol{\xi}_4)\begin{pmatrix}-1&1&0&1\\-\dfrac{1}{2}&\dfrac{1}{2}&\dfrac{1}{2}&0\\3&-2&-1&-1\\-\dfrac{3}{2}&\dfrac{3}{2}&\dfrac{1}{2}&0\end{pmatrix},\end{aligned}$$

$$(\boldsymbol{\varepsilon}_1,\boldsymbol{\varepsilon}_2,\boldsymbol{\varepsilon}_3,\boldsymbol{\varepsilon}_4)=(\boldsymbol{\eta}_1,\boldsymbol{\eta}_2,\boldsymbol{\eta}_3,\boldsymbol{\eta}_4)\begin{pmatrix}1&1&1&1\\1&1&-1&-1\\1&-1&1&-1\\1&-1&-1&1\end{pmatrix}^{-1}$$

$$= \frac{1}{4}(\boldsymbol{\eta}_1, \boldsymbol{\eta}_2, \boldsymbol{\eta}_3, \boldsymbol{\eta}_4)\begin{pmatrix} 1 & 1 & 1 & 1 \\ 1 & 1 & -1 & -1 \\ 1 & -1 & 1 & -1 \\ 1 & -1 & -1 & 1 \end{pmatrix},$$

从而

$$\boldsymbol{\alpha} = (\boldsymbol{\varepsilon}_1, \boldsymbol{\varepsilon}_2, \boldsymbol{\varepsilon}_3, \boldsymbol{\varepsilon}_4)\begin{pmatrix} 1 \\ 2 \\ 1 \\ 2 \end{pmatrix} = (\boldsymbol{\xi}_1, \boldsymbol{\xi}_2, \boldsymbol{\xi}_3, \boldsymbol{\xi}_4)\begin{pmatrix} -1 & 1 & 0 & 1 \\ -\frac{1}{2} & \frac{1}{2} & \frac{1}{2} & 0 \\ 3 & -2 & -1 & -1 \\ -\frac{3}{2} & \frac{3}{2} & \frac{1}{2} & 0 \end{pmatrix}\begin{pmatrix} 1 \\ 2 \\ 1 \\ 2 \end{pmatrix}$$

$$= (\boldsymbol{\xi}_1, \boldsymbol{\xi}_2, \boldsymbol{\xi}_3, \boldsymbol{\xi}_4)\begin{pmatrix} 3 \\ 1 \\ -4 \\ 2 \end{pmatrix},$$

$$\boldsymbol{\alpha} = (\boldsymbol{\varepsilon}_1, \boldsymbol{\varepsilon}_2, \boldsymbol{\varepsilon}_3, \boldsymbol{\varepsilon}_4)\begin{pmatrix} 1 \\ 2 \\ 1 \\ 2 \end{pmatrix} = \frac{1}{4}(\boldsymbol{\eta}_1, \boldsymbol{\eta}_2, \boldsymbol{\eta}_3, \boldsymbol{\eta}_4)\begin{pmatrix} 1 & 1 & 1 & 1 \\ 1 & 1 & -1 & -1 \\ 1 & -1 & 1 & -1 \\ 1 & -1 & -1 & 1 \end{pmatrix}\begin{pmatrix} 1 \\ 2 \\ 1 \\ 2 \end{pmatrix}$$

$$= (\boldsymbol{\eta}_1, \boldsymbol{\eta}_2, \boldsymbol{\eta}_3, \boldsymbol{\eta}_4)\begin{pmatrix} \frac{3}{2} \\ 0 \\ -\frac{1}{2} \\ 0 \end{pmatrix}.$$

所以向量 $\boldsymbol{\alpha}$ 在这两组基下的坐标分别是 $(3,1,-4,2)$ 和 $\left(\frac{3}{2},0,-\frac{1}{2},0\right)$. ■

4.4 欧氏空间

4.4.1 向量的内积

在一般的向量空间中, 向量之间的基本运算只有加法与数乘运算, 统称为线性运算. 如果以几何空间中的向量作为线性空间理论的一个具体模型, 那么会发现线性空间中并没有像几何空间中两个向量的数量积以及向量长度与两个向量的夹角等度量概念, 但是在很多问题中需要引入这样的度量, 因此将这种度量推广到一般向量空间.

在一般向量空间中, 不能像几何空间那样, 用直观的几何意义来规定数量积等度量概念. 可以先把几何空间中向量的数量积的运算所满足的基本性质抽象出来给出线性空间中向量数量积的概念, 然后再用数量积来定义向量长度和两个向量夹角等度量, 这些基本性质对几何空间中向量是熟知的.

定义 4.8　设 V 为实数域上的线性空间, 对于 V 中任意两个向量 $\boldsymbol{\alpha},\boldsymbol{\beta}$, 如果有一个实数与它们对应, 这个实数记为 $(\boldsymbol{\alpha},\boldsymbol{\beta})$, 并且对 V 中任意向量 $\boldsymbol{\alpha},\boldsymbol{\beta},\boldsymbol{\gamma}$ 及实数 k 满足下列条件:

(1) $(\boldsymbol{\alpha},\boldsymbol{\beta})=(\boldsymbol{\beta},\boldsymbol{\alpha})$,

(2) $(k\boldsymbol{\alpha},\boldsymbol{\beta})=k(\boldsymbol{\alpha},\boldsymbol{\beta})$,

(3) $(\boldsymbol{\alpha}+\boldsymbol{\beta},\boldsymbol{\gamma})=(\boldsymbol{\alpha},\boldsymbol{\gamma})+(\boldsymbol{\beta},\boldsymbol{\gamma})$,

(4) $(\boldsymbol{\alpha},\boldsymbol{\alpha})\geqslant 0$, 当且仅当 $\boldsymbol{\alpha}=\boldsymbol{\theta}$ 时 $(\boldsymbol{\alpha},\boldsymbol{\alpha})=0$.

则实数 $(\boldsymbol{\alpha},\boldsymbol{\beta})$ 称为向量 $\boldsymbol{\alpha},\boldsymbol{\beta}$ 的内积. 定义了内积的实数域上向量空间 V 称为(实)**内积空间**(inner product space) **或欧氏空间**(Euclidean space). ■

几何向量空间中的向量的数量积显然符合上述性质, 所以几何空间中所有向量构成的线性空间是一个欧氏空间.

例 1　在 n 维行向量空间 $\mathbf{R}^n$ 中, 对任意两个向量 $\boldsymbol{\alpha}=(a_1,a_2,\cdots,a_n)$, $\boldsymbol{\beta}=(b_1,b_2,\cdots,b_n)$ 定义

$$(\boldsymbol{\alpha},\boldsymbol{\beta})=\boldsymbol{\alpha}^{\mathrm{T}}\boldsymbol{\beta}=a_1b_1+a_2b_2+\cdots+a_nb_n,$$

则 $(\boldsymbol{\alpha},\boldsymbol{\beta})$ 满足内积的定义, 因此向量空间 $\mathbf{R}^n$ 为内积空间, 即 n 维欧氏几何空间, 仍记为 $\mathbf{R}^n$. ■

例 2　在三维行向量空间中, 对任意两个向量 $\boldsymbol{\alpha}=(a_1,a_2,a_3)$, $\boldsymbol{\beta}=(b_1,b_2,b_3)$ 定义

$$(\boldsymbol{\alpha},\boldsymbol{\beta})=a_1b_1-a_2b_1-a_1b_2+3a_2b_2+a_3b_3,$$

则 $(\boldsymbol{\alpha},\boldsymbol{\beta})$ 为内积运算.

证明　任意给定向量 $\boldsymbol{\alpha}=(a_1,a_2,a_3)$, $\boldsymbol{\beta}=(b_1,b_2,b_3)$,$\boldsymbol{\gamma}=(c_1,c_2,c_3)$ 及实数 k. 显然 $a_1b_1-a_2b_1-a_1b_2+3a_2b_2+a_3b_3$ 为一实数, 而且

$$\begin{aligned}(1)\ (\boldsymbol{\alpha},\boldsymbol{\beta})&=a_1b_1-a_2b_1-a_1b_2+3a_2b_2+a_3b_3\\&=b_1a_1-b_2a_1-b_1a_2+3b_2a_2+b_3a_3=(\boldsymbol{\beta},\boldsymbol{\alpha}),\end{aligned}$$

$$\begin{aligned}(2)\ (k\boldsymbol{\alpha},\boldsymbol{\beta})&=ka_1b_1-ka_2b_1-ka_1b_2+3ka_2b_2+ka_3b_3\\&=k(a_1b_1-a_2b_1-a_1b_2+3a_2b_2+a_3b_3)=k(\boldsymbol{\alpha},\boldsymbol{\beta}),\end{aligned}$$

$$\begin{aligned}(3)\ (\boldsymbol{\alpha}+\boldsymbol{\beta},\boldsymbol{\gamma}) &= (a_1+b_1)c_1-(a_2+b_2)c_1-(a_1+b_1)c_2\\ &\quad +3(a_2+b_2)c_2+(a_3+b_3)c_3\\ &= a_1c_1-a_2c_1-a_1c_2+3a_2c_2+a_3c_3+b_1c_1\\ &\quad -b_2c_1-b_1c_2+3b_2c_2+b_3c_3\\ &= (\boldsymbol{\alpha},\boldsymbol{\gamma})+(\boldsymbol{\beta},\boldsymbol{\gamma}),\end{aligned}$$

(4) $(\boldsymbol{\alpha},\boldsymbol{\alpha})=a_1a_1-a_2a_1-a_1a_2+3a_2a_2+a_3a_3=(a_1-a_2)^2+2(a_2)^2+(a_3)^2\geqslant 0$, 如果 $(a_1-a_2)^2+2(a_2)^2+(a_3)^2=0$, 那么 $a_1=a_2=a_3=0$, 反之 $\boldsymbol{\alpha}=\boldsymbol{\theta}$ 时 $(\boldsymbol{\alpha},\boldsymbol{\alpha})=0$ 显然成立. ■

由例 2 可见, 在同一个向量空间上. 定义不同的内积可以构造出不同的欧氏空间. 由于例 2 和例 1(n=3 的情况) 给出的内积运算不同, 所以它们分别构成不同的欧氏空间. 自然地, 人们主要研究那些在代数、几何、分析及应用中具有重要意义的欧氏空间, 如例 1 给出的 n 维欧氏几何空间.

例 3 在闭区间 $[a,b]$ 上所有连续函数所构成的线性空间 $C[a,b]$ 中, 对于函数 $f(x),g(x)$ 定义

$$(f,g)=\int_a^b f(x)g(x)\mathrm{d}x$$

那么根据定积分的性质可以证明线性空间 $C[a,b]$ 对于这种内积构成了欧氏空间.■

关于向量的内积成立如下不等式, 这个不等式以著名数学家柯西 (A.L.Cauchy, 1789—1857) 及施瓦茨 (H.A.Schwarz, 1843—1921) 的名字命名.

性质 1(柯西–施瓦茨不等式) 设 $\boldsymbol{\alpha},\boldsymbol{\beta}$ 为欧氏空间 V 中任意两个向量, 则

$$(\boldsymbol{\alpha},\boldsymbol{\beta})^2\leqslant(\boldsymbol{\alpha},\boldsymbol{\alpha})(\boldsymbol{\beta},\boldsymbol{\beta}). \tag{4.9}$$

证明 任给实数 x, 以及 V 中任意两个向量 $\boldsymbol{\alpha},\boldsymbol{\beta}$, 由内积的定义有

$$(\boldsymbol{\alpha}-x\boldsymbol{\beta},\boldsymbol{\alpha}-x\boldsymbol{\beta})\geqslant 0,$$

将上式展开得到

$$(\boldsymbol{\beta},\boldsymbol{\beta})x^2-2(\boldsymbol{\alpha},\boldsymbol{\beta})x+(\boldsymbol{\alpha},\boldsymbol{\alpha})\geqslant 0.$$

当 $(\boldsymbol{\beta},\boldsymbol{\beta})\neq 0$ 时. 令 $x=\dfrac{(\boldsymbol{\alpha},\boldsymbol{\beta})}{(\boldsymbol{\beta},\boldsymbol{\beta})}$, 则有

$$\frac{(\boldsymbol{\alpha},\boldsymbol{\beta})^2}{(\boldsymbol{\beta},\boldsymbol{\beta})}-2\frac{(\boldsymbol{\alpha},\boldsymbol{\beta})^2}{(\boldsymbol{\beta},\boldsymbol{\beta})}+(\boldsymbol{\alpha},\boldsymbol{\alpha})\geqslant 0.$$

再用 $(\boldsymbol{\beta},\boldsymbol{\beta})>0$ 乘上式两端, 就得不等式 (4.9). 当 $(\boldsymbol{\beta},\boldsymbol{\beta})=0$ 时, 即 $\boldsymbol{\beta}$ 为零向量时不等式 (4.9) 自然成立. ■

下面利用内积, 引入欧氏空间中向量长度和两个向量夹角的度量. 柯西–施瓦茨不等式确保了下面的定义是合理的.

定义 4.9　在欧氏空间 V 中, 任意向量 $\boldsymbol{\alpha}$ 的**长度**(length) 为 $\sqrt{(\boldsymbol{\alpha},\boldsymbol{\alpha})}$, 记为 $|\boldsymbol{\alpha}|$. 欧氏空间中两个非零向量 $\boldsymbol{\alpha},\boldsymbol{\beta}$ 的夹角, 记为 $\langle\boldsymbol{\alpha},\boldsymbol{\beta}\rangle$, 其余弦定义为

$$\cos\langle\boldsymbol{\alpha},\boldsymbol{\beta}\rangle=\frac{(\boldsymbol{\alpha},\boldsymbol{\beta})}{|\boldsymbol{\alpha}|\,|\boldsymbol{\beta}|},\quad 0\leqslant\theta\leqslant\pi.$$

如果 $(\boldsymbol{\alpha},\boldsymbol{\beta})=0$, 则 $\langle\boldsymbol{\alpha},\boldsymbol{\beta}\rangle=\dfrac{\pi}{2}$, 此时称向量 $\boldsymbol{\alpha},\boldsymbol{\beta}$ 正交, 记为 $\boldsymbol{\alpha}\perp\boldsymbol{\beta}$. 规定零向量与任何向量**正交**(orthogonal). ■

长度为 1的向量称为**单位向量**(unit vector). 如果向量 $\boldsymbol{\alpha}$ 不是零向量, 那么向量 $\dfrac{1}{|\boldsymbol{\alpha}|}\boldsymbol{\alpha}$ 就是一个单位向量, 因为对于任何非零实数 k 和任何向量 $\boldsymbol{\alpha}$, 根据向量长度的定义, 都有 $|k\boldsymbol{\alpha}|=|k||\boldsymbol{\alpha}|$.

用一个非零向量 $\boldsymbol{\alpha}$ 的长度去除 $\boldsymbol{\alpha}$, 得到一个与 $\boldsymbol{\alpha}$ 夹角为零的单位向量, 通常称此过程为把向量 $\boldsymbol{\alpha}$**单位化**(normalized).

作为本段的结束, 我们来关注内积的一些应用. 首先柯西–施瓦茨不等式应用于例 1 的情况有

$$|a_1b_1+a_2b_2+\cdots+a_nb_n|\leqslant\sqrt{a_1^2+a_2^2+\cdots+a_n^2}\sqrt{b_1^2+b_2^2+\cdots+b_n^2}.$$

应用于例 3 的情况有

$$\left|\int_a^b f(x)g(x)\mathrm{d}x\right|\leqslant\left(\int_a^b f^2(x)\mathrm{d}x\right)^{\frac{1}{2}}\left(\int_a^b g^2(x)\mathrm{d}x\right)^{\frac{1}{2}},$$

这些都是历史上著名的不等式. 其次考察三角不等式

$$|\boldsymbol{\alpha}+\boldsymbol{\beta}|\leqslant|\boldsymbol{\alpha}|+|\boldsymbol{\beta}|.$$

它是下式的直接推论

$$\begin{aligned}(\boldsymbol{\alpha}+\boldsymbol{\beta},\boldsymbol{\alpha}+\boldsymbol{\beta})&=(\boldsymbol{\alpha},\boldsymbol{\alpha})+(\boldsymbol{\beta},\boldsymbol{\beta})+2(\boldsymbol{\alpha},\boldsymbol{\beta})\\&\leqslant|\boldsymbol{\alpha}|^2+2|\boldsymbol{\alpha}||\boldsymbol{\beta}|+|\boldsymbol{\beta}|^2=(|\boldsymbol{\alpha}|+|\boldsymbol{\beta}|)^2.\end{aligned}$$

进一步, 如果 $\boldsymbol{\alpha}\perp\boldsymbol{\beta}$, 则有

$$|\boldsymbol{\alpha}+\boldsymbol{\beta}|^2=|\boldsymbol{\alpha}|^2+|\boldsymbol{\beta}|^2,$$

这是勾股定理在一般欧氏空间的推广.

最后讨论内积的概念及计算在生物信息学分析中的一个简单应用.

例 4 (基因间 “距离” 的表示)　在 ABO 血型系统的人们中, 对各种群体的基因的频率进行了研究. 如果把四种等位基因 A_1, A_2, B, O 区别开, 有人给出了如下的相对频率, 见表 4.1.

表 4.1 基因的相对频率

	爱斯基摩人 f_{1i}	班图人 f_{3i}	英国人 f_{3i}	朝鲜人 f_{4i}
A_1	0.2914	0.1034	0.2090	0.2208
A_2	0.0000	0.0866	0.0696	0.0000
B	0.0316	0.1200	0.0612	0.2069
0	0.6770	0.6900	0.6602	0.5723
合计	1.000	1.000	1.000	1.000

基于这些数据能否判断一个群体与另一群体的接近程度？换句话说，就是要一个表示基因的"距离"的合宜的量度. 利用向量代数的方法可以进一步分析这个问题. 首先，用单位向量来表示每一个群体. 为此目的，取每一种频率的平方根，记 $x_{ki}=\sqrt{f_{ki}}$. 由于对这四种群体的每一种有 $\sum\limits_{i=1}^{4} f_{ki}=1$，所以得到 $\sum\limits_{i=1}^{4} x_{ki}^2=1$. 这意味着下列四个向量都是单位向量，记

$$\boldsymbol{\alpha}_1=\begin{pmatrix}x_{11}\\x_{12}\\x_{13}\\x_{14}\end{pmatrix},\quad \boldsymbol{\alpha}_2=\begin{pmatrix}x_{21}\\x_{22}\\x_{23}\\x_{24}\end{pmatrix},\quad \boldsymbol{\alpha}_3=\begin{pmatrix}x_{31}\\x_{32}\\x_{33}\\x_{34}\end{pmatrix},\quad \boldsymbol{\alpha}_4=\begin{pmatrix}x_{41}\\x_{42}\\x_{43}\\x_{44}\end{pmatrix}.$$

在四维空间中，这些向量的顶端都位于一个半径为 1 的球面上. 现在用两个向量间的夹角表示两个对应的群体间的"距离"似乎是合理的. 下面定义 $\boldsymbol{\alpha}_1$ 与 $\boldsymbol{\alpha}_2$ 之间的夹角：

$$\boldsymbol{\alpha}_1^{\mathrm{T}}\boldsymbol{\alpha}_2=|\boldsymbol{\alpha}_1||\boldsymbol{\alpha}_2|\cos\theta.$$

由于 $|\boldsymbol{\alpha}_1|=|\boldsymbol{\alpha}_2|=1$，而且

$$\boldsymbol{\alpha}_1=\begin{pmatrix}0.5398\\0.0000\\0.1778\\0.8228\end{pmatrix},\quad \boldsymbol{\alpha}_2=\begin{pmatrix}0.3216\\0.2943\\0.3464\\0.8307\end{pmatrix}.$$

故

$$\cos\theta=\boldsymbol{\alpha}_1^{\mathrm{T}}\boldsymbol{\alpha}_2=0.9187,\quad \theta=23.2°.$$

按同样的方式，我们可以得到基因间的"距离"如表 4.2 所示.

表 4.2 基因间的"距离"

	爱斯基摩人	班图人	英国人	朝鲜人
爱斯基摩人	0°	23.2°	16.4°	16.8°
班图人	23.2°	0°	9.8°	20.4°
英国人	16.4°	9.8°	0°	19.6°
朝鲜人	16.8°	20.4°	19.6°	0°

由表 4.2 可见, 最小的基因“距离”是班图人和英国人之间的“距离”, 而爱斯基摩人和班图人之间的基因“距离”最大. ■

4.4.2 标准正交基与施密特正交化过程

在 n 维欧氏空间 V 中, 若取定一组基 $\boldsymbol{\eta}_1,\boldsymbol{\eta}_2,\cdots,\boldsymbol{\eta}_n$, 则对于向量

$$\boldsymbol{\alpha}=a_1\boldsymbol{\eta}_1+a_2\boldsymbol{\eta}_2+\cdots+a_n\boldsymbol{\eta}_n,\quad \boldsymbol{\beta}=b_1\boldsymbol{\eta}_1+b_2\boldsymbol{\eta}_2+\cdots+b_n\boldsymbol{\eta}_n,$$

计算其内积为

$$\begin{aligned}(\boldsymbol{\alpha},\boldsymbol{\beta})&=(a_1\boldsymbol{\eta}_1+a_2\boldsymbol{\eta}_2+\cdots+a_n\boldsymbol{\eta}_n,\boldsymbol{\beta})\\&=a_1(\boldsymbol{\eta}_1,\boldsymbol{\beta})+a_2(\boldsymbol{\eta}_2,\boldsymbol{\beta})+\cdots+a_n(\boldsymbol{\eta}_n,\boldsymbol{\beta})\\&=\sum_{i=1}^n a_i(\boldsymbol{\eta}_i,\boldsymbol{\beta})=\sum_{i=1}^n a_i\left(\boldsymbol{\eta}_i,\sum_{j=1}^n b_j\boldsymbol{\eta}_j\right)=\sum_{i=1}^n\sum_{j=1}^n a_ib_j(\boldsymbol{\eta}_i,\boldsymbol{\eta}_j).\end{aligned}$$

如果存在一组基, 使得当 $i\neq j$ 时, $(\boldsymbol{\eta}_i,\boldsymbol{\eta}_j)=0$, 当 $i=j$ 时 $(\boldsymbol{\eta}_i,\boldsymbol{\eta}_i)=1$, 那么上式就简化为

$$(\boldsymbol{\alpha},\boldsymbol{\beta})=\sum_{i=1}^n\sum_{j=1}^n a_ib_j(\boldsymbol{\eta}_i,\boldsymbol{\eta}_j)=\sum_{i=1}^n a_ib_i=a_1b_1+a_2b_2+\cdots+a_nb_n.$$

这可以使向量内积的坐标运算大为简化, 并且在此基下向量内积的坐标运算与几何空间向量的点积运算, 以及 n 维欧氏几何空间 $\mathbf{R}^n$ (例 1) 中向量的内积运算一致.

定义 4.10　假定 $\boldsymbol{\eta}_1,\boldsymbol{\eta}_2,\cdots,\boldsymbol{\eta}_n$ 是 n 维欧氏空间 V 的一组基, 如果它们都是单位向量, 并且又两两正交, 即

$$(\boldsymbol{\eta}_i,\boldsymbol{\eta}_j)=\delta_{ij}=\begin{cases}1, & i=j,\\0, & i\neq j,\end{cases}$$

其中 δ_{ij} 为克罗内克 (Kronecker) 符号, 那么 $\boldsymbol{\eta}_1,\boldsymbol{\eta}_2,\cdots,\boldsymbol{\eta}_n$ 就称为 V 的一组**标准正交基**(standard basis). ■

在三维欧氏几何空间 $\mathbf{R}^3$ 中. 向量 $\boldsymbol{i}$=(1,0,0), $\boldsymbol{j}$=(0,1,0), $\boldsymbol{k}$=(0,0,1) 就是一组标准正交基. 在 n 维欧氏几何空间 $\mathbf{R}^n$ 中

$$\boldsymbol{\varepsilon}_1=\begin{pmatrix}1\\0\\\vdots\\0\end{pmatrix},\boldsymbol{\varepsilon}_2=\begin{pmatrix}0\\1\\\vdots\\0\end{pmatrix},\cdots,\boldsymbol{\varepsilon}_n=\begin{pmatrix}0\\0\\\vdots\\1\end{pmatrix}$$

就是一组标准正交基. 显然, 欧氏几何空间中不止仅有一组标准正交基.

定义 4.11 对于 n 阶实方阵 $\boldsymbol{Q}$, 如果其列向量 $\boldsymbol{q}_1, \cdots, \boldsymbol{q}_n$ 满足

$$\boldsymbol{q}_i^{\mathrm{T}}\boldsymbol{q}_j = \delta_{ij} = \begin{cases} 1, & i = j, \\ 0, & i \neq j, \end{cases}$$

即为标准正交向量组, 那么矩阵 $\boldsymbol{Q}$ 称为**正交矩阵**(orthogonal matrix). ■

根据定义, 方阵 $\boldsymbol{Q}$ 是正交矩阵的等价定义为 $\boldsymbol{Q}^{\mathrm{T}}\boldsymbol{Q} = \boldsymbol{E}$.

在讨论一般的 n 维欧氏空间是否存在标准正交基之前, 先来证明两两正交的非零向量组的一个性质.

性质 2 欧氏空间 V 中任意 r 个两两正交的非零向量必线性无关.

证明 设 $\boldsymbol{\eta}_1, \boldsymbol{\eta}_2, \cdots, \boldsymbol{\eta}_r$ 是欧氏空间 V 中任意 r 个两两正交的非零向量, 如果有实数 $k_1, k_2, \cdots, k_r$ 使得

$$k_1\boldsymbol{\eta}_1 + k_2\boldsymbol{\eta}_2 + \cdots + k_r\boldsymbol{\eta}_r = \boldsymbol{\theta},$$

那么对于正整数 $s \leqslant r$ 有

$$0 = (\boldsymbol{\theta}, \boldsymbol{\eta}_s) = (k_1\boldsymbol{\eta}_1 + k_2\boldsymbol{\eta}_2 + \cdots + k_r\boldsymbol{\eta}_r, \boldsymbol{\eta}_s) = k_s(\boldsymbol{\eta}_s, \boldsymbol{\eta}_s).$$

由于 $\boldsymbol{\eta}_1, \boldsymbol{\eta}_2, \cdots, \boldsymbol{\eta}_r$ 是非零向量组, 所以 $k_1 = k_2 = \cdots = k_r = 0$, 从而 $\boldsymbol{\eta}_1, \boldsymbol{\eta}_2, \cdots, \boldsymbol{\eta}_r$ 线性无关. ■

一般的 n 维欧氏空间是否存在标准正交基呢? 答案是肯定的, 下面以一种构造性的方法 (施密特 (Schmidt) 正交化) 证明任意 n 维欧氏空间都存在标准正交基, 即 n 个两两正交的单位向量.

定理 4.2 (施密特正交化) 在 n 维欧氏空间 V 中, 任意取定一组基 $\boldsymbol{\eta}_1, \boldsymbol{\eta}_2, \cdots, \boldsymbol{\eta}_n$, 则可以按照下述确定的方法构造出一个标准正交基:

(1) 正交化, 取

$$\boldsymbol{\alpha}_1 = \boldsymbol{\eta}_1,$$

$$\boldsymbol{\alpha}_2 = \boldsymbol{\eta}_2 - \frac{(\boldsymbol{\eta}_2, \boldsymbol{\alpha}_1)}{(\boldsymbol{\alpha}_1, \boldsymbol{\alpha}_1)}\boldsymbol{\alpha}_1,$$

$$\cdots\cdots$$

$$\boldsymbol{\alpha}_i = \boldsymbol{\eta}_i - \frac{(\boldsymbol{\eta}_i, \boldsymbol{\alpha}_1)}{(\boldsymbol{\alpha}_1, \boldsymbol{\alpha}_1)}\boldsymbol{\alpha}_1 - \frac{(\boldsymbol{\eta}_i, \boldsymbol{\alpha}_2)}{(\boldsymbol{\alpha}_2, \boldsymbol{\alpha}_2)}\boldsymbol{\alpha}_2 - \cdots - \frac{(\boldsymbol{\eta}_i, \boldsymbol{\alpha}_{i-1})}{(\boldsymbol{\alpha}_{i-1}, \boldsymbol{\alpha}_{i-1})}\boldsymbol{\alpha}_{i-1}, \quad i = 2, 3, \cdots, n,$$

那么 $\boldsymbol{\alpha}_1, \boldsymbol{\alpha}_2, \cdots, \boldsymbol{\alpha}_n$ 是两两正交向量组, 而且与 $\boldsymbol{\eta}_1, \boldsymbol{\eta}_2, \cdots, \boldsymbol{\eta}_n$ 等价;

(2) 单位化, 取

$$\boldsymbol{\varepsilon}_1 = \frac{1}{|\boldsymbol{\alpha}_1|}\boldsymbol{\alpha}_1, \quad \boldsymbol{\varepsilon}_2 = \frac{1}{|\boldsymbol{\alpha}_n|}\boldsymbol{\alpha}_2, \cdots, \boldsymbol{\varepsilon}_n = \frac{1}{|\boldsymbol{\alpha}_n|}\boldsymbol{\alpha}_n,$$

则 $\boldsymbol{\varepsilon}_1, \boldsymbol{\varepsilon}_2, \cdots, \boldsymbol{\varepsilon}_n$ 是 V 的一组标准正交基 .

证明 首先证明 $\boldsymbol{\alpha}_2 \perp \boldsymbol{\alpha}_1$,

$$(\boldsymbol{\alpha}_2,\boldsymbol{\alpha}_1)=\left(\boldsymbol{\eta}_2-\frac{(\boldsymbol{\eta}_2,\boldsymbol{\alpha}_1)}{(\boldsymbol{\alpha}_1,\boldsymbol{\alpha}_1)}\boldsymbol{\alpha}_1,\boldsymbol{\alpha}_1\right)=(\boldsymbol{\eta}_2,\boldsymbol{\alpha}_1)-\frac{(\boldsymbol{\eta}_2,\boldsymbol{\alpha}_1)}{(\boldsymbol{\alpha}_1,\boldsymbol{\alpha}_1)}(\boldsymbol{\alpha}_1,\boldsymbol{\alpha}_1)=0,$$

其次归纳假设 $\boldsymbol{\alpha}_r$ 与 $\boldsymbol{\alpha}_1,\boldsymbol{\alpha}_2,\cdots,\boldsymbol{\alpha}_{r-1}$ 都垂直, 那么要证 $\boldsymbol{\alpha}_{r+1}$ 与 $\boldsymbol{\alpha}_1,\boldsymbol{\alpha}_2,\cdots,\boldsymbol{\alpha}_r$ 都垂直, 事实上, 对于正整数 $s\leqslant r$ 有

$$\begin{aligned}(\boldsymbol{\alpha}_{r+1},\boldsymbol{\alpha}_s)&=\left(\boldsymbol{\eta}_{r+1}-\frac{(\boldsymbol{\eta}_{r+1},\boldsymbol{\alpha}_1)}{(\boldsymbol{\alpha}_1,\boldsymbol{\alpha}_1)}\boldsymbol{\alpha}_1-\frac{(\boldsymbol{\eta}_{r+1},\boldsymbol{\alpha}_2)}{(\boldsymbol{\alpha}_2,\boldsymbol{\alpha}_2)}\boldsymbol{\alpha}_2-\cdots-\frac{(\boldsymbol{\eta}_{r+1},\boldsymbol{\alpha}_r)}{(\boldsymbol{\alpha}_r,\boldsymbol{\alpha}_r)}\boldsymbol{\alpha}_r,\boldsymbol{\alpha}_s\right)\\&=(\boldsymbol{\eta}_{r+1},\boldsymbol{\alpha}_s)-\frac{(\boldsymbol{\eta}_{r+1},\boldsymbol{\alpha}_1)}{(\boldsymbol{\alpha}_1,\boldsymbol{\alpha}_1)}(\boldsymbol{\alpha}_1,\boldsymbol{\alpha}_s)\\&\quad-\frac{(\boldsymbol{\eta}_{r+1},\boldsymbol{\alpha}_2)}{(\boldsymbol{\alpha}_2,\boldsymbol{\alpha}_2)}(\boldsymbol{\alpha}_2,\boldsymbol{\alpha}_s)-\cdots-\frac{(\boldsymbol{\eta}_{r+1},\boldsymbol{\alpha}_r)}{(\boldsymbol{\alpha}_r,\boldsymbol{\alpha}_r)}(\boldsymbol{\alpha}_r,\boldsymbol{\alpha}_s)\\&=(\boldsymbol{\eta}_{r+1},\boldsymbol{\alpha}_s)-\frac{(\boldsymbol{\eta}_{r+1},\boldsymbol{\alpha}_s)}{(\boldsymbol{\alpha}_2,\boldsymbol{\alpha}_2)}(\boldsymbol{\alpha}_s,\boldsymbol{\alpha}_s)=0,\end{aligned}$$

因此 $\boldsymbol{\alpha}_1,\boldsymbol{\alpha}_2,\cdots,\boldsymbol{\alpha}_n$ 是两两正交向量组. 进一步 $\boldsymbol{\alpha}_1,\boldsymbol{\alpha}_2,\cdots,\boldsymbol{\alpha}_n$ 是个数等于空间维数的线性无关向量组, 因此它必是 V 的一组基, 显然与 $\boldsymbol{\eta}_1,\boldsymbol{\eta}_2,\cdots,\boldsymbol{\eta}_n$ 等价.

单位化过程说明 $\boldsymbol{\varepsilon}_1,\boldsymbol{\varepsilon}_2,\cdots,\boldsymbol{\varepsilon}_n$ 是 V 的一组标准正交基. ■

例 5 在三维欧氏几何空间 $\mathbf{R}^3$ 中, 已知 $\boldsymbol{v}_1=(1,1,1),\boldsymbol{v}_2=(0,1,1),\ \boldsymbol{v}_3=(0,0,1)$ 线性无关, 它们是 $\mathbf{R}^3$ 的基. 用施密特正交化方法将它们化为标准正交基.

解 由施密特正交化算法公式有

$$\boldsymbol{\alpha}_2=\boldsymbol{v}_2-\frac{(\boldsymbol{v}_2,\boldsymbol{\alpha}_1)}{(\boldsymbol{\alpha}_1,\boldsymbol{\alpha}_1)}\boldsymbol{\alpha}_1=\frac{1}{3}(-2,1,1),$$

$$\boldsymbol{\alpha}_3=\boldsymbol{v}_3-\frac{(\boldsymbol{v}_3,\boldsymbol{\alpha}_1)}{(\boldsymbol{\alpha}_1,\boldsymbol{\alpha}_1)}\boldsymbol{\alpha}_1-\frac{(\boldsymbol{v}_3,\boldsymbol{\alpha}_2)}{(\boldsymbol{\alpha}_2,\boldsymbol{\alpha}_2)}\boldsymbol{\alpha}_2=\frac{1}{2}(0,-1,1).$$

为了简化计算, 取如下与 $\boldsymbol{\alpha}_1,\boldsymbol{\alpha}_2,\boldsymbol{\alpha}_3$ 共线的向量

$$\boldsymbol{\beta}_1=(1,1,1),\quad \boldsymbol{\beta}_2=(-2,1,1),\quad \boldsymbol{\beta}_3=(0,-1,1),$$

再将它们化为单位向量, 即标准正交基

$$\boldsymbol{e}_1=\left(\frac{1}{\sqrt{3}},\frac{1}{\sqrt{3}},\frac{1}{\sqrt{3}}\right),\quad \boldsymbol{e}_2=\left(-\frac{2}{\sqrt{6}},\frac{1}{\sqrt{6}},\frac{1}{\sqrt{6}}\right),\quad \boldsymbol{e}_3=\left(0,-\frac{1}{\sqrt{2}},\frac{1}{\sqrt{2}}\right).$$ ■

例 6 用施密特正交化方法, 将向量组

$$\boldsymbol{\eta}_1=(1,1,1,1),\quad \boldsymbol{\eta}_2=(1,-1,0,4),\quad \boldsymbol{\eta}_3=(3,5,1,-1)$$

标准正交化.

解 先正交化, 取

$$\begin{aligned}
&\boldsymbol{\alpha}_1=\boldsymbol{\eta}_1=(1,1,1,1),\\
&\boldsymbol{\alpha}_2=\boldsymbol{\eta}_2-\frac{(\boldsymbol{\alpha}_1,\boldsymbol{\eta}_2)}{(\boldsymbol{\alpha}_1,\boldsymbol{\alpha}_1)}\boldsymbol{\alpha}_1=(1,-1,0,4)-\frac{1-1+4}{1+1+1+1}(1,1,1,1)=(0,-2,-1,3),\\
&\boldsymbol{\alpha}_3=\boldsymbol{\eta}_3-\frac{(\boldsymbol{\alpha}_1,\boldsymbol{\eta}_3)}{(\boldsymbol{\alpha}_1,\boldsymbol{\alpha}_1)}\boldsymbol{\alpha}_1-\frac{(\boldsymbol{\alpha}_2,\boldsymbol{\eta}_3)}{(\boldsymbol{\alpha}_2,\boldsymbol{\alpha}_2)}\boldsymbol{\alpha}_2\\
&\quad=(3,5,1,-1)-\frac{8}{4}(1,1,1,1)-\frac{-14}{14}(0,-2,-1,3)=(1,1,-2,0).
\end{aligned}$$

再单位化, 得规范正交向量组如下

$$\begin{aligned}
\boldsymbol{e}_1&=\frac{1}{|\boldsymbol{\alpha}_1|}\boldsymbol{\alpha}_1=\frac{1}{2}(1,1,1,1)=\left(\frac{1}{2},\frac{1}{2},\frac{1}{2},\frac{1}{2}\right),\\
\boldsymbol{e}_2&=\frac{1}{|\boldsymbol{\alpha}_1|}\boldsymbol{\alpha}_1=\frac{1}{\sqrt{14}}(0,-2,-1,3)=\left(0,\frac{-2}{\sqrt{14}},\frac{-1}{\sqrt{14}},\frac{3}{\sqrt{14}}\right),\\
\boldsymbol{e}_3&=\frac{1}{|\boldsymbol{\alpha}_3|}\alpha_3=\frac{1}{\sqrt{6}}(1,1,-2,0)=\left(\frac{1}{\sqrt{6}},\frac{1}{\sqrt{6}},\frac{-2}{\sqrt{6}},0\right).
\end{aligned}$$ ■

4.5 线性变换

对于两个集合 S 和 S', 如果存在一个法则 f, 使得集合 S 中的每一个元素都有 S' 中唯一确定的元素与之对应, 则称 f 是 S 到 S' 的一个**映射**(map). 如果考虑 S 和 S' 是同一个线性空间, 那么这样的映射常称为**变换**(transformation). 本节讨论将线性空间映射到自身的一种简单的变换, 即线性变换. 正如线性函数是最简单和最基本的函数一样, 它是线性代数的一个主要任务.

4.5.1 线性变换其运算

1. 线性变换的概念

对于线性空间 $\mathbf{R}$ 到 $\mathbf{R}$ 的一个简单的映射, 即线性函数 $y=f(x)=kx$, 显然满足: 对任意的 $x_1,x_2\in\mathbf{R}$ 必有

$$f(x_1+x_2)=f(x_1)+f(x_2),\quad f(kx_1)=kf(x_1).$$

事实上, 可以证明一个 $\mathbf{R}$ 到 $\mathbf{R}$ 的函数若满足上述两式, 则它也必定是线性函数①. 线性空间中向量之间的联系, 是通过线性空间到线性空间的映射实现的, 要考察具有线性性质的映射, 就可以按照这两个基本条件来定义这种映射.

① 利用微积分的知识可以证明这一点, 其思路如下: 首先, $f(2)=2f(1)\neq0$, 除非 $f\equiv0$. 其次对于任意的 $x,\Delta x\in\mathbf{R}$, $f(x+\Delta x)=f(x)+f(\Delta x)$ 意味着

$$\lim_{\Delta x\to0}\frac{f(x+\Delta x)-f(x)}{\Delta x}=\lim_{\Delta x\to0}\frac{f(\Delta x)}{\Delta x}=\lim_{\Delta x\to0}\frac{\Delta x}{\Delta x}f(1)=f(1),$$

这说明 $f(x)$ 在 $\mathbf{R}$ 上可导, 且导数为常数 $f(1)$. 因此 $f(x)$ 是线性函数.

定义 4.12　设 σ 是线性空间 V 到其自身的一个映射, 即对于 V 中的任意元素 $\boldsymbol{\alpha}$, 它在 σ 下的像 $\sigma(\boldsymbol{\alpha})$ 也在 V 中. 如果对于 V 中任意元素 $\boldsymbol{\alpha},\boldsymbol{\beta}$ 和实数域中的任意数 k, 都有

$$\sigma(\boldsymbol{\alpha}+\boldsymbol{\beta})=\sigma(\boldsymbol{\alpha})+\sigma(\boldsymbol{\beta}),\quad \sigma(k\boldsymbol{\alpha})=k\sigma(\boldsymbol{\alpha}),$$

则称 σ 是线性空间 V 的一个**线性变换**(linear transformation). ■

例 1　线性空间 V 中的如下变换都是线性变换.

(1) 恒等变换 (单位变换): 将 V 中元素变到其自身, 记为 I, 即

$$I(\boldsymbol{\alpha})=\boldsymbol{\alpha}\quad(\boldsymbol{\alpha}\in V);$$

(2) 零变换: 将 V 中元素 $\boldsymbol{\alpha}$ 变为 V 的零元 $\boldsymbol{\theta}$, 记为 $\boldsymbol{\Theta}(\boldsymbol{\alpha})=\boldsymbol{\theta}$;

(3) 数乘变换: 将 V 中元素 $\boldsymbol{\alpha}$ 变为 V 的元素 $\lambda\boldsymbol{\alpha}$, 记为 $\Lambda(\boldsymbol{\alpha})=\lambda\boldsymbol{\alpha}$, λ 为已给定的实数.

证明　对于 V 中任意元素 $\boldsymbol{\alpha},\boldsymbol{\beta}$ 和实数域中的任意数 k, 有

$$I(\boldsymbol{\alpha}+\boldsymbol{\beta})=\boldsymbol{\alpha}+\boldsymbol{\beta}=I(\boldsymbol{\alpha})+I(\boldsymbol{\beta}),\quad I(k\boldsymbol{\alpha})=k\boldsymbol{\alpha}=kI(\boldsymbol{\alpha}).$$

所以恒等变换 I 是线性变换. 零变换和数乘变换是线性变换的证明留给读者. ■

例 2　在二维欧氏空间 $\mathbf{R}^2$ 中, 将每个平面向量绕坐标原点按逆时针旋转 φ 角的变换 R_φ 是 $\mathbf{R}^2$ 的线性变换.

证明　在二维欧氏空间 $\mathbf{R}^2$ 中每个向量都可以用坐标表示, 设

$$\boldsymbol{\alpha}=\begin{pmatrix}x\\y\end{pmatrix},\quad R_\varphi(\boldsymbol{\alpha})=\begin{pmatrix}u\\v\end{pmatrix},$$

如图 4.1 所示, 设 P 点的坐标为$\begin{cases}x=r\cos\theta,\\y=r\sin\theta,\end{cases}$ 则 P_1 点的坐标为$\begin{cases}x=r\cos(\theta+\varphi),\\y=r\sin(\theta+\varphi),\end{cases}$ 那么

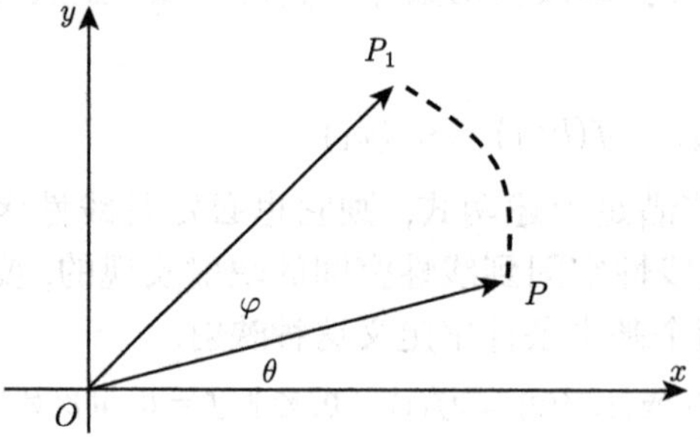

图 4.1　平面向量的旋转变换 (平面坐标旋转变换)

$$\begin{aligned}\begin{pmatrix}u\\v\end{pmatrix}=R_\varphi\begin{pmatrix}x\\y\end{pmatrix}&=\begin{pmatrix}r\cos(\theta+\varphi)\\r\sin(\theta+\varphi)\end{pmatrix}\\&=\begin{pmatrix}r\cos\theta\cos\varphi-r\sin\theta\sin\varphi\\r\cos\theta\sin\varphi+r\sin\theta\cos\varphi\end{pmatrix}\\&=\begin{pmatrix}x\cos\varphi-y\sin\varphi\\x\sin\varphi+y\cos\varphi\end{pmatrix}\\&=\begin{pmatrix}\cos\varphi&-\sin\varphi\\\sin\varphi&\cos\varphi\end{pmatrix}\begin{pmatrix}x\\y\end{pmatrix},\end{aligned}$$

即有 $R_\varphi(\boldsymbol{\alpha}) = \boldsymbol{A\alpha}$, 这里

$$\boldsymbol{A} = \begin{pmatrix} \cos\varphi & -\sin\varphi \\ \sin\varphi & \cos\varphi \end{pmatrix}.$$

由矩阵运算性质易知, 对于 $\mathbf{R}^2$ 中任意元素 $\boldsymbol{\alpha}, \boldsymbol{\beta}$ 和实数域中的任意数 k, 有

$$R_\varphi(\boldsymbol{\alpha}+\boldsymbol{\beta}) = \boldsymbol{A}(\boldsymbol{\alpha}+\boldsymbol{\beta}) = \boldsymbol{A\alpha}+\boldsymbol{A\beta} = R_\varphi(\boldsymbol{\alpha})+R_\varphi(\boldsymbol{\beta}),$$
$$R_\varphi(k\boldsymbol{\alpha}) = \boldsymbol{A}(k\boldsymbol{\alpha}) = k\boldsymbol{A\alpha} = kR_\varphi(\boldsymbol{\alpha}),$$

即旋转变换 R_φ 是线性变换. ■

例 3 定义在闭区间上的全体连续函数组成实数域上的一个线性空间 $C[a,b]$, 在这个空间中变换 $\sigma(f(x)) = \int_a^x f(t)\mathrm{d}t$ 是一个线性变换.

证明 设 $f(x) \in C[a,b]$, $g(x) \in C[a,b]$, 对于任意的实数 k, 则有

$$\sigma(f(x)+g(x)) = \int_a^x [f(t)+g(t)]\mathrm{d}t = \int_a^x f(t)\mathrm{d}t + \int_a^x g(t)\mathrm{d}t = \sigma(f(x))+\sigma(g(x)),$$

$$\sigma(kf(x)) = \int_a^x kf(t)\mathrm{d}t = k\int_a^x f(t)\mathrm{d}t = k\sigma(f(x)).$$

因此 σ 是 $C[a,b]$ 上的一个线性变换. ■

例 4 在三维欧氏空间 $\mathbf{R}^3$ 中, 将每个向量投影到坐标平面上的变换是 $\mathbf{R}^3$ 的线性变换.

证明 在三维欧氏空间 $\mathbf{R}^3$ 中每个向量都可以用坐标表示, 对于任意的向量 $\boldsymbol{\alpha} = (a_1, a_2, a_3)$, 投影到 xOy 坐标平面上的变换可以表示为

$$P(\boldsymbol{\alpha}) = P(a_1, a_2, a_3) = (a_1, a_2).$$

可以验证, 对于任意的向量 $\boldsymbol{\alpha} = (a_1, a_2, a_3), \boldsymbol{\beta} = (b_1, b_2, b_3)$, 以及实数 k 有

$$\begin{aligned} P(\boldsymbol{\alpha}+\boldsymbol{\beta}) &= P(a_1+b_1, a_2+b_2, a_3+b_3) = (a_1+b_1, a_2+b_2) \\ &= (a_1, a_2)+(b_1, b_2) = P(\boldsymbol{\alpha})+P(\boldsymbol{\beta}), \end{aligned}$$

$$P(k\boldsymbol{\alpha}) = P(ka_1, ka_2, ka_3) = (ka_1, ka_2) = k(a_1, a_2) = kP(\boldsymbol{\alpha}).$$

类似地, 可以证明投影到其他坐标平面上的变换是 $\mathbf{R}^3$ 的线性变换. ■

2. 线性变换的性质

本段讨论线性变换的性质.

性质 1 线性变换将线性空间中的零元变换为零元, 即 $\sigma(\boldsymbol{\theta}) = \boldsymbol{\theta}$.

证明　因为 $\sigma(\boldsymbol{\theta})=\sigma(\boldsymbol{\theta}+\boldsymbol{\theta})=\sigma(\boldsymbol{\theta})+\sigma(\boldsymbol{\theta})$, 而且 $\sigma(\boldsymbol{\theta})$ 也该线性空间中的元素, 因此 $\sigma(\boldsymbol{\theta})=\boldsymbol{\theta}$. ■

性质 2　线性变换将线性空间中任一元素的负元变换为该元素像的负元, 即 $\sigma(-\boldsymbol{\alpha})=-\sigma(\boldsymbol{\alpha})$.

证明　因为对于任意元素 $\boldsymbol{\alpha}, -\boldsymbol{\alpha}, \sigma(\boldsymbol{\alpha})$ 也是该线性空间中的元素, 所以 $\sigma(-\boldsymbol{\alpha})=\sigma((-1)\boldsymbol{\alpha})=(-1)\sigma(\boldsymbol{\alpha})=-\sigma(\boldsymbol{\alpha})$. ■

性质 3　线性变换将线性空间中任意一组元素的线性组合变换为该组元素像的线性组合, 即 $\sigma(k_1\boldsymbol{\alpha}_1+k_2\boldsymbol{\alpha}_2+\cdots+k_m\boldsymbol{\alpha}_m)=k_1\sigma(\boldsymbol{\alpha}_1)+k_2\sigma(\boldsymbol{\alpha}_2)+\cdots+k_m\sigma(\boldsymbol{\alpha}_m)$.

证明　任给向量组 $\boldsymbol{\alpha}_1,\boldsymbol{\alpha}_2,\cdots,\boldsymbol{\alpha}_m$ 的一个线性组合 $k_1\boldsymbol{\alpha}_1+k_2\boldsymbol{\alpha}_2+\cdots+k_m\boldsymbol{\alpha}_m$, 那么

$$\begin{aligned}\sigma(k_1\boldsymbol{\alpha}_1+k_2\boldsymbol{\alpha}_2+\cdots+k_m\boldsymbol{\alpha}_m)&=\sigma(k_1\boldsymbol{\alpha}_1)+\sigma(k_2\boldsymbol{\alpha}_2+\cdots+k_m\boldsymbol{\alpha}_m)\\&=k_1\sigma(\boldsymbol{\alpha}_1)+\sigma(k_2\boldsymbol{\alpha}_2+\cdots+k_m\boldsymbol{\alpha}_m)\\&=\cdots\cdots\\&=k_1\sigma(\boldsymbol{\alpha}_1)+k_2\sigma(\boldsymbol{\alpha}_2)+\cdots+k_m\sigma(\boldsymbol{\alpha}_m).\end{aligned}$$ ■

以下两个性质是性质 3 的直接推论, 由于在应用上具有重要性, 故将其一并作为性质列出.

性质 4　实数域上线性空间 V 上的变换 σ 是 V 上线性变换的充要条件是, 对于 V 上任意元素 $\boldsymbol{\alpha},\boldsymbol{\beta}$ 和任意实数 k,l 都有 $\sigma(k\boldsymbol{\alpha}+l\boldsymbol{\beta})=k\sigma(\boldsymbol{\alpha})+l\sigma(\boldsymbol{\beta})$. ■

性质 5　如果 $\boldsymbol{\alpha}_1,\boldsymbol{\alpha}_2,\cdots,\boldsymbol{\alpha}_m$ 线性相关, 则其像 $\sigma(\boldsymbol{\alpha}_1),\sigma(\boldsymbol{\alpha}_2),\cdots,\sigma(\boldsymbol{\alpha}_m)$ 也线性相关. ■

以下两个性质是关于线性变换的像和核的性质, 其证明留给读者.

性质 6　实数域上线性空间 V 上的线性变换 σ 的像集合 $\sigma(V)=\{\sigma(\boldsymbol{\alpha})|\boldsymbol{\alpha}\in V\}$ 是 V 的子空间, 称为线性变换 σ 的**像空间**(range space), 记为 $\sigma(V)$. ■

性质 7　实数域上线性空间 V 上的线性变换 σ 下零元的原像集合 $\sigma(V)=\{\boldsymbol{\alpha}|\boldsymbol{\alpha}\in V,\sigma(\boldsymbol{\alpha})=\boldsymbol{\theta}\}$ 是 V 的子空间, 称为线性变换 σ 的**核空间**(kernel space). ■

例 5　设 σ 是实数域上线性空间 V 的线性变换, $\boldsymbol{\varepsilon}_1,\boldsymbol{\varepsilon}_2,\cdots,\boldsymbol{\varepsilon}_m$ 是 V 的一组基, 证明 $\sigma(V)=\operatorname{span}(\sigma(\boldsymbol{\varepsilon}_1),\sigma(\boldsymbol{\varepsilon}_2),\cdots,\sigma(\boldsymbol{\varepsilon}_m))$, 即由向量组 $\sigma(\boldsymbol{\varepsilon}_1),\sigma(\boldsymbol{\varepsilon}_2),\cdots,\sigma(\boldsymbol{\varepsilon}_m)$ 生成的空间是 σ 的像空间.

证明　对于任意的 $\boldsymbol{\beta}\in\boldsymbol{\sigma}(V)$, 那么存在 $\boldsymbol{\alpha}=x_1\boldsymbol{\varepsilon}_1+x_2\boldsymbol{\varepsilon}_2+\cdots+x_m\boldsymbol{\varepsilon}_m\in V$, 使得

$$\begin{aligned}\boldsymbol{\beta}&=\sigma(\boldsymbol{\alpha})=\sigma(x_1\boldsymbol{\varepsilon}_1+x_2\boldsymbol{\varepsilon}_2+\cdots+x_m\boldsymbol{\varepsilon}_m)\\&=x_1\sigma(\boldsymbol{\varepsilon}_1)+x_2\sigma(\boldsymbol{\varepsilon}_2)+\cdots+x_m\sigma(\boldsymbol{\varepsilon}_m)\in\operatorname{span}(\sigma(\boldsymbol{\varepsilon}_1),\sigma(\boldsymbol{\varepsilon}_2,\cdots,\sigma(\boldsymbol{\varepsilon}_m)).\end{aligned}$$

反之, 对于任意的 $\gamma \in \operatorname{span}(\sigma(\varepsilon_1), \sigma(\varepsilon_2), \cdots, \sigma(\varepsilon_m))$, 那么存在实数 $k_1, k_2, \cdots, k_m$ 使得

$$\gamma = k_1\sigma(\varepsilon_1) + k_2\sigma(\varepsilon_2) + \cdots + k_m\sigma(\varepsilon_m) = \sigma(k_1\varepsilon_1 + k_2\varepsilon_2 + \cdots + k_m\varepsilon_m) \in \sigma(V).$$

因此 $\sigma(V) = \operatorname{span}(\sigma(\varepsilon_1), \sigma(\varepsilon_2), \cdots, \sigma(\varepsilon_m))$. ■

4.5.2 线性变换的矩阵表示

1. 线性变换在一组基下的矩阵表示

设 V 是实数域上的一个 n 维线性空间, $\boldsymbol{\alpha}_1, \boldsymbol{\alpha}_2, \cdots, \boldsymbol{\alpha}_n$ 是 V 的一组基, σ 是 V 的一个线性变换, 则有 $\sigma(\boldsymbol{\alpha}_i) \in V$, 因而 $\sigma(\boldsymbol{\alpha}_i)$ 也可表示为 V 的基 $\boldsymbol{\alpha}_1, \boldsymbol{\alpha}_2, \cdots, \boldsymbol{\alpha}_n$ 的线性组合. 不妨设有

$$\begin{cases} \sigma(\boldsymbol{\alpha}_1) = a_{11}\boldsymbol{\alpha}_1 + a_{21}\boldsymbol{\alpha}_2 + \cdots + a_{n1}\boldsymbol{\alpha}_n, \\ \sigma(\boldsymbol{\alpha}_2) = a_{12}\boldsymbol{\alpha}_1 + a_{22}\boldsymbol{\alpha}_2 + \cdots + a_{n2}\boldsymbol{\alpha}_n, \\ \qquad\qquad\cdots\cdots \\ \sigma(\boldsymbol{\alpha}_2) = a_{1n}\boldsymbol{\alpha}_1 + a_{2n}\boldsymbol{\alpha}_2 + \cdots + a_{nn}\boldsymbol{\alpha}_n. \end{cases} \tag{4.10}$$

为了书写方便, 将 $\sigma(\boldsymbol{\alpha}_i)$ 简记为 $\sigma\boldsymbol{\alpha}_i$, 则有

$$(\sigma(\boldsymbol{\alpha}_1), \sigma(\boldsymbol{\alpha}_2), \cdots, \sigma(\boldsymbol{\alpha}_n)) = (\sigma\boldsymbol{\alpha}_1, \sigma\boldsymbol{\alpha}_2, \cdots, \sigma\boldsymbol{\alpha}_n) = \sigma(\boldsymbol{\alpha}_1, \boldsymbol{\alpha}_2, \cdots, \boldsymbol{\alpha}_n).$$

因此式 (4.10) 可以写成

$$\sigma(\boldsymbol{\alpha}_1, \boldsymbol{\alpha}_2, \cdots, \boldsymbol{\alpha}_n) = (\boldsymbol{\alpha}_1, \boldsymbol{\alpha}_2, \cdots, \boldsymbol{\alpha}_n)\boldsymbol{A},$$

其中

$$\boldsymbol{A} = \begin{pmatrix} a_{11} & a_{12} & \cdots & a_{1n} \\ a_{21} & a_{22} & \cdots & a_{2n} \\ \vdots & \vdots & & \vdots \\ a_{n1} & a_{n2} & \cdots & a_{nn} \end{pmatrix},$$

那么, $\boldsymbol{A}$ 就称为线性变换 σ 在基 $\boldsymbol{\alpha}_1, \boldsymbol{\alpha}_2, \cdots, \boldsymbol{\alpha}_n$ 下的矩阵.

定理 4.3 在一个 n 维实数域上线性空间 V 中取定一组基, 那么 V 上的线性变换可以唯一确定一个矩阵; 反之由一个矩阵也可以唯一确定一个线性变换.

证明 前半部分已经证明, 下面证明后半部分. 设 $\boldsymbol{\alpha}_1, \boldsymbol{\alpha}_2, \cdots, \boldsymbol{\alpha}_n$ 是 V 中给定的一组基, $\boldsymbol{A}$ 为给定的矩阵, 那么按照如下关系确定的变换 σ:

$$(\sigma(\boldsymbol{\alpha}_1), \sigma(\boldsymbol{\alpha}_2), \cdots, \sigma(\boldsymbol{\alpha}_n)) = \sigma(\boldsymbol{\alpha}_1, \boldsymbol{\alpha}_2, \cdots, \boldsymbol{\alpha}_n) = (\boldsymbol{\alpha}_1, \boldsymbol{\alpha}_2, \cdots, \boldsymbol{\alpha}_n)A,$$

即

$$\sigma(\boldsymbol{\alpha}_i) = a_{1i}\boldsymbol{\alpha}_1 + a_{2i}\boldsymbol{\alpha}_2 + \cdots + a_{ni}\boldsymbol{\alpha}_n, \quad i = 1, 2, \cdots, n$$

是 V 上的一个线性变换.

事实上, 对于 V 中任意元素 $\boldsymbol{\beta}, \boldsymbol{\gamma}$ 和实数域中的任意数 k, l, 由于 $\boldsymbol{\alpha}_1, \boldsymbol{\alpha}_2, \cdots, \boldsymbol{\alpha}_n$ 是一组基, 因而存在如下表示式

$$\boldsymbol{\beta} = b_1\boldsymbol{\alpha}_1 + b_2\boldsymbol{\alpha}_2 + \cdots + b_n\boldsymbol{\alpha}_n, \quad \boldsymbol{\gamma} = c_1\boldsymbol{\alpha}_1 + c_2\boldsymbol{\alpha}_2 + \cdots + c_n\boldsymbol{\alpha}_n,$$

那么

$$\begin{aligned}
&\sigma(k\boldsymbol{\beta} + l\boldsymbol{\gamma})\\
&= \sigma\left((kb_1 + lc_1)\boldsymbol{\alpha}_1 + (kb_2 + lc_2)\boldsymbol{\alpha}_2 + \cdots + (kb_n + lc_n)\boldsymbol{\alpha}_n\right)\\
&= (b_1 + c_1)\sigma(\boldsymbol{\alpha}_1) + (b_2 + c_2)\sigma(\boldsymbol{\alpha}_2) + \cdots + (b_n + c_n)\sigma(\boldsymbol{\alpha}_n)\\
&= (\sigma(\boldsymbol{\alpha}_1), \sigma(\boldsymbol{\alpha}_2), \cdots, \sigma(\boldsymbol{\alpha}_n))\begin{pmatrix} kb_1 + lc_1 \\ kb_2 + lc_2 \\ \vdots \\ kb_n + lc_n \end{pmatrix}\\
&= (\boldsymbol{\alpha}_1, \boldsymbol{\alpha}_2, \cdots, \boldsymbol{\alpha}_n)\,\boldsymbol{A}\begin{pmatrix} kb_1 + lc_1 \\ kb_2 + lc_2 \\ \vdots \\ kb_n + lc_n \end{pmatrix}\\
&= (\boldsymbol{\alpha}_1, \boldsymbol{\alpha}_2, \cdots, \boldsymbol{\alpha}_n)\,\boldsymbol{A}\begin{pmatrix} kb_1 \\ kb_2 \\ \vdots \\ kb_n \end{pmatrix} + (\boldsymbol{\alpha}_1, \boldsymbol{\alpha}_2, \cdots, \boldsymbol{\alpha}_n)\,\boldsymbol{A}\begin{pmatrix} lc_1 \\ lc_2 \\ \vdots \\ lc_n \end{pmatrix}\\
&= k\,(\boldsymbol{\alpha}_1, \boldsymbol{\alpha}_2, \cdots, \boldsymbol{\alpha}_n)\,\boldsymbol{A}\begin{pmatrix} b_1 \\ b_2 \\ \vdots \\ b_n \end{pmatrix} + l\,(\boldsymbol{\alpha}_1, \boldsymbol{\alpha}_2, \cdots, \boldsymbol{\alpha}_n)\,\boldsymbol{A}\begin{pmatrix} c_1 \\ c_2 \\ \vdots \\ c_n \end{pmatrix}\\
&= k\,(\sigma(\boldsymbol{\alpha}_1), \sigma(\boldsymbol{\alpha}_2), \cdots, \sigma(\boldsymbol{\alpha}_n))\begin{pmatrix} b_1 \\ b_2 \\ \vdots \\ b_n \end{pmatrix} + l\,(\sigma(\boldsymbol{\alpha}_1), \sigma(\boldsymbol{\alpha}_2), \cdots, \sigma(\boldsymbol{\alpha}_n))\begin{pmatrix} c_1 \\ c_2 \\ \vdots \\ c_n \end{pmatrix}
\end{aligned}$$

$$= k\sigma(b_1\boldsymbol{\alpha}_1) + k\sigma(b_2\boldsymbol{\alpha}_2) + \cdots + k\sigma(b_n\boldsymbol{\alpha}_n) + l\sigma(c_1\boldsymbol{\alpha}_1) + l\sigma(c_2\boldsymbol{\alpha}_2) + \cdots + l\sigma(c_n\boldsymbol{\alpha}_n)$$
$$= k\sigma(b_1\boldsymbol{\alpha}_1 + b_2\boldsymbol{\alpha}_2 + \cdots + b_n\boldsymbol{\alpha}_n) + l\sigma(c_1\boldsymbol{\alpha}_1 + c_2\boldsymbol{\alpha}_2 + \cdots + c_n\boldsymbol{\alpha}_n)$$
$$= k\sigma(\boldsymbol{\beta}) + l\sigma(\boldsymbol{\gamma}).$$

■

定理 4.3 表明, 在给定基下, n 维实数域上线性空间的线性变换与矩阵一一对应.

例 6 已知 $\mathbf{R}^2$ 上的线性变换 σ 由下式确定

$$\sigma((x_1, x_2)) = (x_1 - x_2, x_1).$$

求线性变换 σ 在自然基 $\boldsymbol{\varepsilon}_1 = (1,0), \boldsymbol{\varepsilon}_2 = (0,1)$ 的矩阵表示.

解 $\sigma(\boldsymbol{\varepsilon}_1) = \sigma(1,0)) = (1,1) = \boldsymbol{\varepsilon}_1 + \boldsymbol{\varepsilon}_2,\quad \sigma(\boldsymbol{\varepsilon}_2) = \sigma((0,1)) = (-1,0) = -\boldsymbol{\varepsilon}_1.$ 因此

$$(\sigma(\boldsymbol{\varepsilon}_1), \sigma(\boldsymbol{\varepsilon}_2)) = (\boldsymbol{\varepsilon}_1 + \boldsymbol{\varepsilon}_2, -\boldsymbol{\varepsilon}_1) = (\boldsymbol{\varepsilon}_1, \boldsymbol{\varepsilon}_2)\begin{pmatrix} 1 & -1 \\ 1 & 0 \end{pmatrix}.$$

因此该线性变换在 $\mathbf{R}^2$ 的自然基 $\boldsymbol{\varepsilon}_1 = (1,0), \boldsymbol{\varepsilon}_2 = (0,1)$ 下的矩阵为

$$\boldsymbol{A} = \begin{pmatrix} 1 & -1 \\ 1 & 0 \end{pmatrix}.$$

■

例 7 设 $\boldsymbol{\Sigma}_1 = \begin{pmatrix} 1 & 0 \\ 0 & 0 \end{pmatrix}, \boldsymbol{\Sigma}_2 = \begin{pmatrix} 0 & 1 \\ 0 & 0 \end{pmatrix}, \boldsymbol{\Sigma}_3 = \begin{pmatrix} 0 & 0 \\ 1 & 0 \end{pmatrix}, \boldsymbol{\Sigma}_4 = \begin{pmatrix} 0 & 0 \\ 0 & 1 \end{pmatrix}$ 是实数域上全体 2×2 实矩阵构成的线性空间 $\mathbf{R}^{2\times 2}$ 的一组基. $\mathbf{R}^{2\times 2}$ 的一个线性变换 σ 由下式定义

$$\sigma(\boldsymbol{\alpha}) = \begin{pmatrix} -2 & 1 \\ 3 & 4 \end{pmatrix}\boldsymbol{\alpha}, \quad \boldsymbol{\alpha} \in \mathbf{R}^{2\times 2},$$

求该线性变换 σ 在上述基 $\boldsymbol{\Sigma}_i (i = 1,2,3,4)$ 下的矩阵表示.

解 考虑线性变换 σ 下基 $\boldsymbol{\Sigma}_i$ 的像

$$\sigma(\boldsymbol{\Sigma}_1) = \begin{pmatrix} -2 & 1 \\ 3 & 4 \end{pmatrix}\begin{pmatrix} 1 & 0 \\ 0 & 0 \end{pmatrix} = \begin{pmatrix} -2 & 0 \\ 3 & 0 \end{pmatrix} = -2\boldsymbol{\Sigma}_1 + 3\boldsymbol{\Sigma}_3,$$
$$\sigma(\boldsymbol{\Sigma}_2) = \begin{pmatrix} -2 & 1 \\ 3 & 4 \end{pmatrix}\begin{pmatrix} 0 & 1 \\ 0 & 0 \end{pmatrix} = \begin{pmatrix} 0 & -2 \\ 0 & 3 \end{pmatrix} = -2\boldsymbol{\Sigma}_2 + 3\boldsymbol{\Sigma}_4,$$
$$\sigma(\boldsymbol{\Sigma}_3) = \begin{pmatrix} -2 & 1 \\ 3 & 4 \end{pmatrix}\begin{pmatrix} 0 & 0 \\ 1 & 0 \end{pmatrix} = \begin{pmatrix} 1 & 0 \\ 4 & 0 \end{pmatrix} = \boldsymbol{\Sigma}_1 + 4\boldsymbol{\Sigma}_3,$$
$$\sigma(\boldsymbol{\Sigma}_4) = \begin{pmatrix} -2 & 1 \\ 3 & 4 \end{pmatrix}\begin{pmatrix} 0 & 0 \\ 0 & 1 \end{pmatrix} = \begin{pmatrix} 0 & 1 \\ 0 & 4 \end{pmatrix} = \boldsymbol{\Sigma}_2 + 4\boldsymbol{\Sigma}_4.$$

将上述各式写成如下形式

$$(\sigma(\boldsymbol{\Sigma}_1),\sigma(\boldsymbol{\Sigma}_2),\sigma(\boldsymbol{\Sigma}_3),\sigma(\boldsymbol{\Sigma}_4))=(\boldsymbol{\Sigma}_1,\boldsymbol{\Sigma}_2,\boldsymbol{\Sigma}_3,\boldsymbol{\Sigma}_4)\begin{pmatrix}-2&0&1&0\\0&-2&0&1\\3&0&4&0\\0&3&0&4\end{pmatrix}.$$

因此该线性变换 σ 在上述基 $\boldsymbol{\Sigma}_i$ 下的矩阵为

$$\begin{pmatrix}-2&0&1&0\\0&-2&0&1\\3&0&4&0\\0&3&0&4\end{pmatrix}.$$

■

2. 线性变换在两个不同基下的矩阵表示之间的关系

同一个线性变换在不同的基下有不同的矩阵, 那么这些矩阵之间有什么关系呢? 线性空间的不同基之间有过渡矩阵相联系, 下述结论是在建立在过渡矩阵的基础之上的.

定理 4.4　实数域上线性空间 V 的线性变换 σ 在 V 的基 $\boldsymbol{\alpha}_1,\boldsymbol{\alpha}_2,\cdots,\boldsymbol{\alpha}_n$ 和 $\boldsymbol{\beta}_1,\boldsymbol{\beta}_2,\cdots,\boldsymbol{\beta}_n$ 下的矩阵分别为 $\boldsymbol{A}$ 和 $\boldsymbol{B}$, 且由基 $\boldsymbol{\alpha}_1,\boldsymbol{\alpha}_2,\cdots,\boldsymbol{\alpha}_n$ 到基 $\boldsymbol{\beta}_1,\boldsymbol{\beta}_2,\cdots,\boldsymbol{\beta}_n$ 的过渡矩阵为 $\boldsymbol{P}$, 即

$$(\boldsymbol{\beta}_1,\boldsymbol{\beta}_2,\cdots,\boldsymbol{\beta}_n)=(\boldsymbol{\alpha}_1,\boldsymbol{\alpha}_2,\cdots,\boldsymbol{\alpha}_n)\boldsymbol{P}.$$

那么

$$\boldsymbol{B}=\boldsymbol{P}^{-1}\boldsymbol{A}\boldsymbol{P}.$$

证明　由于

$$\sigma(\boldsymbol{\alpha}_1,\boldsymbol{\alpha}_2,\cdots,\boldsymbol{\alpha}_n)=(\boldsymbol{\alpha}_1,\boldsymbol{\alpha}_2,\cdots,\boldsymbol{\alpha}_n)\boldsymbol{A},$$
$$\sigma(\boldsymbol{\beta}_1,\boldsymbol{\beta}_2,\cdots,\boldsymbol{\beta}_n)=(\boldsymbol{\beta}_1,\boldsymbol{\beta}_2,\cdots,\boldsymbol{\beta}_n)\boldsymbol{B},$$

于是

$$\begin{aligned}(\boldsymbol{\beta}_1,\boldsymbol{\beta}_2,\cdots,\boldsymbol{\beta}_n)\boldsymbol{B}&=\sigma(\boldsymbol{\beta}_1,\boldsymbol{\beta}_2,\cdots,\boldsymbol{\beta}_n)=\sigma[(\boldsymbol{\alpha}_1,\boldsymbol{\alpha}_2,\cdots,\boldsymbol{\alpha}_n)\boldsymbol{P}]\\&=\sigma[(\boldsymbol{\alpha}_1,\boldsymbol{\alpha}_2,\cdots,\boldsymbol{\alpha}_n)]\boldsymbol{P}\\&=(\boldsymbol{\alpha}_1,\boldsymbol{\alpha}_2,\cdots,\boldsymbol{\alpha}_n)\boldsymbol{A}\boldsymbol{P}=(\boldsymbol{\beta}_1,\boldsymbol{\beta}_2,\cdots,\boldsymbol{\beta}_n)\boldsymbol{P}^{-1}\boldsymbol{A}\boldsymbol{P}.\end{aligned}$$

因为 $\boldsymbol{\beta}_1,\boldsymbol{\beta}_2,\cdots,\boldsymbol{\beta}_n$ 是一组基, 所以

$$\boldsymbol{B}=\boldsymbol{P}^{-1}\boldsymbol{A}\boldsymbol{P}.$$

■

例 8 已知线性空间 V 的线性变换 σ 在 V 的基 $\boldsymbol{\alpha}_1,\boldsymbol{\alpha}_2,\boldsymbol{\alpha}_3$ 下的矩阵为

$$\boldsymbol{A}=\begin{pmatrix}1&1&2\\2&2&3\\3&3&4\end{pmatrix}.$$

求 σ 在 V 的基 $\boldsymbol{\alpha}_2,\boldsymbol{\alpha}_3,\boldsymbol{\alpha}_1$ 下的矩阵.

解 由条件知

$$\sigma(\boldsymbol{\alpha}_1,\boldsymbol{\alpha}_2,\boldsymbol{\alpha}_3)=(\boldsymbol{\alpha}_1,\boldsymbol{\alpha}_2,\boldsymbol{\alpha}_3)\begin{pmatrix}1&1&2\\2&2&3\\3&3&4\end{pmatrix},$$

$$(\boldsymbol{\alpha}_2,\boldsymbol{\alpha}_3,\boldsymbol{\alpha}_1)=(\boldsymbol{\alpha}_1,\boldsymbol{\alpha}_2,\boldsymbol{\alpha}_3)\begin{pmatrix}0&0&1\\1&0&0\\0&1&0\end{pmatrix},$$

求出过渡矩阵 $\boldsymbol{P}=\begin{pmatrix}0&0&1\\1&0&0\\0&1&0\end{pmatrix}$ 的逆矩阵为 $\boldsymbol{P}^{-1}=\begin{pmatrix}0&1&0\\0&0&1\\1&0&0\end{pmatrix}$, 于是 σ 在 V 的基 $\boldsymbol{\alpha}_2,\boldsymbol{\alpha}_3,\boldsymbol{\alpha}_1$ 下的矩阵为

$$\boldsymbol{B}=\boldsymbol{P}^{-1}\boldsymbol{A}\boldsymbol{P}=\begin{pmatrix}0&1&0\\0&0&1\\1&0&0\end{pmatrix}\begin{pmatrix}1&1&2\\2&2&3\\3&3&4\end{pmatrix}\begin{pmatrix}0&0&1\\1&0&0\\0&1&0\end{pmatrix}=\begin{pmatrix}2&3&2\\3&4&3\\1&2&1\end{pmatrix}. \blacksquare$$

习 题 4

(A)

一、问答题

1. 下列集合对于所指的运算是否构成实数域上的线性空间?

(1) 次数等于 $n(n\geqslant 1)$ 的实系数多项式的全体, 对于多项式的加法和数量乘法;

(2) 设 $\boldsymbol{A}$ 是一个 $n\times n$ 实矩阵, $\boldsymbol{A}$ 的实系数多项式 $f(\boldsymbol{A})$ 的全体, 对于矩阵的加法和数量乘法;

(3) 全体 n 阶实对称 (反对称、上三角) 矩阵, 对于矩阵的加法和数量乘法;

(4) 平面上不平行于某一向量的全部向量所成的集合, 对于向量的加法和数量乘法;

(5) 全体实数的二元数列, 对于下面定义的运算:

$$(a_1, b_1) \oplus (a_2, b_2) = (a_1 + a_2, b_1 + b_2 + a_1 a_2),$$

$$k \circ (a_1, b_1) = \left(ka_1, kb_1 + \frac{k(k-1)}{2} a_1^2 \right);$$

(6) 全体正实数 $\mathbf{R}^+$, 加法与数量乘法定义为

$$a \oplus b = ab, \quad k \circ a = |k|a.$$

2. 在向量空间 $\mathbf{R}^n$ 中, 满足下列集合是否都构成 $\mathbf{R}^n$ 的子空间?

(1) $S = \{X | x_1 + x_2 + \cdots + x_n = 0\}$;

(2) $S = \{X | x_1 \cdot x_2 \cdot \cdots \cdot x_n = 0\}$;

(3) $S = \{X | x_1 + 2x_2 + \cdots + nx_n = 0\}$;

(4) $S = \{X | (x_1 + x_3 + \cdots) - (x_2 + x_4 + \cdots) = 0\}$.

3. 判定下列各题中的子集合 W 是否为所给线性空间的子空间.

(1) 线性空间 $\mathbf{R}^3$ 的子集合 $W = \{(a, b, c) | a^2 + b^2 + c^2 \leqslant 1, a, b, c \in \mathbf{R}\}$;

(2) 线性空间 $\mathbf{R}^{n \times n}$ 的子集合 $W = \{\boldsymbol{A} | \boldsymbol{AT} = \boldsymbol{TA}, \boldsymbol{A} \in \mathbf{R}^{n \times n}\}$ 其中 T 为某一给定的方阵;

(3) 线性空间 V 为所有一元实函数, 其子集合 $W = \{f | f(1) = 0, f \in V\}$;

(4) 线性空间 V 为所有一元实函数, 其子集合 $W = \{f | f(3) = 3 - f(1), f \in V\}$.

4. 与向量 $(0, 0, 1)^{\mathrm{T}}$ 不平行的全体三维向量, 对于向量的加法和数乘运算能否构成线性空间?

二、解答题

1. 若 $\mathbf{R}^3$ 中变换 T 定义为 $T\begin{pmatrix} x_1 \\ x_2 \\ x_3 \end{pmatrix} = \begin{pmatrix} 2x_1 - x_2 \\ x_1 + x_2 \\ x_1 \end{pmatrix}$, (1) 证明 T 是 $\mathbf{R}^3$ 中的线性变换; (2) 求 T 在自然基下的矩阵.

2. 在 xOy 平面上变换 $T\begin{pmatrix} x \\ y \end{pmatrix} = \boldsymbol{A}\begin{pmatrix} x \\ y \end{pmatrix}$ 代表的几何意义是什么? 其中:

(1) $\boldsymbol{A} = \begin{pmatrix} 0 & 0 \\ 0 & 1 \end{pmatrix}$; (2) $\boldsymbol{A} = \begin{pmatrix} 0 & 1 \\ -1 & 0 \end{pmatrix}$; (3) $\boldsymbol{A} = \begin{pmatrix} -1 & 0 \\ 0 & 1 \end{pmatrix}$.

3. 设 V_1, V_2 都是线性空间 V 的子空间, 且 $V_1 \subset V_2$, 证明: 如果 V_1 的维数与 V_2 的维数相等, 那么 $V_1 = V_2$.

4. 设三维向量空间 V 的线性变换 σ 在基底 $\varepsilon_1, \varepsilon_2, \varepsilon_3$ 下对应的矩阵为 $\boldsymbol{A} = \begin{pmatrix} 1 & 2 & 3 \\ -1 & 0 & 3 \\ 2 & 1 & 5 \end{pmatrix}$, 求 σ 在基底 $\boldsymbol{\varepsilon}, \varepsilon_1 + \varepsilon_2, \varepsilon_1 + \varepsilon_2 + \varepsilon_3$ 下对应的矩阵 $\boldsymbol{B}$.

5. 在四维向量空间 V 中, 设 $\boldsymbol{\alpha}=(1,2,3,-4)^{\mathrm{T}}, \boldsymbol{\beta}=(-1,1,-2,6)^{\mathrm{T}}$, 求:

(1) $(\boldsymbol{\alpha},\boldsymbol{\beta})$; (2) $(3\boldsymbol{\alpha}+2\boldsymbol{\beta},3\boldsymbol{\alpha}-2\boldsymbol{\beta})$; (3) $\|\boldsymbol{\alpha}\|$; (4) $\|\boldsymbol{\alpha}+\boldsymbol{\beta}\|$.

6. 求一单位向量, 使它与 $\boldsymbol{\alpha}_1=(1,1,-1,1)$, $\boldsymbol{\alpha}_2=(1,-1,-1,1)$, $\boldsymbol{\alpha}_3=(2,1,1,3)$ 正交.

7. 用施密特正交法将 $\mathbf{R}^3$ 的一组基 $\boldsymbol{\alpha}_1=(0,1,1)^{\mathrm{T}}, \boldsymbol{\alpha}_2=(1,1,0)^{\mathrm{T}}, \boldsymbol{\alpha}_3=(1,0,1)^{\mathrm{T}}$ 化为标准正交基底.

8. 已知四维向量空间 $\mathbf{R}^4$ 中向量 $\boldsymbol{\alpha}_1=\dfrac{1}{\sqrt{2}}(1,1,0,0)^{\mathrm{T}}, \boldsymbol{\alpha}_2=\dfrac{1}{\sqrt{2}}(0,0,1,1)^{\mathrm{T}}, \boldsymbol{\alpha}_3=\dfrac{1}{2}(-1,1,-1,1)^{\mathrm{T}}$, $\boldsymbol{\alpha}_4=\dfrac{1}{2}(1,-1,-1,1)^{\mathrm{T}}, \boldsymbol{\beta}=(1,1,1,1)^{\mathrm{T}}$.

(1) $\boldsymbol{\alpha}_1,\boldsymbol{\alpha}_2,\boldsymbol{\alpha}_3,\boldsymbol{\alpha}_4$ 是否是 $\mathbf{R}^4$ 的一组标准正交基;

(2) 若 $\boldsymbol{\alpha}=\boldsymbol{\alpha}_1+2\boldsymbol{\alpha}_2+3\boldsymbol{\alpha}_3+4\boldsymbol{\alpha}_4$, 求 $\|\boldsymbol{\alpha}\|$ 及 $(\boldsymbol{\alpha},\boldsymbol{\beta})$.

9. 在欧氏空间 $\mathbf{R}^n$ 中, 若 $\boldsymbol{\beta}$ 与 $\boldsymbol{\alpha}_1,\boldsymbol{\alpha}_2,\cdots,\boldsymbol{\alpha}_m$ 均正交, 则 $\boldsymbol{\beta}$ 与 $\boldsymbol{\alpha}_1,\boldsymbol{\alpha}_2,\cdots,\boldsymbol{\alpha}_m$ 的任一线性组合 $\sum\limits_{i=1}^{m}k_i\boldsymbol{\alpha}_i=k_1\boldsymbol{\alpha}_1+k_2\boldsymbol{\alpha}_2+\cdots+k_m\boldsymbol{\alpha}_m$ 都正交.

10. 求齐次线性方程组 $\begin{cases} x_1+x_2+x_3+x_4=0, \\ 3x_1+2x_2+x_3+x_4=0, \\ 2x_1+2x_2+2x_3+2x_4=0, \\ 5x_1+4x_2+3x_3+3x_4=0 \end{cases}$ 的解空间的维数和一组基底.

(B)

1. 设三维线性空间 V 上的线性变换 σ 在基 $\boldsymbol{\varepsilon}_1$, $\boldsymbol{\varepsilon}_2$, $\boldsymbol{\varepsilon}_3$ 下的矩阵为

$$\boldsymbol{A}=\begin{pmatrix} a_{11} & a_{12} & a_{13} \\ a_{21} & a_{22} & a_{23} \\ a_{31} & a_{32} & a_{33} \end{pmatrix}.$$

(1) 求 σ 在基 $\boldsymbol{\varepsilon}_3,\boldsymbol{\varepsilon}_2,\boldsymbol{\varepsilon}_1$ 下的矩阵;

(2) 求 σ 在基 $\boldsymbol{\varepsilon}_1,k\boldsymbol{\varepsilon}_2,\boldsymbol{\varepsilon}_3$ 下的矩阵, 其中 $k\in P$ 且 $k\neq 0$;

(3) 求 σ 在基 $\boldsymbol{\varepsilon}_1+\boldsymbol{\varepsilon}_2,\boldsymbol{\varepsilon}_2,\boldsymbol{\varepsilon}_3$ 下的矩阵.

2. 求下列线性空间的维数与一组基:

(1) 数域 P 上的空间 $P^{n\times n}$;

(2) $P^{n\times n}$ 中全体对称 (反对称、上三角) 矩阵作成的数域 P 上的空间.

3. 设向量组 $\boldsymbol{\alpha}_1,\boldsymbol{\alpha}_2,\cdots,\boldsymbol{\alpha}_t$ 与向量组 $\boldsymbol{\beta}_1,\boldsymbol{\beta}_2,\cdots,\boldsymbol{\beta}_s$ 等价, 证明

$$\mathrm{span}(\boldsymbol{\alpha}_1,\boldsymbol{\alpha}_2,\cdots,\boldsymbol{\alpha}_t)=\mathrm{span}(\boldsymbol{\beta}_1,\boldsymbol{\beta}_2,\cdots,\boldsymbol{\beta}_s).$$

4. 设 $\boldsymbol{\varepsilon}_1,\boldsymbol{\varepsilon}_2,\cdots,\boldsymbol{\varepsilon}_n$ 是线性空间 V 的一组基, σ 是 V 上的线性变换, 试证明如果 $\sigma(\boldsymbol{\varepsilon}_1),\sigma(\boldsymbol{\varepsilon}_2),\cdots,\sigma(\boldsymbol{\varepsilon}_n)$ 线性无关, 那么存在线性变换 σ 的逆变换, 记为 σ^{-1}, 即对于 V 中任一元 $\boldsymbol{\beta}$, 一定存在 V 中的一个元 $\boldsymbol{\alpha}$ 使得 $\sigma(\boldsymbol{\alpha})=\boldsymbol{\beta}$.

5. 实数域 $\mathbf{R}$ 上的向量空间 V 的一组向量 $\boldsymbol{\alpha}_1, \boldsymbol{\alpha}_2, \cdots, \boldsymbol{\alpha}_n$ 线性相关的充分必要条件是：存在 $i \in \{1, 2, \cdots, n\}$ 使得

$$\begin{aligned}&\operatorname{span}(\boldsymbol{\alpha}_1) + \operatorname{span}(\boldsymbol{\alpha}_2) + \cdots + \operatorname{span}(\boldsymbol{\alpha}_n)\\ =\ &\operatorname{span}(\boldsymbol{\alpha}_1) + \cdots + \operatorname{span}(\boldsymbol{\alpha}_{i-1}) + \operatorname{span}(\boldsymbol{\alpha}_{i+1}) + \cdots + \operatorname{span}(\boldsymbol{\alpha}_n).\end{aligned}$$

6. 设 $\boldsymbol{\alpha}_1, \boldsymbol{\alpha}_2, \cdots, \boldsymbol{\alpha}_s$ 和 $\boldsymbol{\beta}_1, \boldsymbol{\beta}_2, \cdots, \boldsymbol{\beta}_t$ 是实数域 $\mathbf{R}$ 上的向量空间 V 的两组线性无关的向量组，证明向量组 $\boldsymbol{\alpha}_1, \boldsymbol{\alpha}_2, \cdots, \boldsymbol{\alpha}_s, \boldsymbol{\beta}_1, \boldsymbol{\beta}_2, \cdots, \boldsymbol{\beta}_t$ 线性无关当且仅当 $\operatorname{span}(\boldsymbol{\alpha}_1, \boldsymbol{\alpha}_2 \cdots, \boldsymbol{\alpha}_s) \cap \operatorname{span}(\boldsymbol{\beta}_1, \boldsymbol{\beta}_2 \cdots, \boldsymbol{\beta}_t)$ 是只含有零向量的集合.

7. 设 U, W 是向量空间 V 的两个子空间，证明：$U + W = U \cup W$ 当且仅当 $U \subseteq W$ 或 $W \subseteq U$.

第 5 章　矩阵的特征值、特征向量与相似矩阵

由线性空间的理论可以知道, 线性空间上的线性变换在一组基下可以用矩阵表示, 在不同基下的矩阵之间由过渡矩阵联系. 对于一个给定的线性变换我们希望能够找到一组基使得它的矩阵具有最简单形式, 这就是矩阵对角化的问题.

矩阵的特征值、特征向量以及矩阵对角化的问题在多元统计、生物力学中具有重要的应用背景, 同样在其他科学技术问题中也发挥不可替代的作用.

矩阵的特征值、特征向量以及矩阵对角化等问题都只针对方阵讨论, 为了更具有一般性, 本章研究对象如果没有特别指明都限定于复方阵. 本章先讨论方阵的特征值、特征向量, 再研究方阵相似于对角矩阵的相关问题.

5.1　特征值、特征向量

本节介绍方阵的特征值、特征向量的概念和基本性质.

5.1.1　特征值、特征向量的概念

1. 特征值、特征向量的基本概念

定义 5.1　设 $\boldsymbol{A}$ 是 n 阶方阵, 如果存在数 λ 和 n 维非零列向量 $\boldsymbol{x}$, 使得 $\boldsymbol{A}\boldsymbol{x}=\lambda\boldsymbol{x}$ 成立, 则称 λ 是 $\boldsymbol{A}$ 的一个**特征值**(characteristic value) 或**本征值**(eigenvalue). 非零 n 维列向量 $\boldsymbol{x}$ 称为矩阵 $\boldsymbol{A}$ 的属于 (对应于) 特征值 λ 的**特征向量**(characteristic vector) 或**本征向量**(eigenvector), 简称 $\boldsymbol{A}$ 的特征向量或 $\boldsymbol{A}$ 的本征向量. ■

由定义 5.1 可见, 如果 $\boldsymbol{x}$ 是矩阵 $\boldsymbol{A}$ 的属于 (对应于) 特征值 λ 的特征向量, 对于任意的非零数 k, $k\boldsymbol{x}$ 也是矩阵 $\boldsymbol{A}$ 的对应于 λ 的特征向量. 这说明特征向量不是被特征值所唯一确定. 相反特征值是被特征向量唯一确定, 因为一个特征向量只能属于一个特征值.

现在给出寻找特征值和特征向量的方法. 将 $\boldsymbol{A}\boldsymbol{x}=\lambda\boldsymbol{x}$ 写成 $(\lambda\boldsymbol{E}-\boldsymbol{A})\boldsymbol{x}=\boldsymbol{0}$ 的形式, 它是关于 x 的齐次线性方程组, 有非零解的充分必要条件是系数矩阵的行列式为零, 即

$$\det(\lambda\boldsymbol{E}-\boldsymbol{A})=0.$$

定义 5.2　设 $\boldsymbol{A}=(a_{ij})_{n\times n}$ 是 n 阶复方阵, 称

$$f(\lambda)=\det(\lambda\boldsymbol{E}-\boldsymbol{A}) \tag{5.1}$$

为矩阵 $\boldsymbol{A}$ 的**特征多项式**(characteristic polynomial), $\lambda\boldsymbol{E}-\boldsymbol{A}$ 为矩阵 $\boldsymbol{A}$ 的**特征矩阵**(characteristic matrix), $f(\lambda)=0$ 为矩阵 $\boldsymbol{A}$ 的**特征方程**(characteristic equation). ■

例 1　设 $\boldsymbol{A}=\begin{pmatrix}-2&1&1\\0&2&0\\-4&1&3\end{pmatrix}$, 求 $\boldsymbol{A}$ 的特征值与特征向量.

解　根据式 (5.1) 有

$$\det(\lambda\boldsymbol{E}-\boldsymbol{A})=\begin{vmatrix}\lambda+2&-1&-1\\0&\lambda-2&0\\4&-1&\lambda-3\end{vmatrix}=(\lambda+1)(\lambda-2)^2,$$

由特征多项式为零解得 $\boldsymbol{A}$ 的特征值 $\lambda_1=-1,\lambda_2=\lambda_3=2$.

当 $\lambda_1=-1$ 时, 解方程组 $(\lambda_1\boldsymbol{E}-\boldsymbol{A})\boldsymbol{x}=\boldsymbol{0}$, 即对特征矩阵 $\lambda_1\boldsymbol{E}-\boldsymbol{A}$ 作初等行变换

$$-(\boldsymbol{E}+\boldsymbol{A})=\begin{pmatrix}1&-1&-1\\0&-3&0\\4&-1&-4\end{pmatrix}\to\begin{pmatrix}1&0&-1\\0&1&0\\0&0&0\end{pmatrix},$$

可得基础解系为 $\boldsymbol{x}_1=\begin{pmatrix}1\\0\\1\end{pmatrix}$, 故对应于 $\lambda_1=-1$ 的全体特征向量为 $k\boldsymbol{x}_1(k\neq0)$.

当 $\lambda_2=\lambda_3=2$ 时, 对特征矩阵 $\lambda_2\boldsymbol{E}-\boldsymbol{A}$ 作初等行变换

$$(2\boldsymbol{E}-\boldsymbol{A})=\begin{pmatrix}4&-1&-1\\0&0&0\\4&-1&-1\end{pmatrix}\to\begin{pmatrix}4&-1&-1\\0&0&0\\0&0&0\end{pmatrix},$$

可得基础解系为 $\boldsymbol{x}_2=\begin{pmatrix}0\\1\\-1\end{pmatrix}$, $\boldsymbol{x}_3=\begin{pmatrix}1\\0\\4\end{pmatrix}$, 故对应于 $\lambda_2=\lambda_3=2$ 的全体特征向量为 $k_2\boldsymbol{x}_2+k_3\boldsymbol{x}_3(k_2,k_3$ 不同时为零). ■

例 2　在直角坐标系下, 平面向量的旋转变换的矩阵为

$$\begin{pmatrix}\cos\varphi&-\sin\varphi\\\sin\varphi&\cos\varphi\end{pmatrix},$$

它的特征多项式为

$$\begin{vmatrix}\lambda-\cos\varphi&\sin\varphi\\-\sin\varphi&\lambda-\cos\varphi\end{vmatrix}=\lambda^2-2\lambda\cos\varphi+1.$$

当 $\varphi \neq k\pi$ 时, 这个多项式没有实根. 事实上, 从几何上看, $\begin{pmatrix} \cos\varphi & -\sin\varphi \\ \sin\varphi & \cos\varphi \end{pmatrix} \boldsymbol{x}$ 是将向量 $\boldsymbol{x}$ 的方向逆时针旋转 φ 角, 若存在实特征值 λ 则意味着特征向量经旋转后要平行于原向量, 显然 $\varphi \neq k\pi$ 时是不可能的. ■

2. 特征多项式

设 $\boldsymbol{A} = (a_{ij})_{n\times n}$ 是 n 阶复方阵, 那么它的特征多项式是复系数 n 阶多项式. 在深入讨论特征多项式之前, 先简要介绍一下多项式的一些基本性质.

在复数域内考虑多项式

$$p(z) = a_m z^m + a_{m-1} z^{m-1} + \cdots + a_1 z + a_0,$$

如果一个多项式 $p(z)$ 可以写成如上形式, 且 $a_m \neq 0$, 则称 $p(z)$ 是 m**阶 (次)**(degree) 多项式. 一个数 λ 若满足 $p(\lambda) = 0$, 那么称 λ 为 $p(z)$ 的**根**(root) 或**零点**(zero).

性质 1 设 $p(z)$ 为 $m \geqslant 1$ 阶多项式, 那么 λ 为 $p(z)$ 的零点的充分必要条件是存在 $m-1$ 阶多项式 $q(z)$ 使得对所有的数 z 都有

$$p(z) = (z-\lambda)q(z).$$

证明 略. ■

这一个性质也为求解多项式零点提供一种方法, 即通过尝试的方法找到一个零点 λ 后, 用 $z-\lambda$ 去除多项式, 这样得到了一个低阶多项式, 如此反复直到求出所有零点.

由上述性质易知如下性质 (证明从略).

性质 2 设 $p(z)$ 为 $m \geqslant 1$ 阶多项式, 则其至多具有 m 个不同的零点. ■

性质 3 设 $p(z)$ 为 $m \geqslant 1$ 阶多项式, 如果对所有的数 z 都有 $p(z)=0$, 则其系数全为零. ■

性质 4(代数学基本定理) 任何一个一元复系数多项式都至少有一个复数根, 或者更强一些的表述为: 任何一个非零的一元 n 阶复系数多项式, 都正好有 n 个复数根. ■

性质 5 设 $p(z)$ 为 $m \geqslant 1$ 阶实系数多项式, 若 λ 为 $p(z)$ 的零点, 那么 λ 的共轭也为 $p(z)$ 的零点. ■

尽管性质 4 被命名为 "代数学基本定理", 但它实际上也不是最基本的代数学定理, 因为在它诞生的那个时代, 代数学基本上就是研究求解实系数或复系数多项式方程, 所以才被命名为代数学基本定理. 它的证明有许多方法, 德国数学家高斯 (C.F.Gauss, 1777—1855) 一生共对这个定理给出了四个证明, 其中第一个是在他 22 岁时 (1799 年) 的博士论文中给出的. 高斯给出的证明既有几何的, 也有函数的,

还有积分的方法. 此外, 高次代数方程的求解是一个大的难题. 法国数学家伽罗瓦 (E.Galois, 1811—1832) 在前人研究高次代数方程求解工作的基础上建立了一套新的理论, 后人称为伽罗瓦理论, 该理论指出, 对于一般五次以上的方程, 不存在一般的代数解.

下面转回讨论特征多项式. 为了清楚 $\boldsymbol{A}$ 的特征多项式的系数与 $\boldsymbol{A}$ 的元素之间的关系, 先讨论 n=3 的情况有

$$f(\lambda)=\det(\lambda\boldsymbol{E}-\boldsymbol{A})=\begin{vmatrix}\lambda-a_{11} & 0-a_{12} & 0-a_{13}\\ 0-a_{21} & \lambda-a_{22} & 0-a_{23}\\ 0-a_{31} & 0-a_{32} & \lambda-a_{33}\end{vmatrix},$$

利用行列式的性质将其拆成 8 个行列式的和, 整理后得

$$\begin{aligned}f(\lambda)=&\lambda^3-(a_{11}+a_{22}+a_{33})\lambda^2\\ &+\left(\begin{vmatrix}a_{11} & a_{12}\\ a_{21} & a_{22}\end{vmatrix}+\begin{vmatrix}a_{11} & a_{13}\\ a_{31} & a_{33}\end{vmatrix}+\begin{vmatrix}a_{22} & a_{23}\\ a_{32} & a_{33}\end{vmatrix}\right)\lambda-\begin{vmatrix}a_{11} & a_{12} & a_{13}\\ a_{21} & a_{22} & a_{23}\\ a_{31} & a_{32} & a_{33}\end{vmatrix}.\end{aligned}\tag{5.2}$$

由此可见, $\boldsymbol{A}$ 的特征多项式 (5.2) 中, λ^3 的系数为 1, λ^2 和 λ 的系数分别为矩阵 $\boldsymbol{A}$ 的一阶与二阶主子式之和乘以 $(-1)^1$ 和 $(-1)^2$, 常数项为 $\boldsymbol{A}$ 的三阶主子式 ($\boldsymbol{A}$ 的行列式), 这一结论对于 n 阶方阵也成立.

定理 5.1　设 n 阶方阵 $\boldsymbol{A}=(a_{ij})$ 的特征多项式 $f(\lambda)=\det(\lambda\boldsymbol{E}-\boldsymbol{A})$ 中 λ^n 的系数为 1, $\lambda^r(0\leqslant r\leqslant n-1)$ 的系数是矩阵 $\boldsymbol{A}$ 中一切 $n-r$ 阶主子式之和与 $(-1)^{n-r}$ 的乘积. 进一步, 若 $\boldsymbol{A}$ 的特征值为 $\lambda_1,\lambda_2,\cdots,\lambda_n$, 那么

$$\lambda_1+\lambda_2+\cdots+\lambda_n=a_{11}+a_{22}+\cdots+a_{nn},\tag{5.3}$$

$$\lambda_1\lambda_2\cdots\lambda_n=|A|.\tag{5.4}$$

证明　略去. ■

事实上, 上述特征值的和与积的关系式成立是由于

$$\begin{aligned}f(\lambda)=&\det(\lambda\boldsymbol{E}-\boldsymbol{A})=(\lambda-\lambda_1)(\lambda-\lambda_2)\cdots(\lambda-\lambda_n)\\ =&\lambda^n-(\lambda_1+\lambda_2+\cdots+\lambda_n)\lambda^{n-1}+\cdots+(-1)^n\lambda_1\lambda_2\cdots\lambda_n.\end{aligned}$$

5.1.2　特征值、特征向量的性质

由矩阵特征值和特征向量的定义可以证明特征值、特征向量的一些重要性质.

定理 5.2 设 $\boldsymbol{x}$ 是矩阵 $\boldsymbol{A}$ 的对应于特征值 λ 的特征向量, 则

(1) 对于任意常数 k, $k\lambda$ 是 $k\boldsymbol{A}$ 的特征值;

(2) 任意的正整数 m, λ^m 是 $\boldsymbol{A}^m$ 的特征值;

(3) 若 $\boldsymbol{A}$ 可逆, 则 λ^{-1} 是 $\boldsymbol{A}^{-1}$ 的特征值.

证明 根据已知条件, 有 $\boldsymbol{Ax}=\lambda\boldsymbol{x}$, 因此对于任意常数 k, $(k\boldsymbol{A})\boldsymbol{x}=(k\lambda)\boldsymbol{x}$ 成立, 而且对任意的正整数 m, 有

$$\boldsymbol{A}^m\boldsymbol{x}=\boldsymbol{A}^{m-1}(A\boldsymbol{x})=\boldsymbol{A}^{m-1}(\lambda\boldsymbol{x})=\lambda\boldsymbol{A}^{m-1}\boldsymbol{x}=\cdots=\lambda^{m-1}\boldsymbol{Ax}=\lambda^m\boldsymbol{x},$$

因此定理 5.2 的 (1) 和 (2) 成立. 现证明 (3). 由于 $\boldsymbol{A}$ 的所有特征值之积为 $|\boldsymbol{A}|$, 而 $\boldsymbol{A}$ 可逆, 所以 $|\boldsymbol{A}|\neq 0$, 由式 (5.4) 知 $\boldsymbol{A}$ 的所有特征值都不为零. 根据

$$\boldsymbol{x}=\boldsymbol{Ex}=(\boldsymbol{A}^{-1}\boldsymbol{A})\boldsymbol{x}=\boldsymbol{A}^{-1}(\boldsymbol{Ax})=\boldsymbol{A}^{-1}(\lambda\boldsymbol{x})=\lambda\boldsymbol{A}^{-1}\boldsymbol{x},$$

可得

$$\lambda^{-1}\boldsymbol{x}=A^{-1}\boldsymbol{x},$$

即 λ^{-1} 是 $\boldsymbol{A}^{-1}$ 的特征值. ■

定理 5.3 设 $\boldsymbol{x}_1,\boldsymbol{x}_2$ 是矩阵 $\boldsymbol{A}$ 的对应于特征值 λ 的特征向量, 则对于任意的常数 k_1,k_2, 线性组合 $k_1\boldsymbol{x}_1+k_2\boldsymbol{x}_2$ 也是矩阵 $\boldsymbol{A}$ 的对应于特征值 λ 的特征向量, 除非 $k_1\boldsymbol{x}_1+k_2\boldsymbol{x}_2$ 为零向量.

证明 根据已知条件, 有 $\boldsymbol{Ax}_1=\lambda\boldsymbol{x}_1, \boldsymbol{Ax}_2=\lambda\boldsymbol{x}_2$, 对于任意的常数 k_1,k_2, 有

$$\boldsymbol{A}(k_1\boldsymbol{x}_1+k_2\boldsymbol{x}_2)=k_1A\boldsymbol{x}_1+k_2A\boldsymbol{x}_2=k_1\lambda\boldsymbol{x}_1+k_2\lambda\boldsymbol{x}_2=\lambda(k_1\boldsymbol{x}_1+k_2\boldsymbol{x}_2),$$

因此若 $k_1\boldsymbol{x}_1+k_2\boldsymbol{x}_2$ 不为零向量, 它即是矩阵 $\boldsymbol{A}$ 的对应于特征值 λ 的特征向量. ■

这个定理说明, 如果矩阵 $\boldsymbol{A}$ 是实方阵且特征值 λ 为实数, 那么属于同一个特征值 λ 的特征向量的集合添上零向量就构成了 n 维向量空间 $\mathbf{R}^n$ 的子空间, 称为矩阵 $\boldsymbol{A}$ 的对应于特征值 λ 的**特征子空间** (characteristic subspace). 考虑到矩阵 $\boldsymbol{A}$ 的对应于特征值 λ 的特征向量 $\boldsymbol{x}$ 是齐次线性方程组 $(\lambda\boldsymbol{E}-\boldsymbol{A})\boldsymbol{x}=\boldsymbol{0}$ 的非零解, 因此线性方程组 $(\lambda\boldsymbol{E}-\boldsymbol{A})\boldsymbol{x}=\boldsymbol{0}$ 的解空间就是矩阵 $\boldsymbol{A}$ 的对应于特征值 λ 的特征子空间.

定理 5.4 设 $\boldsymbol{x}_1,\boldsymbol{x}_2$ 是矩阵 $\boldsymbol{A}$ 的分别对应于特征值 $\lambda_1,\lambda_2\,(\lambda_1\neq\lambda_2)$ 的特征向量, 那么 $\boldsymbol{x}_1,\boldsymbol{x}_2$ 线性无关.

证明 设存在常数 k_1,k_2 使得线性组合 $k_1\boldsymbol{x}_1+k_2\boldsymbol{x}_2=\boldsymbol{0}$, 由于 $\boldsymbol{x}_1,\boldsymbol{x}_2$ 是矩阵 $\boldsymbol{A}$ 的特征向量, 即有 $A\boldsymbol{x}_1=\lambda_1\boldsymbol{x}_1, A\boldsymbol{x}_2=\lambda_2\boldsymbol{x}_2$, 所以

$$\boldsymbol{0}=\boldsymbol{A0}=\boldsymbol{A}(k_1\boldsymbol{x}_1+k_2\boldsymbol{x}_2)=k_1A\boldsymbol{x}_1+k_2A\boldsymbol{x}_2=k_1\lambda_1\boldsymbol{x}_1+k_2\lambda_2\boldsymbol{x}_2,$$

从而

$$\mathbf{0}=k_1\lambda_1\boldsymbol{x}_1+k_2\lambda_2\boldsymbol{x}_2-\lambda_1(k_1\boldsymbol{x}_1+k_2\boldsymbol{x}_2)=k_2(\lambda_2-\lambda_1)\boldsymbol{x}_2.$$

由于 $\lambda_1\neq\lambda_2$, 且 $\boldsymbol{x}_2\neq\mathbf{0}$, 所以只有 $k_2=0$, 同理可证 $k_1=0$, 由此可得 $\boldsymbol{x}_1,\boldsymbol{x}_2$ 线性无关. ■

属于同一特征值的特征向量的线性组合也是特征向量, 属于不同特征值的特征向量线性无关, 因此其和不可能是特征向量.

例 3　设 $\boldsymbol{x}_1,\boldsymbol{x}_2$ 是矩阵 $\boldsymbol{A}$ 的分别对应于特征值 $\lambda_1,\lambda_2(\lambda_1\neq\lambda_2)$ 的特征向量, 那么 $\boldsymbol{x}_1+\boldsymbol{x}_2$ 不可能是 $\boldsymbol{A}$ 的特征向量.

证明　用反证法. 设 $\boldsymbol{x}_1+\boldsymbol{x}_2$ 是 $\boldsymbol{A}$ 的对应于特征值 λ 的特征向量, 那么

$$\lambda(\boldsymbol{x}_1+\boldsymbol{x}_2)=A(\boldsymbol{x}_1+\boldsymbol{x}_2)=A\boldsymbol{x}_1+A\boldsymbol{x}_2=\lambda_1\boldsymbol{x}_1+\lambda_2\boldsymbol{x}_2,$$

即

$$(\lambda_1-\lambda)\boldsymbol{x}_1+(\lambda_2-\lambda)\boldsymbol{x}_2=\mathbf{0}.$$

由于 $\boldsymbol{x}_1,\boldsymbol{x}_2$ 线性无关, 所以 $\lambda_1=\lambda_2=\lambda$, 这与 $\lambda_1\neq\lambda_2$ 矛盾. 因此 $\boldsymbol{x}_1+\boldsymbol{x}_2$ 不可能是 $\boldsymbol{A}$ 的特征向量. ■

根据定理 5.4 可以借助于归纳法证明下述结论.

定理 5.5　设 $\lambda_1,\cdots,\lambda_m$ 是矩阵 $\boldsymbol{A}$ 的互不相等的特征值, $\boldsymbol{x}_{s1},\cdots,\boldsymbol{x}_{sr_s}$ 是矩阵 $\boldsymbol{A}$ 的对应于特征值 $\lambda_s(s=1,2,\cdots,m)$ 的 r_s 个特征向量, 那么向量组

$$\boldsymbol{x}_{11},\cdots,\boldsymbol{x}_{1r_1},\boldsymbol{x}_{21},\cdots,\boldsymbol{x}_{2r_2},\cdots,\boldsymbol{x}_{m1},\cdots,\boldsymbol{x}_{mr_m}$$

线性无关. ■

上述定理说明如果 $\lambda_1,\cdots,\lambda_m$ 是矩阵 $\boldsymbol{A}$ 的所有互不相等的特征值, 那么所有线性方程组 $(\lambda_s\boldsymbol{E}-\boldsymbol{A})\boldsymbol{x}=\mathbf{0}$ 的基础解系构成一个线性无关的向量组.

例 4　对于已知矩阵

$$\boldsymbol{A}=\begin{pmatrix}-1&3&1\\3&2&0\\1&0&2\end{pmatrix},$$

求解下列问题:

(1) 所有特征值;

(2) 对应于每一个特征值的特征向量;

(3) 判断所有特征向量组成的向量组是否线性无关?

(4) 若所有特征向量组成的向量组线性无关, 将它们按照列向量构成矩阵 $\boldsymbol{P}$, 并求 $\boldsymbol{P}^{-1}$;

(5) 计算 $\boldsymbol{P}^{-1}\boldsymbol{A}\boldsymbol{P}$.

解 (1) 矩阵 $\boldsymbol{A}$ 的特征多项式为

$$\det(\lambda\boldsymbol{E}-\boldsymbol{A})=\begin{vmatrix}\lambda+1 & -3 & -1\\ -3 & \lambda-2 & 0\\ -1 & 0 & \lambda-2\end{vmatrix}=(\lambda+3)(\lambda-2)(\lambda-4).$$

因此特征值为 $\lambda_1=-3,\lambda_2=2,\lambda_3=4$.

(2) 对于 $\lambda_1=-3$, 解方程组 $(\lambda_1\boldsymbol{E}-\boldsymbol{A})\boldsymbol{x}=\boldsymbol{0}$, 对其系数矩阵作初等变换

$$-3\boldsymbol{E}-\boldsymbol{A}=\begin{pmatrix}-2 & -3 & 0\\ -3 & -5 & 0\\ -1 & 0 & -5\end{pmatrix}\to\begin{pmatrix}1 & 0 & 5\\ 0 & 1 & -3\\ 0 & 0 & 0\end{pmatrix},$$

得基础解系 $\boldsymbol{p}_1=\begin{pmatrix}-5\\ 3\\ 1\end{pmatrix}$, 所以 $k\boldsymbol{p}_1(k\neq 0)$ 是对应于 $\lambda_1=-3$ 的全部特征值.

对于 $\lambda_2=2$, 解方程组 $(\lambda_2\boldsymbol{E}-\boldsymbol{A})\boldsymbol{x}=\boldsymbol{0}$, 对其系数矩阵作初等变换

$$2\boldsymbol{E}-\boldsymbol{A}=\begin{pmatrix}3 & -3 & -1\\ -3 & 0 & 0\\ -1 & 0 & 0\end{pmatrix}\to\begin{pmatrix}1 & 0 & 0\\ 0 & 3 & 1\\ 0 & 0 & 0\end{pmatrix},$$

得基础解系 $\boldsymbol{p}_2=\begin{pmatrix}0\\ -1\\ 3\end{pmatrix}$, 所以 $k\boldsymbol{p}_2(k\neq 0)$ 是对应于 $\lambda_2=2$ 的全部特征值.

对于 $\lambda_3=4$, 解方程组 $(\lambda_3\boldsymbol{E}-\boldsymbol{A})\boldsymbol{x}=\boldsymbol{0}$, 对其系数矩阵作初等变换

$$4\boldsymbol{E}-\boldsymbol{A}=\begin{pmatrix}5 & -3 & -1\\ -3 & 2 & 0\\ -1 & 0 & 2\end{pmatrix}\to\begin{pmatrix}1 & 0 & -2\\ 0 & 1 & -3\\ 0 & 0 & 0\end{pmatrix},$$

得基础解系 $\boldsymbol{p}_3=\begin{pmatrix}2\\ 3\\ 1\end{pmatrix}$, 所以 $k\boldsymbol{p}_3(k\neq 0)$ 是对应于 $\lambda_3=4$ 的全部特征值.

(3) 根据定理 5.5 的结论, $\boldsymbol{p}_1,\boldsymbol{p}_2,\boldsymbol{p}_3$ 属于不同的特征值, 因此它们线性无关.

(4) 令矩阵 $\boldsymbol{P}=(\boldsymbol{p}_1,\boldsymbol{p}_2,\boldsymbol{p}_3)$, 由于 $\boldsymbol{p}_1,\boldsymbol{p}_2,\boldsymbol{p}_3$ 线性无关, 所以矩阵 $\boldsymbol{P}$ 可逆, 求逆

矩阵如下:

$$\begin{pmatrix} -5 & 0 & 2 & 1 & 0 & 0 \\ 3 & -1 & 3 & 0 & 1 & 0 \\ 1 & 3 & 1 & 0 & 0 & 1 \end{pmatrix} \rightarrow \begin{pmatrix} 1 & 0 & 0 & -\frac{1}{7} & \frac{3}{35} & \frac{1}{35} \\ 0 & 1 & 0 & 0 & -\frac{1}{10} & \frac{3}{10} \\ 0 & 0 & 1 & \frac{1}{7} & \frac{3}{14} & \frac{1}{14} \end{pmatrix},$$

即

$$\boldsymbol{P}^{-1} = \begin{pmatrix} -\frac{1}{7} & \frac{3}{35} & \frac{1}{35} \\ 0 & -\frac{1}{10} & \frac{3}{10} \\ \frac{1}{7} & \frac{3}{14} & \frac{1}{14} \end{pmatrix}.$$

(5) 计算

$$\boldsymbol{P}^{-1}\boldsymbol{A}\boldsymbol{P} = \begin{pmatrix} -\frac{1}{7} & \frac{3}{35} & \frac{1}{35} \\ 0 & -\frac{1}{10} & \frac{3}{10} \\ \frac{1}{7} & \frac{3}{14} & \frac{1}{14} \end{pmatrix} \begin{pmatrix} -1 & 3 & 1 \\ 3 & 2 & 0 \\ 1 & 0 & 2 \end{pmatrix} \begin{pmatrix} -5 & 0 & 2 \\ 3 & -1 & 3 \\ 1 & 3 & 1 \end{pmatrix} = \begin{pmatrix} -3 & 0 & 0 \\ 0 & 2 & 0 \\ 0 & 0 & 4 \end{pmatrix}.$$

其实, 也可以不必具体计算, 因为

$$\begin{aligned} \boldsymbol{A}\boldsymbol{P} &= \boldsymbol{A}(\boldsymbol{p}_1, \boldsymbol{p}_2, \boldsymbol{p}_3) = (\boldsymbol{A}\boldsymbol{p}_1, \boldsymbol{A}\boldsymbol{p}_2, \boldsymbol{A}\boldsymbol{p}_3) = (\lambda_1\boldsymbol{p}_1, \lambda_2\boldsymbol{p}_2, \lambda_3\boldsymbol{p}_3) \\ &= (\boldsymbol{p}_1, \boldsymbol{p}_2, \boldsymbol{p}_3) \begin{pmatrix} \lambda_1 & 0 & 0 \\ 0 & \lambda_2 & 0 \\ 0 & 0 & \lambda_3 \end{pmatrix} = \boldsymbol{P} \begin{pmatrix} \lambda_1 & 0 & 0 \\ 0 & \lambda_2 & 0 \\ 0 & 0 & \lambda_3 \end{pmatrix}. \end{aligned}$$

所以必然有

$$\boldsymbol{P}^{-1}\boldsymbol{A}\boldsymbol{P} = \begin{pmatrix} \lambda_1 & 0 & 0 \\ 0 & \lambda_2 & 0 \\ 0 & 0 & \lambda_3 \end{pmatrix}.$$ ■

5.2　相似矩阵

从第 4 章知道, 线性空间上的一个线性变换在两组基 $\boldsymbol{\alpha}_1, \boldsymbol{\alpha}_2, \cdots, \boldsymbol{\alpha}_n$ 和 $\boldsymbol{\eta}_1, \boldsymbol{\eta}_2, \cdots, \boldsymbol{\eta}_n$ 下的矩阵分别为 $\boldsymbol{A}$ 和 $\boldsymbol{B}$, 而且由基 $\boldsymbol{\alpha}_1, \boldsymbol{\alpha}_2, \cdots, \boldsymbol{\alpha}_n$ 到基 $\boldsymbol{\eta}_1, \boldsymbol{\eta}_2, \cdots, \boldsymbol{\eta}_n$ 的过渡矩阵为 $\boldsymbol{C}$, 那么 $\boldsymbol{B} = \boldsymbol{C}^{-1}\boldsymbol{A}\boldsymbol{C}$. 事实上, 同一线性变换在不同基下的矩阵有

这种关系, 由于 $\boldsymbol{A}$ 和 $\boldsymbol{B}$ 对应于同一线性变换, 所以 $\boldsymbol{A}$ 和 $\boldsymbol{B}$ 之间必然有特殊的联系. 满足关系 $\boldsymbol{B}=\boldsymbol{C}^{-1}\boldsymbol{A}\boldsymbol{C}$ 的矩阵 $\boldsymbol{A}$ 和 $\boldsymbol{B}$ 称为是相似的.

定义 5.3 设 $\boldsymbol{A}$ 和 $\boldsymbol{B}$ 都是 n 阶矩阵, 若存在可逆矩阵 $\boldsymbol{P}$ 使得

$$\boldsymbol{P}^{-1}\boldsymbol{A}\boldsymbol{P}=\boldsymbol{B},$$

则称矩阵 $\boldsymbol{A}$**相似于**$\boldsymbol{B}$($\boldsymbol{A}$ similar to $\boldsymbol{B}$), 记为 $\boldsymbol{A}\sim\boldsymbol{B}$. ■

如果取定义中的矩阵 $\boldsymbol{P}$ 为单位矩阵, 那么自然可以认为, 矩阵 $\boldsymbol{A}$ 相似于 $\boldsymbol{A}$. 事实上进一步有如下性质.

性质 1 对于 n 阶矩阵 $\boldsymbol{A}, \boldsymbol{B}$ 和 $\boldsymbol{C}$.

(1) 反身性, 即矩阵 $\boldsymbol{A}$ 相似于 $\boldsymbol{A}$, $\boldsymbol{A}\sim\boldsymbol{A}$;

(2) 对称性, 若 $\boldsymbol{A}$ 相似于 $\boldsymbol{B}$, 则 $\boldsymbol{B}$ 相似于 $\boldsymbol{A}$;

(3) 传递性, 若 $\boldsymbol{A}$ 相似于 $\boldsymbol{B}$, $\boldsymbol{B}$ 相似于 $\boldsymbol{C}$, 则 $\boldsymbol{A}$ 相似于 $\boldsymbol{C}$.

证明 留给读者. ■

正是由于性质 1, 我们习惯上称矩阵 $\boldsymbol{A}$ 与 $\boldsymbol{B}$**相似**(similar), 或称 $\boldsymbol{A}$ 与 $\boldsymbol{B}$ 为**相似矩阵**(similar matrix).

根据第 2 章的知识, 矩阵 $\boldsymbol{A}$ 经过有限次初等变换化为矩阵 $\boldsymbol{B}$, 那么矩阵 $\boldsymbol{A}$ 和 $\boldsymbol{B}$ 是等价的. 由于可逆矩阵可以认为是若干初等矩阵之积, 所以如果 $\boldsymbol{A}$ 与 $\boldsymbol{B}$ 相似, 那么 $\boldsymbol{A}$ 和 $\boldsymbol{B}$ 也是等价的, 因此相似矩阵的秩相等.

性质 2 相似矩阵有相同的特征多项式, 因而具有相同的特征值.

证明 设 $\boldsymbol{A}\sim\boldsymbol{B}$, 那么存在可逆矩阵 $\boldsymbol{P}$ 使得 $\boldsymbol{P}^{-1}\boldsymbol{A}\boldsymbol{P}=\boldsymbol{B}$, 因此

$$\begin{aligned}|\lambda\boldsymbol{E}-\boldsymbol{B}|&=|\lambda\boldsymbol{E}-\boldsymbol{P}^{-1}\boldsymbol{A}\boldsymbol{P}|=|\lambda\boldsymbol{P}^{-1}\boldsymbol{P}-\boldsymbol{P}^{-1}\boldsymbol{A}\boldsymbol{P}|\\&=|\boldsymbol{P}^{-1}(\lambda\boldsymbol{E}-\boldsymbol{A})\boldsymbol{P}|=|\boldsymbol{P}^{-1}||(\lambda\boldsymbol{E}-\boldsymbol{A})||\boldsymbol{P}|=|\lambda\boldsymbol{E}-\boldsymbol{A}|,\end{aligned}$$

即 $\boldsymbol{A}$ 和 $\boldsymbol{B}$ 有相同的特征多项式, 进而特征值相同. ■

性质 3 若 n 阶矩阵 $\boldsymbol{A}\sim\boldsymbol{B}$, 则对于任意的正整数 m, $\boldsymbol{A}^m\sim\boldsymbol{B}^m$.

证明 由于 $\boldsymbol{A}\sim\boldsymbol{B}$, 那么存在可逆矩阵 $\boldsymbol{P}$ 使得 $\boldsymbol{P}^{-1}\boldsymbol{A}\boldsymbol{P}=\boldsymbol{B}$, 则对于任意的正整数 m,

$$\boldsymbol{B}^m=\boldsymbol{B}\boldsymbol{B}\cdots\boldsymbol{B}=(\boldsymbol{P}^{-1}\boldsymbol{A}\boldsymbol{P})(\boldsymbol{P}^{-1}\boldsymbol{A}\boldsymbol{P})\cdots(\boldsymbol{P}^{-1}\boldsymbol{A}\boldsymbol{P})=\boldsymbol{P}^{-1}\boldsymbol{A}^m\boldsymbol{P}.$$ ■

性质 4 设有关于 x 的多项式 $p(x)=a_mx^m+a_{m-1}x^{m-1}+\cdots+a_1x+a_0$, 对于 n 阶方阵 $\boldsymbol{A}$ 定义矩阵

$$p(\boldsymbol{A})=a_m\boldsymbol{A}^m+a_{m-1}\boldsymbol{A}^{m-1}+\cdots+a_1\boldsymbol{A}+a_0\boldsymbol{E},$$

称为矩阵多项式. 下列结论成立:

(1) 若 λ 为 $\boldsymbol{A}$ 的特征值, 那么 $p(\lambda)$ 为 $p(\boldsymbol{A})$ 的特征值;

(2) 若 $\boldsymbol{A}\sim\boldsymbol{B}$, 则 $p(\boldsymbol{A})\sim p(\boldsymbol{B})$.

证明　留给读者. ■

例 1　设 $\boldsymbol{A}_1$ 与 $\boldsymbol{B}_1$ 相似, $\boldsymbol{A}_2$ 与 $\boldsymbol{B}_2$ 相似, 证明 $\begin{pmatrix}\boldsymbol{A}_1 & \boldsymbol{O}\\ \boldsymbol{O} & \boldsymbol{A}_2\end{pmatrix}$ 与 $\begin{pmatrix}\boldsymbol{B}_1 & \boldsymbol{O}\\ \boldsymbol{O} & \boldsymbol{B}_2\end{pmatrix}$ 相似. 试举例说明反之不真.

证明　$\boldsymbol{A}_1$ 与 $\boldsymbol{B}_1$ 相似, $\boldsymbol{A}_2$ 与 $\boldsymbol{B}_2$ 相似, 即存在可逆矩阵 $\boldsymbol{P}_1$ 与 $\boldsymbol{P}_2$ 使得

$$\boldsymbol{P}_1^{-1}\boldsymbol{A}_1\boldsymbol{P}_1=\boldsymbol{B}_1,\quad \boldsymbol{P}_2^{-1}\boldsymbol{A}_2\boldsymbol{P}_2=\boldsymbol{B}_2,$$

可以计算

$$\begin{aligned}
&\begin{pmatrix}\boldsymbol{P}_1^{-1} & \boldsymbol{O}\\ \boldsymbol{O} & \boldsymbol{P}_2^{-1}\end{pmatrix}\begin{pmatrix}\boldsymbol{A}_1 & \boldsymbol{O}\\ \boldsymbol{O} & \boldsymbol{A}_2\end{pmatrix}\begin{pmatrix}\boldsymbol{P}_1 & \boldsymbol{O}\\ \boldsymbol{O} & \boldsymbol{P}_2\end{pmatrix}\\
=&\begin{pmatrix}\boldsymbol{P}_1^{-1}\boldsymbol{A}_1 & \boldsymbol{O}\\ \boldsymbol{O} & \boldsymbol{P}_2^{-1}\boldsymbol{A}_2\end{pmatrix}\begin{pmatrix}\boldsymbol{P}_1 & \boldsymbol{O}\\ \boldsymbol{O} & \boldsymbol{P}_2\end{pmatrix}\\
=&\begin{pmatrix}\boldsymbol{P}_1^{-1}\boldsymbol{A}_1\boldsymbol{P}_1 & \boldsymbol{O}\\ \boldsymbol{O} & \boldsymbol{P}_2^{-1}\boldsymbol{A}_2\boldsymbol{P}_2\end{pmatrix}\\
=&\begin{pmatrix}\boldsymbol{B}_1 & \boldsymbol{O}\\ \boldsymbol{O} & \boldsymbol{B}_2\end{pmatrix},
\end{aligned}$$

而且

$$\begin{pmatrix}\boldsymbol{P}_1^{-1} & \boldsymbol{O}\\ \boldsymbol{O} & \boldsymbol{P}_2^{-1}\end{pmatrix}\begin{pmatrix}\boldsymbol{P}_1 & \boldsymbol{O}\\ \boldsymbol{O} & \boldsymbol{P}_2\end{pmatrix}=\begin{pmatrix}\boldsymbol{P}_1^{-1}\boldsymbol{P}_1 & \boldsymbol{O}\\ \boldsymbol{O} & \boldsymbol{P}_2^{-1}\boldsymbol{P}_2\end{pmatrix}=\begin{pmatrix}\boldsymbol{E}_1 & \boldsymbol{O}\\ \boldsymbol{O} & \boldsymbol{E}_2\end{pmatrix},$$

因此 $\begin{pmatrix}\boldsymbol{A}_1 & \boldsymbol{O}\\ \boldsymbol{O} & \boldsymbol{A}_2\end{pmatrix}$ 与 $\begin{pmatrix}\boldsymbol{B}_1 & \boldsymbol{O}\\ \boldsymbol{O} & \boldsymbol{B}_2\end{pmatrix}$ 相似.

由于矩阵 $\begin{pmatrix}1 & 0\\ 0 & 2\end{pmatrix}$ 与 $\begin{pmatrix}2 & 0\\ 0 & 1\end{pmatrix}$ 相似, 但是矩阵 (1) 与矩阵 (2) 不相似, 这使得我们认为上述命题的逆不真. 再如

$$\boldsymbol{A}_1=\begin{pmatrix}3 & -1\\ -1 & 3\end{pmatrix},\quad \boldsymbol{A}_2=\begin{pmatrix}2 & 0\\ 0 & 2\end{pmatrix},$$

对于如下两个矩阵

$$\begin{pmatrix}\boldsymbol{A}_1 & \boldsymbol{O}\\ \boldsymbol{O} & \boldsymbol{A}_2\end{pmatrix}=\begin{pmatrix}3 & -1 & 0 & 0\\ -1 & 3 & 0 & 0\\ 0 & 0 & 2 & 0\\ 0 & 0 & 0 & 2\end{pmatrix},\quad \boldsymbol{P}=\begin{pmatrix}0 & 0 & 0 & 1\\ 0 & 0 & 1 & 0\\ 0 & 1 & 0 & 0\\ 1 & 0 & 0 & 0\end{pmatrix},$$

可以计算

$$P^{-1}\begin{pmatrix} A_1 & O \\ O & A_2 \end{pmatrix}P=\begin{pmatrix} 2 & 0 & 0 & 0 \\ 0 & 2 & 0 & 0 \\ 0 & 0 & 3 & -1 \\ 0 & 0 & -1 & 3 \end{pmatrix}=\begin{pmatrix} B_1 & O \\ O & B_2 \end{pmatrix}=\begin{pmatrix} A_2 & O \\ O & A_1 \end{pmatrix},$$

即矩阵 $\begin{pmatrix} A_1 & O \\ O & A_2 \end{pmatrix}$ 与 $\begin{pmatrix} B_1 & O \\ O & B_2 \end{pmatrix}$ 相似, 但是 $A_1=\begin{pmatrix} 2 & 0 \\ 0 & 2 \end{pmatrix}$ 与 $B_1=\begin{pmatrix} 3 & -1 \\ -1 & 3 \end{pmatrix}$ 并不相似, 因为它们的特征值不同. ■

例 2 设 n 阶方阵 A 的特征值为 $0,1,\cdots,n-1$, 且 A 与 B 相似, 求 $|B+E|$.

解 由于 A 与 B 相似, 所以 B 的特征值也为 $0,1,\cdots,n-1$, 考虑 $f(x)=x+1$, 则矩阵 $f(B)=B+E$ 的特征值为 $f(0),f(1),\cdots,f(n-1)$, 因此

$$|B+E|=f(0)f(1)\cdots f(n-1)=n!.$$ ■

5.3 矩阵对角化的条件

在 5.1 节中的例 4 显示存在可逆矩阵 P 使得 $P^{-1}AP=B$ 为对角矩阵. 事实上, 能够与对角矩阵相似的矩阵是较为特殊的一类矩阵, 关于这样的矩阵计算可以借助于与其相似的对角矩阵使计算简化.

定义 5.4 如果 n 阶方阵 A 相似于一个对角矩阵, 即存在可逆矩阵 P 使得

$$P^{-1}AP=\begin{pmatrix} \lambda_1 & & & \\ & \lambda_2 & & \\ & & \ddots & \\ & & & \lambda_n \end{pmatrix},$$

则称矩阵 A **可对角化**(diagnolizable). ■

在 5.1 节例 4 中的矩阵 A 相似于对角矩阵, 而且该对角矩阵主对角线上的元素均是 A 的特征值, 只要矩阵 A 可对角化, 那么与其相似的对角矩阵都具有这个性质.

定理 5.6 如果 n 阶方阵 $\boldsymbol{A}$ 相似于一个对角矩阵, 即存在可逆矩阵 $\boldsymbol{P}$ 使得

$$\boldsymbol{P}^{-1}\boldsymbol{A}\boldsymbol{P}=\begin{pmatrix}\lambda_1&&&\\&\lambda_2&&\\&&\ddots&\\&&&\lambda_n\end{pmatrix}=\boldsymbol{\Lambda},$$

那么 $\lambda_1,\lambda_2,\cdots,\lambda_n$ 是 $\boldsymbol{A}$ 的特征值.

证明 将矩阵 $\boldsymbol{P}$ 写成列向量形式 $\boldsymbol{P}=(\boldsymbol{p}_1,\boldsymbol{p}_2,\cdots,\boldsymbol{p}_n)$, 由于矩阵 $\boldsymbol{P}$ 可逆从而向量 $\boldsymbol{p}_1,\boldsymbol{p}_2,\cdots,\boldsymbol{p}_n$ 均为非零向量, 考虑到

$$\boldsymbol{AP}=\boldsymbol{A}(\boldsymbol{p}_1,\boldsymbol{p}_2,\cdots,\boldsymbol{p}_n)=(\boldsymbol{A}\boldsymbol{p}_1,\boldsymbol{A}\boldsymbol{p}_2,\cdots,\boldsymbol{A}\boldsymbol{p}_n),$$

以及

$$\boldsymbol{P\Lambda}=(\boldsymbol{p}_1,\boldsymbol{p}_2,\cdots,\boldsymbol{p}_n)\begin{pmatrix}\lambda_1&&&\\&\lambda_2&&\\&&\ddots&\\&&&\lambda_n\end{pmatrix}=(\lambda_1\boldsymbol{p}_1,\lambda_2\boldsymbol{p}_2,\cdots,\lambda_n\boldsymbol{p}_n),$$

根据 $\boldsymbol{P\Lambda}=\boldsymbol{AP}$, 则有

$$\boldsymbol{A}\boldsymbol{p}_1=\lambda_1\boldsymbol{p}_1,\boldsymbol{A}\boldsymbol{p}_2=\lambda_2\boldsymbol{p}_2,\cdots,\boldsymbol{A}\boldsymbol{p}_n=\lambda_n\boldsymbol{p}_n.$$

这说明 $\boldsymbol{p}_1,\boldsymbol{p}_2,\cdots,\boldsymbol{p}_n$ 为矩阵 $\boldsymbol{A}$ 的分别属于特征值 $\lambda_1,\lambda_2,\cdots,\lambda_n$ 的特征向量. ■

那么满足什么样条件的矩阵可以对角化呢？定理 5.6 显示矩阵 $\boldsymbol{P}$ 的列向量 $\boldsymbol{p}_1,\boldsymbol{p}_2,\cdots,\boldsymbol{p}_n$ 是矩阵 $\boldsymbol{A}$ 的特征向量, 由此可以回答怎样的矩阵可以对角化的问题.

定理 5.7 n 阶方阵 $\boldsymbol{A}$ 相似于一个对角矩阵的充分必要条件是 $\boldsymbol{A}$ 具有 n 个线性无关的特征向量.

证明 由定理 5.6 的证明可知, 如果 $\boldsymbol{A}$ 相似于一个对角矩阵, 那么 $\boldsymbol{A}$ 具有 n 个线性无关的特征向量. 现证明如果 $\boldsymbol{A}$ 存在 n 个线性无关的特征向量 $\boldsymbol{x}_1,\boldsymbol{x}_2,\cdots,\boldsymbol{x}_n$, 那么 $\boldsymbol{A}$ 相似于一个对角矩阵. 设这些特征向量 $\boldsymbol{x}_1,\boldsymbol{x}_2,\cdots,\boldsymbol{x}_n$ 对应的特征值分别为 $\lambda_1,\lambda_2,\cdots,\lambda_n$, 那么

$$\boldsymbol{A}\boldsymbol{x}_1=\lambda_1\boldsymbol{x}_1,\boldsymbol{A}\boldsymbol{x}_2=\lambda_1\boldsymbol{x}_2,\cdots,\boldsymbol{A}\boldsymbol{x}_n=\lambda_n\boldsymbol{x}_n.$$

考虑

$$\begin{aligned}\boldsymbol{A}(\boldsymbol{x}_1,\boldsymbol{x}_2,\cdots,\boldsymbol{x}_n)&=(\boldsymbol{A}\boldsymbol{x}_1,\boldsymbol{A}\boldsymbol{x}_2,\cdots,\boldsymbol{A}\boldsymbol{x}_n)=(\lambda_1\boldsymbol{x}_1,\lambda_2\boldsymbol{x}_2,\cdots,\lambda_n\boldsymbol{x}_n)\\&=(\boldsymbol{x}_1,\boldsymbol{x}_2,\cdots,\boldsymbol{x}_n)\begin{pmatrix}\lambda_1&&&\\&\lambda_2&&\\&&\ddots&\\&&&\lambda_n\end{pmatrix}.\end{aligned}$$

令 $\boldsymbol{X}=(\boldsymbol{x}_1,\boldsymbol{x}_2,\cdots,\boldsymbol{x}_n)$, 由于 $\boldsymbol{x}_1,\boldsymbol{x}_2,\cdots,\boldsymbol{x}_n$ 线性无关, 所以矩阵 $\boldsymbol{X}$ 可逆, 这就意味着 $\boldsymbol{X}^{-1}\boldsymbol{A}\boldsymbol{X}$ 为对角矩阵. ■

例 1 设四阶矩阵 $\boldsymbol{A}$ 满足 $\boldsymbol{A}\boldsymbol{x}_1=\boldsymbol{x}_1,\boldsymbol{A}\boldsymbol{x}_2=\boldsymbol{0},\boldsymbol{A}\boldsymbol{x}_3=2\boldsymbol{x}_3,\boldsymbol{A}\boldsymbol{x}_4=-\boldsymbol{x}_4$, 其中

$$\boldsymbol{x}_1=\begin{pmatrix}1\\2\\1\\3\end{pmatrix},\boldsymbol{x}_2=\begin{pmatrix}0\\1\\-1\\2\end{pmatrix},\boldsymbol{x}_3=\begin{pmatrix}0\\0\\1\\1\end{pmatrix},\boldsymbol{x}_4=\begin{pmatrix}0\\0\\0\\1\end{pmatrix},$$

求矩阵 $\boldsymbol{A},\boldsymbol{A}^{100}$.

解 由于 $\boldsymbol{x}_1,\boldsymbol{x}_2,\boldsymbol{x}_3,\boldsymbol{x}_4$ 线性无关, 而且根据题设条件它们是矩阵 $\boldsymbol{A}$ 的分别属于特征值 $1,0,2,-1$ 的特征向量, 所以对于矩阵 $\boldsymbol{X}=(\boldsymbol{x}_1,\boldsymbol{x}_2,\boldsymbol{x}_3,\boldsymbol{x}_4)$ 成立

$$\boldsymbol{X}^{-1}\boldsymbol{A}\boldsymbol{X}=\begin{pmatrix}1&&&\\&0&&\\&&2&\\&&&-1\end{pmatrix}.$$

为了求矩阵 $\boldsymbol{A}$ 应先求 $\boldsymbol{X}^{-1}$, 事实上

$$\begin{pmatrix}1&0&0&0&1&0&0&0\\2&1&0&0&0&1&0&0\\1&-1&1&0&0&0&1&0\\3&2&1&1&0&0&0&1\end{pmatrix}\longrightarrow\begin{pmatrix}1&0&0&0&1&0&0&0\\0&1&0&0&-2&1&0&0\\0&0&1&0&-3&1&1&0\\0&0&0&1&4&-3&-1&1\end{pmatrix}.$$

因此

$$\boldsymbol{A}=\boldsymbol{X}\begin{pmatrix}1&&&\\&0&&\\&&2&\\&&&-1\end{pmatrix}\boldsymbol{X}^{-1}$$

$$
=\begin{pmatrix}1&0&0&0\\2&1&0&0\\1&-1&1&0\\3&2&1&1\end{pmatrix}\begin{pmatrix}1&&&\\&0&&\\&&2&\\&&&-1\end{pmatrix}\begin{pmatrix}1&0&0&0\\-2&1&0&0\\-3&1&1&0\\4&-3&-1&1\end{pmatrix}
$$

$$
=\begin{pmatrix}1&0&0&0\\2&0&0&0\\-5&2&2&0\\-7&5&3&-1\end{pmatrix}.
$$

$$
\boldsymbol{A}^{100}=\boldsymbol{X}\begin{pmatrix}1^{100}&&&\\&0^{100}&&\\&&2^{100}&\\&&&(-1)^{100}\end{pmatrix}\boldsymbol{X}^{-1}
$$

$$
=\begin{pmatrix}1&0&0&0\\2&0&0&0\\1-3(2^{100})&2^{100}&2^{100}&0\\7-3(2^{100})&2^{100}-3&2^{100}-1&1\end{pmatrix}. \qquad ■
$$

推论 5.1　如果 n 阶方阵 $\boldsymbol{A}$ 具有 n 个互不相等的特征值, 则相似于一个对角矩阵. ■

例 2　判断下面两个矩阵可否对角化?

(1) $\boldsymbol{A}=\begin{pmatrix}1&2&4\\1&0&2\\1&2&0\end{pmatrix}$;　　(2) $\boldsymbol{B}=\begin{pmatrix}1&0&0\\1&0&2\\0&1&-1\end{pmatrix}$.

解　(1) $\det(\lambda\boldsymbol{E}-\boldsymbol{A})=\begin{vmatrix}\lambda-1&-2&-4\\-1&\lambda&-2\\-1&-2&\lambda\end{vmatrix}=(\lambda+1)(\lambda+2)(\lambda-4)$. 矩阵 $\boldsymbol{A}$ 具有三个不同的特征值, 因此可以对角化.

(2) $\det(\lambda\boldsymbol{E}-\boldsymbol{B})=\begin{vmatrix}\lambda-1&0&0\\-1&\lambda&-2\\0&-1&\lambda+1\end{vmatrix}=(\lambda+2)(\lambda-1)^2$. 矩阵 $\boldsymbol{B}$ 有特征值 $\lambda_1=-2,\lambda_2=1$, 对于 $\lambda_2=1$, 解方程组 $(\lambda_2\boldsymbol{E}-\boldsymbol{B})\boldsymbol{x}=\boldsymbol{0}$, 对其系数矩阵作初等变换

$$\boldsymbol{E}-\boldsymbol{B}=\begin{pmatrix}0&0&0\\-1&1&-2\\0&-1&2\end{pmatrix}\to\begin{pmatrix}1&0&0\\0&1&-2\\0&0&0\end{pmatrix},$$

得其基础解系只有一个 $(n-r=3-2=1)$ 解向量 $\begin{pmatrix}0\\2\\1\end{pmatrix}$, 所以矩阵 $\boldsymbol{B}$ 对应于 $\lambda_2=2$ 至多只有 2 个线性无关的特征向量, 因此矩阵 $\boldsymbol{B}$ 不能对角化. ■

5.4 实对称矩阵的对角化

5.3 节的内容说明不是每一个矩阵都可以对角化, 即使只有实特征值的实矩阵也不一定可以对角化. 而考察一个矩阵可否对角化, 还需要寻找线性无关的特征向量, 这显然比较烦琐. 那么矩阵可以对角化的一个简单的充分条件是矩阵是实对称的. 本节从讨论实对称矩阵具有实特征值入手, 最后给出实对称矩阵对角化的方法.

定理 5.8 实对称矩阵的特征值是实数.

证明 设 $\boldsymbol{A}$ 是实对称矩阵, $\boldsymbol{x}$ 是矩阵 $\boldsymbol{A}$ 的属于特征值 λ 的特征向量, 那么

$$\boldsymbol{A}\boldsymbol{x}=\lambda\boldsymbol{x},$$

等式两端取共轭得到

$$\overline{\boldsymbol{A}}\overline{\boldsymbol{x}}=\overline{\lambda}\overline{\boldsymbol{x}}$$

根据 $\boldsymbol{A}$ 是实对称矩阵, 将上式转置得到

$$\overline{\boldsymbol{x}}^{\mathrm{T}}\boldsymbol{A}=\overline{\lambda}\overline{\boldsymbol{x}}^{\mathrm{T}}.$$

进一步, 右乘以 $\boldsymbol{x}$ 得到

$$\overline{\lambda}\overline{\boldsymbol{x}}^{\mathrm{T}}\boldsymbol{x}=\overline{\boldsymbol{x}}^{\mathrm{T}}\boldsymbol{A}\boldsymbol{x}=\overline{\boldsymbol{x}}^{\mathrm{T}}(\lambda\boldsymbol{x})=\lambda\overline{\boldsymbol{x}}^{\mathrm{T}}\boldsymbol{x},$$

即

$$(\overline{\lambda}-\lambda)\overline{\boldsymbol{x}}^{\mathrm{T}}\boldsymbol{x}=0.$$

由于 $\boldsymbol{x}$ 是非零向量因此 $\overline{\boldsymbol{x}}^{\mathrm{T}}\boldsymbol{x}\neq0$, 所以 $\lambda=\overline{\lambda}$, 即 λ 是实数. ■

定理 5.9 n 阶实对称矩阵的属于不同特征值的特征向量按照 n 维实向量的内积是正交的.

证明 设 $\boldsymbol{x}_1,\boldsymbol{x}_2$ 是实对称矩阵 $\boldsymbol{A}$ 的分别对应于特征值 $\lambda_1,\lambda_2\,(\lambda_1\neq\lambda_2)$ 的特征向量, 即有 $\boldsymbol{A}\boldsymbol{x}_1=\lambda_1\boldsymbol{x}_1,\boldsymbol{A}\boldsymbol{x}_2=\lambda_2\boldsymbol{x}_2$, 那么有

$$\boldsymbol{x}_2^{\mathrm{T}}\boldsymbol{A}\boldsymbol{x}_1=\boldsymbol{x}_2^{\mathrm{T}}(\lambda_1\boldsymbol{x}_1)=\lambda_1\boldsymbol{x}_2^{\mathrm{T}}\boldsymbol{x}_1$$

和

$$\boldsymbol{x}_2^{\mathrm{T}}\boldsymbol{A}\boldsymbol{x}_1=(\boldsymbol{A}\boldsymbol{x}_2)^{\mathrm{T}}\boldsymbol{x}_1=(\lambda_2\boldsymbol{x}_2)^{\mathrm{T}}\boldsymbol{x}_1=\lambda_2\boldsymbol{x}_2^{\mathrm{T}}\boldsymbol{x}_1.$$

由于 $\lambda_1\neq\lambda_2$, 所以 $\boldsymbol{x}_2^{\mathrm{T}}\boldsymbol{x}_1=0$, 即 $\boldsymbol{x}_1,\boldsymbol{x}_2$ 是正交的. ■

定理 5.10　设 $\boldsymbol{A}$ 是 n 阶实对称矩阵, 那么存在正交矩阵 $\boldsymbol{P}$ 使得

$$\boldsymbol{P}^{-1}\boldsymbol{A}\boldsymbol{P}=\boldsymbol{P}^{\mathrm{T}}\boldsymbol{A}\boldsymbol{P}=\begin{pmatrix}\lambda_1 & & \\ & \ddots & \\ & & \lambda_n\end{pmatrix},$$

其中 $\lambda_1,\cdots,\lambda_n$ 是 $\boldsymbol{A}$ 的特征值, 矩阵 $\boldsymbol{P}$ 的列向量 $\boldsymbol{p}_1,\cdots,\boldsymbol{p}_n$ 是 $\boldsymbol{A}$ 的对应于特征值 $\lambda_1,\cdots,\lambda_n$ 的标准正交的特征向量组.

证明　略去. ■

例 1　对下列实对称矩阵, 分别求出正交矩阵 $\boldsymbol{P}$, 使 $\boldsymbol{P}^{-1}\boldsymbol{A}\boldsymbol{P}$ 为对角阵.

(1) $\boldsymbol{A}=\begin{pmatrix}2 & -2 & 0\\ -2 & 1 & -2\\ 0 & -2 & 0\end{pmatrix}$,　　(2) $\boldsymbol{A}=\begin{pmatrix}4 & 0 & 0\\ 0 & 3 & 1\\ 0 & 1 & 3\end{pmatrix}$.

解　(1) 由 $|\boldsymbol{A}-\lambda\boldsymbol{E}|=\begin{vmatrix}2-\lambda & -2 & 0\\ -2 & 1-\lambda & -2\\ 0 & -2 & -\lambda\end{vmatrix}=(4-\lambda)(\lambda-1)(\lambda+2)=0$, 得 $\boldsymbol{A}$ 的特征值为 $\lambda_1=4,\ \lambda_2=1,\ \lambda_3=-2$.

对 $\lambda_1=4$, 由 $(\boldsymbol{A}-4\boldsymbol{E})\boldsymbol{x}=\boldsymbol{0}$, 得

$$\begin{cases}2x_1+2x_2=0,\\ 2x_1+3x_2+2x_3=0,\\ 2x_2+4x_3=0,\end{cases}$$

解得基础解为 $\boldsymbol{\xi}_1=\begin{pmatrix}-2\\ 2\\ -1\end{pmatrix}$.

对 $\lambda_2=1$, 由 $(\boldsymbol{A}-\boldsymbol{E})\boldsymbol{x}=\boldsymbol{0}$, 得

$$\begin{cases}-x_1+2x_2=0,\\ 2x_1+2x_3=0,\\ 2x_2+x_3=0,\end{cases}$$

解得基础解为 $\boldsymbol{\xi}_2=\begin{pmatrix}2\\1\\-2\end{pmatrix}$.

对 $\lambda_3=-2$, 由 $(\boldsymbol{A}+2\boldsymbol{E})\boldsymbol{x}=\boldsymbol{0}$, 得

$$\begin{cases}-4x_1+2x_2=0,\\2x_1-3x_2+2x_3=0,\\2x_2-2x_3=0,\end{cases}$$

解得基础解为 $\boldsymbol{\xi}_3=\begin{pmatrix}1\\2\\2\end{pmatrix}$.

由于 $\boldsymbol{\xi}_1,\boldsymbol{\xi}_2,\boldsymbol{\xi}_3$ 是属于 $\boldsymbol{A}$ 的三个不同特征值 $\lambda_1,\lambda_2,\lambda_3$ 的特征向量, 故它们必两两正交.

再将 $\boldsymbol{\xi}_1$, $\boldsymbol{\xi}_2$, $\boldsymbol{\xi}_3$ 单位化, 令 $\boldsymbol{\eta}_i=\dfrac{\boldsymbol{\xi}_i}{\|\boldsymbol{\xi}_i\|}$, $i=1,2,3$, 得

$$\boldsymbol{\eta}_1=\begin{pmatrix}-2/3\\2/3\\-1/3\end{pmatrix},\quad \boldsymbol{\eta}_2=\begin{pmatrix}2/3\\1/3\\-2/3\end{pmatrix},\quad \boldsymbol{\eta}_3=\begin{pmatrix}1/3\\2/3\\2/3\end{pmatrix}.$$

作 $\boldsymbol{P}=(\boldsymbol{\eta}_1,\ \boldsymbol{\eta}_2,\ \boldsymbol{\eta}_3)=\dfrac{1}{3}\begin{pmatrix}-2&2&1\\2&1&2\\-1&-2&2\end{pmatrix}$, 则 $\boldsymbol{P}^{-1}\boldsymbol{AP}=\begin{pmatrix}4&0&0\\0&1&0\\0&0&-2\end{pmatrix}$.

(2) 由 $|\boldsymbol{A}-\lambda\boldsymbol{E}|=\begin{vmatrix}4-\lambda&0&0\\0&3-\lambda&1\\0&1&3-\lambda\end{vmatrix}=(2-\lambda)(4-\lambda)^2=0$, 得 $\boldsymbol{A}$ 特征值为 $\lambda_1=2$, $\lambda_2=\lambda_3=4$.

对 $\lambda_1=2$, 由 $(\boldsymbol{A}-2\boldsymbol{E})\boldsymbol{x}=\boldsymbol{0}$, 得基础解为 $\boldsymbol{\xi}_1=\begin{pmatrix}0\\1\\-1\end{pmatrix}$,

对 $\lambda_2=\lambda_3=4$, 由 $(\boldsymbol{A}-4\boldsymbol{E})\boldsymbol{x}=\boldsymbol{0}$, 得基础解为 $\boldsymbol{\xi}_2=\begin{pmatrix}1\\0\\0\end{pmatrix}$, $\boldsymbol{\xi}_3=\begin{pmatrix}0\\1\\1\end{pmatrix}$.

由于 $\boldsymbol{\xi}_2$ 与 $\boldsymbol{\xi}_3$ 恰好正交, 所以 $\boldsymbol{\xi}_1$, $\boldsymbol{\xi}_2$, $\boldsymbol{\xi}_3$ 必两两正交.

再将 $\boldsymbol{\xi}_1$, $\boldsymbol{\xi}_2$, $\boldsymbol{\xi}_3$ 单位化, 令 $\boldsymbol{\eta}_i = \dfrac{\boldsymbol{\xi}_i}{\|\boldsymbol{\xi}_i\|}\,(i=1,2,3)$, 得

$$\boldsymbol{\eta}_1 = \begin{pmatrix} 0 \\ 1/\sqrt{2} \\ -1/\sqrt{2} \end{pmatrix}, \quad \boldsymbol{\eta}_2 = \begin{pmatrix} 1 \\ 0 \\ 0 \end{pmatrix}, \quad \boldsymbol{\eta}_3 = \begin{pmatrix} 0 \\ 1/\sqrt{2} \\ 1/\sqrt{2} \end{pmatrix}.$$

于是得正交矩阵

$$\boldsymbol{P} = (\boldsymbol{\eta}_1, \boldsymbol{\eta}_2, \boldsymbol{\eta}_3) = \begin{pmatrix} 0 & 1 & 0 \\ 1/\sqrt{2} & 0 & 1/\sqrt{2} \\ -1/\sqrt{2} & 0 & 1/\sqrt{2} \end{pmatrix}$$

使得

$$\boldsymbol{P}^{-1}\boldsymbol{A}\boldsymbol{P} = \begin{pmatrix} 2 & 0 & 0 \\ 0 & 4 & 0 \\ 0 & 0 & 4 \end{pmatrix}. \qquad \blacksquare$$

利用正交矩阵将实对称矩阵化为对角矩阵的具体步骤可以归纳为:

(1) 求方阵 $\boldsymbol{A}$ 的全部特征值;

(2) 由方程 $(\boldsymbol{A} - \lambda_i\boldsymbol{E})\boldsymbol{x} = \boldsymbol{0}$, 求出方阵 $\boldsymbol{A}$ 的全部特征值对应的特征向量;

(3) 将特征向量正交化、单位化得两两正交的单位向量组;

(4) 由这些单位向量构成正交阵 $\boldsymbol{P}$, 使 $\boldsymbol{P}^{-1}\boldsymbol{A}\boldsymbol{P}$ 为对角阵.

5.5　二　次　型

二次型是一种简单的数学式子, 它是指含有多个自变量且其每一项均是这些自变量的二次式的多项式. 如 $px^2 + 2bxy + qy^2$, $x^2 + 2xy + 3yz - xz + z^2$ 都是自变量 x, y 与 x, y, z 的二次型, 而 $3\cos^2\theta + 2\sin\theta\cos\theta + \sin^2\theta$ 可以认为是 $\cos\theta, \sin\theta$ 的二次型.

通过变量的线性变换将一个二次齐次多项式化简, 使它只含有关于新变量的平方项, 这类问题在很多实际问题中会遇到. 把这类问题一般化就是本章要讨论的 n 个变量的二次齐次多项式的化简问题.

本章先建立二次型的矩阵表示, 再利用矩阵理论研究二次型的性质和二次型的化简, 最后讨论正定二次型与正定矩阵.

5.5.1　二次型的矩阵表示

定义 5.5　含有 n 个变量 $x_1, x_2, \cdots, x_n$ 的二次齐次函数

$f(x_1, x_2, \cdots, x_n)$

$$=a_{11}x_1^2+a_{22}x_2^2+\cdots+a_{nn}x_n^2+2a_{12}x_1x_2+2a_{13}x_1x_3+\cdots+2a_{n-1,n}x_{n-1}x_n$$

称为**二次型** (quadratic form). ■

取 $a_{ji}=a_{ij}$, 则 $2a_{ij}x_ix_j=a_{ij}x_ix_j+a_{ji}x_jx_i$, 于是上式可写成

$$\begin{aligned}f=&a_{11}x_1^2+a_{12}x_1x_2+\cdots+a_{1n}x_1x_n\\&+a_{21}x_2x_1+a_{22}x_2^2+\cdots+a_{2n}x_2x_n\\&+\cdots\\&+a_{n1}x_nx_1+a_{n2}x_nx_2+\cdots+a_{nn}x_n^2=\sum_{i,j=1}^{n}a_{ij}x_ix_j.\end{aligned}$$

进一步, 该式可改写为

$$\begin{aligned}f=&x_1(a_{11}x_1+a_{12}x_2+\cdots+a_{1n}x_n)+x_2(a_{21}x_1+a_{22}x_2+\cdots+a_{2n}x_n)\\&+\cdots+x_n(a_{n1}x_1+a_{n2}x_2+\cdots+a_{nn}x_n).\end{aligned}$$

引入矩阵运算, 可以得到

$$\begin{aligned}f=&(x_1,x_2,\cdots,x_n)\begin{pmatrix}a_{11}x_1+a_{12}x_2+\cdots+a_{1n}x_n\\a_{21}x_1+a_{22}x_2+\cdots+a_{2n}x_n\\\cdots\cdots\\a_{n1}x_1+a_{n2}x_2+\cdots+a_{nn}x_n\end{pmatrix}\\=&(x_1,x_2,\cdots,x_n)\begin{pmatrix}a_{11}&a_{12}&\cdots&a_{1n}\\a_{21}&a_{22}&\cdots&a_{2n}\\\vdots&\vdots&&\vdots\\a_{n1}&a_{n2}&\cdots&a_{nn}\end{pmatrix}\begin{pmatrix}x_1\\x_2\\\vdots\\x_n\end{pmatrix}.\end{aligned}\tag{5.5}$$

若记

$$\boldsymbol{A}=\begin{pmatrix}a_{11}&a_{12}&\cdots&a_{1n}\\a_{21}&a_{22}&\cdots&a_{2n}\\\vdots&\vdots&&\vdots\\a_{n1}&a_{n2}&\cdots&a_{nn}\end{pmatrix},\quad\boldsymbol{x}=\begin{pmatrix}x_1\\x_2\\\vdots\\x_n\end{pmatrix},$$

则二次型可以记作

$$f=\boldsymbol{x}^{\mathrm{T}}\boldsymbol{A}\boldsymbol{x},\tag{5.6}$$

这就是二次型的矩阵表示, 其中对称矩阵 $\boldsymbol{A}$ 称为二次型 f 的矩阵, f 称为对称阵 $\boldsymbol{A}$ 的二次型, 对称阵 $\boldsymbol{A}$ 的秩称为二次型 f 的秩. 这样任给一个二次型, 就唯一地确定一个对称阵; 反之, 任给一个对称阵, 也可唯一地确定一个二次型, 二次型与对

称阵之间存在一一对应的关系. 当 a_{ij} 为复数时, f 称为复二次型; 当 a_{ij} 为实数时, f 称为实二次型, 本节只讨论实二次型.

例如, 二次型 $f=x^2+2y^2+3z^2+2xy+6xz$ 用矩阵表示出来就是

$$f=(x,y,z)\begin{pmatrix}1&1&3\\1&2&0\\3&0&3\end{pmatrix}\begin{pmatrix}x\\y\\z\end{pmatrix}.$$

再如, 材料力学中通常将应力和应变利用向量表示

$$\boldsymbol{\sigma}=\begin{pmatrix}\sigma_1\\\sigma_2\\\vdots\\\sigma_6\end{pmatrix},\quad \boldsymbol{\varepsilon}=\begin{pmatrix}\varepsilon_1\\\varepsilon_2\\\vdots\\\varepsilon_6\end{pmatrix},$$

各向异性材料的应变能密度函数的表达式为

$$\begin{aligned}W=\frac{1}{2}\sum_{i,j=1}^{6}C_{ij}\varepsilon_i\varepsilon_j=&\frac{1}{2}C_{11}\varepsilon_1^2+C_{12}\varepsilon_1\varepsilon_2+\cdots+C_{16}\varepsilon_1\varepsilon_6\\&+C_{21}\varepsilon_2\varepsilon_1+\frac{1}{2}C_{22}\varepsilon_2^2+\cdots+C_{26}\varepsilon_2\varepsilon_6\\&+\cdots+C_{61}\varepsilon_6\varepsilon_2+\cdots+\frac{1}{2}C_{66}\varepsilon_6^2.\end{aligned}$$

这是一个二次型, 其中 $C_{ij}=C_{ji}$, 可以表示为

$$W=\frac{1}{2}\boldsymbol{\varepsilon}^{\mathrm{T}}\boldsymbol{C}\boldsymbol{\varepsilon} \tag{5.7}$$

这里 $\boldsymbol{C}=(C_{ij})$ 称为材料的刚度系数矩阵, 对于应变能密度函数关于各应变分量求偏导数就得到各向异性材料的应力应变关系

$$\boldsymbol{\sigma}=\boldsymbol{C}\boldsymbol{\varepsilon}. \tag{5.8}$$

5.5.2 正交变换化二次型为标准形

如果考虑利用可逆的线性变换

$$\boldsymbol{x}=\boldsymbol{P}\boldsymbol{y}$$

或写成坐标形式

$$\begin{cases}x_1=p_{11}y_1+p_{12}y_2+\cdots+p_{1n}y_n,\\x_2=p_{21}y_1+p_{22}y_2+\cdots+p_{2n}y_n,\\\quad\cdots\cdots\\x_n=p_{n1}y_1+p_{n2}y_2+\cdots+p_{nn}y_n,\end{cases} \tag{5.9}$$

使二次型 $f(x_1, x_2, \cdots, x_n)$ 化成只含有新变量 $\boldsymbol{y}$ 的二次型, 得到

$$f = \boldsymbol{x}^{\mathrm{T}}\boldsymbol{A}\boldsymbol{x} = (\boldsymbol{P}\boldsymbol{y})^{\mathrm{T}}\boldsymbol{A}(\boldsymbol{P}\boldsymbol{y}) = \boldsymbol{y}^{\mathrm{T}}\boldsymbol{P}^{\mathrm{T}}\boldsymbol{A}\boldsymbol{P}\boldsymbol{y} = \boldsymbol{y}^{\mathrm{T}}(\boldsymbol{P}^{\mathrm{T}}\boldsymbol{A}\boldsymbol{P})\boldsymbol{y}.$$

为了方便引入下列概念.

定义 5.6 设 $\boldsymbol{A}$ 和 $\boldsymbol{B}$ 是 n 阶矩阵, 若有可逆矩阵 $\boldsymbol{P}$, 使 $\boldsymbol{B} = \boldsymbol{P}^{\mathrm{T}}\boldsymbol{A}\boldsymbol{P}$, 则称矩阵 $\boldsymbol{A}$ 与 $\boldsymbol{B}$**合同**(congruent). ■

显然, 若 $\boldsymbol{A}$ 为对称阵, 则矩阵 $\boldsymbol{B} = \boldsymbol{P}^{\mathrm{T}}\boldsymbol{A}\boldsymbol{P}$ 也对称, 由于 $\boldsymbol{P}$ 是可逆矩阵所以 $R(\boldsymbol{A}) = R(\boldsymbol{B})$.

事实上, 对于某一可逆矩阵 $\boldsymbol{C} = (c_{ij})$, 如果能够使得与 $\boldsymbol{A}$ 合同的矩阵 $\boldsymbol{C}^{\mathrm{T}}\boldsymbol{A}\boldsymbol{C}$ 成为对角矩阵, 即有

$$\begin{aligned} f =& \boldsymbol{x}^{\mathrm{T}}\boldsymbol{A}\boldsymbol{x} = \boldsymbol{y}^{\mathrm{T}}(\boldsymbol{C}^{\mathrm{T}}\boldsymbol{A}\boldsymbol{C})\boldsymbol{y} = (y_1,\ y_2,\ \cdots,\ y_n)\begin{pmatrix} k_1 & & & \\ & k_2 & & \\ & & \ddots & \\ & & & k_n \end{pmatrix}\begin{pmatrix} y_1 \\ y_2 \\ \vdots \\ y_n \end{pmatrix} \\ =& k_1y_1^2 + k_2y_2^2 + \cdots + k_ny_n^2. \end{aligned}$$

称可逆变换 $\boldsymbol{x} = \boldsymbol{C}\boldsymbol{y}$ 将二次型 f 化为如上式右端的标准形, 也称利用合同变换将二次型化为标准形. 对矩阵而言也称矩阵 $\boldsymbol{A}$ 合同于对角矩阵, 或对称阵 $\boldsymbol{A}$ 的合同对角化.

对于任何实对称阵 $\boldsymbol{A}$, 总有正交阵 $\boldsymbol{P}$, 使 $\boldsymbol{P}^{-1}\boldsymbol{A}\boldsymbol{P}$ 为对角矩阵, 将该结论应用于二次型, 即有以下结论,

定理 5.11 任给实二次型 $f = \sum\limits_{i,j=1}^{n} a_{ij}x_ix_j\ (a_{ij} = a_{ji})$, 总有正交变换 $\boldsymbol{x} = \boldsymbol{P}\boldsymbol{y}$, 使 f 化为标准形

$$f = \lambda_1y_1^2 + \lambda_2y_2^2 + \cdots + \lambda_ny_n^2, \tag{5.10}$$

其中 $\lambda_1, \lambda_2, \cdots, \lambda_n$ 是 f 的矩阵 $\boldsymbol{A} = (a_{ij})$ 的特征值. ■

例 1 求一个正交变换把二次型 $f = 2x_1^2 + 3x_2^2 + 3x_3^2 + 4x_2x_3$ 化为标准形.

解 二次型 f 的矩阵为

$$\boldsymbol{A} = \begin{pmatrix} 2 & 0 & 0 \\ 0 & 3 & 2 \\ 0 & 2 & 3 \end{pmatrix},$$

它的特征多项式为

$$|\boldsymbol{A}-\lambda\boldsymbol{E}|=\begin{vmatrix}2-\lambda & 0 & 0\\ 0 & 3-\lambda & 2\\ 0 & 2 & 3-\lambda\end{vmatrix}=(2-\lambda)\begin{vmatrix}3-\lambda & 2\\ 2 & 3-\lambda\end{vmatrix}$$
$$=(2-\lambda)(\lambda-1)(\lambda-5).$$

所以 $\boldsymbol{A}$ 的特征值为 $\lambda_1=1,\lambda_2=2,\lambda_3=5$.

对于特征值 $\lambda_1=1$, 解方程 $(\boldsymbol{A}-\boldsymbol{E})\boldsymbol{x}=\boldsymbol{0}$, 由

$$\boldsymbol{A}-\boldsymbol{E}=\begin{pmatrix}1 & 0 & 0\\ 0 & 2 & 2\\ 0 & 2 & 2\end{pmatrix}\longrightarrow\begin{pmatrix}1 & 0 & 0\\ 0 & 1 & 1\\ 0 & 0 & 0\end{pmatrix},$$

得单位特征向量 $\boldsymbol{p}_1=\dfrac{1}{\sqrt{2}}\begin{pmatrix}0\\ -1\\ 1\end{pmatrix}$;

对于特征值 $\lambda_2=2$, 解方程 $(\boldsymbol{A}-2\boldsymbol{E})\boldsymbol{x}=\boldsymbol{0}$, 由

$$\boldsymbol{A}-2\boldsymbol{E}=\begin{pmatrix}0 & 0 & 0\\ 0 & 1 & 2\\ 0 & 2 & 1\end{pmatrix}\longrightarrow\begin{pmatrix}0 & 1 & 0\\ 0 & 0 & 1\\ 0 & 0 & 0\end{pmatrix},$$

得单位特征向量 $\boldsymbol{p}_2=\begin{pmatrix}1\\ 0\\ 0\end{pmatrix}$;

对于特征值 $\lambda_3=5$, 解方程 $(\boldsymbol{A}-5\boldsymbol{E})\boldsymbol{x}=\boldsymbol{0}$, 由

$$\boldsymbol{A}-5\boldsymbol{E}=\begin{pmatrix}-3 & 0 & 0\\ 0 & -2 & 2\\ 0 & 2 & -2\end{pmatrix}\longrightarrow\begin{pmatrix}1 & 0 & 0\\ 0 & 1 & -1\\ 0 & 0 & 0\end{pmatrix},$$

得单位特征向量 $\boldsymbol{p}_3=\dfrac{1}{\sqrt{2}}\begin{pmatrix}0\\ 1\\ 1\end{pmatrix}$.

令 $\boldsymbol{P}=(\boldsymbol{p}_1,\boldsymbol{p}_2,\boldsymbol{p}_3)=\begin{pmatrix}0 & 1 & 0\\ -\dfrac{1}{\sqrt{2}} & 0 & \dfrac{1}{\sqrt{2}}\\ \dfrac{1}{\sqrt{2}} & 0 & \dfrac{1}{\sqrt{2}}\end{pmatrix}$, 那么 $\boldsymbol{P}$ 为正交矩阵, 正交变换 $\boldsymbol{x}=\boldsymbol{P}\boldsymbol{y}$ 可把 f 化为标准形 $f=y_1^2+2y_2^2+5y_3^2$. ■

一般地, 根据定理 5.11, 总有正交变换 $\boldsymbol{x}=\boldsymbol{P}\boldsymbol{y}$ 将二次型 $f(\boldsymbol{x})=\boldsymbol{x}^{\mathrm{T}}\boldsymbol{A}\boldsymbol{x}(\boldsymbol{A}^{\mathrm{T}}=\boldsymbol{A})$ 化为式 (5.10) 形式的标准形, 如果进一步令 $\boldsymbol{y}=\boldsymbol{K}\boldsymbol{z}$, 其中

$$\boldsymbol{K}=\begin{pmatrix} k_1 & & & \\ & k_2 & & \\ & & \ddots & \\ & & & k_n \end{pmatrix},\quad k_i=\begin{cases} \dfrac{1}{\sqrt{|\lambda_i|}}, & i \leqslant r(\boldsymbol{A}), \\ 1, & i > r(\boldsymbol{A}), \end{cases}$$

则可以把 $f(\boldsymbol{P}\boldsymbol{y})$ 进一步化简为

$$f(\boldsymbol{P}\boldsymbol{k}\boldsymbol{z})=\frac{\lambda_1}{|\lambda_1|}z_1^2+\cdots+\frac{\lambda_r}{|\lambda_r|}z_r^2,$$

即系数均为 1 或 -1, 其总数为二次型 f 的秩. 有时也称该式为二次型的规范形.

5.5.3 配方法化简二次型

正交变换化二次型为标准形, 具有保持几何形状不变的优点. 如果不限于正交变换, 应该还有别的方法 (相应地存在别的可逆矩阵) 化简二次型. 下面举例介绍初等数学中的配方法化二次型为标准形.

例 2 化下面二次型

$$f=x_1^2+4x_1x_2+2x_1x_3+3x_2^2+6x_2x_3+\frac{7}{2}x_3^2$$

为标准形, 并求所用的变换矩阵.

解 合并 x_1 项配方得

$$f=x_1^2+[x_1+(2x_2+x_3)]^2+3x_2^2+6x_2x_3+\frac{7}{2}x_3^2-(2x_2+x_3)^2,$$

合并 x_2 项配方得

$$\begin{aligned} f&=[x_1+(2x_2+x_3)]^2-x_2^2+2x_2x_3+\frac{5}{2}x_3^2 \\ &=[x_1+(2x_2+x_3)]^2-(x_2-x_3)^2+\frac{7}{2}x_3^2. \end{aligned}$$

令

$$\begin{cases} y_1=x_1+2x_2+x_3, \\ y_2=x_2-x_3, \\ y_3=x_3 \end{cases} \quad \text{或} \quad \begin{cases} x_1=y_1-2y_2-3y_3, \\ x_2=y_2+y_3, \\ x_3=y_3, \end{cases}$$

则将该二次型化为

$$f=y_1^2-y_2^2+\frac{7}{2}y_3^2$$

所用的矩阵为

$$C = \begin{pmatrix} 1 & -2 & -3 \\ 0 & 1 & 1 \\ 0 & 0 & 1 \end{pmatrix}.$$

事实上, 一般的一个二次型, 都可以按上述方法化简成为标准形. 如果利用正交变换把它化成标准形, 其结果为

$$f = y_1^2 + 7y_2^2 - \frac{1}{2}y_3^2.$$ ■

5.5.4　正定二次型

由 5.5.2-5.5.3 节讨论可知二次型的标准形并不唯一, 但是标准形中所含的项数是确定的, 而且对于实变换标准形中正 (负) 系数的个数是不变的.

定理 5.12(惯性定理)　设有二次型 $f = \boldsymbol{x}^{\mathrm{T}}\boldsymbol{A}\boldsymbol{x}$, 它的秩为 r, 有两个可逆变换

$$\boldsymbol{x} = \boldsymbol{C}\boldsymbol{y} \text{ 及 } \boldsymbol{x} = \boldsymbol{P}\boldsymbol{z},$$

使

$$f = k_1y_1^2 + k_2y_2^2 + \cdots + k_ry_r^2 \quad (k_i \neq 0),$$

以及

$$f = \lambda_1z_1^2 + \lambda_2z_2^2 + \cdots + \lambda_rz_r^2 \quad (\lambda_i \neq 0),$$

则 $k_1, \cdots, k_r$ 中正数的个数与 $\lambda_1, \cdots, \lambda_r$ 中正数的个数相等.

证明　略去. ■

二次型标准形中正 (负) 系数的个数称为二次型的正 (负) 惯性指数. 若二次型的正惯性指数为 p, 秩为 r, 一般有 $p \leqslant r$, 如果 $p = r = n$ 的情况出现, 这种特殊情况时有意义的.

定义 5.7　设有二次型 $f = \boldsymbol{x}^{\mathrm{T}}\boldsymbol{A}\boldsymbol{x}$, 如果对于任何 $\boldsymbol{x} \neq \boldsymbol{0}$, 都有 $f(\boldsymbol{x}) > 0$(显然 $f(\boldsymbol{0}) = 0$), 则称 f 为正定二次型, 并称对称阵 $\boldsymbol{A}$ **是正定的** (positive definite); 如果对于任何 $\boldsymbol{x} \neq \boldsymbol{0}$, 都有 $f(\boldsymbol{x}) < 0$, 则称 f 为负定二次型, 并称对称阵 $\boldsymbol{A}$ **是负定的**(negative definite). ■

例如, 关于 x, y 的二次型 x^2+3y^2 为正定的, 但是关于 x, y, z 的二次型 x^2+3y^2 就不是正定的.

定理 5.13　n 元二次型 $f = \boldsymbol{x}^{\mathrm{T}}\boldsymbol{A}\boldsymbol{x}$ 为正定的充分必要条件是它的标准形的 n 个系数全为正, 即它的正惯性指数等于 n.

证明　设可逆变换 $\boldsymbol{x} = \boldsymbol{C}\boldsymbol{y}$ 使

$$f(\boldsymbol{x}) = f(\boldsymbol{C}\boldsymbol{y}) = \sum_{i=1}^{n} k_iy_i^2.$$

先证充分性. 设 $k_i > 0(i=1,\cdots,n)$. 任给 $\boldsymbol{x} \neq \mathbf{0}$, 则 $\boldsymbol{y} = \boldsymbol{C}^{-1}\boldsymbol{x} \neq \mathbf{0}$, 所以

$$f(\boldsymbol{x}) = \sum_{i=1}^{n} k_i y_i^2 > 0.$$

再用反证法证必要性. 假设存在一个 $s \in \{1,2,\cdots,n\}$, 而且 $k_s \leqslant 0$. 取 $y = \boldsymbol{e}_s = (0,\cdots,1,\cdots,0)^{\mathrm{T}}$, 显然 $\boldsymbol{C}\boldsymbol{e}_s \neq 0$, 那么

$$0 < f(\boldsymbol{C}\boldsymbol{e}_s) = k_s \leqslant 0$$

与 f 正定矛盾, 所以 $k_i > 0(i=1,\cdots,n)$. ■

推论 5.2 实对称矩阵 $\boldsymbol{A}$ 为正定的充分必要条件是 $\boldsymbol{A}$ 的特征值全为正. ■

推论 5.3 实对称矩阵 $\boldsymbol{A}$ 为正定当且仅当 $\boldsymbol{A}^{-1}$ 正定. ■

根据推论 5.2 判定二次型或矩阵是否正定, 要求出全部特征值, 这在实际中往往难以实现. 下面的结论给出了以矩阵的元素判定该矩阵是否为正定的判定条件, 该定理以数学家霍尔维茨 (A. Hurwitz, 1859—1919) 的名字命名, 在实际应用, 如自动控制原理、信号与系统等学科中发挥极大的作用.

定理 5.14(霍尔维茨定理) 对称阵 $\boldsymbol{A}$ 为正定的充分必要条件是 $\boldsymbol{A}$ 的各阶主子式都为正, 即

$$a_{11} > 0, \quad \begin{vmatrix} a_{11} & a_{12} \\ a_{21} & a_{22} \end{vmatrix} > 0, \cdots, \quad \begin{vmatrix} a_{11} & \cdots & a_{1n} \\ \vdots & & \vdots \\ a_{n1} & \cdots & a_{nn} \end{vmatrix} > 0; \tag{5.11}$$

对称阵 $\boldsymbol{A}$ 为负定的充分必要条件是: 奇数阶主子式为负, 而偶数阶主子式为正, 即

$$(-1)^r \begin{vmatrix} a_{11} & \cdots & a_{1r} \\ \vdots & & \vdots \\ a_{r1} & \cdots & a_{rr} \end{vmatrix} > 0 \quad (r = 1,2,\cdots,n). \tag{5.12}$$

证明 略. ■

例 3 判断下列二次型的正定性:

(1) $f = -2x_1^2 - 6x_2^2 - 4x_3^2 + 2x_1x_2 + 2x_1x_3$;

(2) $f = x_1^2 + 3x_2^2 + 9x_3^2 - 2x_1x_2 + 4x_1x_3$.

解 (1) 二次型 f 的矩阵 $\boldsymbol{A}=\begin{pmatrix}-2 & 1 & 1\\ 1 & -6 & 0\\ 1 & 0 & -4\end{pmatrix}$, 它的一、二、三阶主子式

$$-2<0,\quad \begin{vmatrix}-2 & 1\\ 1 & -6\end{vmatrix}=11>0,\quad \begin{vmatrix}-2 & 1 & 1\\ 1 & -6 & 0\\ 1 & 0 & -4\end{vmatrix}=-38<0,$$

奇数阶主子式为负, 偶数阶主子式为正, 该二次型为负定的.

(2) 二次型 f 的矩阵 $\boldsymbol{A}=\begin{pmatrix}1 & -1 & 2\\ -1 & 3 & 0\\ 2 & 0 & 9\end{pmatrix}$, 它的一、二、三阶主子式

$$1>0,\quad \begin{vmatrix}1 & -1\\ -1 & 3\end{vmatrix}=2>0,\quad \begin{vmatrix}1 & -1 & 2\\ -1 & 3 & 0\\ 2 & 0 & 9\end{vmatrix}=6>0,$$

各阶主子式都为正, 所以 f 为正定二次型. ■

5.5.5 二次型的几何应用

在解析几何中, 通过选取适当的坐标旋转变换

$$\begin{cases} x=x'\cos\theta-y'\sin\theta,\\ y=x'\sin\theta+y'\cos\theta,\end{cases}$$

把二次曲线

$$ax^2+bxy+cy^2=1$$

转化为不含混合项 xy 的标准方程

$$mx'^2+ny'^2=1,$$

这为判断曲线的类型提供了方便. 在几何中正交变换具有不改变图形中点的相对位置、保持距离不变的特点. 通常在几何中可以借助于把二次型化成标准形, 通过对标准形的研究来研究曲面本身的性质, 本段举例说明如何运用二次型的标准形来判断二次曲面的形状.

例 4 求一个正交变换把二次曲面的方程 $3x^2+5y^2+5z^2+4xy-4xz-10yz=1$ 化成标准形, 并判断该方程代表什么曲面.

解 记二次曲面 $f=1$, 则 f 为二次型, 它的矩阵为

$$\boldsymbol{A}=\begin{pmatrix}3&2&-2\\2&5&-5\\-2&-5&5\end{pmatrix},$$

求特征多项式为

$$|\boldsymbol{A}-\lambda\boldsymbol{E}|=\begin{vmatrix}3-\lambda&2&-2\\2&5-\lambda&-5\\-2&-5&5-\lambda\end{vmatrix}=-\lambda(\lambda-2)(\lambda-11),$$

所以 $\boldsymbol{A}$ 的特征值为 $\lambda_1=0,\lambda_2=2,\lambda_3=11$. 由方程 $(\boldsymbol{A}-\lambda_i\boldsymbol{E})\boldsymbol{x}=\boldsymbol{0}$, 得出对应于各特征值的特征向量分别为

$$\lambda_1=0,\ \boldsymbol{p}_1=\begin{pmatrix}0\\\frac{1}{\sqrt{2}}\\\frac{1}{\sqrt{2}}\end{pmatrix};\lambda_2=2,\ \boldsymbol{p}_2=\begin{pmatrix}\frac{4}{3\sqrt{2}}\\\frac{-1}{3\sqrt{2}}\\\frac{1}{3\sqrt{2}}\end{pmatrix};\lambda_3=11,\ \boldsymbol{p}_2=\begin{pmatrix}\frac{1}{3}\\\frac{2}{3}\\\frac{-2}{3}\end{pmatrix}.$$

那么, 所求正交变换为

$$\begin{pmatrix}x\\y\\z\end{pmatrix}=\boldsymbol{P}\begin{pmatrix}u\\v\\w\end{pmatrix},\quad \boldsymbol{P}=(\boldsymbol{p}_1,\boldsymbol{p}_2,\boldsymbol{p}_3)=\begin{pmatrix}0&\frac{4}{3\sqrt{2}}&\frac{1}{3}\\\frac{1}{\sqrt{2}}&\frac{-1}{3\sqrt{2}}&\frac{2}{3}\\\frac{1}{\sqrt{2}}&\frac{1}{3\sqrt{2}}&\frac{-2}{3}\end{pmatrix}.$$

在此变换下, 二次曲面的方程化为标准方程 $2v^2+11w^2=1$, 该曲面为椭圆柱面. ■

例 5 计算二次曲面 $2x_1^2+3x_2^2+3x_3^2+4x_2x_3-1=0$ 所围成图形的体积.

解 记二次型 $f=2x_1^2+3x_2^2+3x_3^2+4x_2x_3$, 利用正交变换将二次型化为标准形 $f=y_1^2+2y_2^2+5y_3^2$(详见例 1), 则原二次曲面化为 $y_1^2+2y_2^2+5y_3^2=1$, 它表示椭球面, 根据椭球体积公式得所求体积为

$$V=\frac{4}{3}\pi abc=\frac{4}{3}\pi\cdot 1\cdot\frac{1}{\sqrt{2}}\cdot\frac{1}{\sqrt{5}}=\frac{2\sqrt{10}}{15}\pi.$$ ■

5.6　矩阵的应用 (二)

5.6.1　矩阵在力学中的应用 (二)

1. 应力在不同坐标系下的转换公式

为讨论应力在不同坐标系下的转换公式, 先讨论一般情况下空间坐标的变换.

(1) 空间坐标的变换公式　设两个直角坐标系 x_1, x_2, x_3 和 z_1, z_2, z_3 的原点重合, 且坐标轴 x_i 与 z_k 夹角的方向余弦记为 $\gamma_{ki}(k, i = 1, 2, 3)$, 则有

$$\begin{pmatrix} z_1 \\ z_2 \\ z_3 \end{pmatrix} = \begin{pmatrix} \gamma_{11} & \gamma_{12} & \gamma_{13} \\ \gamma_{21} & \gamma_{22} & \gamma_{23} \\ \gamma_{31} & \gamma_{32} & \gamma_{33} \end{pmatrix} \begin{pmatrix} x_1 \\ x_2 \\ x_3 \end{pmatrix}.$$

一般坐标变换公式在第 4 章 (公式 (4.8)) 以及本章 (公式 (5.9)) 均有论及, 这里借助几何向量给出证明. 事实上, 设坐标系 x_1, x_2, x_3 和 z_1, z_2, z_3 的单位坐标向量分别为 $\boldsymbol{e}_1, \boldsymbol{e}_2, \boldsymbol{e}_3$ 和 $\boldsymbol{\varepsilon}_1, \boldsymbol{\varepsilon}_2, \boldsymbol{\varepsilon}_3$, 那么对于任意一个向量 $\boldsymbol{\alpha}$ 有

$$\boldsymbol{\alpha} = x_1\boldsymbol{e}_1 + x_2\boldsymbol{e}_2 + x_3\boldsymbol{e}_3 = z_1\boldsymbol{\varepsilon}_1 + z_2\boldsymbol{\varepsilon}_2 + z_3\boldsymbol{\varepsilon}_3.$$

根据几何向量的性质, 用 $\boldsymbol{\varepsilon}_1, \boldsymbol{\varepsilon}_2, \boldsymbol{\varepsilon}_3$ 分别点乘上式两端, 则有

$$z_i = z_i\boldsymbol{\varepsilon}_i \cdot \boldsymbol{\varepsilon}_i = x_1\boldsymbol{e}_1 \cdot \boldsymbol{\varepsilon}_i + x_2\boldsymbol{e}_2 \cdot \boldsymbol{\varepsilon}_i + x_3\boldsymbol{e}_3 \cdot \boldsymbol{\varepsilon}_i, \quad i = 1, 2, 3.$$

$\boldsymbol{e}_i$ 与 $\boldsymbol{\varepsilon}_k$ 的点积就是坐标轴 x_i 与 z_k 夹角的方向余弦, 再将上式写成矩阵形式即可.

需要指出的是这个坐标转换公式中的矩阵 (γ_{ij}) 具有特殊的性质, 即其转置矩阵与它的乘积是单位矩阵, 即**正交矩阵**(orthogonal matrix). 事实上, 通过同样的讨论可以得到

$$\begin{pmatrix} x_1 \\ x_2 \\ x_3 \end{pmatrix} = \begin{pmatrix} \beta_{11} & \beta_{12} & \beta_{13} \\ \beta_{21} & \beta_{22} & \beta_{23} \\ \beta_{31} & \beta_{32} & \beta_{33} \end{pmatrix} \begin{pmatrix} z_1 \\ z_2 \\ z_3 \end{pmatrix},$$

这里 β_{ij} 是 $\boldsymbol{\varepsilon}_i$ 与 $\boldsymbol{e}_j$ 的点积, 即坐标轴 x_j 与 z_i 夹角的方向余弦, 从而 $\beta_{ii} = \gamma_{ii}$ $(i = 1, 2, 3)$, 以及 $\beta_{ij} = \gamma_{ji}$ $(i, j = 1, 2, 3)$. 此外, 结合两式得到

$$\begin{pmatrix} \beta_{11} & \beta_{12} & \beta_{13} \\ \beta_{21} & \beta_{22} & \beta_{23} \\ \beta_{31} & \beta_{32} & \beta_{33} \end{pmatrix} \begin{pmatrix} \gamma_{11} & \gamma_{12} & \gamma_{13} \\ \gamma_{21} & \gamma_{22} & \gamma_{23} \\ \gamma_{31} & \gamma_{32} & \gamma_{33} \end{pmatrix} = \begin{pmatrix} 1 & 0 & 0 \\ 0 & 1 & 0 \\ 0 & 0 & 1 \end{pmatrix}.$$

因此矩阵 (γ_{ij}) 是正交矩阵. 进一步, 坐标系 z_1, z_2, z_3 中的单位坐标向量 $\boldsymbol{\varepsilon}_1, \boldsymbol{\varepsilon}_2, \boldsymbol{\varepsilon}_3$ 在坐标系 x_1, x_2, x_3 中可以表示为

$$\boldsymbol{\varepsilon}_i = \beta_{i1}\boldsymbol{e}_1 + \beta_{i2}\boldsymbol{e}_2 + \beta_{i3}\boldsymbol{e}_3 \quad (i = 1, 2, 3).$$

(2) 应力在不同坐标系下的转换公式　现在考虑坐标系转换时, 各应力分量如何表示的问题. 利用柯西公式 (2.16) 可以讨论坐标系转换时应力分量的变化. 设 τ_{ij} 是直角坐标系 x_1, x_2, x_3 中的应力分量, 我们关心在另一同原点直角坐标系 z_1, z_2, z_3 中的应力分量 τ_{ij}^z. 首先将柯西公式中向量为 $\boldsymbol{\nu}$ 的分量分别替换为新坐标系 z_1, z_2, z_3 中的单位坐标向量 $\boldsymbol{\varepsilon}_1, \boldsymbol{\varepsilon}_2, \boldsymbol{\varepsilon}_3$, 并考虑坐标转换公式有

$$\overset{\boldsymbol{\varepsilon}_k}{T}_i = \beta_{k1}\tau_{1i} + \beta_{k2}\tau_{2i} + \beta_{k3}\tau_{3i},$$

即

$$\begin{pmatrix} \overset{\boldsymbol{\varepsilon}_k}{T}_1 \\ \overset{\boldsymbol{\varepsilon}_k}{T}_2 \\ \overset{\boldsymbol{\varepsilon}_k}{T}_3 \end{pmatrix} = \begin{pmatrix} \tau_{11} & \tau_{21} & \tau_{31} \\ \tau_{12} & \tau_{22} & \tau_{32} \\ \tau_{13} & \tau_{23} & \tau_{33} \end{pmatrix} \begin{pmatrix} \beta_{k1} \\ \beta_{k2} \\ \beta_{k3} \end{pmatrix},$$

这是作用在坐标系 z_1, z_2, z_3 中坐标面上的应力分量, 由于其方向与坐标向量并不一致, 所以还应该将它们投影到各个方向 $\boldsymbol{\varepsilon}_1, \boldsymbol{\varepsilon}_2, \boldsymbol{\varepsilon}_3$ 上, 才可以得到 τ_{ij}^z, 这样就有

$$\begin{aligned} \tau_{km}^z &= \overset{\boldsymbol{\varepsilon}_k}{T}_1 \beta_{m1} + \overset{\boldsymbol{\varepsilon}_k}{T}_2 \beta_{m2} + \overset{\boldsymbol{\varepsilon}_k}{T}_3 \beta_{m3} = (\beta_{m1}, \beta_{m2}, \beta_{m3}) \begin{pmatrix} \overset{\boldsymbol{\varepsilon}_k}{T}_1 \\ \overset{\boldsymbol{\varepsilon}_k}{T}_1 \\ \overset{\boldsymbol{\varepsilon}_k}{T}_1 \end{pmatrix} \\ &= (\beta_{m1}, \beta_{m2}, \beta_{m3}) \begin{pmatrix} \tau_{11} & \tau_{21} & \tau_{31} \\ \tau_{12} & \tau_{22} & \tau_{32} \\ \tau_{13} & \tau_{23} & \tau_{33} \end{pmatrix} \begin{pmatrix} \beta_{k1} \\ \beta_{k2} \\ \beta_{k3} \end{pmatrix}, \quad k, m = 1, 2, 3. \end{aligned}$$

也可以写成如下矩阵形式

$$\begin{aligned} &\begin{pmatrix} \tau_{11}^z & \tau_{21}^z & \tau_{31}^z \\ \tau_{12}^z & \tau_{22}^z & \tau_{32}^z \\ \tau_{13}^z & \tau_{23}^z & \tau_{33}^z \end{pmatrix} \\ = &\begin{pmatrix} \beta_{11} & \beta_{12} & \beta_{13} \\ \beta_{21} & \beta_{22} & \beta_{23} \\ \beta_{31} & \beta_{32} & \beta_{33} \end{pmatrix} \begin{pmatrix} \tau_{11} & \tau_{21} & \tau_{31} \\ \tau_{12} & \tau_{22} & \tau_{32} \\ \tau_{13} & \tau_{23} & \tau_{33} \end{pmatrix} \begin{pmatrix} \beta_{11} & \beta_{21} & \beta_{31} \\ \beta_{12} & \beta_{22} & \beta_{32} \\ \beta_{13} & \beta_{23} & \beta_{33} \end{pmatrix}. \end{aligned} \tag{5.13}$$

2. 主应力与主轴

在一般应力状态中, 作用在法向量为 $\boldsymbol{\nu}$ 的平面上的应力与 $\boldsymbol{\nu}$ 的方向有关. 在物体内给定的点处, 应力向量与法线 $\boldsymbol{\nu}$ 的夹角随平面的方向变化而变化. 利用线性代数的理论可以证明: 总可以找到这样方向的平面, 使得应力向量正好与其相垂直. 事实上, 物体内任意一点处至少存在有三个相互正交的平面能满足这一要求. 这样的平面称为**主平面**(principal plane), 法线称为**主轴**(principal axes), 作用在主平面上的正应力称为**主应力**(principal stress).

下面对主平面存在性给以说明. 设 $\boldsymbol{\nu}$ 为沿主轴方向的单位向量, σ 为相应的主应力. 这样在直角坐标系 x_1, x_2, x_3 中, 作用在与 $\boldsymbol{\nu}$ 垂直的平面上的应力具有分量 $\sigma\nu_1, \sigma\nu_2, \sigma\nu_3$. 另一方面, 这同一向量可以由表达式 $\tau_{1i}\nu_1 + \tau_{2i}\nu_2 + \tau_{3i}\nu_3$ $(i = 1, 2, 3)$ 给出, 因此有

$$\begin{pmatrix} \sigma\nu_1 \\ \sigma\nu_2 \\ \sigma\nu_2 \end{pmatrix} = \begin{pmatrix} \tau_{11}\nu_1 + \tau_{21}\nu_2 + \tau_{31}\nu_3 \\ \tau_{12}\nu_1 + \tau_{22}\nu_2 + \tau_{32}\nu_3 \\ \tau_{13}\nu_1 + \tau_{23}\nu_2 + \tau_{33}\nu_3 \end{pmatrix} = \begin{pmatrix} \tau_{11} & \tau_{21} & \tau_{31} \\ \tau_{12} & \tau_{22} & \tau_{32} \\ \tau_{13} & \tau_{23} & \tau_{33} \end{pmatrix} \begin{pmatrix} \nu_1 \\ \nu_2 \\ \nu_2 \end{pmatrix},$$

即 $\begin{pmatrix} \nu_1 \\ \nu_2 \\ \nu_2 \end{pmatrix}$ 为矩阵 $\begin{pmatrix} \tau_{11} & \tau_{21} & \tau_{31} \\ \tau_{12} & \tau_{22} & \tau_{32} \\ \tau_{13} & \tau_{23} & \tau_{33} \end{pmatrix}$ 的属于特征值 σ 的特征向量. 可以证明矩阵 $\begin{pmatrix} \tau_{11} & \tau_{21} & \tau_{31} \\ \tau_{12} & \tau_{22} & \tau_{32} \\ \tau_{13} & \tau_{23} & \tau_{33} \end{pmatrix}$ 为对称矩阵. 根据实对称矩阵一定可以对角化的结论, 从公式 (5.13) 可以看出, 只要适当选择坐标系 z_1, z_2, z_3, 如使对称矩阵 $\begin{pmatrix} \tau_{11} & \tau_{21} & \tau_{31} \\ \tau_{12} & \tau_{22} & \tau_{32} \\ \tau_{13} & \tau_{23} & \tau_{33} \end{pmatrix}$ 对角化的正交矩阵 $\boldsymbol{P}$, 就可以得到

$$\begin{pmatrix} \tau_{11}^z & \tau_{21}^z & \tau_{31}^z \\ \tau_{12}^z & \tau_{22}^z & \tau_{32}^z \\ \tau_{13}^z & \tau_{23}^z & \tau_{33}^z \end{pmatrix} = \boldsymbol{P}^{\mathrm{T}} \begin{pmatrix} \tau_{11} & \tau_{21} & \tau_{31} \\ \tau_{12} & \tau_{22} & \tau_{32} \\ \tau_{13} & \tau_{23} & \tau_{33} \end{pmatrix} \boldsymbol{P} = \begin{pmatrix} \sigma_1 & 0 & 0 \\ 0 & \sigma_2 & 0 \\ 0 & 0 & \sigma_3 \end{pmatrix}.$$

因此, 对于给定的应力分量矩阵 $\begin{pmatrix} \tau_{11} & \tau_{21} & \tau_{31} \\ \tau_{12} & \tau_{22} & \tau_{32} \\ \tau_{13} & \tau_{23} & \tau_{33} \end{pmatrix}$ 一定存在三个主平面, 三个主平面也相互垂直 (证明略).

例 1 在直角坐标系 x_1, x_2, x_3 中, 物体内一点处的应力具有应力分量 $\begin{pmatrix} 1 & 0 & -1 \\ 0 & -1 & 0 \\ -1 & 0 & 1 \end{pmatrix}$, 求主应力的值.

解 主应力的值就是应力分量矩阵的特征值,

$$\begin{vmatrix} \lambda-1 & 0 & 1 \\ 0 & \lambda+1 & 0 \\ 1 & 0 & \lambda-1 \end{vmatrix} = (\lambda+1)(\lambda^2-2\lambda).$$

因此主应力的值分别为 0, 2, −1. ■

例 2 在直角坐标系 x_1, x_2, x_3 中, 物体内一点处的应力具有应力分量 $\begin{pmatrix} 3 & 1 & 1 \\ 1 & 0 & 2 \\ 1 & 2 & 0 \end{pmatrix}$, 求主应力的值和主轴.

解 主应力的值就是应力分量矩阵的特征值, 主轴就是应力分量矩阵的特征方向,

$$\begin{vmatrix} \lambda-3 & -1 & -1 \\ -1 & \lambda & -2 \\ -1 & -2 & \lambda \end{vmatrix} = (\lambda+2)(\lambda-1)(\lambda-4).$$

因此主应力的值分别为 −2, 1, 4. 对于 $\lambda_1=-2$ 解方程组

$$\begin{pmatrix} -2-3 & -1 & -1 \\ -1 & -2 & -2 \\ -1 & -2 & -2 \end{pmatrix}\begin{pmatrix} x_1 \\ x_2 \\ x_3 \end{pmatrix} = \begin{pmatrix} 0 \\ 0 \\ 0 \end{pmatrix},$$

得到向量 $\begin{pmatrix} x_1 \\ x_2 \\ x_3 \end{pmatrix} = \begin{pmatrix} 0 \\ 1 \\ -1 \end{pmatrix}$, 单位化得到 $\dfrac{\sqrt{2}}{2}\begin{pmatrix} 0 \\ 1 \\ -1 \end{pmatrix}$; 对于 $\lambda_2=1$ 解方程组

$$\begin{pmatrix} 1-3 & -1 & -1 \\ -1 & 1 & -2 \\ -1 & -2 & 1 \end{pmatrix}\begin{pmatrix} x_1 \\ x_2 \\ x_3 \end{pmatrix} = \begin{pmatrix} 0 \\ 0 \\ 0 \end{pmatrix},$$

得到向量 $\begin{pmatrix} x_1 \\ x_2 \\ x_3 \end{pmatrix} = \begin{pmatrix} -1 \\ 1 \\ 1 \end{pmatrix}$, 单位化得到 $\dfrac{\sqrt{3}}{3}\begin{pmatrix} -1 \\ 1 \\ 1 \end{pmatrix}$; 对于 $\lambda_3 = 4$ 解方程组

$$\begin{pmatrix} 4-3 & -1 & -1 \\ -1 & 4 & -2 \\ -1 & -2 & 4 \end{pmatrix}\begin{pmatrix} x_1 \\ x_2 \\ x_3 \end{pmatrix} = \begin{pmatrix} 0 \\ 0 \\ 0 \end{pmatrix},$$

得到向量 $\begin{pmatrix} x_1 \\ x_2 \\ x_3 \end{pmatrix} = \begin{pmatrix} 2 \\ 1 \\ 1 \end{pmatrix}$, 单位化得到 $\dfrac{\sqrt{6}}{6}\begin{pmatrix} 2 \\ 1 \\ 1 \end{pmatrix}$.

因此主应力的值分别为 $-2, 1, 4$, 主轴分别是

$$\frac{\sqrt{2}}{2}\begin{pmatrix} 0 \\ 1 \\ -1 \end{pmatrix}, \quad \frac{\sqrt{3}}{3}\begin{pmatrix} -1 \\ 1 \\ 1 \end{pmatrix}, \quad \frac{\sqrt{6}}{6}\begin{pmatrix} 2 \\ 1 \\ 1 \end{pmatrix}.$$ ■

5.6.2 矩阵在生物中的应用举例

1. 常染色体遗传模型

为了揭示生命的奥秘, 遗传学的研究已引起了人们的广泛兴趣. 动植物在产生下一代的过程中, 总是将自己的特征遗传给下一代, 从而完成一种 “生命的延续”.

在常染色体遗传中, 后代从每个亲体的基因对中各继承一个基因, 形成自己的基因对. 人类眼睛颜色即是通过常染色体控制的, 其特征遗传由两个基因 A 和 a 控制. 基因对是 AA 和 Aa 的人, 眼睛是棕色, 基因对是 aa 的人, 眼睛为蓝色. 由于 AA 和 Aa 都表示了同一外部特征, 或认为基因 A 支配 a, 也可认为基因 a 对于基因 A 是隐性的 (或称 A 为显性基因, a 为隐性基因).

下面考虑家系常染色体遗传问题.

假设 $a_n, b_n, c_n (n = 0, 1, 2, \cdots)$ 分别代表第 n 代基因型为 AA, Aa 和 aa 的数量占该家系总数的百分率, 令 $\boldsymbol{x}^{(n)} = (a_n, b_n, c_n)^{\mathrm{T}}$ 为第 n 代基因分布, $\boldsymbol{x}^{(0)} = (a_0, b_0, c_0)^{\mathrm{T}}$ 表示基因型的初始分布, 显然, 有

$$a_0 + b_0 + c_0 = 1.$$

先考虑第 n 代中的 AA 型, 第 $n-1$ 代 AA 型与 AA 型相结合, 后代全部是 AA 型; 第 $n-1$ 代的 Aa 型与 AA 相结合, 后代是 AA 型的可能性为 0.5; 第 $n-1$ 代的 aa 型与 AA 型相结合, 后代不可能是 AA 型. 因此, 有

$$a_n = 1 \cdot a_{n-1} + 0.5 b_{n-1} + 0 \cdot c_{n-1}.$$

同理, 有

$$b_n = 0.5b_{n-1} + c_{n-1}, \quad c_n = 0.$$

利用矩阵表示这三式, 即

$$\begin{pmatrix} a_n \\ b_n \\ c_n \end{pmatrix} = \begin{pmatrix} 1 & 0.5 & 0 \\ 0 & 0.5 & 1 \\ 0 & 0 & 0 \end{pmatrix} \begin{pmatrix} a_{n-1} \\ b_{n-1} \\ c_{n-1} \end{pmatrix}, \quad \text{或 } \boldsymbol{x}^{(n)} = \boldsymbol{M}\boldsymbol{x}^{(n-1)}, \quad n = 1, 2, \cdots.$$

进一步得到递推式

$$\boldsymbol{x}^{(n)} = \boldsymbol{M}\boldsymbol{x}^{(n-1)} = \boldsymbol{M}^2\boldsymbol{x}^{(n-1)} = \cdots = \boldsymbol{M}^n\boldsymbol{x}^{(0)},$$

该式即为第 n 代基因分布与初始分布的关系.

此外, 显然有

$$a_n + b_n + c_n = a_{n-1} + b_{n-1} + c_{n-1}.$$

因此易得

$$a_n + b_n + c_n = 1.$$

下面计算 $\boldsymbol{M}^n$. 如果对矩阵 $\boldsymbol{M}$ 而言存在可逆矩阵 $\boldsymbol{P}$ 和对角阵 $\boldsymbol{D}$, 使得

$$\boldsymbol{M} = \boldsymbol{P}\boldsymbol{D}\boldsymbol{P}^{-1},$$

这样便有

$$\boldsymbol{x}^{(n)} = (\boldsymbol{P}\boldsymbol{D}\boldsymbol{P}^{-1})^n\boldsymbol{x}^{(0)} = \boldsymbol{P}\boldsymbol{D}^n\boldsymbol{P}^{(-1)}\boldsymbol{x}^{(0)}.$$

事实上, 可以求得

$$\boldsymbol{D} = \begin{pmatrix} 1 & 0 & 0 \\ 0 & 0.5 & 0 \\ 0 & 0 & 0 \end{pmatrix}, \quad \boldsymbol{P} = \boldsymbol{P}^{-1} = \begin{pmatrix} 1 & 1 & 1 \\ 0 & -1 & -2 \\ 0 & 0 & 1 \end{pmatrix}.$$

因此

$$\boldsymbol{M}^n\boldsymbol{x}^{(0)} = \begin{pmatrix} 1 & 1 & 1 \\ 0 & -1 & -2 \\ 0 & 0 & 1 \end{pmatrix} \begin{pmatrix} 1 & 0 & 0 \\ 0 & 0.5^n & 0 \\ 0 & 0 & 0 \end{pmatrix} \begin{pmatrix} 1 & 1 & 1 \\ 0 & -1 & -2 \\ 0 & 0 & 1 \end{pmatrix} \begin{pmatrix} a_0 \\ b_0 \\ c_0 \end{pmatrix}$$

$$= \begin{pmatrix} a_0 + b_0 + c_0 - 0.5^n b_0 - 0.5^{n-1} c_0 \\ 0.5^n b_0 + 0.5^{n-1} c_0 \\ 0 \end{pmatrix} = \begin{pmatrix} 1 - 0.5^n b_0 - 0.5^{n-1} c_0 \\ 0.5^n b_0 + 0.5^{n-1} c_0 \\ 0 \end{pmatrix}.$$

最终有

$$\begin{cases} a_n = 1 - 0.5^n b_0 - 0.5^{n-1} c_0, \\ b_n = 0.5^n b_0 + 0.5^{n-1} c_0, \\ c_n = 0. \end{cases}$$

显然, 当 $n \to +\infty$ 时, 由上述三式, 得到

$$a_n \to 1, \quad b_n \to 0, \quad c_n \to 0.$$

这说明在足够长的时间后, 后代基本上呈现 AA 型.

通过本问题的讨论, 可以对遗传分布有一个具体的了解, 同时这个结果也验证了生物学中的一个重要结论: 显性基因多次遗传后占主导因素, 这也是称它为显性的原因. 这是遗传学中在哈德尔–温伯格 (Hardy-Weinberg) 原理前提下的一些描述.

2. 兔子繁殖问题

例 3(递推数列的极限)　设按下述规则构造一个数列, $a_0 = 0, a_1 = 1, a_2 = \frac{1}{2}(a_0 + a_1) = \frac{1}{2}$, 如此有 $a_{n+2} = \frac{1}{2}(a_n + a_{n+1})$, 问当 $n \to \infty$ 时 a_n 是否有极限, 如有求出其极限.

解　根据题设有

$$\boldsymbol{U}_{n+1} = \begin{pmatrix} a_n \\ a_{n+1} \end{pmatrix} = \begin{pmatrix} a_n \\ \dfrac{a_{n-1} + a_n}{2} \end{pmatrix} = \begin{pmatrix} 0 & 1 \\ \dfrac{1}{2} & \dfrac{1}{2} \end{pmatrix} \begin{pmatrix} a_{n-1} \\ a_n \end{pmatrix} = \boldsymbol{A}\boldsymbol{U}_n.$$

因此有

$$\boldsymbol{U}_{n+1} = \boldsymbol{A}^n \boldsymbol{U}_1.$$

矩阵 $\boldsymbol{A}$ 的特征多项式为

$$\begin{vmatrix} \lambda & -1 \\ -\dfrac{1}{2} & \lambda - \dfrac{1}{2} \end{vmatrix} = \frac{1}{2}(2\lambda + 1)(\lambda - 1),$$

可求出与特征值 $\lambda_1 = 1$ 对应的特征向量为 $\begin{pmatrix} 1 \\ 1 \end{pmatrix}$, 与特征值 $\lambda_2 = -\frac{1}{2}$ 对应的特征向量为 $\begin{pmatrix} -2 \\ 1 \end{pmatrix}$. 这样有

$$\boldsymbol{A}^n = \frac{1}{3} \begin{pmatrix} 1 & 2 \\ -1 & 1 \end{pmatrix} \begin{pmatrix} 1 & 0 \\ 0 & \left(-\dfrac{1}{2}\right)^n \end{pmatrix} \begin{pmatrix} 1 & -2 \\ 1 & 1 \end{pmatrix}.$$

令 $n \to \infty$, 有

$$A^nU_1 = \frac{1}{3}\begin{pmatrix} 1 & -2 \\ 1 & 1 \end{pmatrix}\begin{pmatrix} 1 & 0 \\ 0 & \left(-\frac{1}{2}\right)^n \end{pmatrix}\begin{pmatrix} 1 & 2 \\ -1 & 1 \end{pmatrix}\begin{pmatrix} 0 \\ 1 \end{pmatrix}$$

$$\to \frac{1}{3}\begin{pmatrix} 1 & -2 \\ 1 & 1 \end{pmatrix}\begin{pmatrix} 1 & 0 \\ 0 & 0 \end{pmatrix}\begin{pmatrix} 1 & 2 \\ -1 & 1 \end{pmatrix}\begin{pmatrix} 0 \\ 1 \end{pmatrix} = \frac{2}{3}\begin{pmatrix} 1 \\ 1 \end{pmatrix}.$$

因此当 $n \to \infty$ 时 a_n 以 $\frac{2}{3}$ 为极限. 此外设当 $n \to \infty$ 时 $U_n \to U$, 根据 $U_{n+1} = AU_n$ 则有 $U = AU$ 这说明 U 是 A 的特征向量, 其对应的特征值为 1. ■

例 4(兔子繁殖问题) 一般而言, 兔子在出生两个月后, 就有繁殖能力, 一对兔子每个月能生出一对小兔子. 如果所有兔子都不死, 那么一年以后可以繁殖多少对兔子?

解 这个问题等价于: 按下述规则构造一个数列, $a_0 = 1, a_1 = 1, a_2 = a_0 + a_1 = 2$, $a_3 = a_1 + a_2 = 3$, 如此有 $a_{n+2} = a_n + a_{n+1}$. 求出该数列的通项, 即兔子的数量随月数的变化规律.

根据题设有

$$U_{n+1} = \begin{pmatrix} a_n \\ a_{n+1} \end{pmatrix} = \begin{pmatrix} a_n \\ a_{n-1} + a_n \end{pmatrix} = \begin{pmatrix} 0 & 1 \\ 1 & 1 \end{pmatrix}\begin{pmatrix} a_{n-1} \\ a_n \end{pmatrix} = AU_n.$$

因此有

$$U_{n+1} = A^nU_1.$$

矩阵 A 的特征多项式为

$$\begin{vmatrix} \lambda & -1 \\ -1 & \lambda - 1 \end{vmatrix} = \lambda^2 - \lambda - 1 = \left(\lambda - \frac{1-\sqrt{5}}{2}\right)\left(\lambda - \frac{1+\sqrt{5}}{2}\right),$$

可求出与特征值 $\lambda_1 = \frac{1-\sqrt{5}}{2}$ 对应的特征向量为 $\begin{pmatrix} 1 \\ \frac{1-\sqrt{5}}{2} \end{pmatrix}$, 与特征值 $\lambda_2 = \frac{1+\sqrt{5}}{2}$ 对应的特征向量为 $\begin{pmatrix} 1 \\ \frac{1+\sqrt{5}}{2} \end{pmatrix}$, 矩阵 $P = \begin{pmatrix} 1 & 1 \\ \frac{1-\sqrt{5}}{2} & \frac{1+\sqrt{5}}{2} \end{pmatrix}$ 的逆矩阵为 $P^{-1} = \frac{1}{10}\begin{pmatrix} 5+\sqrt{5} & -2\sqrt{5} \\ 5-\sqrt{5} & 2\sqrt{5} \end{pmatrix}$.

这样有

$$
\begin{aligned}
\boldsymbol{A}^n &= \begin{pmatrix} 1 & 1 \\ \dfrac{1-\sqrt{5}}{2} & \dfrac{1+\sqrt{5}}{2} \end{pmatrix} \begin{pmatrix} \left(\dfrac{1-\sqrt{5}}{2}\right)^n & 0 \\ 0 & \left(\dfrac{1+\sqrt{5}}{2}\right)^n \end{pmatrix} \begin{pmatrix} \dfrac{5+\sqrt{5}}{10} & -\dfrac{\sqrt{5}}{5} \\ \dfrac{5-\sqrt{5}}{10} & \dfrac{\sqrt{5}}{5} \end{pmatrix} \\
&= \begin{pmatrix} \dfrac{5+\sqrt{5}}{10}\left(\dfrac{1-\sqrt{5}}{2}\right)^n + \dfrac{5-\sqrt{5}}{10}\left(\dfrac{1+\sqrt{5}}{2}\right)^n & -\dfrac{\sqrt{5}}{5}\left(\dfrac{1-\sqrt{5}}{2}\right)^n + \dfrac{\sqrt{5}}{5}\left(\dfrac{1+\sqrt{5}}{2}\right)^n \\ \dfrac{5+\sqrt{5}}{10}\left(\dfrac{1-\sqrt{5}}{2}\right)^{n+1} + \dfrac{5-\sqrt{5}}{10}\left(\dfrac{1+\sqrt{5}}{2}\right)^{n+1} & -\dfrac{\sqrt{5}}{5}\left(\dfrac{1-\sqrt{5}}{2}\right)^{n+1} + \dfrac{\sqrt{5}}{5}\left(\dfrac{1+\sqrt{5}}{2}\right)^{n+1} \end{pmatrix}.
\end{aligned}
$$

因此有

$$
\boldsymbol{U}_{n+1} = \boldsymbol{A}^n \boldsymbol{U}_1 = \begin{pmatrix} \dfrac{5-\sqrt{5}}{10}\left(\dfrac{1-\sqrt{5}}{2}\right)^n + \dfrac{5+\sqrt{5}}{10}\left(\dfrac{1+\sqrt{5}}{2}\right)^n \\ \dfrac{5-\sqrt{5}}{10}\left(\dfrac{1-\sqrt{5}}{2}\right)^{n+1} + \dfrac{5+\sqrt{5}}{10}\left(\dfrac{1+\sqrt{5}}{2}\right)^{n+1} \end{pmatrix}.
$$

因此有通项公式

$$
a_n = \frac{5-\sqrt{5}}{10}\left(\frac{1-\sqrt{5}}{2}\right)^n + \frac{5+\sqrt{5}}{10}\left(\frac{1+\sqrt{5}}{2}\right)^n, \quad n = 1, 2, \cdots . \qquad \blacksquare
$$

这个数列是意大利数学家列昂纳多 · 斐波那契 (L.Fibonacci, 1170—1240) 以兔子繁殖为例子而引入的, 该数列称为斐波那契数列. 斐波那契数列与黄金数相关, 因此也称为黄金数列. 事实上该数列完全是自然数的数列, 通项公式却是用无理数表达的. 而且当 n 趋向于无穷大时, 后一项与前一项的比值越来越逼近黄金分割 0.618. 此外, 斐波那契数列还与一些植物的生长有关, 在现代物理、准晶体结构、化学等领域, 斐波纳契数列都有直接的应用, 为此, 美国数学会从 1963 起出版了一份数学杂志 ——《斐波纳契数列季刊》, 用于专门刊载这方面的研究成果.

作为这一节的结束, 再讨论一个经济生活中的一个类似的问题.

例 5(投资问题)　一投资者计划将其资金投向到年收益分别为 8%, 10%, 12% 的三个账户中. 假设该投资者每投资年末将第二个账户中赚到的资金的四分之一, 第三个账户中赚到的资金的四分之三转投到第一个账户中, 第三个账户中赚到的资金的四分之一转投到第二个账户中, 假设开始时三个账户的资金数额相等, 那么多少年后第一个账户中的资金将翻一番?

解 令 a_{jk} 表示在第 $k(k=1,2,\cdots)$ 年投进第 $j(j=1,2,3)$ 个账户的资金, 并设起初时每个账户投资量为 c 单位资金, 那么 $a_{11}=a_{21}=a_{31}=c$, 根据投资规则可以建立

$$\begin{aligned}a_{1(k+1)}&=1.08a_{1k}+\frac{1}{4}(0.1a_{2k})+\frac{3}{4}(0.12a_{3k}),\\a_{2(k+1)}&=a_{2k}+\frac{3}{4}(0.1a_{2k})+\frac{1}{4}(0.12a_{3k}),\\a_{3(k+1)}&=a_{3k},\end{aligned}$$

写成矩阵形式

$$\boldsymbol{U}_{k+1}=\begin{pmatrix}a_{1(k+1)}\\a_{2(k+1)}\\a_{3(k+1)}\end{pmatrix}=\begin{pmatrix}1.08&0.025&0.09\\0&1.075&0.03\\0&0&1\end{pmatrix}\begin{pmatrix}a_{1k}\\a_{2k}\\a_{3k}\end{pmatrix}=\boldsymbol{A}\boldsymbol{U}_k.$$

因此

$$\boldsymbol{U}_k=\boldsymbol{A}^{k-1}\boldsymbol{U}_1,$$

易知矩阵 $\boldsymbol{A}$ 有三个不相等的特征值, 因此存在可逆矩阵 $\boldsymbol{P}=\begin{pmatrix}1&5&3\\0&1&0.4\\0&0&0.2\end{pmatrix}$ 使得 $\boldsymbol{P}^{-1}\boldsymbol{A}\boldsymbol{P}$ 为对角矩阵, 这样

$$\begin{aligned}\boldsymbol{A}^{k-1}&=\boldsymbol{P}\begin{pmatrix}1.08^{k-1}&0&0\\0&1.075^{k-1}&0\\0&0&1^{k-1}\end{pmatrix}\boldsymbol{P}^{-1}\\&=\begin{pmatrix}1.08^{k-1}&5(1.08^{k-1}-1.075^{k-1})&3(1.08)^{k-1}-2(1.075)^{k-1}\\0&1.075^{k-1}&0.4(1.075^{k-1}-1)\\0&0&1\end{pmatrix},\end{aligned}$$

从而

$$a_{1k}=[9(1.08)^{k-1}-7(1.075)^{k-1}-1]c,$$

要使 $a_{1k}=2c$, 则需有

$$2=9(1.08)^{k-1}-7(1.075)^{k-1}-1.$$

此方程不易求解, 借助于计算软件, 可以求出其值为 $k=5.38$, 因此 6 年后第一个账户中的资金实现翻一番. ■

习 题 5

(A)

一、选择题

1. 设 $\begin{pmatrix} 1 & -1 & 1 \\ 0 & 2 & 3 \\ 0 & 0 & 1 \end{pmatrix}$, 则 $\boldsymbol{A}$ 的特征值是 ( ).

A. 0,1,1　　B. 1,1,2　　C. −1,1,2　　D. −1,1,1

2. 设 2 是可逆方阵 $\boldsymbol{A}$ 的一个特征值, 则 $\left(\frac{1}{3}\boldsymbol{A}^2\right)^{-1}$ 至少有一个特征值等于 ( ).

A. $\frac{4}{3}$　　B. $\frac{3}{4}$　　C. $\frac{1}{3}$　　D. $\frac{1}{4}$

3. 设 $\boldsymbol{A}$ 为 n 阶方阵, $\boldsymbol{A}^2 = \boldsymbol{E}$, 则 ( ).

A. $|\boldsymbol{A}| = 1$　　B. $\boldsymbol{A}$ 的特征值都是 1　　C. $R(\boldsymbol{A}) = n$　　D. $\boldsymbol{A}$ 一定是对称阵

4. 若 n 阶方阵 A, B 的特征值相同, 则 ( ).

A. $\boldsymbol{A} = \boldsymbol{B}$　　B. $|\boldsymbol{A}| = |\boldsymbol{B}|$　　C. $\boldsymbol{A}$ 与 $\boldsymbol{B}$ 相似　　D. A 与 B 合同

5. $|\boldsymbol{A}| = |\boldsymbol{B}|$ 是 n 阶矩阵 $\boldsymbol{A}$ 与 $\boldsymbol{B}$ 相似的 ( ).

A. 充要条件　　B. 充分而非必要条件

C. 必要而非充分条件　　D. 既不充分也不必要条件

6. 设 $\boldsymbol{A}$ 为 n 阶可逆矩阵, λ 是 $\boldsymbol{A}$ 的特征值, 则 $\boldsymbol{A}$ 的伴随矩阵 $\boldsymbol{A}^*$ 的特征值之一是 ( ).

A. $\lambda^{-1}|\boldsymbol{A}|^n$　　B. $\lambda^{-1}|\boldsymbol{A}|$　　C. $\lambda|\boldsymbol{A}|$　　D. $\lambda|\boldsymbol{A}|^n$

7. n 阶方阵 $\boldsymbol{A}$ 有 n 个不同的特征值是 $\boldsymbol{A}$ 与对角阵相似的 ( ).

A. 充要条件　　B. 充分而非必要条件

C. 必要而非充分条件　　D. 既不充分也不必要条件

8. 设矩阵 $\boldsymbol{A} = \begin{pmatrix} 1 & a & 1 \\ a & 1 & b \\ 1 & b & 1 \end{pmatrix}$ 与 $\boldsymbol{B} = \begin{pmatrix} 0 & 0 & 0 \\ 0 & 1 & 0 \\ 0 & 0 & 2 \end{pmatrix}$ 相似, 则 a, b 的值分别为 ( ).

A. 0,0　　B. 0,1　　C. 1,0　　D. 1,1

9. 若 $\boldsymbol{A}$ 相似于 $\boldsymbol{B}$, 则 ( ).

A. $\lambda\boldsymbol{E} - \boldsymbol{A} = \lambda\boldsymbol{E} - \boldsymbol{B}$　　B. $|\lambda\boldsymbol{E} - \boldsymbol{A}| = |\lambda\boldsymbol{E} - \boldsymbol{B}|$

C. $\boldsymbol{A}$ 和 $\boldsymbol{B}$ 与同一对角阵相似　　D. $\boldsymbol{A}$ 和 $\boldsymbol{B}$ 有相同的伴随矩阵

10. n 阶对称阵 $\boldsymbol{A}$ 为正定矩阵的充分必要条件是 ( ).

A. $|\boldsymbol{A}|>0$　　B. 各阶顺序主子式为正

C. 负惯性指数为零　　D. 存在 n 阶矩阵 $\boldsymbol{C}$，使 $\boldsymbol{A}=\boldsymbol{C}^{\mathrm{T}}\boldsymbol{C}$

11 设 A 为正定矩阵, 则下列结论不正确的是 (　　).

A. $\boldsymbol{A}$ 可逆　　B. $\boldsymbol{A}^{-1}$ 正定

C. $\boldsymbol{A}$ 的所有元素为正　D. 任给 $\boldsymbol{X}=(x_1,x_2,\cdots,x_n)^{\mathrm{T}}\neq\boldsymbol{0}$，均有 $\boldsymbol{X}^{\mathrm{T}}\boldsymbol{A}\boldsymbol{X}>0$

12. 下列 $f(x,y,z)$ 为二次型的是 (　　).

A. $ax^2+by^2+cz^2$　　B. $ax+by^2+cz$

C. $axy+byz+cxz+dxyz$　　D. $ax^2+bxy+czx^2$

13. 下列矩阵中, 不是二次型矩阵的为 (　　).

A. $\begin{pmatrix}0&0&0\\0&0&0\\0&0&-1\end{pmatrix}$　　B. $\begin{pmatrix}1&0&0\\0&-1&0\\0&0&2\end{pmatrix}$

C. $\begin{pmatrix}3&0&-2\\0&4&6\\-2&6&5\end{pmatrix}$　　D. $\begin{pmatrix}1&2&3\\4&5&6\\7&8&9\end{pmatrix}$

14. 设 n 阶方阵 $\boldsymbol{A}$ 的每一行元素之和均为 $a(a\neq0)$, 则 $2\boldsymbol{A}^{-1}+\boldsymbol{E}$ 有一特征值为 (　　).

A. a　　B. $2a$　　C. $2a+1$　　D. $\dfrac{2}{a}+1$

二、填空题

1. 设 $\boldsymbol{A}$ 是 n 阶方阵, 且 $\boldsymbol{A}^3=\boldsymbol{A}$ 则 $\boldsymbol{A}$ 的特征值为 __________.

2. 三阶方阵 $\boldsymbol{A}$ 的特征值为 1，−1,2，则 $\boldsymbol{B}=2\boldsymbol{A}^3-3\boldsymbol{A}$ 的特征值为 __________.

3. 三阶方阵 $\boldsymbol{A}$ 的特征值为−1，2，3, 则 $|\boldsymbol{A}^*+\boldsymbol{A}+2\boldsymbol{E}|$ 的值为 __________.

4. 已知矩阵 $\boldsymbol{A}=\begin{pmatrix}x&1\\1&1\end{pmatrix}$ 与 $\boldsymbol{B}=\begin{pmatrix}-1&0\\0&y\end{pmatrix}$ 相似，则 $x=$ __________, $y=$ __________.

5. 设三阶矩阵 $\boldsymbol{A}$ 的三个特征值为 $\lambda_1=1,\lambda_2=2,\lambda_3=3$, 与之对应的特征向量分别为 $\boldsymbol{\alpha}_1=(2,1,-1)^{\mathrm{T}},\boldsymbol{\alpha}_2=(2,-1,2)^{\mathrm{T}},\boldsymbol{\alpha}_3=(3,0,1)^{\mathrm{T}}$, 则矩阵 $\boldsymbol{A}=$ __________.

6. 设 $\boldsymbol{A}$ 为 n 阶正交阵, 若 $\boldsymbol{A}^*=\boldsymbol{A}^{\mathrm{T}}$, 则 $\boldsymbol{A}$ 的行列式值为 __________.

7. 二次型 $f(x_1,x_2,x_3,x_4)=x_1^2+2x_2^2-3x_4^2+2x_1x_2+6x_2x_3-4x_3x_4$ 的矩阵为 __________.

8. 矩阵 $\boldsymbol{A}=\begin{pmatrix}1&2&4\\2&2&-1\\4&-1&3\end{pmatrix}$ 对应的二次型是 __________.

9. 当 t 满足 ____ 时, 二次型 $f(x_1,x_2,x_3)=tx_1^2+tx_2^2+tx_3^2+2x_1x_2+2x_1x_3-2x_2x_3$ 是负定的.

10. 已知三阶矩阵 $\boldsymbol{A}$ 的特征值为 $\lambda_1=0,\lambda_2=1,\lambda_3=-1$, 则其对应的特征向量分别为 $\boldsymbol{\xi}_1,\boldsymbol{\xi}_2,\boldsymbol{\xi}_3$, 取 $\boldsymbol{P}=(\boldsymbol{\xi}_3,\boldsymbol{\xi}_2,\boldsymbol{\xi}_1)$, 则 $\boldsymbol{P}^{-1}\boldsymbol{A}\boldsymbol{P}=$ ________.

三、解答题

1. 求下列矩阵的特征值与特征向量.

(1) $\begin{pmatrix} 4 & 2 & 1 \\ -2 & 0 & -1 \\ 1 & 1 & 0 \end{pmatrix}$;　(2) $\begin{pmatrix} 0 & 0 & 1 \\ 0 & 1 & 0 \\ 1 & 0 & 0 \end{pmatrix}$;　(3) $\begin{pmatrix} a & 0 & \cdots & 0 \\ 0 & a & \cdots & 0 \\ \vdots & \vdots & \cdots & \vdots \\ 0 & 0 & \cdots & a \end{pmatrix}$.

2. 证明方阵 $\boldsymbol{A}$ 与 $\boldsymbol{A}^{\mathrm{T}}$ 的特征多项式相同，从而特征值也完全相同.

3. 设 x 为 n 维列向量，$\boldsymbol{x}^{\mathrm{T}}\boldsymbol{x}=1$，令 $\boldsymbol{H}=\boldsymbol{E}-2\boldsymbol{x}\boldsymbol{x}^{\mathrm{T}}$，证明 $\boldsymbol{H}$ 是对称正交阵.

4. 已知三阶阵 $\boldsymbol{A}$ 的特征值为 1,2,3，求 $\left|\boldsymbol{A}^3-5\boldsymbol{A}^2+7\boldsymbol{A}\right|$.

5. 设 n 阶方阵 $\boldsymbol{A}$ 的特征值为 $1,2,\cdots,n$, 求 $|\boldsymbol{A}+2\boldsymbol{E}|$.

6. (1) 证明一个特征向量只能对应于一个特征值；

(2) 设 λ_1,λ_2 为矩阵 $\boldsymbol{A}$ 的两个不同的特征值, 对应的特征向量分别为 $\boldsymbol{\xi}_1$ 和 $\boldsymbol{\xi}_2$, 证明 $k_1\boldsymbol{\xi}_1+k_2\boldsymbol{\xi}_2(k_1\neq 0,k_2\neq 0)$ 不是 $\boldsymbol{A}$ 的特征向量.

7. 设矩阵 $\boldsymbol{A}=\begin{pmatrix} 1 & 2 & -3 \\ -1 & 4 & -3 \\ 1 & a & 5 \end{pmatrix}$ 特征方程有一个二重根, 求 a 的值, 并讨论矩阵 $\boldsymbol{A}$ 是否可以对角化.

8. 已知矩阵 $\boldsymbol{A}=\begin{pmatrix} 2 & 0 & 0 \\ 0 & 0 & 1 \\ 0 & 1 & a \end{pmatrix}$ 与矩阵 $\boldsymbol{B}=\begin{pmatrix} 2 & 0 & 0 \\ 0 & b & 0 \\ 0 & 0 & -1 \end{pmatrix}$ 相似,

(1) 求 a 和 b;　　(2) 求可逆矩阵 $\boldsymbol{P}$ 使得 $\boldsymbol{P}^{-1}\boldsymbol{A}\boldsymbol{P}=\boldsymbol{B}$.

9. 下列矩阵可否对角化? 若可对角化, 求出可逆矩阵 $\boldsymbol{U}$ 使 $\boldsymbol{U}^{-1}\boldsymbol{A}\boldsymbol{U}$ 为对角阵.

(1) $\boldsymbol{A}=\begin{pmatrix} 1 & 0 & 1 \\ -1 & 2 & 1 \\ 0 & 0 & 2 \end{pmatrix}$,　　(2) $\boldsymbol{A}=\begin{pmatrix} 2 & -2 & 0 \\ -2 & 1 & -2 \\ 0 & -2 & 0 \end{pmatrix}$.

10. 设

$$\boldsymbol{A}=\begin{pmatrix} -2 & 0 & 0 \\ 2 & a & 2 \\ 3 & 1 & 1 \end{pmatrix},\quad \boldsymbol{B}=\begin{pmatrix} -1 & & \\ & 2 & \\ & & b \end{pmatrix},$$

已知 $\boldsymbol{A}$ 与 $\boldsymbol{B}$ 相似.

(1) 求 a,b;　　(2) 求可逆矩阵 $\boldsymbol{P}$，使 $\boldsymbol{P}^{-1}\boldsymbol{A}\boldsymbol{P}=\boldsymbol{B}$.

11. 设 $\boldsymbol{A}=\begin{pmatrix}2&1&2\\1&2&2\\2&2&1\end{pmatrix}$, 求 $\varphi(\boldsymbol{A})=\boldsymbol{A}^{10}-6\boldsymbol{A}^9+5\boldsymbol{A}^8$.

12. 设 $\boldsymbol{A}$ 为 n 阶实方阵，证明：

(1) 若 $\boldsymbol{A}\neq 0$, 但 $\boldsymbol{A}^k=\boldsymbol{O}$, 则 $\boldsymbol{A}$ 不可相似于对角阵;

(2) 若 $\boldsymbol{A}^k=\boldsymbol{E}$, 则 $\boldsymbol{A}$ 相似于对角阵.

13. 设矩阵

$$\boldsymbol{A}=\begin{pmatrix}2&2&2\\-k&-1&k\\4&2&4\end{pmatrix}.$$

(1) 确定 k 的值使 $\boldsymbol{A}$ 可对角化.

(2) 当 $\boldsymbol{A}$ 可对角化时, 求可逆矩阵 $\boldsymbol{P}$, 使 $\boldsymbol{P}^{-1}\boldsymbol{A}\boldsymbol{P}$ 为对角矩阵.

14. 设三阶对称阵 $\boldsymbol{A}$ 的特征值为 $\lambda_1=6,\ \lambda_2=\lambda_3=3$, 对 $\lambda_1=6$ 对应的特征向量为 $\boldsymbol{p}_1=\begin{pmatrix}1\\1\\1\end{pmatrix}$, 求 $\boldsymbol{A}$.

15. 设三阶对称阵 $\boldsymbol{A}$ 的特征值为 $\lambda_1=1,\ \lambda_2=-1,\lambda_3=0$, 对 λ_1,λ_2 对应的特征向量分别为 $\boldsymbol{p}_1=\begin{pmatrix}1\\2\\2\end{pmatrix}, \boldsymbol{p}_2=\begin{pmatrix}2\\1\\-2\end{pmatrix}$, 求 $\boldsymbol{A}$.

16. 用矩阵记号表示下列二次型.

(1) $f=x_2^2+x_3^2-2x_1x_3$;

(2) $f=x_1^2+3x_2^2-x_3^2+x_1x_2-2x_1x_3+3x_2x_3$;

(3) $f=(a_1x_1+a_2x_2+a_3x_3)^2$.

17. 写出下列矩阵所表示的二次型.

(1) $\boldsymbol{A}=\begin{pmatrix}1&0&2\\0&2&3\\2&3&5\end{pmatrix}$; (2) $\boldsymbol{A}=\begin{pmatrix}1&1&5&0\\1&0&2&1\\5&2&1&0\\0&1&0&0\end{pmatrix}$.

18. 求正交变换把下列二次型化为标准形

(1) $f=2x_1^2+3x_2^2+3x_3^2+4x_2x_3$;

(2) $f=2x_1^2+5x_2^2+5x_3^2+4x_1x_2-4x_1x_3-8x_2x_3$;

(3) $f=x_1^2+x_3^2+2x_1x_2-2x_2x_3$.

19. 用配方法化下列二次型为标准形，并写出所用的变换矩阵.

(1) $f = x_1^2 + 3x_2^2 + 5x_3^2 + 2x_1x_2 - 4x_1x_3$;

(2) $f = x_1^2 + x_2^2 + x_3^2 + 2x_1x_2 + 2x_1x_3 + 8x_2x_3$;

(3) $f = 2x_1x_2 + 4x_1x_3$.

20. 判断下列二次型的正定性.

(1) $f = x_1^2 + 2x_2^2 + 3x_3^2 - 2x_1x_2 - x_2x_3$;

(2) $f = -2x_1^2 - 6x_2^2 - 4x_3^2 + 2x_1x_2 + 2x_1x_3$.

21. 证明：实对称阵 $\boldsymbol{A}$ 为正定的充分必要条件是存在可逆矩阵 $\boldsymbol{P}$, 使得 $\boldsymbol{A} = \boldsymbol{P}^{\mathrm{T}}\boldsymbol{P}$.

(B)

1. 设 $\boldsymbol{A}$ 为正交阵，且 $|\boldsymbol{A}| = -1$，证明 $\lambda = -1$ 是 $\boldsymbol{A}$ 的特征值.

2. 设三阶对称阵 $\boldsymbol{A}$ 的特征值为 0,1,2, 所对应的特征向量分别为

$$\boldsymbol{p}_1 = \begin{pmatrix} 1 \\ 1 \\ 1 \end{pmatrix}, \quad \boldsymbol{p}_2 = \begin{pmatrix} 1 \\ 1 \\ 0 \end{pmatrix}, \quad \boldsymbol{p}_3 = \begin{pmatrix} 1 \\ 0 \\ 0 \end{pmatrix},$$

求 (1) $\boldsymbol{A}^k$, 其中 k 为任意正整数；(2) $\left|\boldsymbol{A}^3 + \boldsymbol{A}^2 - 4\boldsymbol{A} + 2\boldsymbol{E}\right|$; (3) $\boldsymbol{A}^3 + \boldsymbol{A}^2 - 4\boldsymbol{A} + 2\boldsymbol{E}$.

3. 设 $\boldsymbol{A}^2 - 3\boldsymbol{A} + 2\boldsymbol{E} = \boldsymbol{0}$, 证明 $\boldsymbol{A}$ 的特征值只能取 1 或 2.

4. 设矩阵 $\boldsymbol{A} = \begin{pmatrix} a & -1 & c \\ 5 & b & 3 \\ 1-c & 0 & -a \end{pmatrix}$, $|\boldsymbol{A}| = -1$, $\boldsymbol{A}^*$ 有一个特征值为 λ_0, 属于 λ_0 的特征向量为 $\boldsymbol{\xi} = \begin{pmatrix} -1 \\ -1 \\ 1 \end{pmatrix}$, 求 a, b, c 及 λ_0 的值.

5. 设 $\boldsymbol{A}$ 是三阶方阵，x 是三维列向量，矩阵 $\boldsymbol{P} = (\boldsymbol{x}, \boldsymbol{A}\boldsymbol{x}, \boldsymbol{A}^2\boldsymbol{x})$ 可逆，且

$$\boldsymbol{A}^3\boldsymbol{x} = 3\boldsymbol{A}\boldsymbol{x} - 2\boldsymbol{A}^2\boldsymbol{x}$$

求矩阵 $\boldsymbol{B} = \boldsymbol{P}^{-1}\boldsymbol{A}\boldsymbol{P}$.

6. 设 $\boldsymbol{A}$ 为 n 阶实对称矩阵，且满足 $\boldsymbol{A}^3 + \boldsymbol{A}^2 + \boldsymbol{A} = 3\boldsymbol{E}$，证明 $\boldsymbol{A}$ 是正定矩阵.

7. 已知二次曲面方程 $x^2 + ay^2 + z^2 + 2bxy + 2xz + 2yz = 4$ 可以经过正交变换

$$\begin{pmatrix} x \\ y \\ z \end{pmatrix} = \boldsymbol{P} \begin{pmatrix} x' \\ y' \\ z' \end{pmatrix}$$

化为柱面方程 $y'^2+4z'^2=4$, 求 a,b 的值及所用的正交阵 P.

8. 设 $\boldsymbol{A}=\begin{pmatrix}1&2\\4&3\end{pmatrix}$, $\varphi(x)=x^{100}-25x^{98}+5x^{96}+19$, 求 $\varphi(\boldsymbol{A})$.

9. 在三维空间直角坐标系中, 二次曲面 $x^2+y^2-z^2-xy+2xz-2yz=0$ 表示什么样曲面?

附录　基于 MATLAB 的矩阵运算

MATLAB 是由美国 MathWorks 公司开发的一款数学计算软件和科技计算语言, 是应用于算法开发、数据分析、可视化和数值计算的程序设计环境. 它的名称由线性代数中的重要概念矩阵 (matrix) 一词与实验室 (laboratory) 一词组合而成, 其设计初衷就是一款用于线性代数运算的软件包, 但在历经三十余年的发展之后, MATLAB 通过不断优化并持续开发各种专业工具箱, 已经成为在众多专业领域得到广泛认可的科技应用软件. 相比于其他程序语言, MATLAB 的程序设计语言更为简洁, 更加符合科学思维的方式和数学表达习惯, 尤其适合进行线性代数计算.

附录部分将对 MATLAB 软件作一基本介绍, 主要是 MATLAB 中与线性代数学科相关的一些定义、运算和函数. A.1 节介绍 MATLAB 的一些基本操作, A.2 节介绍如何在 MATLAB 中构建一个数组, A.3 节是本附录的一个重点, 介绍数组和矩阵的运算方法, A.4 节中介绍 MATLAB 中线性方程组的求解方法, A.5 节则针对两个较为复杂的线性代数问题进行分析.

A.1　MATLAB 简介

A.1.1　MATLAB 窗口介绍

MATLAB 软件在 2014a 版本中引入了对汉语本地化的支持, Windows 和 Mac 平台下的用户可以使用中文界面的 MATLAB 软件 (图 A.1).

图 A.1　MATLAB 默认工作界面

MATLAB 的默认布局中主要包括以下五个部分.

命令行窗口 (Command Window)

这是 MATLAB 的主窗口, 位于整个 MATLAB 界面的正中位置, 是输入 MATLAB 命令和显示运行过程与结果的窗口. 在命令行窗口中, 以 “>>” 符号作为运算提示符, 当在其后输入命令后按键盘上的 “回车 (Enter)” 键, MATLAB 即会执行该命令, 当命令执行完毕后, MATLAB 会重新显示 “>>” 符号, 表示 MATLAB 已经再次进入准备工作状态.

工作区 (Workspace)

工作区或称为工作空间窗口是显示当前任务中所有 MATLAB变量的变量名、数据结构、字节数和类型等信息的窗口. 通过双击变量的操作, 还可以调出变量 (Variables) 窗口, 用于观察变量的详细情况.

当前文件夹 (Current Folder)

在 MATLAB 中, 当前文件夹是指 MATLAB 默认读取和存储文档的文件夹, 当前文件夹窗口能够显示和改变当前文件夹, 并对文件夹中的文件进行复制、粘贴等操作以及进一步的文件比较, 生成 m- 文件报告文件, 载入.mat 文件, 运行.m 文件等 MATLAB 操作.

命令历史记录 (Command History)

命令历史记录中保存有用户之前执行过的 MATLAB 命令. 在命令行窗口中, 单击键盘向上方向键, 即可以调出以前执行过的命令. MATLAB 2014a 在界面上最重要的变化, 就是默认将命令历史窗口改变为弹出式窗口, 但仍然可以通过布局管理器将命令历史记录窗口单独做为一个工具窗口. 通过点击命令历史记录中的历史命令, 可以重新执行这段命令.

工具条 (Toolstrip)

MATLAB 工具条是进行 MATLAB 图形化界面管理的主要工具, 包括主页 (HOME), 绘图 (PLOT) 和应用程序 (APPS) 等标签页. 同其他 Windows 的图形化用户界面一样, 用户可以很容易地根据提示执行各项功能.

A.1.2 MATLAB 常用命令与操作

在 MATLAB 中, 大部分功能都可以通过在命令行窗口输入命令完成. 相比于图形化用户界面, 通过输入命令的方式来记录和处理数据往往会更加简洁, 而且更容易保存操作历史, 方便重复计算和进一步的程序开发.

常用的 MATLAB 命令如表 A.1 所示.

表 A.1　常用 MATLAB 命令

命令	用途	命令	用途
clear	清理工作空间	diary	日志文件命令
clc	清理命令行窗口	disp	显示字符或变量内容
home	光标返回命令行窗口左上角	who/whos	显示工作空间中的变量
load	载入指定文件中的变量	help	获取帮助
save	将变量保存到指定文件	demo	获取演示
path	显示搜索目录	exit	退出

A.1.3　MATLAB 帮助

在 MATLAB 中可以通过多种方式获取帮助, 利用其帮助系统用户能够获取更多的函数信息以及演示, 也可以根据主题查询 MATLAB 解决问题的方法, 从而能够更全面和有效地利用 MATLAB 软件.

1. 使用 help 命令获取函数的帮助信息

help 命令能够在命令行窗口获取函数的帮助信息, 是最常用的帮助命令. 其格式为

\>> help 函数名

例如

>>help	列出所有主要基本帮助主题
>>help eye	列出 eye 函数的基本信息
>>help sym\diff	列出 sym 工具箱中的 diff 函数的基本信息

2. lookfor 命令

lookfor 命令用于按照指定关键字搜索所有相关的函数信息. 其基本调用格式如下:

\>> lookfor 关键字

由此即可得到与关键字有关所有函数信息.

3. 帮助浏览器

在 MATLAB 活跃的情况下, 按键盘 F1 键, 或直接点击工具条的帮助按钮, 或在命令行窗口输入 doc 命令, 都可以打开帮助浏览器. 这是一个可以方便搜索内容的图形界面帮助系统, 在这里用户可以按照自己的需求获得 MATLAB 的帮助信息, 如图 A.2 所示.

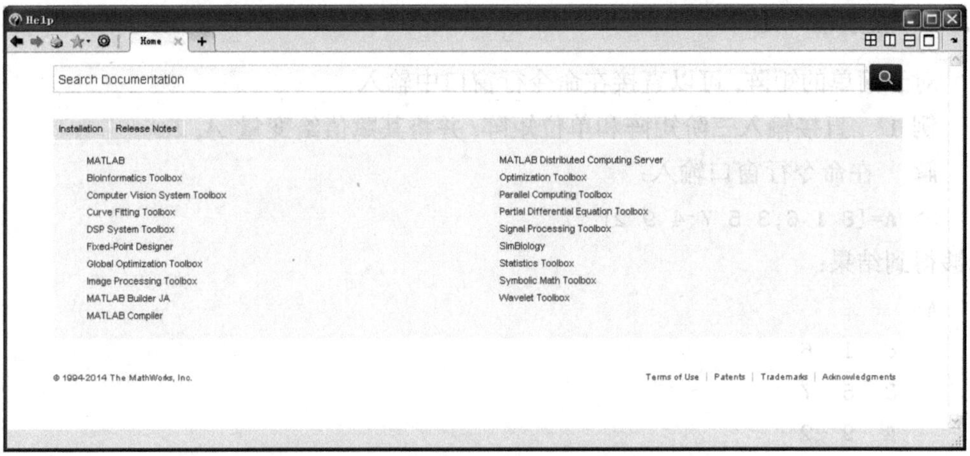

图 A.2 MATLAB 帮助浏览器

A.2 MATLAB 数组的构造

数组是 MATLAB 组织数据的基本形式, 各种数据类型的变量在 MATLAB 中均被定义为一个至少包括两个维度的数组, 而在必要的情况下, 用户可以非常方便地的定义三维乃至更高维的数组. 二维数组是 MATLAB 默认的数据形式. 例如, 当用户定义在命令行窗口中输入语句定义一个变量:

```
>> a=1;
```

则在 MATLAB 工作空间中生成了一个新变量 a, 其值为 1, 类别为双精度浮点数值 (double). 可以通过命令 ndims 获取其维数, 通过 size 命令获取其每个维度的长度:

```
>>ndims(a)
ans=
   2
>>size(a)
ans=
  1      1
```

容易看到, 即便 a 仅是一个数值, 也被 MATLAB 自动理解为一个每个维度长度均为 1 的二维数组. 而一般情况下, 对一个二维数组, MATLAB 以第一个维度作为行数, 第二个维度作为列数, 将其显示为一个矩阵, 并针对其开发了矩阵运算算法. 因此在本书后续部分中, 如非必要, 将不区分二维数组和矩阵这两个名词. 而关于高维 (三维及更高维) 数组的定义和计算, 与本书内容关系不大, 也不再赘述.

A.2.1　直接输入矩阵

对于简单的矩阵, 可以直接在命令行窗口中输入.

例 1　直接输入三阶矩阵和单位矩阵, 并将其赋值给变量 $\boldsymbol{A}, \boldsymbol{I}$.

解　在命令行窗口输入:

```
>> A=[8 1 6;3 5 7;4 9 2]
```

能够得到结果:

```
A=
   8  1  6
   3  5  7
   4  9  2
```

$\boldsymbol{A}$ 就是所谓的三阶幻方矩阵, 在这个矩阵中每行、列和对角线元素之和均为 15.

在命令行窗口输入:

```
>> I=[1,0,0
     0,1,0
     0,0,1]
```

能够得到结果

```
I=
   1  0  0  %三阶单位矩阵
   0  1  0
   0  0  1
```

■

直接输入矩阵时, 矩阵的全部元素被放在一中括号中, 行与行之间用分号或回车分隔, 每行的元素之间用空格或逗号分隔. 例 1 中生成 $\boldsymbol{A}$ 即采用分号与空格来分隔元素, 而生成 $\boldsymbol{I}$ 则采用逗号和回车来分隔元素.

特别地, 如果在中括号之间不输入任何元素, 结果将得到一个空矩阵, 也就是行数和列数均为 0 的矩阵.

A.2.2　特殊的一维数组生成方法

很多时候用户需要获得一组等差数列, 如设计一个循环过程中, 需要一组均匀增加的循环变量; 描点绘图的时候需要一组均匀分布的自变量值等. 在这种情况下, MATALB 中定义了方便的一维数组或者说是向量的生成方法.

一维数组即是行数与列数中至少有一个为 1 的数组, 一般也被称为向量. 有序的一维数组可以用冒号 (":") 或 linspace 等命令来生成.

1. 使用冒号运算符

使用冒号创建数组时有两种方式, m:n 或 m:p:n, 这两种方式的定义规则如下:

对 m:n, 当 m<n 时, m:n 表示数组 [m m+1 ⋯ m+k ⋯ n*], 其中 k 为正整数, n* 表示 {m+k}中小于等于 n 的最大值, 当 n−m 为整数时 n*=n;

而当 m> n, m:n 则会返回一个空矩阵.

对 m:p:n, 如果当 m<n 且 p>0 或者当 m>n, p<0 时, m:p:n 表示数组 [m m+p ⋯ m+k*p ⋯ n*], 其中 k 为正整数, n* 表示 {m+k*p}中小于等于 n 的最大值, 当 n−m 为 p 的整数倍时 n*=n.

其他情况下 m:p:n 则会返回一个空矩阵.

例 2 分别使用命令 “1:5” “0:pi” “5:−2:1” “0:0.5:pi” 和 “3:1” 生成数组.

解 输入命令:

```
>>1:5
ans=
    1  2  3  4  5  %得到一行五列数组
>>0:pi
ans=
    0  1  2  3  %得到一行四列数组
>>5:-2:1
ans=
    5  3  1  %得到一行三列数组
>>0:0.5:pi
ans=
          0  0.5000  1.0000  1.5000  2.0000  2.5000  3.0000
                                                %得到一行七列数组
>>3:1
ans=
   Empty matrix: 1-by-0  %得到一个空矩阵
```

■

2. 使用 linspace 命令

与冒号运算符类似, linspace 命令也被用于生成有序一维数组. 其用法的一般格式为

```
a=linspace(X1, X2, N)
```

得到的是一个包含指定个数元素的等差数列, $X1$ 即为初值, $X2$ 即为终值, N 为数组的长度, 默认值为 100.

例 3　使用 linspace 生成从 0 到 π 之间包含 10 个元素的等差数列.

解　输入命令:

```
>>linspace(0,pi,10)
ans=
  Columns 1 through 7
         0  0.3491  0.6981  1.0472  1.3963  1.7453  2.0944
  Columns 8 through 10
         2.4435  2.7925  3.1416
```

可以看到, MATLAB 生成了一个长度为 10, 以 0 和 π 为起止点的等差数列, 并将其存为一个一维数组. 此外, 当输出结果不能在命令行窗口的同一行内显示时, MATLAB 将会自动换行显示, 同时通过一组标题来辅助显示列数. ■

冒号运算符通过指定步长来生成等差数列, 而 linspace 则通过设定包含元素数目来生成等差数列. 在适当的情况下利用这两个函数生成需要的一维数组, 可以带来极大的便利.

A.2.3 由已知矩阵提取或合并获得新矩阵

MATLAB 中可以通过行号和列号来提取矩阵中的元素. A(i, j) 即表示 $\boldsymbol{A}$ 矩阵中的第 i 行, 第 j 列的元素. 也可以提取整行或者整列的元素, A(i, :) 即表示 $\boldsymbol{A}$ 矩阵中的第 i 行全体, A(:, j) 则表示 $\boldsymbol{A}$ 矩阵中第 j 列的全体. 此外, 还可以通过行号向量的方式, 提取不同行的数据.

例 4　对于例 1 中的 $\boldsymbol{A}$ 矩阵, 输入

```
>>c1=A(2,:)
```

和

```
>>c2=A([1,3],:)
```

观察所得结果.

解　输入命令:

```
>>c1=A(2,:)
```

即得到结果:

```
c1=
   3  5  7  %一个一行三列的矩阵
```

输入命令:

```
>>c2=A([1,3],:)
```

即得到结果:

```
c2=
    8  1  6  %一个二行三列的矩阵
```

■

```
    4  9  2
```

MATLAB 还可以用中括号方便的合并矩阵. 行数相同的矩阵可以用逗号或空格分隔, 用中括号合并为一个行数不变、列数为原矩阵列数之和的新矩阵. 同样地, 列数相同的矩阵也可以用分号或回车分隔成为新的矩阵.

例 5 将例 1 中的两个矩阵分别按行和列合并.

解 输入命令:

```
>>D=[A,I]
```

则有结果:

```
D=
    8  1  6  1  0  0  %一个三行六列的矩阵
    3  5  7  0  1  0
    4  9  2  0  0  1
```

输入命令:

```
>>D=[A;I]
```

有结果:

```
D=
    8  1  6  %一个六行三列的矩阵
    3  5  7
    4  9  2
    1  0  0
    0  1  0
    0  0  1
```

■

A.2.4 由函数生成特殊矩阵

MATLAB 提供了一些矩阵生成函数. 利用这些函数可以生成所需要的特殊矩阵.

例 6 由函数生成两个三行三列的矩阵, 其中元素的值是分别来自均匀分布和正态分布的随机数.

解 输入命令:

```
>>A=rand(3)
A=
    0.9649  0.9572  0.1419  %一个三行三列的矩阵
    0.1576  0.4854  0.4218
    0.9706  0.8003  0.9157
>>B=randn(3)
```

```
B=
    1.4090  -1.2075  0.4889  %一个三行三列的矩阵
    1.4172   0.7172  1.0347
    0.6715   1.6302  0.7269
```

则 $\boldsymbol{A}$ 是一个元素来自均匀分布总体的随机值的三阶方阵; 而 $\boldsymbol{B}$ 是一个元素来自标准正态分布总体的随机值的三阶方阵. ■

表 A.2 中列出了一些常用的矩阵生成函数.

表 A.2　常用的矩阵生成函数

函数	生成矩阵	函数	生成矩阵
zeros	全为 0 的矩阵	eye	单位矩阵
ones	全为 1 的矩阵	diag	指定对角线元素的矩阵
rand	元素服从 0 到 1 间均匀分布的随机矩阵	randn	元素服从标准正态分布的随机矩阵

A.3　数组和矩阵的运算

A.3.1　数组的运算

1. 数组与常数的算术运算

数组与常数的运算结果是一个与原数组维数大小相同的数组, 其中每个元素即是原数组中每一个元素分别与常数进行运算的结果.

加法、减法、乘法和右除法所使用的运算符即为正常的四则运算 "+""−""*" 和 "/", 而左除法和幂运算符则需要在运算符前加点, 成为 ".\" 和 ".^".

这里, 右除法即为以 " / " 号左侧数为被除数, 右侧数为除数. 而左除法则正好相反, 以 "\" 符号左侧数为除数, 右侧数为被除数, 如 6 / 3 = 2, 而 6 \ 3=0.5.

例 1　计算数组与数字的四则运算和幂运算.

解　定义数组与常数, 输入命令:

`>>A=[1 2 3];`

`>>b=2;` (注意, 在命令最后加入分号运算符后, 赋值运算结果没有在命令行窗口中显示)

输入四则运算和幂运算命令, 分别得到其运算结果.

加法运算

```
>>A+b
ans=
    3  4  5
```

减法运算

```
>>A-b
ans=
   -1  0  1
```

乘法运算

```
>>A*b
ans=
    2  4  6
```

除法 (右除法) 运算

```
>>A/b
ans=
    0.5000  1.0000  1.5000
```

左除法运算

```
>>A.\b
ans=
    2.0000  1.0000  0.6667
```

幂运算 (常数为底数, 数组为指数)

```
>>b.^A
ans=
    2  4  8
```

幂运算 (数组为底数, 常数为指数)

```
>>A.^b
ans=
    1  4  9
```

■

2. 数组间的算术运算

MATLAB 定义了对两个大小相等的数组的运算, 其运算法则是, 两个数组的对应项分别进行运算, 结果按照原顺序组成一个新的数组. 为了区分数组运算与矩阵运算, 数组间的乘法、除法 (包括左、右除法) 和幂运算符前都要加一个点号成为 ".*" "./" ".\" 和 ".^".

例 2 计算数组 [1, 2, 3] 与 [3, 2, 1] 的四则运算.

解 输入命令生成数组:

```
>>A=1:3;
>>B=3:-1:1;
```

数组运算及其结果.

数组加法运算：

```
>>A+B
ans=
    4   4   4
```

数组减法运算：

```
>>A-B
ans=
    -2   0   2
```

数组乘法运算：

```
>>A.*B
ans=
    3   4   3
```

数组右除法运算

```
>>A./B
ans=
    0.3333   1.0000   3.0000
```

数组左除法运算

```
>>A.\B
ans=
    3.0000   1.0000   0.3333
```

数组幂运算

```
>> A.^B
ans=
    1   4   3
```

■

3. **数组函数和向量函数**

大部分 MATLAB 标量函数如对数函数、指数函数、三角函数和反三角函数都可以应用于数组, 运算法则是对数组中每个元素分别求得函数值并组成与原数组同样大小的数组.

例 3 求由命令 linspace(0,pi,7) 生成的数组中每个元素的正弦值.

解 在命令行输入：

```
>>t=linspace(0,pi,7) ;
>>sin(t)
ans=
```

```
        0    0.5000    0.8660    1.0000    0.8660    0.5000    0.0000
```
■

此外还有些函数主要作用对象是向量, 因而被称为向量函数, 它们返回了一些关于向量的重要信息. 在 MATLAB 程序设计和数据统计中将经常使用这些函数. 表 A.3 列出一些常用的向量函数.

表 A.3 常用向量函数

符号	意义	符号	意义
length	长度	sum	求和
max	最大值	prod	求积
min	最小值	var	方差
mean	平均值	std	标准差
median	中位数	sort	排序

向量函数一般也可以被用于一般数组. length 命令返回值为 max(size(A)), 其他函数则能够针对每列分别运算, 并将结果返回在一个行向量或矩阵中.

A.3.2 行列式运算

对于行数与列数相等的二维数组, MATLAB 可以将其作为行列式进行计算. 在这个过程中使用的命令是 det.

例 4 已知矩阵 $\boldsymbol{A}=\begin{pmatrix}1&2&3&4\\3&2&1&4\\3&2&4&1\\4&1&2&3\end{pmatrix}$, 求其行列式.

解 在命令行窗口输入命令:

```
>>A=[1 2 3 4;3 2 1 4;3 2 4 1;4 1 2 3];
>>det(A)
ans=
    -60.0000
```

即矩阵 $\boldsymbol{A}$ 的行列式为 -60. ■

A.3.3 矩阵的运算

MATLAB 中, 二维数组可以视为矩阵, 一般的矩阵运算, 都可以通过 MATLAB 进行.

1. 矩阵的线性运算

矩阵与数的加法、减法和乘法运算以及矩阵间的加减法运算规则与 MATLAB 数组运算规则完全一致, 因此在 MATLAB 中矩阵的线性运算与数组中的相应运算符号和方法均无区别.

2. 矩阵的乘法运算

与数组间对应项相乘的定义不同, 矩阵的乘法有独特的定义. 在 MATLAB 中, 使用 “*” 符号来进行矩阵乘法运算.

例 5　求矩阵 $\boldsymbol{A}=\begin{pmatrix}1&2&3\\4&5&6\end{pmatrix}$ 与 $\boldsymbol{B}=\begin{pmatrix}10&1\\20&2\\30&3\end{pmatrix}$ 的乘积.

解　在命令行窗口中输入:

```
>>A=[1,2,3;4,5,6];
>>B=[10,1;20,2;30,3];
>>A*B
ans=
    140  14
    320  32
```

则 $\boldsymbol{A}$ 与 $\boldsymbol{B}$ 的乘积为 $\begin{pmatrix}140&14\\320&32\end{pmatrix}$. ■

3. 矩阵的逆矩阵

在 MATLAB 中求逆矩阵 (inverse matrix) 的命令是 inv, 对于一个非奇异的矩阵, 可以用这个命令获得其逆矩阵.

例 6　求矩阵 $\boldsymbol{A}=\begin{pmatrix}2&2&1\\0&2&1\\1&0&2\end{pmatrix}$ 的逆矩阵.

解　在命令行窗口输入矩阵:

```
>>A=[2,2,1;0,2,1;1,0,2];
```

检验其奇异性:

```
>>det(A)
ans=
    8
```

行列式不等于 0, 则矩阵可逆, 使用 inv 命令求其逆矩阵:

```
>>B=inv(A)
```

结果:

```
B=
    0.5000  -0.5000      0
    0.1250   0.3750  -0.2500
```

```
-0.2500    0.2500    0.5000
```

则得到了矩阵 $\boldsymbol{A}$ 的逆矩阵. ■

4. 矩阵的转置

一般地, 矩阵转置是指共轭转置, 在 MATLAB 中可以使用单引号 “'” 作为矩阵的共轭转置运算符, 而以在单引号前加点的计算符号 “.'” 作为非共轭转置运算符, 以便于在某些特殊条件下使用.

例 7 求复数矩阵 $\boldsymbol{A}=\begin{pmatrix}5 & \mathrm{i} & 2+\mathrm{i}\\ 4 & 0 & 3-2\mathrm{i}\end{pmatrix}$ 的共轭转置.

解 在命令行窗口输入复数矩阵:

```
A=[5,i,2+i;4,0,3-2i];
```

求其共轭转置:

```
>>B=A'
```

结果:

```
B=
   5.0000+0.0000i  4.0000+0.0000i
   0.0000-1.0000i  0.0000+0.0000i
   2.0000-1.0000i  3.0000+2.0000i
```

由此得到矩阵的共轭转置. ■

这里共轭是指两个复数实部相等, 虚部互为相反数. 特别地, 实数的虚部为 0, 它的共轭就是自身.

5. 矩阵的秩

rank 命令可以用于计算矩阵的秩的大小.

例 8 求矩阵 $\boldsymbol{A}=\begin{pmatrix}1 & 1 & 2 & 3\\ 2 & 1 & 1 & 2\\ -1 & 0 & 1 & 1\end{pmatrix}$ 的秩.

解 在命令行窗口输入矩阵:

```
>>A=[1,1,2,3;2,1,1,2;-1,0,1,1];
```

使用 rank 命令计算矩阵的秩:

```
>>rank(A)
ans=
    2
```

则矩阵 $\boldsymbol{A}$ 的秩为 2. ■

6. 矩阵的特征值和特征向量

eig 命令用于求矩阵的特征值和特征向量. 根据输出变量个数的不同, eig 命令返回的结果有所不同, 下面通过例题来展示 eig 命令的使用方法.

例 9　求四阶幻方矩阵 $\boldsymbol{A}=\begin{pmatrix}16&2&3&13\\5&11&10&8\\9&7&6&12\\4&14&15&1\end{pmatrix}$ 的特征值和特征向量.

解　在命令行中输入矩阵:

```
>>A=magic(4)
```

即

```
A=
  16   2   3  13
   5  11  10   8
   9   7   6  12
   4  14  15   1
```

只有一个输出参数情况下使用 eig 命令求特征值:

```
>>E = eig(A)
```

得到结果:

```
E=
  34.0000
   8.9443
  -8.9443
   0.0000
```

即得到矩阵 $\boldsymbol{A}$ 的四个特征值. 如果想同时求得特征值对应的特征向量, 可以使用两个输出参数:

```
>>[V,D]=eig(A)
```

结果:

```
V=
  -0.5000  -0.8236   0.3764  -0.2236
  -0.5000   0.4236   0.0236  -0.6708
  -0.5000   0.0236   0.4236   0.6708
  -0.5000   0.3764  -0.8236   0.2236
D=
  34.0000         0         0        0
```

```
0  8.9443        0        0
0       0  -8.9443        0
0       0        0   0.0000
```

其中 $\boldsymbol{D}$ 为对角矩阵, 其对角线上元素为特征值, 而 $\boldsymbol{V}$ 中每一列均为对应特征值的特征向量. 易验证 $\boldsymbol{AV}=\boldsymbol{VD}$. ■

7. 矩阵的其他常用函数

MATLAB 中还包含大量的矩阵函数, 可以利用 help matfun 命令获取常用矩阵分析函数列表, 表 A.4 中是一些经常使用的矩阵处理函数.

表 A.4 矩阵处理函数

矩阵函数	运算结果	矩阵函数	运算结果
inv	逆矩阵	rank	秩
det	行列式	trace	迹 (主对角线元素和)
eig	特征值和特征向量	diag	取对角线元素
rref	求行最简形矩阵	null	矩阵零空间的基

A.4 MATLAB 中的线性方程组求解

A.4.1 利用逆矩阵求解线性方程组

对于一个线性方程组 $\boldsymbol{Ax}=\boldsymbol{b}$, 如果其系数矩阵 $\boldsymbol{A}$ 为方阵且非奇异, 则可以根据克拉默法则求解方程组. 但一般来讲这种方法比较烦琐, 在 MATLAB 中可以用更为简洁的方法求解线性方程组. 如方程两边可以同时在左侧与系数矩阵 $\boldsymbol{A}$ 矩阵的逆矩阵相乘, 即得到 $\boldsymbol{x}=\boldsymbol{A}^{-1}\boldsymbol{Ax}=\boldsymbol{A}^{-1}\boldsymbol{b}$. 由此既可以利用逆矩阵求解线性方程组.

例 1 求解线性方程组 $\begin{cases}2x+y=6\\ x+2y+z=8,\\ y+2z=10.\end{cases}$

解 方程组系数矩阵 $\boldsymbol{A}=\begin{pmatrix}2&1&0\\1&2&1\\0&1&2\end{pmatrix}$, 常数向量 $\boldsymbol{b}=\begin{pmatrix}6\\8\\10\end{pmatrix}$, 在 MATLAB 命令行中输入:

```
>>A=[2,1,0;1,2,1;0,1,2];
>>b=[6;8;10];
```

检验系数矩阵的奇异性, 对 $\boldsymbol{A}$ 求行列式:

```
>>det(A)
ans=
    4
```

$\boldsymbol{A}$ 的行列式不为零, 则矩阵 $\boldsymbol{A}$ 非奇异, 可逆, 求其逆矩阵, 并从左侧与常数向量 $\boldsymbol{b}$ 相乘, 在 MATLAB 命令行窗口输入:

```
>>x=inv(A)*b
```

得到结果:

```
x=
  3.0000
  0.0000
  5.0000
```

则方程组的解为 $\begin{pmatrix} x \\ y \\ z \end{pmatrix} = \begin{pmatrix} 3 \\ 0 \\ 5 \end{pmatrix}$. ■

例 2　医院营养师为患者配制的一份菜肴由蔬菜、鱼和肉松组成, 这份菜肴需含 1200cal(1cal=4.184J) 热量, 30g 蛋白质和 300mg 维生素 C, 已知三种食物每 100g 中有关营养的含量如表 A.5 所示.

表 A.5　三种食物每 100g 中有关营养的含量

	蔬菜	鱼	肉松
热量/cal	60	300	600
蛋白质/g	3	9	6
维生素 C/mg	90	60	30

试求所配佳肴中每种食物的数量.

解　设每份菜肴中蔬菜、鱼和肉松的数量分别为 x_1, x_2 和 x_3 (单位: 100g), 则由已知条件可得线性方程组:

$$\begin{cases} 60x_1 + 300x_2 + 600x_3 = 1200, \\ 3x_1 + 9x_2 + 6x_3 = 30, \\ 90x_1 + 60x_2 + 30x_3 = 300. \end{cases}$$

在 MATLAB 命令行窗口中输入

```
>>A=[60,300,600;3,9,6;90,60,30]
>>b=[1200;30;300]
```

得到系数矩阵 $\boldsymbol{A}$ 和常数向量 $\boldsymbol{b}$

```
A=
   60   300   600
    3     9     6
   90    60    30
b=
      1200
        30
       300
```

则解方程组:

```
>>x=inv(A)*b
```

得到结果:

```
x=
   1.5217
   2.3913
   0.6522
```

即每份佳肴中应有蔬菜 152g, 鱼 239g, 肉松 65g. ■

A.4.2 求方程组的基础解系

对于一般的方程组, 可以利用 rref 命令通过行初等变换求得行最简形的方式来获得其基础解系; 而对于齐次方程组, 还可以利用 null 命令通过求矩阵零空间的方式获取其基础解系.

例 3 求解线性方程组 $\begin{cases} x_1 - x_2 + x_3 - x_4 = 2, \\ x_1 + x_2 + x_3 + x_4 = 4, \\ x_1 + x_2 - x_3 - x_4 = 0. \end{cases}$

解 易知其系数矩阵与常数向量, 在命令行窗口输入:

```
>>A=[1,-1,1,-1;1,1,1,1;1,1,-1,-1];
>>b=[2;4;0];
```

则其增广系数矩阵为

```
>>A1=[A,b];
```

利用 rref 命令求增广矩阵的行最简形:

```
>>[R,jb]=rref(A1)
```

得到行最简形矩阵 $\boldsymbol{R}$.

```
R=
      1   0   0  -1   1
```

```
        0   1   0   1   1
        0   0   1   1   2
```

和指示向量 $\boldsymbol{jb}$

```
    jb=
        1   2   3
```

这里, jb 向量指出了不属于基础解系的变量, 即 $\boldsymbol{R}$ 的子矩阵 R(1:r, jb) 是一个 r 阶单位矩阵, 这里 r 是指矩阵 $\boldsymbol{R}$ 的秩. 根据行初等变换的性质可知方程组 $\boldsymbol{Ax}=\boldsymbol{b}$ 与方程组 $\boldsymbol{R}(:,1:4)\boldsymbol{x}=\boldsymbol{R}(:,5)$ 是同解方程组. 也就是说在行最简形矩阵 $\boldsymbol{R}$ 中, 包含在 $\boldsymbol{jb}$ 中的各个列 (变量) 可以通过不包含在 $\boldsymbol{jb}$ 中的各列 (变量) 移项后计算得到.

根据行最简形矩阵与基础解系的关系, 可以求得其基础解系:

$$\begin{pmatrix} x_1 \\ x_2 \\ x_3 \\ x_4 \end{pmatrix} = \begin{pmatrix} 1 \\ 1 \\ 2 \\ 0 \end{pmatrix} + c\begin{pmatrix} 1 \\ -1 \\ -1 \\ 1 \end{pmatrix}.$$ ■

例 4　求解齐次线性方程组 $\begin{cases} x_1+x_2-x_3=0, \\ 2x_1+x_2+3x_3=0, \\ 3x_1+12x_3=0. \end{cases}$

解　在命令行窗口输入系数矩阵:

```
>>A=[1,1,-1;2,1,3;3,0,12];
```

利用 null 命令求解其零空间;

```
>>b=null(A,'r')
```

得到结果:

```
    b=
      -4
       5
       1
```

则方程组的基础解系为

$$\begin{pmatrix} x_1 \\ x_2 \\ x_3 \end{pmatrix} = c\begin{pmatrix} -4 \\ 5 \\ 1 \end{pmatrix}.$$ ■

null 命令中的 ‘r’ 参数是必要的, 设置这个参数, MATLAB 将会由行最简形矩阵中获取矩阵零空间的基, 从而得到齐次方程组的基础解系.

A.5 应用 MATLAB 解决较为复杂的线性代数问题

A.5.1 二次曲面方程的化简

由解析几何的知识, 我们能够将二次曲面的一般方程通过坐标旋转和坐标平移转化为二次曲面的标准方程. 其中通过坐标旋转消除交叉乘积项的过程就是将二次型化成标准形的过程, 可以通过 MATLAB 完成这一过程的计算, 并绘制函数图像.

例 1 利用坐标系旋转将方程

$$x^2+y^2+2z^2+4xy+2xz+2yz=1$$

转化为标准方程.

解 曲面方程中的二次型为

$$f(x,y,z)=x^2+y^2+2z^2+4xy+2xz+2yz,$$

其矩阵形式为: $\boldsymbol{x}^{\mathrm{T}}\boldsymbol{A}\boldsymbol{x}=1$, 其中矩阵 $\boldsymbol{A}=\begin{pmatrix}1&2&1\\2&1&1\\1&1&2\end{pmatrix}$, $\boldsymbol{x}=\begin{pmatrix}x\\y\\z\end{pmatrix}$, 则在 MATLAB 中可以输入:

```
>>A=[1 2 1;2 1 1;1 1 2];
```

由于 $\boldsymbol{A}$ 是对称矩阵, 则可以通过 eig 命令求得其转换正交矩阵 $\boldsymbol{P}$ 和对角矩阵 $\boldsymbol{D}$.

```
>>[P,D]=eig(A)
```

得到结果:

```
P=
    0.7071   0.4082  0.5774
   -0.7071   0.4082  0.5774
   -0.0000  -0.8165  0.5774
D=
   -1.0000        0       0
         0   1.0000       0
         0        0  4.0000
```

因此在坐标变换作用下得到关于 u,v,w 的方程

$$-u^2+v^2+4w^2=1;$$

利用三角函数的恒等关系, 由此标准方程易得到其参数方程:

$$\begin{cases} u = \tan\theta, \\ v = \sec\theta \cdot \cos\varphi \\ w = \dfrac{1}{2}\sec\theta \cdot \sin\varphi, \end{cases} \quad , \quad -\frac{\pi}{2} < \theta < \frac{\pi}{2}, -\pi < \varphi < \pi$$

则输入命令:

```
>>theta=linspace(-1.5,1.5);
>>phi=linspace(-pi,pi);
>>[T,P]=meshgrid(theta,phi);
>>u=tan(T);
>>v=sec(T). *cos(P);
>>w=sec(T). *sin(P);
>>subplot(1,2,1);
>>mesh(u,v,w);
>>xlabel('u'),ylabel('v'),zlabel('w');
>>subplot(1,2,2);
>>surf(u,v,w);
>>xlabel('u'),ylabel('v'),zlabel('w');
```

即可以得到函数图像 (图 A.3). ■

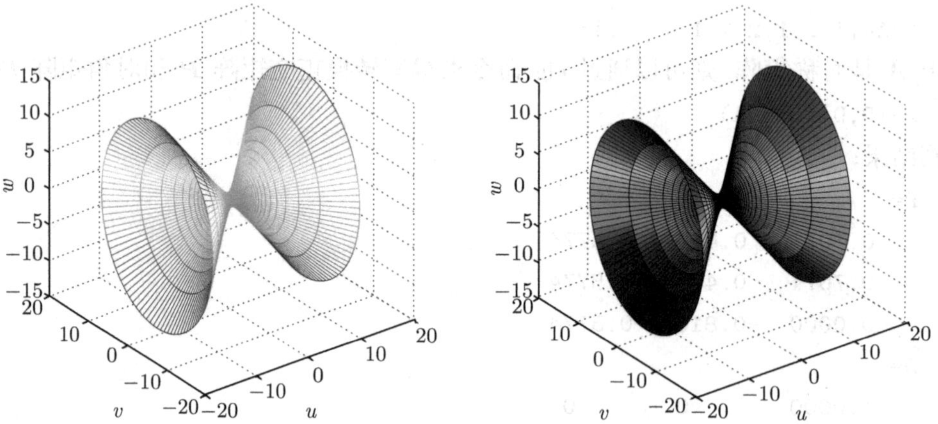

图 A.3　二次曲面 $-u^2 + v^2 + 4w^2 = 1$, 左侧为 mesh 命令绘制的三维图, 右侧为 surf 命令绘制的三维图

在例 1 这组绘图命令中, 使用参数方程用描点法绘制了标准方程的二次曲面. mesh 命令绘制网格图, surf 命令则绘制表面图, 即在网格中间也使用颜色进行填充

的三维图. theta (θ) 的上限定为 1.5 而不是 $\frac{\pi}{2}$, 这样做是为了避免出现无穷大 (在 MATLAB 中表现为一个巨大的数) 而影响绘图. 命令 xlabel, ylabel, zlabel 分别用于绘制三个坐标轴的标签.

例 2 将二次曲面方程 $z = xy$ 转化为标准方程, 并绘制图像.

解 输入二次型 $f(x, y, z) = xy$ 的矩阵.

```
>>A=[0 1/2 0;1/2 0 0;0 0 0];
>>[P,D]=eig(A);
```

得到结果:

```
P=
  -0.7071         0   0.7071
   0.7071         0   0.7071
        0    1.0000        0
D=
  -0.5000  0        0
        0  0        0
        0  0   0.5000
```

得到方程:

$$v = -0.5u^2 + 0.5w^2.$$

可以看出这是一个双曲抛物面, 且标准方程可以整理为显函数形式, 则可以输入命令:

```
>>u=-5:0. 1:5;
>>w=-5:0. 1:5;
>>[U,W]=meshgrid(u,w);
>>V=-0.5*U. ^2+0.5*W. ^2;
>>subplot(1,3,1);
>>mesh(U,W,V);
>>xlabel('u'),ylabel('w'),zlabel('v');
```

即得到二次曲面标准方程的图形. 此外, 还可以利用 ezmesh 命令绘制此图形:

```
>>subplot(1,3,2);
>>ezmesh('-0.5*u^2+0.5*w^2')
>>zlabel('v');
```

还可以绘制旋转前函数图像:

```
>>subplot(1,3,3);
>>ezsurf('x*y');
```

```
>>zlabel('z');.
```
■

结果如图 A.4 所示.

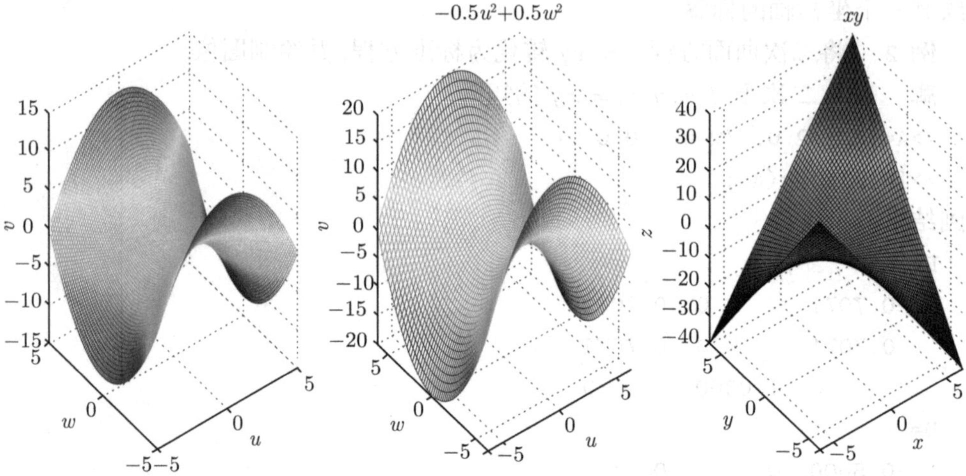

图 A.4 左图和中图为标准方程 $v=-0.5u^2+0.5w^2$ 的图像, 左图由 mesh 命令绘制, 中图由 ezmesh 命令绘制; 右图是使用 ezsurf 命令绘制的原方程 $z=xy$ 的图像

A.5.2 基于线性代数运算的数学建模问题

在现实生活中, 很多复杂的问题可以抽象为一个数学建模问题, 即基于一些简化假设和现实中存在的一些规律, 通过数学的符号和语言将其描述为一组数学问题并加以求解. 由于实际问题的复杂性和数学模型本身的需要, 数学建模问题经常转化为对大量变量之间线性关系的分析, 因而导致在数学建模问题的构建和求解过程中都经常用到线性代数的理论和方法. 利用 MATLAB 内置的计算函数和程序设计方法, 可以为构建和分析数学模型提供非常有价值的帮助.

例 3(交通流问题) 城市主要路段上交通流向和流量 (每小时经过的车辆数) 的调查资料是交通状况分析与评价、交叉口交通管理措施改善以及交通流预测的基础. 图 A.5 是一个街区四周道路交通指向与交通流量的模型, 其中交叉点排序按 i 与 j, 即横与纵排列, 横向进入交叉点的流量记为 a_{ij}, 纵向进入交叉点的流量记为 b_{ij}, 横向驶出交叉点的流量记为 p_{ij}, 纵向驶出交叉点的流量记为 q_{ij}, 试建立数学模型研究、设计一套方案, 合理地设立交通流观测点, 以达到通过这些点处的检测, 就可以掌握图 A.5 所示的所有交通流状况.

解 根据图 A.5 所示, 进出任一个交叉点的流量应该相等, 这样得到了

$$a_{ij}+b_{ij}=p_{ij}+q_{ij},\quad i,j=1,2,3,4;$$

再考虑到相邻两个交叉点流出与流入量应该相等, 从横向流动中得到

$$a_{1j}=p_{1,j+1},\quad a_{3j}=p_{3,j+1},\quad a_{2,j+1}=p_{2j},\quad a_{4,j+1}=p_{4j},\quad j=1,2,3;$$

从纵向流动中得到

$$b_{j+1,1}=q_{j1},\quad b_{j+1,3}=q_{j3},\quad b_{j2}=q_{j+1,2},\quad b_{j4}=q_{j+1,4},\quad j=1,2,3.$$

由此, 如果将全部观测 a_{ij}, b_{ij}, p_{ij} 和 q_{ij} 作为变量, 则总变量数为 64 个, 根据上述三组关系可以构建一个 64 元线性方程组.

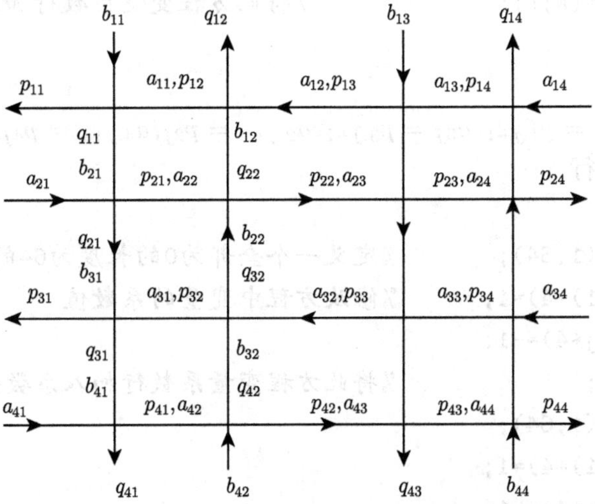

图 A.5　道路交通指向与交通流量的模型

为计算方便, 不妨按照下列规则排列变量.

(1) 对标记为 a_{ij} $i,j=1,2,3,4$ 的 16 个变量, 依按列拉直的顺序排列成一行, 即 $a_{11},a_{21},a_{31},a_{41},a_{21},a_{22},\cdots,a_{44}$, 也就是说 a_{ij} 元素排在第 $i+(j-1)\times 4$ 个位置上. 其他标记为 b_{ij}, p_{ij} 和 q_{ij} 的变量也分别如此排列.

(2) 将标记为 a_{ij} 的变量排在最左侧, 接下来依次分别是标记为 b_{ij}, p_{ij} 和 q_{ij} 的变量. 则 64 个变量便被排列成一行, a_{ij} 元素排在第 $i+(j-1)\times 4$ 个位置上, b_{ij} 元素将被排在第 $16+i+(j-1)\times 4$ 个位置上, p_{ij} 元素将被排在第 $32+i+(j-1)\times 4$ 个位置上, q_{ij} 元素将被排在第 $48+i+(j-1)\times 4$ 个位置上. 则在 64 元线性方程组的系数矩阵也应该包含 64 列, 分别代表相应的变量的系数.

下面在 MATLAB 中构建系数矩阵.

首先定义一个空矩阵, 用于随后不断的扩展:

```
>>A=[];
```

针对条件 $a_{ij}+b_{ij}=p_{ij}+q_{ij}$, $i,j=1,2,3,4$; 利用循环命令 for 构建 16 个方程的系数矩阵

```
for(i=1:4)
     for(j=1:4)
          t=zeros(1,64);          %定义一个全部为0的长度为64的系数向量
          t(i+(j-1)*4)=1;         %修改方程中变量的系数值
          t(16+i+(j-1)*4)=1;
          t(32+i+(j-1)*4)=-1;
          t(48+i+(j-1)*4)=-1;
          A=[A;t];                %将此方程变量系数行加入系数矩阵A
       end
end
```

针对条件 $a_{1j}=p_{1,j+1}, a_{3j}=p_{3,j+1}, a_{2,j+1}=p_{2j}, a_{4,j+1}=p_{4j}, j=1,2,3$; 为系数矩阵再添加 12 行.

```
for(j=1:3)
    t=zeros(1,64);           %定义一个全部为0的长度为64的系数向量
    t(1+(j-1)*4)=1;          %修改方程中变量的系数值
    t(32+1+j*4)=-1;
    A=[A;t];                 %将此方程变量系数行加入系数矩阵A
    t=zeros(1,64);
    t(3+(j-1)*4)=1;
    t(32+3+j*4)=-1;
    A=[A;t];
    t=zeros(1,64);
    t(2+j*4)=1;
    t(32+2+(j-1)*4)=-1;
    A=[A;t];
    t=zeros(1,64);
    t(4+j*4)=1;
    t(32+4+(j-1)*4)=-1;
    A=[A;t];
end
```

同理根据条件 $b_{j+1,1}=q_{j1}$，$b_{j+1,3}=q_{j3}$，$b_{j2}=q_{j+1,2}$，$b_{j4}=q_{j+1,4}$，$j=1,2,3$. 为系数矩阵再添加 12 行.

```
for(j=1:3)
    t=zeros(1,64);            %定义一个全部为0的长度为64的系数向量
    t(16+j+1+(1-1)*4)=1;      %修改方程中变量的系数值
```

```
        t(48+j+(1-1)*4)=-1;
        A=[A;t];                    %将此方程变量系数行加入系数矩阵A
        t=zeros(1,64);
        t(16+j+1+(3-1)*4)=1;
        t(48+j+(3-1)*4)=-1;
        A=[A;t];
        t=zeros(1,64);
        t(16+j+(2-1)*4)=1;
        t(48+j+1+(2-1)*4)=-1;
        A=[A;t];
        t=zeros(1,64);
        t(16+j+(4-1)*4)=1;
        t(48+j+1+(4-1)*4)=-1;
        A=[A;t];
    end
```

由此即得到了一个由 40 个方程组成的 64 元线性方程组 $\boldsymbol{Ax}=\mathbf{0}$. 而所有交通流状况 a_{ij}, b_{ij}, p_{ij} 和 q_{ij} 就是方程组的解.

通过 rank 命令求系数矩阵的秩:

```
>>r=rank(A)
```

得到结果:

```
r=

   40
```

即方程组系数矩阵的秩为 40, 方程组还需要 64−40=24 个线性无关条件. 可以通过行最简形命令 rref 求解其解空间.

```
>>[R, jb]=rref(A)
```

可以求得一个行最简形矩阵 $\boldsymbol{R}$, 和一个行向量 $\boldsymbol{jb}$. 则在本题中, 只要统计不包含在 $\boldsymbol{jb}$ 中的 24 个变量所代表的交通流量信息, 就可以计算所有的交通流量.

由于篇幅限制, 在此就不再列出详细结果. ■

在本题中使用了循环命令 for, 这是一个经常使用的 MATLAB 循环控制命令, 其意义是对于命令后表达式中定义的每个循环变量都执行相同的语句 (注意循环变量的值每次都会发生相应的变化).MATLAB 提供了非常强大的程序设计环境, 用户根据自身需要可以设计程序以处理更为复杂的问题. 关于此部分的内容, 请参考 MATLAB 相关书籍.

参 考 文 献

北京大学数学力学系. 1988. 高等代数. 2 版. 北京：高等教育出版社

陈建龙, 周建华, 韩瑞珠等. 2007. 线性代数. 北京：科学出版社

冯元桢, 2009. 连续介质力学初级教程. 3 版. 北京：清华大学出版社

胡劲松, 王正华. 2009. 线性代数教程. 北京：科学出版社

李林. 2010. 医用高等数学新概念教程. 北京：中国铁道出版社

刘保柱, 苏彦华, 张宏林. 2010. MATLAB7.0 从入门到精通. 北京：人民邮电出版社

同济大学应用数学系 (线性代数) 编写组. 2003. 线性代数. 北京：高等教育出版社

赵连昌, 刘晓东. 2001. 线性代数与几何. 北京：高等教育出版社

Shores T S. 2006. Applied Linear Algebra and Matrix Analysis. New York: Springer

参 考 答 案

习 题 1

(A)

一、选择题

1. B. 2. A. 3. B. 4. A. 5. B.

6. D. 7. D. 8. C. 9. D. 10 C.

二、填空题

1. k^2. 2. 1. 3. -12. 4. $(-1)^n a$. 5. 0. 6. $\cdot$. 7. $-$. 8. 0. 9. 1 或 -1. 10. $k \neq 2$.

三、解答题

1. (1) 8; (2) $\dfrac{n(n-1)}{2}$; (3) $\dfrac{n(n-1)}{2}$; (4) $n(n-1)$.

2. (1) 5; (2) 67; (3) 4; (4) 27; (5) $-2(x^3+y^3)$.

3. 0.

4. 略.

5. (1) 0; (2) a^2b^2; (3) $n!(n-1)!(n-2)!\cdots 2!\cdot 1!$;

(4) $a_1a_2\cdots a_n\left(1+\displaystyle\sum_{i=1}^{n}\frac{1}{a_i}\right)$; (5) $[x+(n-1)a](x-a)^{n-1}$;

(6) $a^n+(-1)^{n+1}b^n$; (7) $(ad-bc)^n$; (8) $n!\left(1-\displaystyle\sum_{j=2}^{n}\frac{1}{j}\right)$.

6. $x_{1,2}=2, x_3=-2$.

7. (1) $x=3, y=-1$; (2) $x=1, y=2, z=3$;

(3) $x_1=-\dfrac{1}{2}, x_2=-\dfrac{1}{2}, x_3=\dfrac{3}{2}$.

8. $k\neq 1$ 且 $k\neq -2, k\neq -4$ 或 $k=-1$.

9. $\lambda = 1$.

10. 13.56, 13.46.

(B)

一、(1) $24D$; (2) $\lambda_1=2$; λ_2 为任意数; (3) $(-1)^{n-1}$;

(4) $(a_2a_3-b_2b_3)(a_1a_4-b_1b_4)$;　(5) 0

二、1. 略.　2. (1) $n!$;　(2) $(-1)^{n-1}(n-1)x^n$;　(3) $(x-a_1)(x-a_2)\cdots(x-a_n)$; (4) $(-1)^{n+1}x^{n-2}$.

3. 略.

习 题 2

(A)

一、1. A.　2. C.　3. D.　4. C.　5. D.　6. D.　7. D.　8. B. 9. D.　10. B.　11. D.　12. D,　13. C.　14. C.　15. A.

二、1. 100.　2. $\begin{pmatrix} 4 & -3 \\ 7 & 2 \end{pmatrix}$; $\begin{pmatrix} -2 & 1 \\ 5 & -2 \end{pmatrix}$; $\begin{pmatrix} 2 & 1 \\ -1 & 0 \end{pmatrix}$.　3. -2.

4. 25, 40.　5. $\begin{pmatrix} 8 & 6 \\ 18 & 10 \\ 3 & 10 \end{pmatrix}$.　6. 2.　7. $\begin{pmatrix} 0 & \frac{1}{2} \\ -1 & -1 \end{pmatrix}$.　8. $\frac{1}{6}\begin{pmatrix} 1/6 & 0 & 0 \\ 1/3 & 1/3 & 0 \\ 1/2 & 1/2 & 1/2 \end{pmatrix}$.

9. $\begin{pmatrix} 2^2 & & \\ & 3^2 & \\ & & 4^2 \end{pmatrix}$; $\begin{pmatrix} 2^n & & \\ & 3^n & \\ & & 4^n \end{pmatrix}$.　10. 3; 0.　11. a^{n-1}.

12. $\begin{pmatrix} \boldsymbol{A}^{-1} & -\boldsymbol{A}^{-1}\boldsymbol{C}\boldsymbol{B}^{-1} \\ \boldsymbol{O} & \boldsymbol{B}^{-1} \end{pmatrix}$.　13. 0.

三、1. $\begin{cases} x_1 = -6z_1 + z_2 + 3z_3, \\ x_2 = 12z_1 - 4z_2 + 9z_3, \\ x_3 = -10z_1 - z_2 + 16z_3. \end{cases}$　2. $\begin{pmatrix} -2 & 13 & 22 \\ -2 & -17 & 20 \\ 4 & 29 & -2 \end{pmatrix}$; $\begin{pmatrix} 0 & 5 & 8 \\ 0 & -5 & 6 \\ 2 & 9 & 0 \end{pmatrix}$.

3. (1) $\begin{pmatrix} -2 & 4 \\ -1 & 2 \\ -3 & 6 \end{pmatrix}$;　(2) (10);　(3) $a_{11}x^2 + a_{22}y^2 + 2a_{12}xy + 2b_1x + 2b_2y + c$;

(4) $\begin{pmatrix} 6 & -7 & 8 \\ 20 & -5 & -6 \end{pmatrix}$;　(5) $\begin{pmatrix} 1 & 2 & 5 & 2 \\ 0 & 1 & 2 & -4 \\ 0 & 0 & -4 & 3 \\ 0 & 0 & 0 & -9 \end{pmatrix}$.

4. $B=\begin{pmatrix}3&-8&-6\\2&-9&-6\\-2&12&9\end{pmatrix}$. 5. $\begin{pmatrix}0&-1&0\\-1&0&0\\5&-3&0\end{pmatrix}$. 6. $\begin{pmatrix}2&-1&0\\1&3&-4\\1&0&-2\end{pmatrix}$.

7. $\begin{pmatrix}1&2&5\\0&1&2\\0&0&1\end{pmatrix}$. 8. (1) $\begin{pmatrix}-2&1&0\\-\dfrac{13}{2}&3&-\dfrac{1}{2}\\-16&7&-1\end{pmatrix}$; (2) $\begin{pmatrix}\cos\theta&\sin\theta\\-\sin\theta&\cos\theta\end{pmatrix}$;

(3) $\begin{pmatrix}\dfrac{1}{a_1}&&&0\\&\dfrac{1}{a_2}&&\\&&\ddots&\\0&&&\dfrac{1}{a_n}\end{pmatrix}$; (4) $\begin{pmatrix}3/4&-1/4&0&0&0\\1/4&1/4&0&0&0\\0&0&-1/2&0&0\\0&0&0&1&-2\\0&0&0&0&1\end{pmatrix}$.

11. $4(\boldsymbol{A}+\boldsymbol{E})^{-1}=\mathrm{diag}(2,-4,2)$ 12. (1) $\dfrac{1}{3}$, (2) 9, (3) -24, (4) -9

13. $\begin{pmatrix}6&0&0&0\\0&6&0&0\\6&0&6&0\\0&3&0&-1\end{pmatrix}$. 14. $\begin{pmatrix}2731&2732\\-683&-684\end{pmatrix}$. 15. 10^{16}; $\begin{pmatrix}5^4&0&&\\0&5^4&&O\\&&2^4&0\\O&&2^6&2^4\end{pmatrix}$.

16. (1) 3, $\begin{vmatrix}1&-1&1\\2&3&3\\1&1&2\end{vmatrix}\neq 0$; (2) 3, $\begin{vmatrix}1&-2&2\\0&1&2\\2&-4&5\end{vmatrix}\neq 0$; (3)2, $\begin{vmatrix}3&1\\1&-1\end{vmatrix}\neq 0$.

17. $\begin{pmatrix}1&0&1&0&0\\1&-1&0&0&0\\0&0&1&0&0\\0&0&0&1&0\\0&0&0&0&0\end{pmatrix}$.

18. 当 $\lambda=5,\mu=-4$ 时, $R(\boldsymbol{A})$ 的最小值是 2; 当 $\lambda\neq 5,\mu\neq -4$ 时, $R(\boldsymbol{A})$ 的最大值时 4.

19. (1) 零解; (2) $\begin{cases}x_1=0,\\x_2=0,\\x_3=0,\\x_4=0;\end{cases}$ (3) $k\begin{pmatrix}-2\\1\\1\end{pmatrix}+\begin{pmatrix}-1\\2\\0\end{pmatrix}$; (4) 无解.

20. (1) 当 $\lambda\neq 1,-2$ 时, 有唯一解; 当 $\lambda=-2$ 时, 无解;

当 $\lambda=1$ 时, 有无穷多个解, 通解为 $k_1\begin{pmatrix}-1\\1\\0\end{pmatrix}+k_2\begin{pmatrix}-1\\0\\1\end{pmatrix}+\begin{pmatrix}1\\0\\0\end{pmatrix}\ (k_1,k_2\in\mathbf{R})$.

(2) 当 $\lambda\neq1$ 且 $\lambda\neq0$ 时, 有唯一解; 当 $\lambda=0$ 时, 无解;

当 $\lambda=1$ 时, 有无穷多解, 解为 $k_1\begin{pmatrix}-2\\1\\0\end{pmatrix}+k_2\begin{pmatrix}2\\0\\1\end{pmatrix}+\begin{pmatrix}1\\0\\0\end{pmatrix}\ (k_1,k_2\in\mathbf{R})$.

21. $k(-2,0,2)^{\mathrm{T}}+(-1,1,1)^{\mathrm{T}}$ 或 $k(-2,0,2)^{\mathrm{T}}+(1,1,-1)^{\mathrm{T}}$, 其中 k 为任意常数.

(B)

一、1. $\dfrac{\boldsymbol{A}+2\boldsymbol{I}}{2}$.　2. $\begin{pmatrix}1&0&0\\-1/2&1/2&0\\0&0&1\end{pmatrix}$.　3. $\begin{pmatrix}1&-2&0&0\\-2&5&0&0\\0&0&1/3&2/3\\0&0&-1/3&1/3\end{pmatrix}$.

4. 4.　5. $\boldsymbol{A}^2$.　6. $(-1)^n3$.

二、1. $3^{n-1}\begin{pmatrix}1&\frac{1}{2}&\frac{1}{3}\\2&1&\frac{2}{3}\\3&\frac{3}{2}&1\end{pmatrix}$.

2. (1) $\begin{cases}\boldsymbol{E}, & (n\text{ 为偶数}),\\ \begin{pmatrix}2&-1\\3&2\end{pmatrix}, & (n\text{ 为奇数});\end{cases}$　(2) $\begin{pmatrix}1&0&n\\0&1&0\\0&0&1\end{pmatrix}$.

3. $\dfrac{1}{4}\begin{pmatrix}2&1\\1&-1\\1&0\end{pmatrix}$.　4. $\dfrac{1}{2}(3\boldsymbol{E}-\boldsymbol{A})$.　5. $\boldsymbol{B}(\boldsymbol{A}+\boldsymbol{B})^{-1}\boldsymbol{A}$.　6. $\begin{pmatrix}4&4&4\\4&4&4\\4&4&4\end{pmatrix}$.

7. (1) 当 $p\neq2$ 时, 有唯一解;

(2) 当 $p=2$ 时, $t\neq1$ 时, 方程组无解;

(3) 当 $p=2$ 时, $t=1$ 时, 方程组有无穷多解.

$$\begin{pmatrix}x_1\\x_2\\x_3\\x_4\end{pmatrix}=k\begin{pmatrix}0\\-2\\1\\0\end{pmatrix}+\begin{pmatrix}-8\\3\\0\\2\end{pmatrix}\quad(k\in\mathbf{R})$$

习　题　3

(A)

一、1. A.　2. C.　3. C.　4. D.　5. B.　6. B.　7. C.　8. A.　9. D.　10. D.

二、1. $\begin{pmatrix} 19 \\ 1 \\ 0 \\ 7 \\ 11 \end{pmatrix}$.　2. $\begin{pmatrix} -9 \\ -4 \\ 7 \\ -4 \end{pmatrix}$.　3. $k \neq 0$ 且 $k \neq -3$.　4. $a_1b_2 - a_2b_1 = 0$.

5. 相关.　6. $\neq \dfrac{2}{3}$.　7. $a = 2b$.　8. $\boldsymbol{\alpha}_1, \boldsymbol{\alpha}_2, \boldsymbol{\alpha}_4$.　9. 2.

10. $c_1\begin{pmatrix} 4 \\ 1 \\ 0 \\ 0 \end{pmatrix} + c_2\begin{pmatrix} -2 \\ 0 \\ 1 \\ 0 \end{pmatrix} + c_3\begin{pmatrix} 5 \\ 0 \\ 0 \\ 1 \end{pmatrix} + \begin{pmatrix} 6 \\ 0 \\ 0 \\ 0 \end{pmatrix}$.　11. $a = -2$.　12. 1.

三、1. $(-2, 0, 0, 0)$. $(0, -8, 0, 2)$.　2. $(1, 2, 3, 4)^{\mathrm{T}}$.　3. $a = 11$.

4. (1) $\boldsymbol{\beta} = \dfrac{1}{4}(5\boldsymbol{\alpha}_1 + \boldsymbol{\alpha}_2 - \boldsymbol{\alpha}_3 - \boldsymbol{\alpha}_4)$;　(2) $\boldsymbol{\beta} = (-\boldsymbol{\alpha}_1 + \boldsymbol{\alpha}_2 + 2\boldsymbol{\alpha}_3 - 2\boldsymbol{\alpha}_4)$.

5. 证明：由

$$(\boldsymbol{B},\ \boldsymbol{A}) = \begin{pmatrix} -1 & 1 & 3 & 0 & 1 \\ 0 & 2 & 2 & 1 & 1 \\ 1 & 1 & -1 & 1 & 0 \end{pmatrix} \overset{r}{\sim} \begin{pmatrix} -1 & 1 & 3 & 0 & 1 \\ 0 & 2 & 2 & 1 & 1 \\ 0 & 2 & 2 & 1 & 1 \end{pmatrix}$$

$$\overset{r}{\sim} \begin{pmatrix} -1 & 1 & 3 & 0 & 1 \\ 0 & 2 & 2 & 1 & 1 \\ 0 & 0 & 0 & 0 & 0 \end{pmatrix},$$

知 $R(\boldsymbol{B}) = R(\boldsymbol{B}, \boldsymbol{A}) = 2$. 显然在 $\boldsymbol{A}$ 中有二阶非零子式, 故 $R(\boldsymbol{A}) \geqslant 2$, 又 $R(\boldsymbol{A}) \leqslant R(\boldsymbol{B}, \boldsymbol{A}) = 2$, 所以 $R(\boldsymbol{A}) = 2$, 从而 $R(\boldsymbol{A}) = R(\boldsymbol{B}) = R(\boldsymbol{A}, \boldsymbol{B})$. 因此向量组 $\boldsymbol{A}$ 与向量组 $\boldsymbol{B}$ 等价.

6. (1) 线性相关;　(2) 线性无关.

7. $\alpha = -\dfrac{5}{8}$ 时线性相关, $\alpha \neq -\dfrac{5}{8}$ 时线性无关.

8. $\boldsymbol{b} = c\boldsymbol{\alpha}_1 - (1 + c)\boldsymbol{\alpha}_2, c \in \mathbf{R}$.

9. (1) $a = -1, b = 0$;

(2) $a \neq -1$ 时, β 可以唯一地表示成

$$\boldsymbol{\beta} = -\frac{2b}{a+1}\boldsymbol{\alpha}_1 + \frac{a+b+1}{a+1}\boldsymbol{\alpha}_2 + -\frac{b}{a+b}\boldsymbol{\alpha}_3 + 0 \cdot \boldsymbol{\alpha}_4.$$

10. $R(\boldsymbol{\alpha}_1, \boldsymbol{\alpha}_2, \boldsymbol{\alpha}_3, \boldsymbol{\alpha}_4, \boldsymbol{\alpha}_5) = 3, \boldsymbol{\alpha}_1, \boldsymbol{\alpha}_2, \boldsymbol{\alpha}_4$ 为其一个极大无关组.

11. (1) $\boldsymbol{\alpha}_1, \boldsymbol{\alpha}_2, \boldsymbol{\alpha}_3$ 为向量组的一个极大无关组.

(2) $\boldsymbol{\alpha}_1, \boldsymbol{\alpha}_2, \boldsymbol{\alpha}_3$ 为向量组的一个极大无关组, 且 $\boldsymbol{\alpha}_4 = 2\boldsymbol{\alpha}_1 + \boldsymbol{\alpha}_2 - \boldsymbol{\alpha}_3$.

12. $a = 2, b = 5$.

14. $\boldsymbol{B} = \begin{pmatrix} 1 & 0 \\ 0 & 1 \\ \dfrac{11}{2} & \dfrac{1}{2} \\ -\dfrac{5}{2} & \dfrac{1}{2} \end{pmatrix}$.

15. $\begin{cases} 2x_1 - 3x_2 + x_4 = 0, \\ x_1 - 3x_3 + 2x_4 = 0. \end{cases}$

16. (1) $\boldsymbol{\xi}_1 = \begin{pmatrix} 2 \\ -2 \\ 1 \\ 0 \end{pmatrix}, \boldsymbol{\xi}_2 = \begin{pmatrix} -4 \\ 2 \\ 0 \\ 1 \end{pmatrix}$; (2) $\boldsymbol{\xi}_1 = \begin{pmatrix} 2 \\ 1 \\ 0 \\ 0 \end{pmatrix}, \boldsymbol{\xi}_2 = \begin{pmatrix} \dfrac{2}{7} \\ 0 \\ -\dfrac{5}{7} \\ 1 \end{pmatrix}$.

17. (1) $\boldsymbol{x} = k_1 \begin{pmatrix} -2 \\ 1 \\ 0 \\ 0 \\ 0 \end{pmatrix} + k_2 \begin{pmatrix} 1 \\ 0 \\ 1 \\ 0 \\ 0 \end{pmatrix} + \begin{pmatrix} 3 \\ 0 \\ 0 \\ -1 \\ 2 \end{pmatrix}$;

(2) $\boldsymbol{x} = k_1 \begin{pmatrix} \dfrac{3}{2} \\ \dfrac{3}{2} \\ 1 \\ 0 \end{pmatrix} + k_2 \begin{pmatrix} -\dfrac{3}{4} \\ \dfrac{7}{4} \\ 0 \\ 1 \end{pmatrix} + \begin{pmatrix} \dfrac{5}{4} \\ -\dfrac{1}{4} \\ 0 \\ 0 \end{pmatrix}$.

18. 当 $\lambda \neq 1$ 且 $\lambda \neq 10$ 时有唯一解; $\lambda = 10$ 时无解; $\lambda = 1$ 时有无穷多解, 解为

$$\begin{pmatrix} x_1 \\ x_2 \\ x_3 \end{pmatrix} = c_1 \begin{pmatrix} -2 \\ 1 \\ 0 \end{pmatrix} + c_2 \begin{pmatrix} 2 \\ 0 \\ 1 \end{pmatrix} + \begin{pmatrix} 1 \\ 0 \\ 0 \end{pmatrix}.$$

19. (1) 当 $\alpha = -4, \beta \neq 0$ 时, 向量 $\boldsymbol{b}$ 不能由向量组 A 线性表示.

(2) 当 $\alpha \neq -4$ 时, 向量 $\boldsymbol{b}$ 能由向量组 A 线性表示, 且表示式唯一.

(3) 当 $\alpha = -4, \beta = 0$ 时, $R(\boldsymbol{A}) = R(\boldsymbol{A}, \boldsymbol{b}) = 2$, 此时向量 $\boldsymbol{b}$ 能由向量组 A 线性表示, 且表示式不唯一. $\boldsymbol{b} = (2c+1)\boldsymbol{\alpha}_3 + (-3c-1)\boldsymbol{\alpha}_2 + c\boldsymbol{\alpha}_1$.

(B)

1. 略.

2. (1) $\boldsymbol{B} = \begin{pmatrix} 0 & 0 & 0 \\ 1 & 0 & 3 \\ 0 & 1 & -1 \end{pmatrix}$; (2) $|\boldsymbol{A}| = 0$.

3-4. 略.

5. 提示: $R(\boldsymbol{B}) = R(\boldsymbol{A}) < n+1$, 故方程组 $\boldsymbol{Bx} = 0$ 必有非零解.

6-7. 略.

8. (1) 略. (2) 当 $a \neq -1$ 时, 方程组 I 与 II 有非零公共解, 公共解为

$$\boldsymbol{x} = c_1 \begin{pmatrix} 2 \\ -1 \\ 1 \\ 1 \end{pmatrix} + c_2 \begin{pmatrix} -1 \\ 2 \\ 4 \\ 7 \end{pmatrix}, \quad c_1, c_2 \in \mathbf{R}.$$

习 题 4

(A)

一、1. (1) 不能; (2) 能; (3) 能; (4) 不能; (5) 能; (6) 不能.

2. (1) 构成子空间; (2) 当 $n > 1$ 时不构成子空间; (3) 构成子空间; (4) 不构成子空间.

3. (1) 不是; (2) 是; (3) 是; (4) 不是. 4. 不构成线性空间.

二、1. (1) 略; (2) $\begin{pmatrix} 2 & -1 & 0 \\ 1 & 1 & 0 \\ 1 & 0 & 0 \end{pmatrix}$.

2. 解: (1) $T\begin{pmatrix} x \\ y \end{pmatrix} = \begin{pmatrix} 0 & 0 \\ 0 & 1 \end{pmatrix}\begin{pmatrix} x \\ y \end{pmatrix} = \begin{pmatrix} 0 \\ y \end{pmatrix}$, 故 T 把向量 $\begin{pmatrix} x \\ y \end{pmatrix}$ 向 y 轴投影;

(2) $T\begin{pmatrix} x \\ y \end{pmatrix} = \begin{pmatrix} 0 & 1 \\ -1 & 0 \end{pmatrix}\begin{pmatrix} x \\ y \end{pmatrix} = \begin{pmatrix} y \\ -x \end{pmatrix}$, 故 T 把向量 $\begin{pmatrix} x \\ y \end{pmatrix}$ 先关于

直线 $y=x$ 反射, 再关于 x 轴反射; 或者把向量绕原点顺时针旋转 90 度;

(3) $T\begin{pmatrix} x \\ y \end{pmatrix} = \begin{pmatrix} -1 & 0 \\ 0 & 1 \end{pmatrix}\begin{pmatrix} x \\ y \end{pmatrix} = \begin{pmatrix} -x \\ y \end{pmatrix}$, 故 T 把向量 $\begin{pmatrix} x \\ y \end{pmatrix}$ 关于 y 轴反射为 $\begin{pmatrix} -x \\ y \end{pmatrix}$.

3. 略.

4. $\boldsymbol{B} = \begin{pmatrix} 2 & 4 & 4 \\ -3 & -4 & -16 \\ 2 & 3 & 8 \end{pmatrix}$.

5. (1) -29; (2) 102; (3) $\sqrt{30}$; (4) $\sqrt{14}$.

6. $\left(-2\sqrt{\dfrac{2}{13}}, 0, -\dfrac{1}{\sqrt{26}}, \dfrac{3}{\sqrt{26}}\right)$.

7. $\boldsymbol{\eta}_1 = \dfrac{1}{\sqrt{2}}(0,1,1)^{\mathrm{T}}, \boldsymbol{\eta}_2 = \dfrac{1}{\sqrt{6}}(2,1,-1)^{\mathrm{T}}, \boldsymbol{\eta}_3 = \dfrac{1}{\sqrt{3}}(1,-1,1)^{\mathrm{T}}$.

8. (1) 是; (2) $\|\boldsymbol{\alpha}\| = \sqrt{30}$, $(\boldsymbol{\alpha}, \boldsymbol{\beta}) = 3\sqrt{2}$.

10. 维数为 2, 一组基底可取 $\boldsymbol{\xi}_1 = (1,-2,1,0)^{\mathrm{T}}, \boldsymbol{\xi}_2 = (1,-2,0,1)^{\mathrm{T}}$.

(B)

1. (1) $\boldsymbol{B}_1 = \begin{pmatrix} a_{33} & a_{32} & a_{31} \\ a_{23} & a_{22} & a_{21} \\ a_{13} & a_{12} & a_{11} \end{pmatrix}$; (2) $\boldsymbol{B}_2 = \begin{pmatrix} a_{11} & ka_{12} & a_{13} \\ \dfrac{1}{k}a_{21} & a_{22} & \dfrac{1}{k}a_{23} \\ a_{31} & ka_{32} & a_{33} \end{pmatrix}$;

(3) $\boldsymbol{B}_3 = \begin{pmatrix} a_{11}+a_{12} & a_{12} & a_{13} \\ a_{21}-a_{11}+a_{22}-a_{12} & a_{22}-a_{12} & a_{23}-a_{13} \\ a_{31}+a_{32} & a_{32} & a_{33} \end{pmatrix}$.

2. (1) $P^{n\times n}$ 的维数为 n^2, 一组基底为 $\boldsymbol{E}_{ij}$, $i,j=1, 2, \cdots, n$;

(2) 记 S, T, N 分别表示 $P^{n\times n}$ 中全体对称、反对称、上三角矩阵全体构成的线性空间, 则

① $\boldsymbol{E}_{ii}$, $i=1, 2, \cdots, n$, $\boldsymbol{E}_{ij}+\boldsymbol{E}_{ji}$, $1\leqslant i<j\leqslant n$, 构成线性空间 S 的一组基, 其维数为

$$1+2+\cdots+n = \frac{n(n+1)}{2},$$

② $\boldsymbol{E}_{ij}-\boldsymbol{E}_{ji}$, $1\leqslant i<j\leqslant n$, 构成线性空间 T 的一组基, 其维数为

$$1+2+\cdots+(n-1) = \frac{n(n-1)}{2},$$

③ $\boldsymbol{E}_{ii}$, $i=1, 2, \cdots, n$, $\boldsymbol{E}_{ij}$, $1\leqslant i<j\leqslant n$, 构成线性空间 N 的一组基, 其维数为

$$1+2+\cdots+n=\frac{n(n+1)}{2}.$$

3-7. 略.

习 题 5

一、1. B. 2. B. 3. C. 4. B. 5. C. 6. B. 7. B.
8. A. 9. B. 10. B. 11. C. 12. A. 13. D. 14. D.

二、1. $-1, 0, 1$. 2. -1，$1, 10$. 3. $\frac{119}{16}$. 4. $-\frac{1}{2}$; $\frac{3}{2}$.

5. $\begin{pmatrix}-3&26&18\\-1&6&3\\0&2&3\end{pmatrix}$. 6. 0 或 1. 7. $\begin{pmatrix}1&1&0&0\\1&2&3&0\\0&3&0&-2\\0&0&-2&-3\end{pmatrix}$.

8. $x_1^2+2x_2^2+3x_3^2+4x_1x_2+8x_1x_3-2x_2x_3$.

9. $t<-1$.

10. $\begin{pmatrix}-1&0&0\\0&1&0\\0&0&0\end{pmatrix}$.

三、1. (1) 当 $\lambda_1=\lambda_2=2$ 时，$c_1\boldsymbol{p}_1=\begin{pmatrix}-1\\1\\0\end{pmatrix}$；当 $\lambda_3=0$ 时，$c_2\boldsymbol{p}_2=c_2\begin{pmatrix}-1\\1\\0\end{pmatrix}$;

(2) 当 $\lambda_1=\lambda_2=1$ 时，$c_1\boldsymbol{p}_1+c_2\boldsymbol{p}_2=c_1\begin{pmatrix}1\\0\\1\end{pmatrix}+c_2\begin{pmatrix}0\\1\\0\end{pmatrix}$；当 $\lambda_3=-1$ 时，$c_2\boldsymbol{p}_2=c_2\begin{pmatrix}-1\\0\\1\end{pmatrix}$;

(3) 当 $\lambda_1=\lambda_2=\cdots=\lambda_n$ 时 $c_1\boldsymbol{p}_1+c_2\boldsymbol{p}_2+\cdots+c_n\boldsymbol{p}_n=c_1\begin{pmatrix}1\\0\\\vdots\\0\end{pmatrix}+c_2\begin{pmatrix}0\\1\\\vdots\\0\end{pmatrix}+\cdots$ $+c_n\begin{pmatrix}0\\0\\\vdots\\1\end{pmatrix}$.

2-3. 略. 4. 18. 5. $(n+2)!/2$. 6. 略.

7. 当 $a=-2$ 时, $\boldsymbol{A}$ 可以对角化, 当 $a=-\dfrac{2}{3}$ 时, $\boldsymbol{A}$ 不可以对角化.

8. (1) $a=0, b=1$; (2) $\boldsymbol{P}=\begin{pmatrix}1&0&0\\0&1&1\\0&1&-1\end{pmatrix}$.

9. (1) 可对角化，$\boldsymbol{U}=\begin{pmatrix}1&1&0\\0&1&1\\1&0&0\end{pmatrix}$; (2) 可对角化，$\boldsymbol{U}=\begin{pmatrix}1&-2&2\\2&-1&-2\\2&2&1\end{pmatrix}$.

10. (1) $a=0,\ b=-2$; (2) $\boldsymbol{P}=(\boldsymbol{\alpha}_1,\boldsymbol{\alpha}_2,\boldsymbol{\alpha}_3)=\begin{pmatrix}0&0&1\\-2&1&0\\1&1&-1\end{pmatrix}$.

11. $\boldsymbol{P}=768\begin{pmatrix}-1&0&-1\\0&-1&-1\\-1&-1&0\end{pmatrix}$.

12. 略.

13. (1) $k=0$; (2) $\begin{pmatrix}1&-6&-1\\0&7&0\\2&2&1\end{pmatrix}$.

14. $\boldsymbol{A}=\begin{pmatrix}4&1&1\\1&4&1\\1&1&4\end{pmatrix}$.

15. $\boldsymbol{A}=\dfrac{1}{3}\begin{pmatrix}-1&0&2\\0&1&2\\2&2&0\end{pmatrix}$.

16. (1) $\boldsymbol{A}=\begin{pmatrix}0&0&-1\\-1&1&0\\-1&0&1\end{pmatrix}$; (2) $\boldsymbol{A}=\begin{pmatrix}1&1/2&-1\\1/2&3&3/2\\-1&3/2&-1\end{pmatrix}$;

(3) $\boldsymbol{A}=\begin{pmatrix}a_1^2&a_1a_2&a_1a_3\\a_1a_2&a_2^2&a_2a_3\\a_1a_3&a_2a_3&a_3^2\end{pmatrix}$.

17. (1) $f=x_1^2+2x_2^2+5x_3^2+4x_1x_3+6x_2x_3$;

(2) $f=x_1^2+x_3^2+2x_1x_2+10x_1x_3+4x_2x_3+2x_2x_4$.

18. (1) $f=y_1^2+2y_2^2+5y_3^2$, $\begin{pmatrix}0&1&0\\\frac{1}{\sqrt{2}}&0&\frac{1}{\sqrt{2}}\\-\frac{1}{\sqrt{2}}&0&\frac{1}{\sqrt{2}}\end{pmatrix}$;

(2) $f=y_1^2+y_2^2+10y_3^2$, $\begin{pmatrix}\frac{-2}{\sqrt{5}}&\frac{2}{3\sqrt{5}}&\frac{1}{3}\\\frac{\sqrt{5}}{5}&\frac{4}{3\sqrt{5}}&\frac{2}{3}\\0&\frac{\sqrt{5}}{3}&-\frac{2}{3}\end{pmatrix}$;

(3) $f=2y_1^2+y_2^2-y_3^2$, $\begin{pmatrix}\frac{1}{\sqrt{3}}&\frac{1}{\sqrt{2}}&-\frac{1}{\sqrt{6}}\\\frac{1}{\sqrt{3}}&0&\frac{2}{\sqrt{6}}\\-\frac{1}{\sqrt{3}}&\frac{1}{\sqrt{2}}&\frac{1}{\sqrt{6}}\end{pmatrix}$.

19. (1) $f=y_1^2+y_2^2-y_3^2$, $\boldsymbol{C}=\begin{pmatrix}1&-\frac{1}{\sqrt{2}}&3\\0&\frac{1}{\sqrt{2}}&-1\\0&0&1\end{pmatrix}$;

(2) $f=z_1^2+6z_2^2-6z_3^2$, $\boldsymbol{C}=\begin{pmatrix}1&-2&0\\0&1&1\\0&1&-1\end{pmatrix}$;

(3) $f=z_1^2-z_2^2+2z_3^2$, $\boldsymbol{C}=\begin{pmatrix}1&1&0\\0&1&1\\0&0&1\end{pmatrix}$.

20. (1) 正定; (2) 负定.

21. 略.

(B)

1. 略.

2. (1) $\begin{pmatrix} 2^k & 1-2^k & -1 \\ 0 & 1 & -1 \\ 0 & 0 & 0 \end{pmatrix}$; (2) 0; (3) $\begin{pmatrix} 6 & -6 & 2 \\ 0 & 0 & 2 \\ 0 & 0 & 2 \end{pmatrix}$.

3. 略.

4. $a=2, b=-3, c=2$ 及 $\lambda_0=-1$.

5. $\boldsymbol{B}=\boldsymbol{P}^{-1}\boldsymbol{A}\boldsymbol{P}=\begin{pmatrix} 0 & 0 & 0 \\ 1 & 0 & 3 \\ 0 & 1 & -2 \end{pmatrix}$.

6. 略.

7. $a=8, b=1, \boldsymbol{P}=\begin{pmatrix} -\frac{1}{\sqrt{3}} & \frac{1}{\sqrt{3}} & \frac{1}{\sqrt{6}} \\ 0 & -\frac{1}{\sqrt{3}} & \frac{2}{\sqrt{6}} \\ \frac{1}{\sqrt{3}} & \frac{1}{\sqrt{3}} & \frac{1}{\sqrt{6}} \end{pmatrix}$.

8. $\varphi(\boldsymbol{A})=\begin{pmatrix} 3 & 8 \\ 16 & 11 \end{pmatrix}$.

9. 锥面.

索　引